本成果受到中国人民大学"统筹推进世界一流大学和一流学科建设"专项经费的支持（项目批准号：15XNLG09）

Virtues and Rights

On Confucianism and Human Rights from Cross-Cultural Perspectives

美德与权利

跨文化视域下的儒学与人权

梁 涛 主编

中国社会科学出版社

图书在版编目（CIP）数据

美德与权利：跨文化视域下的儒学与人权／梁涛主编. —北京：
中国社会科学出版社，2016.2
ISBN 978 - 7 - 5161 - 6961 - 2

Ⅰ.①美…　Ⅱ.①梁…　Ⅲ.①儒学—研究　Ⅳ.①B222.05

中国版本图书馆 CIP 数据核字（2015）第 246356 号

出 版 人	赵剑英
责任编辑	史慕鸿
责任校对	石春梅
责任印制	戴　宽

出　　版	中国社会科学出版社
社　　址	北京鼓楼西大街甲 158 号
邮　　编	100720
网　　址	http://www.csspw.cn
发 行 部	010 - 84083685
门 市 部	010 - 84029450
经　　销	新华书店及其他书店

印刷装订	三河市君旺印务有限公司
版　　次	2016 年 2 月第 1 版
印　　次	2016 年 2 月第 1 次印刷

开　　本	710 × 1000　1/16
印　　张	22.25
插　　页	2
字　　数	385 千字
定　　价	82.00 元

凡购买中国社会科学出版社图书，如有质量问题请与本社营销中心联系调换
电话：010 - 84083683

目　　录

序　言

　　儒学与人权、民主的议题越来越受到人们的关注，成为国际学术界的热点问题。尽管我并不赞同白鲁恂（Lucian Pye）的如下观点——伊斯兰教的民主尚属可能，而"儒家民主"完全是不可能的，但我很重视他的诠释立场。作为杰出的政治学家，他对我们理解亚洲特别是中国的政治文化做出了重大贡献，他深思熟虑的观点必须被提及。他通过对中国人精神—文化的社会化与政治行为之间关系的分析，认为独裁心态——他视之为儒家学说的典型特征——在中国人的"心灵习性"中根深蒂固，以至于即使有建立亲近民主制度的良好意图，也会不可避免地失败。然而，塞缪尔·亨廷顿（Samuel Huntington）相信，有利的外部条件能使情况有所改观，而且没有理由认为文化不会改变。

　　值得注意的是，在中国海内外似乎出现了一批声音渐强的学者，在明显没有政府资助或鼓励的情况下，出版了许多论著，探讨西方特别是美国的民主制度和实践与中国的治理方式并不相适宜。他们倾向于认为一种不同类型的民主甚至是非民主可能更适合中国国情。罗思文（Henry Rose-mont）、安乐哲（Roger Ames），特别是丹尼尔·贝尔（Daniel Bell）等学者做了很多工作，探询"人权"对中国的社会幸福的有效性，以及就这点而言美国的情况。当然，质疑的目标并非人权本身，而是将个人主义作为人权的前提条件的自由主义观点。一个显著的例子，是丹尼尔·贝尔支持"非自由民主"的观点。

　　我个人的立场则有本质不同。我自认为是儒学复兴运动中第一代和第二代思想家和实践者之儒家精神的传递者。张君劢的儒家宪政主义和徐复观的儒家自由主义并非对西方模式的被动接受。诚然，这两种观点是根据西方启蒙运动最优秀的遗产——自由、理性、法治、人权和个人的尊严——而进行的创造性转化。他们提倡一种新的儒家政治，反对独裁主义、因循守旧和集体主义。他们从未怀疑，在西方的影响下和根据启蒙精神，现代儒家人格应当是思想自由、理性、遵守法律、尊重和改善人权，和有力地捍卫个人的尊严。但同时也意识到，儒家成为君子或"成圣成贤"的"为己之学"、"身心之学"、"天道性命之学"，与作为现代人类繁荣基础的价值观可能存在紧张与冲突。

换言之，没有理由预设儒家民主在原则上是非民主或反民主的。此外，我们可以质疑基于个人自由思想的普遍性，但我们必须承认，对分配正义、机会平等以及言论、出版、集会、宗教自由的关注，本着时代的精神，即使不是抽象的普遍性伦理，也是世界性的伦理。诚然，正是在儒家批评精神的伟大传统下，徐复观将他自己定义为一个儒家自由主义者。

总而言之，新儒家学者公共批判的自觉意识已完全是民主的。儒家民主并非臆想，而是一种美好的愿景；中国向功能上等同于一种新形式的自由民主的改革，不仅确实可能，而且在道德上也势在必行。

二十年前，我与哥伦比亚大学狄百瑞教授共同推动北美地区儒学与人权的研究，其成果最后汇集在《儒教与人权》（*Confucianism And Human Rights*，哥伦比亚大学出版社 1997 年版）一书中。近些年来，梁涛教授在推出思孟学派高水平研究成果的同时，也积极致力于儒学与人权的研究，我与他在北京大学高等人文研究院曾先后举行过两次"儒学与人权"研讨会，集中国内一批搞中国哲学和政治哲学的学者，对此问题展开深入探讨。《中华读书报》2010 年 9 月 30 日曾以"学界热议儒学发展新路向，用人权激活传统儒学"为题作了报道，引起学界的关注。现梁涛教授将其在哈佛燕京学社访问时搜集到的西方学者的相关成果翻译编辑成书，将以《美德与权利——跨文化视域下的儒学与人权》为名由中国社会科学出版社出版。这些成果均在海外产生过一定的影响，相信对大陆学者也会有一定借鉴、参考作用。我愿意对梁涛教授将要出版的新书做出郑重推荐。

北京大学高等人文研究院院长

杜维明教授

2014 年 4 月 10 日

儒学视野下的人权

[美] 杜维明 （Weiming-Tu）

吴德耀教授*是 1948 年联合国《世界人权宣言》最初的起草人之一。我从他那里了解到，人权观念是建立在对人之尊严的尊重之上，① 而儒家主张"天地之性，人为贵"，② 认为"在天地间千千万万的生命之中，人是最为珍贵的"，并着力实现人的固有价值，因而对于权利意识以及责任意识具有深远的意义。我赞同他的观点，认为儒家传统为人权话语提供了丰富的思想资源。

在埃莉诺·罗斯福（Eleanor Roosevelt）的领导下，最初的人权概念包括经济权利、社会权利、文化权利以及政治权利。这个概念适用于集体权利也适用于个人权利。人的权利与责任是不可分割的。③ 虽然在儒家传统之中，义务意识比权利意识更为凸显——某种程度上，儒家传统关注的

---

* 吴德耀（1915—1994），海南文昌人。新加坡儒家思想教育的主要设计者，被称为"海南一代哲人"。1946 年获哈佛大学政治学博士学位，后在联合国秘书处任职，曾协助参与起草"世界人权宣言"。后出任台湾东海大学校长（1956—1971），新加坡大学政治系教授及主任（1971—1975），南洋大学政治行政系教授、研究院院长（1975—1980），新加坡儒家思想委员会主席等职。主要代表著作有《人与社会》、《东方政治——西方政治》、《中国文化的根源》、《政治历史文化古今谈》、《列国春秋》等。本文作者曾是吴德耀教授在东海大学时的学生。

① 吴教授指出："人，在传统的儒家观念中，生来在道德上就是自由的，他有自尊，有人的尊严。他不是生来就属于一个社会阶层，无法剥离出他自己；他也不是生来就属于一个有钱有势的家庭，以便能永享生活之美好。人之为人是靠他的道德品质，而非社会地位或财富。"

② 参见《孝经》"圣治"章（宋本重印版，1815）。

③ 可同时参见《世界人权宣言》（"Universal Declaration on Human Rights"，1948）和《德里宣言》（"Declaration of Delhi"，5 – 10，1，1959），以及《自由社会的法治》（The Rule of Law in a Free Society，Geneva：International Commission of Jurists，1959）。

是个人修养、家庭和睦、物质富足、社会秩序、政治公正和文化繁荣——
但对于理解广泛意义上的人权来说，它是一个宝贵的智慧之源。我们应该
对认为儒家人文精神与人权互不相容的观点进行仔细的考察。人权作为
"人类共同语言"——借用联合国秘书长布特罗斯-加利（Boutros-Ghali）
的话，是对我们时代精神特征的界定。① 1948 年，吴德耀教授以前所未
有的努力将他对一个新的世界秩序的大胆远见铭刻于纸上，同时也铭刻
于人类的良心之上：新的世界秩序植根于对人之尊严作为政治行动之核
心价值的尊重。从那以后，差不多半个世纪以来，《世界人权宣言》的
基础经由全世界各国政府、非政府组织和有责任心的公民得到了扩展和
深化。

———

　　从历史的和比较文化的视角来看，这种洞见的形成始于 18 世纪现代
西方的启蒙运动，经历了一个漫长而艰苦的过程。启蒙思想作为人类历史
上最富活力和最具变革性的意识形态，成为现代西方崛起的基础。现代特
有的主要领域——科学与技术、工业资本主义、市场经济、民主政治、大
众传媒、研究型大学和专业性团体——几乎都受惠于这种思想。我们所珍
视的用来定义现代道德意识的那些价值观也源于这种思想，包括自由、平
等、进步、个人尊严、对隐私的尊重，民享、民治、民有的政府以及正当
的法律程序。我们对启蒙思想太习惯了，所以我们想当然地承认了其总体
精神趋向的合理性。我们认为它所体现的价值观不证自明、天经地义。启
蒙思想对进步、理性和个人主义的信仰或许在纽约、伦敦以及巴黎已经失
去了令人信服的力量，但是它在全世界范围内仍然是知识领袖们的精神支
柱。北京、香港、台北，还有新加坡都不例外。对启蒙思想的公正理解要
求对其负面影响和破坏性力量也要进行开诚布公的讨论。

　　迅猛发展的科学技术在工业革命的早期或许是心灵手巧的人类所取得

---

① 布特罗斯·布特罗斯-加利：《人权：人类的共同语言》（Boutros Boutros-Ghali，"Human
Rights: The Common Language of Humanity"），载《人权世界大会：维也纳宣言与行动计划（1993
年 6 月）》（*World Conference on Human Rights: The Vienna Declaration and Programme of Action*，*June
1993*，New York: the United Nation's Department of Public Information，1993），第 5 页。

的引人注目的成就，但是驱使人们去探索、去了解、去征服、去压制的浮士德式冲动也是这个世界上有史以来对稳定最具破坏性的思想体系。随着西方国家成为财富和权力争夺游戏之国际规则的发明者、执行者和评判者，世界舞台就开始为了增长、发展以及（不幸地）为了自私的开发而搭建。摆脱束缚的毁灭力量公然地展示对人性、自然及其自身肆无忌惮的侵犯。这种前所未有的破坏性武器在人类历史上第一次使得人类各种族的生存成为难题。我们一直在为各种濒危物种忧心忡忡，却不知主要由于我们自己的无明（佛教中的"无知"概念），我们人类已经加入了濒危物种的行列。

有了这样的文化背景意识，我们一定会留意到加利先生关于我们的人权话语应避免双重危险的建议：

> 一重危险是愤世嫉俗的态度，这种态度认为，国际意义上的人权不过是各国现实政治的一件意识形态的外衣；另一重危险是天真的态度，这种态度认为，人权就是普遍认同之价值观的表达，国际社会所有成员都会自然而然地朝着它前进。①

作为全球社会的公民，我们坚持把 1948 年《宣言》中所广泛构想的人权普遍性作为人权社会的灵感之源；我们维护这样的道德和法令：任何文明国家都应依据其宪法授予的政治权利来对待其公民；我们宣称对民主的渴望，因为它为今天的世界提供了维护人权最有效的格局。然而，我们必须承认人权运动是一个动态的过程，而非一个静态的结构，因此人权话语应该是对话性的、交流性的，以及（希望是）互利互惠的。

美国人权计划的逐渐发展证实了这个过程的动态性。美国是一个公民社会传统非常浓郁的国家，这给 19 世纪中叶贤明的法国贵族亚历克西斯·德·托克维尔（Alexis de Tocqueville）留下了极其深刻的印象。美国宪法的制定者们对政治权利是无比认真的，可是他们并不特别关心民事权利或经济权利。直到 19 世纪晚期，社会主义者，确切地说是共产主义思想家，才开始将财富和收入的分配不均、资本的集中和劳动力剥削作为核

---

① 布特罗斯·布特罗斯-加利：《人权：人类的共同语言》，载《人权世界大会：维也纳宣言与行动计划（1993 年 6 月）》，第 9 页。

心政治问题来讨论。以公平（fairness）为正义（justice）的观点是社会主义也是自由主义的贡献。20 世纪 60 年代末的国民权利运动在解决种族主义困境——直到今天这一困境仍是美国主体政治的一个严重威胁——方面取得了实质性的进步。同时，我们应该提醒自己，特别是美国居民，移民权利的所有问题，特别是有关苏联犹太人口的问题，是 20 世纪 70 年代美国官方人权日常事务中的一个重要方面。这很清楚地表明，人权作为西方自身发展中的事业，我们对它的深刻理解需要历史的意识、地域的分析，以及最为重要的自我反思。我们假想我们中的一些人是人权的拥护者，因为我们的言传身教给予了我们这样认为的权利。这种假想要么是愤世嫉俗，要么是幼稚，也可能二者兼具。

1993 年 6 月世界人权大会所产生的《维也纳宣言和行动纲领》将我们的注意力引向妇女、儿童、少数民族、残疾人群和土著人民等最初人权概念没有涵盖的群体。在突尼斯、圣何塞和曼谷召开的三次重要会议是维也纳大会筹备进程的有机组成部分。维也纳大会产生的几个人权宣言概述了非洲、拉丁美洲与加勒比海地区，以及亚太地区的特殊关注点和视角。[①] 对民主、发展和人权之间相互依存性的认识，推动了国际组织和国家机构在将人权概念拓宽到包括发展的权利方面的合作。[②] 这种社会和经济关注点的交汇可能破坏了一些关注明确定义的政治权利在国家和国际实际运用中的有效性，但它同时也产生了发展人权的新途径。

1995 年 1 月在哥本哈根召开的社会峰会聚焦于全球社会面临的重要问题（贫穷、失业和社会解体），这暗示了一种新的认识，即人权应该更广泛地定义为包括人类经验中的经济、社会和文化各领域。在筹备峰会的公文中，人之尊严的观念十分突出。确实，筹备委员会组织了关于社会发展的伦理和精神维度的学术研讨会，与会者非常认同这样的观点，即与伦理、法律和政治关系更为密切的，其各方面可被证实和衡量的人权，是将人之尊严的概念付诸实践的首选方法。他们还强调了人权作为一项政治事

---

① 布特罗斯·布特罗斯－加利：《人权：人类的共同语言》，载《人权世界大会：维也纳宣言与行动计划（1993 年 6 月）》，第 3 页。

② 参见《发展的人权》（"The Human Rights to Development"），载《联合国社会发展世界峰会》（United Nations World Summit for Social Development, New York: American Association for International Commission of Jurists, Inc., 1995），第 11—14 页。

务和人之尊严作为一项伦理—宗教关切点之间的不可分割性。①

这种新的认识中隐含着对下列主张的批评：既然人们根据文化、历史、经济发展阶段和具体的政治形势对人权有各种各样的理解，就不能将其普遍理解为追求全球社群（global community）的价值观和雄心壮志。然而，这并不能质疑对亚洲"核心价值"的根本假设：人是一种中心关系，而不是一个简单的孤立的个体；社会是一个信任社群，而不仅仅是各种对抗性关系的系统；人类有义务尊重其所处的家庭、社会和国家。的确，也许我们可以很自然地坚信这些价值观不仅与人权的实现一致，而且，它们能够用一种深奥微妙的方式来加强人权的普遍感染力。

实际上，人们有种实质上一致的意见，认为既然对权利的尊重和责任的履行表明了人之尊严的存在，那么个人的权利、责任与人类发展的所有领域都是不可分割的：自我修养、家法家规、社会秩序、国家治理、世界和平以及人与自然的和谐。在人类遭遇的任何具体经历中，权利和责任都象征着人类幸福的必要的连续，二者构成互动的关系。② 1993 年曼谷地区会议上关于亚洲价值观的讨论为我们提供了一个机会去制定一个真正世界范围内的工作计划，这个计划允许人权话语成为一个持续演进和有教育意义的会谈。③ 虽然存在着将亚洲的价值观作为独裁统治外衣的危险（我必须强调这点），但还是必须充分探索对话、沟通和互利互惠交流的真正可能性。那些可理解的亚洲对义务、和谐、团结一致、社会网络系统、礼仪、信任和同情的偏重完全没必要成为权利意识的威胁。

对贪婪的个人主义、激烈的竞争、有害的相对主义和过度好讼的批评

① 《社会进步的道德和精神维度》（*Ethical and Spiritual Dimensions of Social Progress*, New York: the United Nation Publication, 1995），第 25—34 页。

② 参看丹尼尔·K. 加德纳《朱熹与〈大学〉：新儒家对儒家文献的思考》（Daniel K. Gardner, "Chu His and the Ta-hsueh: Neo-Confucian Reflection on the Confucian Cannon", Cambridge, MA: Council on East Asian Studies, Harvard University, 1986）。

③ 除了 1993 年 4 月在维也纳世界人权大会亚洲地区筹备会议上所有亚洲政府签署的、著名的曼谷政府宣言之外，还有 1993 年 3 月 27 日发布的亚洲 NGO（非政府组织）的声明。参见亚什·加伊《人权与统治：亚洲的争论》（Yash Ghai, "Human Rights and Governance: The Asian Debate"），"亚洲基金"不定期论文第 4 期（Occasional papers no. 4, The Asia Foundation: Center for Asian Pacific Affairs, 1994）。关于对从伊斯兰视角出发看待人权的启发性记述，参见钱德拉·穆扎法尔《人权与世界新秩序》（Chandra Muzaffar, "Human Rights and the New World Order", Penang: Just World Trust, 1993）。

帮助我们理解到：启蒙价值观并不一定附有完整的行动指南。自由与平等之间的冲突，以及对集体的缺乏关注已经极大地削弱了单纯立足于孤立个体利益之人权的说服力。交织着丰富的人类繁荣思想的亚洲价值观，可以成为将人权作为人类共同语言的灵感之源。

二

　　在哥伦比亚大学的同事和朋友泰德·狄百瑞（Ted de Bary）的领导下，我们这些在北美和中国大陆从事中国研究的学生在筹办一场关于儒家思想和人权的会议，会议由檀香山的东西方中心和北京的孔子基金会联合赞助。① 我们的目的在于探知儒家思想、中国社会和其他东亚社会的伦理基础，以及西方人权概念之间的共同基础，从而探索通过跨文化交流扩展和深化人权概念与实践的可能性。我们希望论及的部分话题如下：

　　（1）儒家思想中与国家、社会有关的自我、人和个人的概念；
　　（2）儒家思想中作为统治之要的自我修养、自我控制以及相互尊重的概念；
　　（3）权利在儒家礼仪和法律中所得到的保护；
　　（4）权利、责任和义务之间的关系；
　　（5）儒家视野下的人权以及西方的社会正义和经济正义的概念。

我们希望能产生一种集体的、批判性的自我意识，这样一来，宣传人权的各种手段在普遍联系的同时，也能够在亚洲的本土环境中打下牢固的基础。我们希望通过不同文化之间的对话、面对面的沟通和互惠互利的交流，人权的概念化能够克服其狭隘的定义：工具理性、知识分子的天真以及自我强加的乡土观念。我们希望这不仅是世界秩序新话语的一个道德基础，同时也是人类共存、互荣的一个精神合资项目。

　　这个精神合资项目成功的一个关键，在于认识到启蒙工程中团体观念的明显缺失，更不用说全球社群的观念了。博爱（还记得法国大革命中

---

　　① 该会议于1995年8月召开，来自文化中国（大陆、台湾、香港，以及海外华人社区）和北美的众多学者参加了这次会议。

自由、平等、博爱这三种基本美德），这个集体的功能性对等物在现代西方的经济、政治和社会思想中没有受到足够的关注。有人告诉我说，有些理论政治科学家，包括哈佛大学的萨缪尔·亨廷顿（Samuel Huntington）教授，为这样的事实而感叹：那种具有浓郁政治秩序特点的家庭，在现代西方政治思想的所有主要经典中事实上几乎都是缺失的。看来，西方的政治理论家们，要么是出于选择，要么是出于不履行义务，已经放弃了他们的责任，不再将家庭作为判定个人与国家间关系的一个关键问题来考虑，而让社会学家和人类学家去担心家庭的政治意蕴。

乐意容忍不平等、信任自我利益的救世力量和对侵犯性利己主义的过分肯定已经极大地毒害了进步、理性和个人主义的良好初衷。为地球村的形成提供一种普遍伦理标准的需要，以及在我们日常生存中体验到的支离破碎的世界与想象中人类各种族作为一个整体的社会之间建立联系的需要，为越来越多有责任心的知识分子所深切关注。这至少要求将个人利益的原则，不管其定义有多么宽泛，替换为一个新的黄金律："己所不欲，勿施于人。"（《论语·颜渊》2、《卫灵公》24）由于这个新的黄金律是从消极方面陈说的，因此需要一个积极的原则来补充：

己欲立而立人，己欲达而达人。（《雍也》30）

一种包容任何群体的团体意识既是一种伦理—宗教目标，同时也是一种哲学理想。这种团体意识基于由深思熟虑的心灵所形成的公共的、批判性的自我意识。有必要调动三种精神资源，以确保这个简单的愿景建立在影响着我们今天生活方式的文化综合体的历史性之上。

第一种资源涉及现代西方的伦理—宗教传统，特别是希腊哲学、犹太教和基督教。正是它们孕育出了启蒙思想，这一事实引发了一场令人注目的争论：它们重新审视自己与现代西方崛起的关系，为的是创造出新的公众领域来重新评估典型的西方价值观。物质/精神、身/心、圣/俗、人类/自然，甚或造物主/创造物，这种互斥的两分法必须被超越，以允许诸如土地的神圣性、存在的连续性、人类社会与自然之间的有益互动，以及天人的互动之类的终极价值观能够得到它们在哲学和意识形态中应有的卓越地位。希腊哲学对理性的强调，《圣经》对"人统治着鱼和大海，统治着天上的飞禽和地球上活动的一切生物"①的描述，以及所谓的新教工作伦理为启蒙思想提供了必要的——如果不是充分的——资源。然而，现代西方的崛起所带来的意料之外的消极影响已经暗中破坏了希腊思想中蕴含的社群意识，尤其是希腊化文化中的公民观念、犹太人的契约观念和基督教的伙伴关系或者说博爱观念，以致这些与启蒙思想保持着复杂与紧张关系的伟大传统，急需在道德上对启蒙运动中存在的人类中心说做出批评。

第二种精神资源来自非西方的历史文明，包括南亚和东南亚的印度教、耆那教、锡克教和佛教，东亚的儒教和道教，以及伊斯兰教。有趣而且意味深长的是，伊斯兰教应该被归入西方文明的一个有机组成部分，因为伊斯兰教实际上为文艺复兴，从而为启蒙思想的出现作出了贡献。可是在北美和西欧社会，近年来，伊斯兰教经常被学术团体及大众媒体责难为激进的他者。这些伦理—宗教传统在世界观、礼仪、制度、教育方式以及人类关系的模式方面提供了非常丰富而实际的资源。而且，作为启蒙思想之西欧和北美范例的继续和变体，他们可以帮助开发理解这个世界和各种生活方式的新方向。

展现完非西方的轴心文明之概貌之后，让我们把注意力转移到工业化的东亚，在源自中国的儒家文化的影响下，它已经发展成了一种不那么具有对抗性的，不那么个人主义的，以及不那么利己主义的现代文明。市场经济与政府领导、民主政体与精英管理，以及个体主动性与集体导向的共存，已经使得该地区成为"二战"以来在经济和政治上最有活力的地区。儒家伦理对工业化东亚崛起的贡献，使得出现印度教、耆那教、佛教和伊斯兰教模式的现代性成为可能，这一点的文化意涵无疑是深远的。儒教亚洲的西化，包括日本、韩国、朝鲜、新加坡、越南以及中国大陆、香港、台湾等国家和地区也许永远改变了其思想的面貌，但是其土生土长的资源，包括大乘佛教、道教、萨满教、日本的神道教以及其他民间传统，自有其精神活力在新的综合体中重新露面。

当然，需要告诫的是，在遭受了一个多世纪帝国主义和殖民主义统治的羞辱和打击之后，工业化东亚的崛起代表了启蒙思想遗产中的工具主义理性，并且带有复仇心理。的确，日本和亚洲四小龙的精神今日是以商业本位、重商主义和国际竞争为特点的。无疑，它们发展出一种更人性、更

---

① 《圣经·创世记》，1：24。

具有持续性之社群的可能性不应该被夸大，也不应该被诋毁。我最近在马来西亚的经历告诉我，伊斯兰教与儒家思想的对话可以为这种可能性的实现提供切实可行的办法以及理论上的指导。[①]

第三种精神资源包含"原始的"或土著的传统，比如美洲印第安人、夏威夷人、毛利人、马来西亚人和很多其他本土的种族传统。它们已经用物质的力量和美学的优雅证明了可持续的人类生活方式自新石器时代以来就是可能的。我们的现实生活中蕴含的生态学含义是深广的。它们那种人类繁荣兴旺的方式不是思想的虚构，而是我们今日时代中的一种经验性现实。

原始传统的一个突出特征就是对根源的深刻认识和体验。每一种土著宗教都植根于具体的地域，象征着一种理解方式，一种思考模式，一种生活习惯，一种态度，以及一种世界观。我们能够向美洲印第安人、夏威夷人或其他我们经常称为"原始"的人们学习吗？他们能够帮我们解决生态危机吗？

鉴于启蒙思想所导致的意料之外的灾难性后果，有一些明显的课程是现代意识（modern mindset）能够向原始民族的土著宗教传统学习的。原始民族植根于具体的地域，其自然的结果就是他们对周围环境有深入而细致的了解。的确，他们的居住地常常与大自然融合无间。这种生存模式中暗含了这样的意识：人类学意义上的世界和整个宇宙之间的相互依存和相互作用是必要且合乎人心的。我们可以向原始民族学习一种新的理解方式，新的思考模式，新的生活习惯，新的态度和新的世界观。那些富有责任心且深思熟虑的世界公民从原始意识（primal consciousness）对启蒙思想及其派生的现代意识的批判是发人深省的。

原始生活方式中同样有意义的一个方面是日常人际互动中的关系礼仪。繁复的血缘关系、丰富的人际交流层面、对周围的自然和文化世界细致入微的感悟，以及与祖先之间的关乎社群的经验性联系——这些社区建立在种族、性别、语言、土地和信仰的基础之上。那些原初的纽带是他们存在和活动的组成部分。在休斯顿·史密斯（Huston Smith）的特性描述中，他们所表现的是行动上的参与而非动机上的控制，是移情式理解而非

---

① 当时的场合是一场关于伊斯兰教和儒家思想的国际学术研讨会："文明的对话"。由马来亚大学主办，1995 年 3 月 12—14 日。

认识论上的经验主义认知，是世界观上对超凡者的尊重而非对自然的支配，是在人类经验中的充分实现而非与之疏离。① 随着我们对我们以前珍视的思维方式的合理性乃至正常性提出质疑，比如把知识而非智慧看作力量；维护物质进步的可取性，即便它对我们的灵魂有着腐蚀性的影响；证明以人类为中心而掌控自然是正当的，即使要以破坏维系生命的秩序为代价，原始意识无疑成为一种重要的资源。

一位研究世界精神的学者尤沃特·卡曾斯（Ewert Cousins），在回应生态危机时痛切地指出，当我们带着我们所经历的模糊不清和困惑迷茫眺望21世纪时，地球是我们的先知，土著民族是我们的导师。② 然而现实中，我们中间那些适应了启蒙思想的人不能放弃对地球的既有认识，从而逐渐理解原始民族的启示。挑战是巨大的。现代西方要真正听到预言和启示，就不得不与非西方的轴心时代文明进行积极而有变革能力的对话。这样一种跨越文化和其他界限的努力，使得原始意识在我们谈论全球化问题时能够充分呈现于自我反思之中。

当然，我不是在提议对原始意识怀有任何浪漫的爱慕或怀旧的情感，而且我批判性地意识到提倡原始化的主张经常是在"承认的政治"（politics of recognition）的指导下从事现代性文化建构。相反，作为启蒙思想的受益者和受害者，我建议我们以真诚的态度利用这三类精神资源来丰富、改造和重建我们共同的传统，以建立起一种真正普遍的全球社群意识。正如先前所讨论的，法国大革命中三个伟大的启蒙价值之中，在随后的两个世纪里，"博爱"好像被关注得最少。最近几年社群问题（problematik of community）被再次提出，预示着20世纪末两股明显矛盾力量的合流：在信息化时代地球村作为实际的存在与想象的共同体，以及从家庭到国家人类一体各个层面的瓦解与重建。

在那些负有责任心且深思熟虑的世界公民看来，原始意识对启蒙思想及其派生而来的现代意识的批判发人深省，具有启发性和教育性。如果说

---

① 见休斯敦·史密斯提交给"当代精神性的探寻：轴心时代的文明与原始传统"国际学术研讨会（夏威夷大学东西方中心主办，1991年6月10—14日）的论文。

② 尤沃特·卡曾斯在上面提到会议的口头发言，后收入斯蒂夫·弗莱森编《地方知识，古代智慧》（Steve Friesen, ed., *Local Knowledge, Ancient Wisdom*, East-West Center, Honolulu, 1991）。关于对此观点的详尽理论阐述，参见尤沃特·卡曾斯《21世纪的基督》（Ewert Cousins, *Christ of the 21st Century*, Rockport, MA: Element, 1992），第7—10页。

我们正从启蒙运动本身的核心中建立起第四种精神资源，这也许并非是不谦虚：经常性的自我反省、集体而非孤立的个体行动，是迈向宗教领袖和伦理导师所预想之新思维的第一步。女权主义者对传统的批评（特别是被广泛理解，然而同时立足于历史和文化的人文主义的女权主义），对环境的关心（特别是具有精神教养的深层生态学项目）以及宗教多元论的信念是这种新型的集体批判性的自我意识的典型例子。要在不解构或抛弃启蒙思想对理性、自由、公平、人权和公正分配之承诺的前提下超越启蒙思想，要求我们将现代性作为一个多层次的概念，将现代化作为一个复杂的过程进行重新审查。

一个多世纪以来，亚洲知识分子专心投入西学。他们为了东亚的工业化学习了荷兰学（日本的表达为 Rangaku）、英国学、法国学、德国学以及更近的美国学，为了东亚的社会主义化而学习了西化的苏联学。既然亚洲知识分子们熟知西方的启蒙运动，同时也没有忽略他们的本土资源，那么时机似乎已经成熟，让欧美活跃在学术、政府、商业和大众媒体的各界知识分子们充分意识到亚洲丰富的精神资源之中的儒家人道主义，应该为全球伦理的培育提供些什么。

三

儒家话语的中心问题由《孟子》中所例举的四个问题组成：第一个问题是人禽之辨——人（人类）与兽（动物王国的其他成员）的本质区别；第二个问题是夷夏之辨——文明与野蛮的本质区别；第三个问题是义利之辨——公正与利益的本质区别；第四个问题是王霸之辨——王道（仁慈的政府）与霸道（政治上权力大、经济上高效但道德上不足的政治）的本质区别。①

在儒家的视角下，人类不仅仅是理性的动物、政治的动物、工具的使

---

① 参见杜维明《孟子思想中人的观念——一个中国美学的进路》（"The Idea of the Human in Mencian Thought: An Approach to Chinese Aesthetics"），载苏珊·布什和克里斯蒂安·孟克文《中国艺术理论》（Susan Bush and Christian Murck, *Theories of the Arts in China*, Princeton: Princeton University Press, 1984），第 57—73 页。该论文同时收入杜维明《儒家思想——创造性转化的自我》（*Confucian Thought: Selfhood as Creative Transformation*, Albany, NY: State University of New York Press, 1986）。

用者或语言的运用者。儒家弟子好像故意反对过分简单化的还原论模型。他们从五个综合的识见来定义人类：

- 人类是有知觉的动物，不仅能够在他们自己中间，而且也能与其他动物、植物、树木、山川和河流，事实上与整个自然产生共鸣。
- 人类是社会的动物。作为孤立的个体，人类与动物王国中的其他成员比起来是弱小的，但如果他们组织成一个社会，他们就会具备内在的力量，不仅能够生存，而且能够繁荣。很多互动网络所体现的人与人之间的相互关系对人类生存和繁荣是必要的。我们的社会性定义了我们是谁。
- 人类的相互关系由于生物本性和社会需要而存在着阶层、地位和权力上的差异，从这一意义上来说，人类是政治的生物。但儒家学者坚持认为这些人为建构的差异是流动、变化的，同时他们也认识到"有机"的差异相对于"机械"凝固的差异的意义。
- 人类还是历史的存在，分享着集体记忆、文化传统、礼仪习俗和"心灵的习性"。
- 人类是形而上的存在，不能用人类中心的观念去界定，而是有着更为高远的志向，以与天命动态互动的终极关怀为特征。

儒家之道是学习成人之道。学习成人，在儒家精神上就是一个永不停息、没有终点的创造性自我转化的过程，这种创造性的自我转化既是一种集体行动，又是与天的不断对话。这涉及四个不可分的方面——个人、社群、自然和超越者。学习的目的被理解为是"为己"，但是"己"并不是一个孤立的个体（一座岛），而是很多关系的中心（一条流淌的小溪）。"己"作为关系中心是一个动态的开放式系统，而不是一个封闭的静态结构。因此，个人与社群的相互依存、人类与自然的和谐共存以及与天的不断交流被看作人类事业的特性和最高价值。①

　　由于儒家将此时此刻、具体、活生生的人，作为他们哲学人类学的出发点，他们认识到人类境况的深入性（embeddedness）和根源性（rooted-

---

① 参见阿凡德·夏尔马主编《我们的宗教》（Arvind Sharma, *Our Religious*, San Francisco: Harper San Francisco）一书中我写的"儒教"一章，第195—197页。

ness）。因此，那些内在于儒家事业之中、我们称作原初纽带——种族、性别、语言、土地、阶级和基本精神导向——的深刻意义是一场文化多元化的庆典（这绝不会与任何有害的相对主义相混淆）。儒家经常将自己的学问理解为身体和心灵的学问（身心之学），或者本性和命运的学问（性命之学）。有一种认识是，我们每一个人注定都是处于特殊环境中的一个独特的人。从定义上来讲，我们是独一无二的独特的人类，但是同时，我们中的每一个人都具备自我修养、自我发展和自我实现的内在可能性。尽管存在命运（fatedness）和境遇（embeddedness）这种结构性限制条件，我们在学习成人的过程中还是被赋予了自我转化的无穷可能性。因此，我们本质上是自由的。我们的自由创造了我们的价值，我们的自由存在于我们作为关系中心的自我的责任之上。单凭此条就值得而且应该受到尊重。

那么，儒家关于人类生存和繁荣的方式，在已经提到过的两条基本道德原则中已经预告了。第一条是体谅他人的原则，互惠互利的原则："己所不欲，勿施于人。"之所以从消极的角度进行陈述，是基于这样的信念，即对我来说最好的东西对我的邻里来说未必是最好的。我喜欢辛辣的食物（泰国菜或川菜），但是我不能将这种味道强加给我的孩子，因为他们可能还不能欣赏它。从表面上看，这好像违背了伦理思想中的普适性的基本要求。然而，对批判性自我意识的需要不仅是对他人完整性的认可，而且也是"类推想象"（analogical imagination）的实践价值。① 交感性理解（sympathetical understanding）（一种"体知"形式）的运用提高了一个人的自我认识，正如孔子所强调的："能近取譬，可谓仁之方也已。"（《论语·雍也》30）

第二条原则是义务意识，它是道德责任的表现："己欲立而立人，己欲达而达人。"（In order to establish ourselves, we must help others to enlarge themselves.）这不是简单的利他主义，并不是因为我有很多富余的精力或额外的资源，为了好心的缘故，而与他人分享。而是，作为关系的中心，我自身的繁荣要求我，在一种移情的精神（spirit of empathy）下，将自己融入他人的事务之中。英语翻译中增加的"help"（帮助）一词，不仅

---

① 这种说法基于大卫·特拉西《类推想象：基督教神学与多元主义文化》（David Tracy, *The Analogical Imagination: Christian Theology and the Culture of Pluralism*, New York: Crossroad, 1991）。

指向他人，也指向我们自己。因为，从字面意思上讲，汉语文本只是简单地指出："己欲立而立人。"

在此学习成人的过程中，五种基本美德（virtues）会得到体现：仁，或许更为准确的表达是互仁，它必须伴随着一种同情感。义，经常被以一种微妙的方式来理解。例如，当一个学生提出道家的观点："以德报怨，不亦善乎？"孔子反驳说："何以报德？"他推荐的方法是："以直（正直）报怨，以德报德。"（《宪问》34）除了仁（互仁）和义，还有礼、智和信的美德。礼，是最近亡故的美国社会主义学家爱德华·希尔斯（Edward Shils）所认为的对任何"文明社会"的发展都至关重要的一个观念。作为一种文明的行为模式，儒家意义上的礼具有更丰富、更复杂的内涵，但是，在当前的语境下，它在功能上可以作为礼仪（civility）的同义词。为《论语》中关于礼的精妙话语所感动，希尔斯半开玩笑地尊奉孔子为"文明社会"① 之鼻祖。儒家的智，并非希腊人通过思考而得到的洞见，而是与识人和做事紧密联系，是"体知"② 日常实际生活日积月累的结果。智源自与社会习俗的磨合而非对抽象观念的推理式沉思。

就信而言，我想起现代英语词汇中一个十分有趣的现象：有些带着一种"精神重力"的非常文雅的传统词语，比如信任（trust）、忠诚（fidelity）、社群（community）、合作（cooperation）以及友情（company）现在都成了金融机构。不管政治应该被理解为道德领导，还是仅仅理解为权力的分配和安排；不管经济学仅仅是利润的增加，还是对财富和资源的管理，其中暗含的是公正、公平的观念；不管我们珍视宗教多元主义，还是让自己屈从于宗教排他主义；不管我们认为多元文化主义是一种价值观，还是只接受我们自己的语言和生活方式是最正宗甚至唯一正宗的现代性之表现。这些不仅是儒家的议题，如果我们真心想把"人权"

---

① 爱德华·希尔斯：《对文明社会和中国知识传统中文明礼仪的思考》（Edward Shils, "Reflections on Civil Society and Civility in the Chinese Intellectual Tradition"），载杜维明编《东亚现代化中的儒家传统——对日本和四小龙的道德教化和经济文化的探讨》（*Confucian Traditions in East Asian Modernity: Exploring Moral Education and Economic Culture in Japan and Four Mini-Dragons*, Cambridge, MA: Harvard University Press, 1996），第 2 章。

② 关于该观念的初步探讨，参见杜维明《论儒家的"体知"——德行之知的含义》（"On embodied knowing—the implications of moral knowledge in the Confucian tradition"），载刘述先编《儒家伦理研讨会文集》（Liu Shu-hsien, ed., *Jujia lunli yentaohui wenji*, Singapore: Institute of East Asian Philosophy, 1971）。

转化成一个人类通用的语汇，这些问题是有反思能力的现代人都需要讨论的。

为了回到儒家事业的话题上去，我们可以实际想象一下儒家对人类自我发展的看法——基于一个人的尊严，依据一系列同心圆：个人、家庭、社群、社会、国家、世界、宇宙。吊诡的是，我们寻求真正的个人认同，一个开放的、创造性地转化的自我，必须建立在我们克服自私自利和自我中心的能力之上。我们珍视家庭的团结一体，为了达到这一点，我们必须超越任人唯亲的习惯。我们拥护社群的团结，但我们必须超越狭隘的乡土观念以充分实现它的价值。我们能够因社会的整合而富有，只要我们克服民族中心主义和排他性文化主义。我们致力于国家的团结统一，但是我们应该超越攻击性的国家主义，这样我们才是真正地爱国。人类的兴旺发达鼓舞了我们，但是我们必须努力避免局限于人类中心主义，人文主义的全部意义在于天人合一，而不是以人类的观点来解释宇宙万物。在马来亚大学组织的伊斯兰教—儒家对话国际学术研讨会（1995 年 3 月）上，马来西亚副总理安华（Anwar Iberhim）引用了休斯敦·史密斯《世界宗教》中的一段话，它非常准确地传达了儒家的自我超越精神：

> 一个人若将移情关切（empathy concern）的中心从自己转移到家庭，他就超越了自私自利；从家庭转移到社群则超越了任人唯亲；从社群转移到国家则超越了狭隘的乡土观念；而转移到整个人类则是与沙文国家主义相对抗。①

我们甚至可以补充说：向天人合一的转移超越了凡俗的人文主义——作为现代西方知识界之特质的人类中心主义的显著形式。的确，是天人一体的精神让我们找到了人与社群的交流、人与自然的和谐以及人与天的相互依存。将这种学习如何成人的综合而全面的见地作为所谓亚洲价值的核心是

---

① 引自安华（Anwar Iberhim）在"伊斯兰教—儒家思想国际学术研讨会：文明的对话"开幕式上的发言（马来亚大学主办，1995 年 3 月 13 日）。需要指出的是，休斯敦·史密斯特别参考儒家思想，是基于我对儒家人道主义中自我超越之意思的讨论。如果将我的"天人一体"论点贯彻到底，我们需要超越"人类中心主义"。参见休斯敦·史密斯《世界宗教》（Huston Smith, *The World's Religious*, San Francisco: Harper San Francisco, 1991），第 182、193、195 页（注释 28 和 29）。

非常合适的。

由于时间的限制，在此我不能进一步探讨关于亚洲价值的话语如何能为世界人权的讨论作出贡献。我坚信，这样的一种话语能够在观念上和实践上拓展和深化人权资源，而人权既是有着深刻文化和历史根源的现代西方观念，同时又极有可能成为普世性的实例。然而，在一种如此复杂的比较文明语境中，同时又缺乏强烈的政治激情的情况下，要进行这样的探讨是一项令人望而却步的任务。我们不是在选择理想的言说形势，也没准备好维护一种基于抽象原则的新"交往理性"。① 在我们从儒家的观点出发，使人权成为一个活跃话题的有限尝试中，我们希望我们最初的解释立场能够被恰当地理解。不用说，在一个比较文化的视角下，为了更深刻地理解人权，儒家人文主义所传达的亚洲价值观将要扮演一个重要角色。我们应该将自我理解成一个孤立的个体，还是关系的中心？我们应该将社会看成一个建立在信赖基础上的社群，还是仅仅是对冲突力量的契约安排的结果？我们开始充分意识到我们是如此深陷于我们的语言学宇宙之中，更不用说我们的历史性之中，我们无法摆脱事实上的狭隘乡土观念。不管我们试图表现得多么思想开放，自以为有多解放，我们必须尊重另外的智慧和激进的他者。

这对说英语的社群来说特别中肯，不管是在伦敦、悉尼、马德拉斯、吉隆坡或是新加坡。作为一个美籍华人，我当然对美国的形势最为敏感。这又一次击中了要害：当你懂了几种语言之后，你可能会被看作使用多种语言的人。如果你懂两种语言，你就是双语人。如果你只懂一种语言，你可能就是美国人。这不是力量，而是一种限制，即便英语是世界通用语的神话部分是对的。我认为，目前时机已经成熟，美国公众以及学术团体应该渐渐意识到双语和多语能力是现代文明不能不获取的社会资本和文化财富。当然，因为种种原因，马来西亚人和新加坡人在日常实际生活中是多语的。然而，对这种社会资本和文化财富价值的充分认识要求亚洲国家中说英语的政治精英们积极参与，以培育它、发展它。毕竟，语言不仅仅是交流的工具，它们还是个人自我理解和集体团结一致所必需的知识、智慧和价值观的储藏所。

---

① 尤尔根·哈贝马斯：《交往行动理论》（Jurgen Habermas, *The Theory of Communicative Action*），（Thomas McCarthy, trans., Poston: Beacon Press, 1984），第 1 卷。

　　东亚的知识分子们诚挚地致力于探讨儒家传统的工作中，使其能成为经济发展、国家建设、社会稳定和文化认同的精神资源。虽然他们珍视着这样的希望：当他们努力把他们的壁龛安置在现代社会汹涌狂暴的浪潮中的时候，他们对他们自己文化价值的赏识将会提供一个道德的港湾。但是他们仍然是启蒙事业中的活跃分子。复兴的儒家价值观不再是保守本土文化思想的原教旨主义表现，它们不过是经过重新评价的，与启蒙思想所规定的现代意识形态能够兼容和相称的传统价值观。实际上，因为东亚的知识分子们专心向现代西方学习了好几代人的时间，包括人权在内的启蒙价值已经成为他们自己文化遗产的有机组成部分。重申早些时候的一个观点：整个东亚的知识分子群体，更不用说讲英语的政治精英们，对现代西方的人生取向比对任何传统亚洲生活方式都要熟悉。最近出现的对东亚儒家伦理的兴趣，不管是否预示着一场文化复兴，并不意味着对启蒙思想的完全排斥。相反，正如我已经暗示的那样，启蒙时代对工具理性、物质进步、社会工程、经验主义、实用主义、科学主义以及竞争的信念好像在新加坡和中国的香港、台北比在巴黎、伦敦、纽约或是马萨诸塞州的坎布里奇有着更加打动人心的力量。

　　那么，关键的问题就不仅是亚洲的价值观与现代西方价值观的对抗，而是东亚知识分子怎样在他们对已部分本土化了的启蒙思想遗产的批判性回应中，由于自己的文化根基而变得更为丰富、有力。人权的充分发展要求他们能够创造性地将现代西方的启蒙思想转化为他们自己的文化传统，并加以彻底消化。这种能力反过来又在他们为这个任务而创造性地调动本土社会资本和文化财富的能力中展示出来。他们必须敢于提出尖锐的根本性问题，认同复杂真实的选择，以及作出痛苦的可行性决定。自由与平等、经济效益与社会公正、发展与稳定、个人利益和公共福利，更不用说权利与义务之间的冲突是实际生活中的严酷现实。自由、经济效益、发展、个人利益和权利的发展是非常令人向往的，但是完全以平等、社会公正、稳定、公共福利和义务为代价来追求这些价值是不明智的。随着作为现代化典范的北美和西欧国家继续无视世界上其他地方的文化，继续对说其他语言的民族漠不关心，东亚只能选择走自己的道路。正是从这个意义上说，儒家看待人权的视角是值得探索的。

　　矛盾的是，儒家的人格理想——真实的人（君子）、有价值的人（贤人）或是明智的人（圣人）——在自由民主的社会比在传统的君主专制或现代独裁政体中能够更充分地实现。东亚的儒家伦理必须根据启蒙价值，创造性地转化自身，才能有效地批判现代西方的过度个人主义、恶性竞争和严重的好讼之风。

（作者单位：北京大学高等人文研究院。刘晓英译，梁涛校）

儒学与人权讨论的一个建设性架构

［美］ 萨姆纳·突维斯 （Sumner. B. Twiss）

本文的写作，其视角来自比较伦理学学者，以及一些最近参与到国际人权与宗教伦理、哲学传统之关系的跨文化对话的学者。① 在下文中，笔者关注的焦点将集中于如下的争论：人权究竟仅仅关联于某种特定的宗教、哲学传统，抑或是一种跨文化的普适性构想？在这些讨论中，笔者关注的重点在于以下三个议题：（1）国际人权及其正当性辩护如何能在跨文化的道德对话中得到阐释？（2）一些学者所持的普适人权与特殊文化传统必然无法共存的观点是否合理？（3）应当如何回应那些在人权对话中极有可能出现的，由于不同文化中迥异的道德视野、道德原则的碰撞而导致的诠释与道德上的难题？这些问题构成了本文讨论的要点。简而言之，笔者的目标在于尝试为不同文化间的人权对话发展出一套建设性构架，并以儒家传统为例证明此种架构的实用价值。②

---

① 例如，约翰·凯尔西与萨姆纳·突维斯合编《宗教与人权》（John Kelsay and Sumner B. Twiss ed. , *Religion and Human Rights*, New York: The Project of Religion and Human Rights, 1994），及萨姆纳·突维斯与布鲁斯·格里尔合著《人权与比较宗教伦理学：一种新的立场》（Sumner B. Twiss and Bruce Grelle, "Human Rights and Comparative Religious Ethics: A New Venue"），载《基督教伦理社会年鉴》（*The Annual of the Society of Christian Ethics*, 1995），第21—48页。

② 此种构架在笔者最近的论文《比较伦理学与跨文化人权对话：一个纲领性的考察》（Sumner B. Twiss, "Comparative Ethics and Intercultural Human Rights Dialogues: A Programmatic Inquiry"）中有详细阐述，载莉萨·卡希尔与詹姆斯·奇尔德雷斯编《基督徒：问题与展望》（Lisa S. Cahill and James F. Childress, ed. , *Christian: Problems and Prospects*, ch. 21, Cleveland: Pilgrim Press, 1996），这篇文章部分地受到了笔者1995年参加儒学与人权会议经历的启发，那次会议形成了当今这些相关著述的基础。笔者在那篇文章中的部分观点被吸收到了本文之中。

出于讨论的需要，在这里我把人权理解为在 1948 年《世界人权宣言》以及随后于 20 世纪 70 年代中期生效的两个相关条约①中得到清晰表述的一系列权利（它们往往被统称为"国际人权法案"），同时也包含此后签署的相关条约、协议之内容。②《公民权利与政治权利国际公约》保障了诸如思想与言论的自由、免于任意拘禁刑讯的自由，以及迁徙的自由、和平集会的自由等一系列权利。《经济、社会和文化权利国际公约》则规定了如下权利：工作并得到合理报酬的权利、保护家庭并维持适当生活水平的权利、教育权、卫生保健权、政治状况的民族自决权，经济—社会—文化发展权，以及种族、宗教的少数派享有其自身文化、语言与宗教的权利。国际人权的内容在一系列有关防止种族灭绝、消除种族歧视、消除妇女歧视、保护难民、保障儿童权利、消除宗教歧视、保护原住民权利（《联合国原住民权利宣言》于 2007 年 9 月经由联合国大会通过——译者注）的条约中得到了扩展与细化。尽管在上述条约里得到明确宣示的这些权利，有很多已经毫无争议地在世界范围内被普遍接受，但其中的部分内容仍然在国际舞台上受到争议与质疑，这也正是国际人权对话的缘起之一。

通常认为，这些协议规划了一整套对人权概念特征的典型理解，这种理解的引入起初是极富价值的。③ 人权被典型地认为是一种在道德上（也包括法律上）具有极高优先性的主张与要求，它被理解为对某种境况或财产的要求，而这种要求应该为社会所保障。而且，这种优先性要求与授权被构想为是全人类所共有的，尤其是弱势人群可以利用它来正当地与那

---

① 指 1976 年生效的《公民权利与政治权利国际公约》与《经济、社会和文化权利国际公约》。——译者注

② 参见《国际人权清单》（*The International Bill of Human Rights*，New York：United Nations，1993）。以国际人权为主题，该书亦曾以其他多种版本形式再版。以上的描述部分地取自《术语："人权"与"宗教"》（Sumner B. Twiss，"Terms：'Human Rights' and 'Religion'"）一文，该文写作时曾求教于前任"宗教与人权"项目执行理事库苏弭多·佩特森（Kusumita Pedersen）先生，见凯尔西、突维斯合编《宗教与人权》，第 3—4 页。

③ 许多人权学者已经清楚表达了此种描述，例如，可参见亨利·舒《基本权利：生存、富裕与美国外交政策》（Henry Shue，*Basic Rights：Subsistence，Affluence，and U. S. Foreign Policy*，ch. 1，Princeton：Princeton University Press，1980），以及杰克·唐纳利《人权的概念》（Jack Donnelly，*The Concept of Human Rights*，chs. 1 - 2，New York：St. Martins Press，1985）。后续引用中所提到的罗纳德·德沃金"以权利为王牌"之观念，出自其名著《认真对待权利》（Ronald M. Dworkin，*Taking Rights Seriously*，Cambridge：Harvard University Press，1977）。

些以国会议员或州议员为代表的特权群体相抗衡，这些特权群体具有满足人们权利要求的相应责任。借用罗纳德·德沃金（Ronald Dworkin）的一个巧妙比喻，人权好比一张全世界公认的人们借以抗衡特权群体的"王牌"。此外，被特别强调的一点是，人权若要真正成为一种具有实用性的优先性要求，那么它就必须被作为一种权利而得到宣示、承认与回应。

在这些人权概念特征的典型性描述之外，我也引入了一些例外情形，因为我认为这些描述本身不够细致，不足以对我所观察到的那些在世界各地的人权实践中出现的一些其他特征做出充分解释。下面就让我来举例说明。首先，我们将会看到，存在着一种以发展权与集体性权利为主旨的新一代人权，其中的部分内容上文中已有所提到，它强调所有民族与共同体的优先需求，而这些内容为人权的典型描述所排斥。其次，上述典型人权的描述明确坚持，为了保证权利的有效性，人权的优先性要求必须被视为一种权利。但如此一来就不免忽略了一些其他的情形：在某些特定的传统或社会中，权利并没有得到明确宣示，但由于具有道德正当性的政府与政治体制本身的系统性需求，或在追求共善的过程中，作为对民众社会道德责任之恰当履行的先决条件，人权所指向的生存境况与财产方面的要求依然在很大程度上通过其他方式得到了保障。令我感到惊讶的是，一些制度与传统虽然缺乏甚至抵制那种作为概念而被明确提出的权利观念，但由人权主题所确认的权利优先性却仍然可以为这些制度与传统所保障。① 最后，尽管本文中无法深入探讨，但仍有必要指出的一点是，典型的人权描述被过分构想为一种向国会或州议员提出的优先权利（priority claims against states or state representatives），但这样一来，诸如跨国公司这样较少受到国家控制的非国家主体的实践活动，就容易引起诸多人权上的问题，尤其在社会经济权利方面。这是一个直到今天才被逐渐认识的重要问题，它的提出或许会牵涉出一些关于如何恰当理解国际人权理念的更

---

　　① 这一观点与罗思文在《为什么要认真对待权利？——儒家的批评》（Henry Rosemont, "Why Take Rights Seriously? A Confucian Critique"）一文中所提出的讨论进路形成了鲜明对照，载勒罗伊·S. 罗纳编《人权与世界宗教》（Leroy S. Rouner, ed., *Human Rights and the World's Religions*, Notre Dame, Ind：University of Notre Dame Press, 1988），第167—182页。在最近的书中，他又重申了这一观点。

加深入的辨析。①

一　经过修正的人权观念及其正当性论证：
一个基于历史与实践的进路

　　为了探究刚才提到的问题并发展出一个富有启发性的理论架构，我们有必要在一开始就密切留意那些不同文化传统的代表及其研究者们思考国际人权问题时产生的值得关注的问题。② 这个问题是，在很多人眼里，作为西方道德意识象征的人权观念极有可能对其他不同文化、宗教与哲学传统中的道德观念造成威胁并取而代之。这一见解，在跨文化对话与比较伦理学这两重意义上，都对人权思考的进展构成了严重的障碍。直面这一问题，不仅有助于消除跨文化交流与学术研究中的障碍，而且也使得建立一种经过修正的人权理念成为可能，而它将对我们未来的研究带来积极帮助。

　　由这一见解引出的一个基本问题在于：作为一种"底线道德"而获得普适性要求的人权与根植于不同文化传统中的更具特殊性，同时也更为广泛、更加丰富的道德观念之间的关系究竟如何？③ 尤其令许多非西方文化代言者和比较哲学学者感到担忧的是，（典型的）自由主义式的人权观往往被设想为一种用以衡量不同文化背景中的人们行为合乎道德与否的核

---

　　① 若欲了解有关此问题的具有启发性的讨论，参见尼尔·斯坦默斯《人权与权力》（Neil Stammers, "Human Rights and Power"），《政治研究》（*Political Studies*, vol. 41, 1993），第70—82 页；以及《社会进路的人权之批评》（"A Critique of Social Approaches to Human Rights"），《人权季刊》（*Human Rights Quarterly*, vol. 17, 1995），第488—508 页。

　　② 此一段论述部分地取自突维斯、格里尔合著《人权与比较宗教伦理学：一种新的立场》，《基督教伦理社会年鉴》（1995），第30—35 页。在笔者另一篇文章《比较伦理学与跨文化人权对话》中，相关讨论得到了扩展与提炼。

　　③ 以下的思考部分地受到了迈克尔·沃尔泽《道德底线主义》（Michael Walzer, "Moral Minimalism"）一文的启发，重印于他的《厚与薄：国内外的道德争论》（*Thick and Thin: Moral Argument at Home and Abroad*, South Bend, Ind: University of Notre Dame Press, 1994），第1—19 页。此一问题在《编者的总结性思考》（"Concluding Reflections by the Editors"）一文中有初步讨论，见凯尔西与突维斯编《宗教与人权》，第113—123 页，尤见第118—120页。

心尺度，这就意味着人权将毫无疑义地成为一种文化上的帝国主义。① 更确切地说，他们担心的是将核心道德建立在个体权利之上的人权观将会取代那些（比如）更加侧重于群体指向的道德传统，这很可能意味着那些曾在多元文化背景下共存的诸多道德传统的实际影响力的衰退，甚至于其自身的消亡。由此，他们提出了一个尖锐的诘问：这样的替代是否真的意味着全人类的道德进步？抑或毋宁说是一种倒退，或者说是社会原子论主义者画地为牢的短视？

除却这种对于以"薄"的权利道德主导并取代丰厚的道德传统的反思，人们也开始质疑那些将人权抬升为一种普适性道德判断标准的形而上学与认识论假设。在这里，我们遇到了对那些已经过时的道德知识理论（即基础主义［foundaionalism］）的质疑与指责，这些指责包括：过于狭隘的人性理解（比如将利己主义视为人性主要方面的狭隘假设），对个人与群体关系的片面化理解（各自独立的孤独单子、商业社会中互不相关的陌生人），剥离了彼此互助、相互联系、同情怜悯之后的缺少爱的世界。② 正如很多人断言的那样，人权观念本身或许就建立在一个对人之本性、群己关系、道德认识等问题的值得怀疑的信念之上，既然如此，那么人权对话中多元文化的代言者们就不免产生疑惑：我们是否还要接受这样一种甚至已经不再为很多西方人所接受的、缺乏合理依据的人权观？

然而，这种关切和问题恰恰反映了人们对人权本质、渊源与功能的误解，因此，厘清上述问题就显得尤为重要。尽管有一种流行的观点认为，人权只不过是西方特殊的人性论与道德理性假设之下的产物，然而一个不容忽视的事实是，《世界人权宣言》已经在 1948 年经由不同国家、不同文化背景的代表们正式协商通过。③ 即便我们承认西方国家的代表可能在此过程中起了主导的作用，然而一个简单的事实是，在人权问题上不同意

---

① 1994 年 5 月 22—24 日在纽约召开的由宗教与人权计划（the Project on Religion and Human Rights）发起的宗教与人权会议上，众多与会者强调指出了这种担忧；在 1995 年召开的儒学与人权会议上，一些与会者也提到了这一问题。

② 在最近的论文集中，罗思文就提出了这种批评。

③ 若欲从亲身参与者那里了解有关人权磋商的真实实践过程，参见约翰·汉佛莱《人权与联合国：一项伟大的探索》（John P. Humphrey, *Human Rights and the United Nations: A Great Adventure*, Dobbs Ferry: transnational Publishers, 1984）。

见的实践性（pragmatic）磋商也仅仅是一个选择的过程，而不是对诸如道德知识、政治哲学，甚至法理学之类问题的理论建构。而且，这一实践活动又继续影响到之后人权条约、协议的起草与签署。由此，我们不禁要问：这一进程对人权的本质、地位与合理性问题意味着什么？而这些问题的答案，很可能会消除一些人对人权观念中一些占主导地位的特定思想的疑虑。

姑且不论效果如何，各种人权宣言、协定、公约的创制者都试图在普遍人权准则与特殊文化传统之间建立联系。此种尝试基于这样的事实，即道德具有多样性而文化具有特殊性，然而人们发现，在危急情形下，即便是来自不同传统的人们也会寻求对某些人类根本价值的共同信仰。以《世界人权宣言》为例，它是第二次世界大战的历史性产物，这场战争中的种族屠杀与残暴兽行给人类带来了沉重的危机。面对这一危机，来自众多不同文化传统的人们开始意识到并且最终断定，那些残暴的行为为他们各自不同的传统所共同抵制。于是，经过一系列实践性磋商，他们同意以人权的话语形式将这种道德判断合为一种统一的表达。在这里，权利话语的使用诚然是西方法律传统在当今世界舞台占据统治地位的结果，然而，对残暴行为的共同抵制则绝不是西方道德判断下的专有之物。

类似地，随后在20世纪70年代陆续签署的两个人权公约同样产生于人类的某种共识，即人们（尤其在那些发展中国家）所遭受的政治上的压迫与物质上的恶劣处境，是与诸多文化传统所蕴含的道德敏感性不相容的。值得注意的是，部分地出于这些协议对社会经济权利以及民族自决与发展权的着重强调，在它们的签署过程中，那些非西方文化的代表们（或者说，至少是非第一世界国家的代表们）其实发挥了更为显著的影响。类似的进程也发生在1979年签署的有关保护妇女权利的公约以及更近一些的联合国1993年拟定的《保护原住民权利宣言》中。这些人权表达，远不是要抢占并取代那些不同文化传统中所蕴含的丰富的道德教化，相反，它们本身就产生于这些传统的信仰者们所达成的共识，这些共识正是对不同道德传统所共享的那些特定价值的明确坚持与捍卫。残忍、暴政、饥荒、歧视、驱逐迫害，诸如此类的行为，为不同道德传统的信仰者一致反对。这一认识说明，不同文化传统之间尽管存在着区别，但它们仍能共享很多真实而重要的道德价值。至少，在某些关键性的时刻，来自不同传统的人们发现，他们享有共同的期望，同时也忍受着亵渎人类尊严、损害人类福祉之苦。

在实践道德的基础上，不同文化传统和人权团体的代表可能会将人权的特殊表达形式视为不同价值观的民族不断认同的产物，这些价值观被其各自独特的文化—道德传统所拥有。没有哪一种道德传统可以单独构成人权的唯一来源。从这一意义上说，人权其实是由为不同文化传统所共同珍视的一系列重要的道德期待（moral expectations）构成的。① 再者，将苦难强加于他人的行为在当前的人类生活中并未绝迹，因此我们期待见到更多道德共识达成之时的到来，期待更多新的人权内容被补充进已知的内容之中，也期待新的人权重点的出现。

以上对人权磋商与共识所做的回溯，其主要意义在于从历史的角度审视一系列人权准则的出现与形成过程。人权问题跨文化共识的形成有其历史，正如伯恩斯·韦斯顿（紧随卡洛·瓦萨科［Karel Vasak］之后）提出的，人权的历史至少可以分为三个不同阶段，每一阶段的人权都有其各自的特征，而各个阶段之间的关系并不是相互取代，而是后者不断对前者进行补充与细化。② 第一代人权的发端源于第二次世界大战的惨烈后果。以富兰克林·罗斯福（Franklin D. Roosevelt）"四大自由"演说及其对"免于匮乏的自由"的确认为背景，这一代人权主要包含公民政治权利与自由权，同时也涉及某些社会经济权利。③ 20 世纪 70 年代诸多人权公约的签署，标志着第二代人权的明确形成，它加入了对社会经济权利的强调，诸如对重要财产、公共服务所享有的权利以及它们的公正分配；同时，从与第一、第三代人权的关联上看，第二代人权具有承前启后的意义（它确认了民族自决权与文化权利）。第三代人权，如今正坚定地为第三、第四世界国家所主张，它的主要诉求是在全球范围内重新分配权力、财富

---

① 参见沃尔泽《道德底线主义》，《厚与薄：国内外的道德争论》，尤其是第 17—18 页。

② 参见伯恩斯·H. 韦斯顿：《人权》（Burns H. Weston，"Human Rights"），重印于理查德·皮埃尔·克劳德与伯恩斯·韦斯顿合编《世界共同体中的人权：问题与行动》（Richard Pierre Claude and Burns H. Weston eds.，*Human Rights in the World Community*：*Issues and Action*，Philadelphia：University of Pennsylvania Press，1992），第 14—30 页，尤见第 14—21 页。

③ 在此我要向 1995 年"儒家与人权"会议的参加者路易斯·亨金（Louis Henkin）先生表示感谢，他提醒我注意罗斯福"四大自由"演讲这一历史背景。参见氏著《权利的时代》（Louis Henkin，*The Age of Rights*，New York：Columbia University Press，1990），第 16—18 页。

以及那些事关人类命运的共同财产（如生态、和平等等）。对集体发展权（包括政治、经济、文化等方面）以及在地区与全球范围内更加公平地分配物质与非物质财富的要求与强调，也被加入到民族自决权与发展权中。这一代人权也与先前的两代人权相关联，它不仅关注民族的集体性权利，也注重其中每一个体的自由与物质福利。国际人权界一致认为，这三代人权是同样重要而相互联系的，为了世界的平衡、稳定与和谐，它们都值得人们去努力追求。简而言之，以上三代人权是不可分割的——尽管在未来的语境中，其中的某一点可能会因时代的需要而受到着重强调。

　　这里有必要指出的一点是，有一种做法倾向将三代人权分别明确对应于不同的人性、个体、群体的预设，这样一来，三代人权之间相互联系不可分割的观念看上去似乎受到了削弱。① 韦斯顿将公民政治权利、社会经济权利与集体发展权分别与自由的个人主义、社会主义传统以及整体性社群哲学（philosophy of holistic community）相联系。② 由于不同的文化传统都对国际人权观念的形成做出了各自独特的贡献，这种理解也有一定的合理之处，但同样可能导致一些错误认识，正如韦斯顿所指出的，它可能导致一种认识上的误区。事实上，后续出现的人权观不仅为前代人权观补充了新的内容与侧重，更重要的是，它修正了我们先前对于人权之本质与重要性的一些理解。事实上，我们有必要将循环与螺旋的诠释过程（a recursive and spiraling hermeneutical process）考虑进来——所谓循环，是指根据后来的发展与变化回到并解释以前；所谓螺旋，是指从循环运动的观点解释以后。简言之，国际人权本身已经形成了一个动态的传统，有助于消解由于吸收不同文化所导致的人权观念内部的不一致（incoherence）。

　　举例而言，倘若按照自由的个人主义的理解而将公民政治权利明确描述为一种"消极自由"（或者说，"摆脱"政治权威压迫的自由），他们就很可能偏离这样的一个事实，即自由同样可以被理解为一种"能力"

---

　　① 比如，可参看阿扎曼蒂·波利斯《自由主义者、社会主义者以及第三世界视野中的人权》（Adamantia Pollis, "Human Rights in Liberal, Socialist, and Third World Perspective"），见克劳德与韦斯顿合编《世界共同体中的人权：问题与行动》，第146—156页。这是对她早期发表的一篇文章的修订版，见彼得·施瓦布与阿扎曼蒂·波利斯所编《迈向人权框架》（Peter Schwab and Adamantia Pollis eds., *Towards a Human Rights Framework*, New York: Praeger Press, 1982），第1—26页。

　　② 韦斯顿：《人权》，《世界共同体中的人权：问题与行动》，第18—20页。

或"天赋"，它使得人们能够成为政治共同体或社群中富有活力的一员：他们对社会共同生活的最好方式抱有自己的想法，并试图以之说服别人。① 换言之，公民政治自由与其说指那些消极性的"摆脱某种压迫"的自由——这种消极自由通常与个人主义所标榜的那种对彻底自主、离群索居、自私自利、非历史、非文化的个体之私人空间的保护相联系——毋宁是指那种社会成员对繁荣社群的积极参与能力，它正与——举例而言——社群主义传统中的道德与政治思想相协调。基于对受剥削的特定阶级与殖民地人民的关注，以社会经济权利为主要内容的第二代人权，通过阐明某种最低限度的社会经济状况是公民参与政治活动的必要条件，强调了公民政治权利的积极功能。同样，我们也可以看到这一观点背后蕴含的洞见，即公民政治自由对于促进人民的社会、经济状况是十分关键的。比如，公民政治权利的实践可能会成为催生社会、经济状况改善的动力。② 由此，超越了以往与第一、二代人权相关联的种种哲学传统与理论预设，我们对这两代人权的理解已经发生了某种质变，它使得我们能够更加深切地理解这两代人权之间的相互依存与彼此影响。

　　从侧重集体发展权的第三代人权对另外两者的影响中也可以得出类似的观点。假如我们在全球范围内径直地将第三代人权全盘对应于整体性社群哲学而不对其加以深入思考的话，那么我们就很可能令其陷入与另外两代人权——举例而言，比如属于个体的公民政治权利——的强烈紧张之中。毫无疑问，由自决权以及物质或非物质财富的发展权所代表的整体性权利应当首先应归于社群和人民，但是，正如韦斯顿所指出的，将它与前

---

　　① 参见大卫·霍伦巴克《社群主义者对人权的重构：来自天主教传统的贡献》（David Hollenbach，"A Communitarian Reconstruction of Human Rights：Contributions from Catholic Tradition"），载布鲁斯·道格拉斯与大卫·霍伦巴克合编《天主教与自由主义：对美国公共哲学的贡献》（R. Bruce Douglas and David Hollenbach ed.，*Catholicism and Liberalism*：*Contributions to American Public Philosophy*，Cambridge：Cambridge University Press，1994），第127—150页。韦斯顿本人曾说："第一代人权中始终如一的信条……就是自由的观念，自由是一面保护处于独立个体状态或彼此联合起来的人们免遭政治权威……欺凌的盾牌。"韦斯顿：《人权》，《世界共同体的人权：问题与行动》，第18页，斜体字部分。

　　② 有关支持此种理论的事实数据与相关问题，参见汉·帕克《人权的相关问题：全球趋势》（Han S. Park，"Correlates of Human Rights：Global Tendencies"），《人权季刊》（*Human Rights Quality*，vol. 9，1987），第405—413页（含注释）。

两代人权对立起来的做法是错误的。① 一旦集体性权利涉及社会经济方面的内容，我们就很容易将其解释为一种更加强调公平，并且普遍惠及世界上那些备受压迫与苦难人民的社会经济福利（这里其实包含了群体与个体两方面的内容）。事实上，举例来说，对于那些第四世界的人民而言，集体性权利在原则上是与公民政治自由权相协调的——如易洛魁六族邦联（指16—18世纪北美六个印第安部落之间形成的邦联——译者注）就是一个历史上的例子，而最近的保护原住民权利草案，则是另一个当代的例证。②

在人权讨论中，笔者所持的观点是：全部三代人权事实上确认并促进了对于个体与群体较为广泛的赋权（enpowerments），这种赋权对于个体和群体在本地和更大区域的繁荣都具有十分关键的意义。可以说，在其发挥作用的过程中，三代人权始终相互依存、交相影响，并且彼此协调。基于这种理解，从总体上看，人权观念在原则上既与那些强调个人重要性而较为排斥集体的文化传统相协调（西方文化往往带有此种倾向）；同时，也与那些主张群体优先、强调个体应对群体作出贡献的文化传统相协调——换句话说，它既吸收了自由的个人主义，也融入了社群主义传统。僵硬的二分法以及对人权历史渊源的静态化理解都有可能导致对人权观念的误解，因为它忽略了人权观念所具有的灵活性与发展性。③

至此，有人可能会批评我有意掩饰了自由主义者与社群主义者在对公民政治权、自由权等问题的阐释上存在的无法回避的巨大差异。他们尤其倾向于认为，在自由主义传统中，权利被个人用以抗衡国家；而在社群主

---

① 正如韦斯顿所说，这些权利在规划出一种社群整体利益观念的同时，也在同等程度上指明了个体权利的重要性，见《人权》，《世界共同体的人权：问题与行动》，第20页。

② 参见萨姆纳·突维斯作为主要协商人，阿卜杜拉希·安·娜依麦、安·伊丽莎白·梅尔以及威廉·威普弗勒共同参与的"普适性与人权协商小组"（Consultation Group on Universality vs. Human Rights）所撰《人权中的普适性与相对主义》（Sumner Twiss, Abdullahi A. An-Na'im, Ann Elizabeth Mayer and William Wipfler, "Universality vs. Relativism in Human Rights"），收录于凯尔西与突维斯合编《宗教与人权》，第30—59页，尤其注意第56—57页；以及突维斯、格里尔《人权与比较宗教伦理学：一种新的立场》，《基督教伦理社会年鉴》（1995），尤其注意第39—46页。

③ 韦斯顿如此描述这一观点："个人主义导向的社会必须容忍，甚至在某种程度上提倡集体主义的价值；同样地，集体主义导向的社会也必须容忍，甚至在某种程度上提倡个人主义的价值。我们的世界是一个'或多或少'而非'非此即彼'的世界。"载《人权》，《世界共同体的人权：问题与行动》，第21页。

义传统中，权利只有服从国家利益的需要时才能得到认可。尽管这样的观点可能只适用于某些情况，而并非所有情况，同时也不适用于其阐明的社会理想尚有争议的情况。倘若我们执意于自由主义传统与社群主义传统之间这种基于假想的鸿沟，就会冒将这些思想传统等同于现实国家的危险。同时，在这种观点下，还有一个事实可能会被忽视，即无论在自由主义还是社群主义看来，公民政治自由都是构成繁荣社会理想的一个基本要素，由此出发，人们可以对各自国家中出现的与之相偏离的状况提出批评。诚然，一方面，自由主义与社群主义的社会理想都将公民政治自由吸收到各自道德与政治思想传统中；另一方面，国家的宪法和实践与符合这些理想尚有距离。这是我们现实世界的不幸事实，但这并不会削弱我的观点，即无论是自由主义还是社群主义传统，在它们各自的繁荣社会理念中，都认可和珍视公民政治自由的重要性。自由主义与社群主义真正的区别不在于对公民政治自由的认可，而在于不同的社会繁荣理想的内容。国际人权所促进的，正是对公民政治自由在不同社会理想中角色的认同。①

　　这一历史与实践的人权概念的第二个重要意义在于，它有助于我们修正对人权地位与正当性的理解。随着不同文化传统代表的协商与达成一致，人权概念确认了对于个体与群体而言十分关键的保障条件（conditions）并使之具体化。② 实际上，人权代表了一种与文化道德人类学的多样性相一致的中心道德（central moral）和社会价值的共识（common vision）——它是一种基于道德多样性的联合统一体。在第一个层次上，人权的正当性在于不同的传统在实践道德上的一致性，这些传统共同认可了人权价值对于人类的重要意义。这一认识产生于一种共同的历史经验：假如没有人权所代表的这些保障条件，人们的生活将会是怎样？假如这些保障条件在一系列协定与义务中得到履行与实现，人们的生活又将是怎

---

　　① 此段中所涉及的问题，在笔者《比较伦理学与跨文化人权对话》一文中有更加详尽的讨论与总结。在这篇文章中，我指出国际人权理念对不同文化间共识的吸收，是出于对一种存在于自由主义与社群主义社会及传统中的、事关公共与个体利益的"内在平衡"（埃里希·洛维提出的概念）的重要性的考虑。参见埃里希·洛维《自由与社群：相互依赖的伦理》（Erich Loewy, *Freedom and Community: The Ethics of Interdependence*, Albany: State University of New York Press, 1993）。

　　② 严格地说，只有国家才是正式签订人权协定的主体，不过不难推想，这些国家其实代表了各异的文化与道德传统。

样？此外，这些协定、共识与承诺是公开而公共的：它由全世界各民族缔造，为世界各民族所享有，且在世界各民族面前进行。

人权正当性的第二层次在于，每一个传统都可以通过将人权的一套道德范畴与其各种特殊的哲学或宗教视野中的人性论、群己观以及道德认识论相协调，从而证明自己对人权共识的参与与分享。因此，通过内在于某种文化道德传统，人权的主旨（它们是什么或它们强调什么）就可能得到证明。举例而言，它就像神性的戒律，自然法与自然理性的暗示，不证自明的道德真理，关于国家与公民合理关系系统的道德假设，特定价值的传承，等等（正是由于文化道德传统的丰富多样性，这一清单是开放的）。这种人权论证方式的不同层次或领域的区分，使得这样的一种认识成为可能：某一传统中可能本身就含有一些足以证明这一传统能够融入并遵循国际人权理念的资源，而不必另外创出一套内在的人权范畴。即便这些传统中可能缺乏内在的权利与人权观念，但大多数传统中（如果不是全部的话）都含有一种内在的道德资源，它使得这些文化传统至少能够认识到国际人权所涉及的那些主要问题的重要性，并且，凭借着各自对人性、幸福的独特理解，以及在实践中对于国际人权共识的一致遵循，这些传统夯实了人权观念的内在道德根基。相较于在不同文化传统之中不得不各自重新发展出一套关于人权的亚传统，这是一种新颖的，或许也是更为可行的基于文化传统的人权论证方式。只要这些传统有可能建立起一种关于它们的道德观念和术语（idioms）与国际人权主旨的内在理解（亦即一种关于二者关系的理论），那么，无论在何种意义上，它们都无须被迫采纳或发展出一种内在的人权亚传统（比如，主动内在地运用一些人权语言和话语）。[1]

认可人权来源与正当性的这种双层次式进路具有诸多优点。其中，最大的优点是它看上去抓住了人权正当性论证中的真实状况（the actual

---

①　有关人权正当性的类似论证进路，参见图尔·林霍尔姆《人权的文化正当性研究之前景：以自由主义与马克思主义为例》（Tore Lindholm，"Prospects for Research on the Culture Legitimacy of Human Rights：The Cases of Liberalism and Marxism"），载阿卜杜拉希·安·娜依麦编《跨文化视域中的人权：对共识的探索》（Abdullahi A. An-Na'im ed.，*Human Rights in Cross-Cultural Perspectives：A Quest for Consensus*，Philadelphia：University of Pennsylvania Press，1992），第387—426页，尤其注意第395—401页。尽管林霍尔姆的论证策略与我的双层次论证进路在论证目标与逻辑上有一些相似之处，但二者之间仍有诸多重要区别。

state of affairs）。而且，它使得我们能够以一种更加合理而细致的方式来认识不同文化道德传统之间的共同点与差异——一方面，它们共享了一系列核心价值；另一方面，这些共同价值又分别植根于由各自不同历史环境和文化背景所造就的更加丰富多样的道德视野（visions）之中。而且，它使我们认识到，即便人权的正当性可以通过道德传统的道德洞见与责任承诺的重叠共识来证明，考虑到文化多样性，它们也必须用适合其自身的道德术语来论证甚至阐明。

此外，尽管如前所述，不同文化传统所包含的人性理论，以及与之相应的道德观念、话语与认识论的内在多样性必须得到尊重，但由此进路，仍然可以认识到人权准则的独特历史与发展历程：它是不同文化传统在国际范围内相互影响、相互作用的产物。还有，这一基于历史与实践视域的理解进路使我们能够更加透彻地认识到不同的道德文化在人权准则的形成过程中的贡献。最后，通过抵制将某种单一文化的道德认识论强加于其他文化之上，这一双层次理解进路使我们能够正确处理一些人权问题上的认识论纷争。人权的证明不应只由某一种认识论来独断地完成，进而拒斥所有其他的认识论进路，究其原因，恰恰在于人权本身在理解上所具有的双重性：在国际层面上，它意味着在实践与协商中形成的共识；在文化层面上，它意味着基于不同文化的多种理解进路之间彼此的宽容。①

我并不认为这一双层次理解进路能够解决关于人权在道德认识论上遇到的所有问题，更不用说彻底消解人权之普遍性与各种文化道德传统的特殊性之间的紧张。但它可以在某种程度上缓和这些问题与紧张，从而使得人权问题的跨文化对话成为可能。比如，假设某一文化的代言者，或者是持有此种文化立场的学者，一旦发现其实他们不必放弃固有的认识倾向与道德原则，而只需将其运用限定在一些他们会对其产生重大影响的语境与层次之中，那么他们就可以以一种更加从容自由的态度，务实而真诚地参与到跨文化的国际人权对话中来。另外，在普遍追求不同文化间的实践性协商与交流，而不是站在文化殖民的立场上去大规模同化他者的当下语境

---

① 我认为，对于在实践与协商中形成的国际人权共识在逻辑上的进一步发展，尚有诸多工作值得探索，例如约翰·里德的新实用主义观点，不过对此问题，我在此暂不做深入探讨。参见氏著《非基础主义的基本原理》（John P. Reeder, "Foundations Without Foundationalism"），收录于基恩·奥特卡与约翰·里德编著《共同道德的前景》（Gene Outka and John Reeder, Jr., ed., *Prospects for a Common Morality*, Princeton：Princeton University Press, 1993），第191—214页。

中，这种双层次理解进路或许可以帮助文化代言者与学者们去发现并处理一些事关人类福祉的重要问题与争议，而不至拘泥于那些文化上细枝末节的小问题。还有，从具体问题来看，这一进路或许可以帮助文化代言者与学者们将各自内在的文化观念转换成一种在跨文化、跨国界层次上具有更加广泛说服力的语言与观点。举例而言，如佛教与儒家分别以缘起（co-origination）和天人合一（one-bodiedness）来理解天地万物，这就可能在佛教徒与儒家信徒之间引起某种"道德争执"，然而，倘若这些观念可以被转述为一种共享的尊重生态系统的术语（terms）和一切情感存在（sentiment being）都可以接受的主张（claims），它们就能够在跨文化层次上发挥更加巨大的作用。①

依然存在的问题是，我们应当如何看待那些超出了跨文化共识的人权准则，尤其在它们看上去似乎与某些特殊文化视野关于社会关系的见解发生严重冲突的时候？不过，双层次理解进路同样可以为这一问题做出合理的解答，它鼓励文化代言者和学者们去思考，在其他文化的表面立场和这些传统内部蕴藏的意见（submerged voices）之间，是否可能存在某种没有被注意或认真对待的不一致性？由此，人权问题实践协商的层次就深入到了内在的文化道德多样性，并可能为国际人权对话提供新的思想资源。

总结一下：首先，正如我已经指出的，关于人权及其连续三代人权的历史的国际间实践性道德共识，是受到了不同文化传统的社会—道德视域的启迪，这一事实与将人权简单视为西方道德意识形态霸权话语的看法显然是冲突的。其次，三代人权的事实，及其三者之间循环—螺旋的相互诠释活动，与将人权径自等同于公民政治自由权的肤浅观点也是冲突的。还有，人权正当性问题上的双层次理解进路，以及笔者在国际人权背景下所使用的历史与实践的视角表明，人权观念与那些饱受质疑的形而上学预设

① 有关对"佛教生态伦理"的批评，参见伊恩·哈里斯《因果与目的：佛教生态伦理的问题》（Ian Harris, "Causations and Telos: The Problem of Buddhist Environmental Ethics"），《佛教伦理》（*Journal of Buddhist Ethics*, vol. 1, 1994），为电子杂志，访问地址：http://www. psu. edu/jbe/jbe. html。在人权与佛教问题上持相反观点的文章，参见达米恩·基翁《佛教中有人权吗？》（Damien Keown, "Are There Human Rights in Buddhism?"），及稻田龟男《对于人权性质的佛教式回应》（Kenneth Inada, "A Buddhist Response to the Nature of Human Rights"），二文皆载《佛教伦理》（vol. 2, 1995）。

和认识论假设之间，其实并不存在紧密的联系，或建立在其基础之上。恰恰相反，在国际层面上，人权在很大程度上属于一种"薄理论"，它使文化的内在多样性得以保持；同时，也消解了那种试图将人权与某种单一的道德—政治理论相挂钩的理论冲动。① 最后，我注意到，虽然某些传统中是否直接或间接地缺乏其自身内在的人权亚传统至今仍是一个悬而未决的问题，但几乎可以肯定的是，所有传统中都存在着一些资源，这些资源能够以其内在的立场和自身的道德原则证明它们对国际人权共识的遵循。这样在文化层面上，各个文化传统便不必使用人权的概念话语，从而减轻了论证人权正当性的负担。

二　经过修正的人权观念之应用：儒家传统在跨文化人权对话中的角色

为了替这一框架的应用扫清道路，我们首先需要将当前关于人权之普遍性与特殊性的学术论争纳入思考之中。这一论争主要发生在两个层面。第一个层面包含了两种相互竞争的人权观之间旗帜鲜明的论战：一种观点强调人权作为一种法律准则的普遍性，另一种则强调人权作为一种道德准则的特殊性（它们暗示，人权之所以成为一种国际社会的法律准则乃是出于意识形态上的偶然性）。② 这一层面上的论争主要发生在那些研究人权本身的学者之间。第二个层面上的论争则相对要间接一些，它主要发生在不同（particular）文化传统的研究者之间，论争的焦点在于人权是否在

---

①　在 1995 年的"儒家与人权"讨论会上，一些与会学者倾向于运用当代美国语境中的政治哲学术语（比如罗尔斯、德沃金）将国际人权共识——亦即笔者所谓的"薄理论"——做一种狭窄的解读，并且坚持他们对于自我本性、理性之价值，以及"权利"优先于"善"的观念的信奉。而从本文的观点看来，在对人权的理解上，这些前沿哲学并没有在内在层面上超出那些特殊的文化—道德传统。在笔者看来，将当代哲学的理解看作国际人权讨论中必须接受的观点，不能不说是一种误解。这种误解的危险在于，它从一开始就扰乱了研究如下过程的尝试，即儒学是如何与被理解为基于不同文化传统道德一致性之实践而形成的国际人权共识相联系的？

②　此章开头的几段文字，摘自突维斯与格里尔《人权与比较宗教伦理学：一种新的立场》，《基督教伦理社会年鉴》（1995 年），第 36—39 页。第一个层面的学术论争见于诸多文集之中，例如阿扎曼蒂·波利斯与彼得·施瓦布编《人权：文化与观念的视角》（Adamantia Pollis and Peter Schwab, ed., *Human Rights: Cultural and Ideological Perspectives*, New York: Praeger Press, 1979），以及安·娜依麦《跨文化视域中的人权：对共识的探索》。

观念与道德上与这些特殊的文化传统相协调，或者说，二者之间是否具有相互协调的可能。在这一层面的论争中，有的学者倾向于认为二者之间难以协调；同时，也有学者试图在普遍人权准则与不同文化的特定道德原则之间寻求某种一致性。①

　　本文显然无法对学者们在这些论争中所做的工作——做出详尽的讨论，笔者在此关注的重点在于学者的工作中所呈现出的某些主要特征，这些特征将帮助我们认识到既有的对于人权与儒家传统关系的思考中存在的一些严重不足。出于讨论的方便，我将以"普遍主义者"（universalists）与"特殊主义者"（particularists）的标签分别指称两个层面的学术讨论中各自对立的两大阵营。正如某些基础主义认识论将其自身视为普遍的道德权利，普遍主义者倾向突出人权作为一种法律与道德准则的普遍性。② 相反，特殊主义者倾向于削弱人权准则在法律意义上的重要性，并且强调人权根植于西方的道德意识形态（例如自由个人主义），同时，拒斥那些可以上溯至17、18世纪西方启蒙时期，并与之一脉相承的人权的合理性假设与道德认识论上的论证。③ 在特殊主义者看来，道德准则及其论证方式更多地受到历史、文化语境的制约，而不是像普遍主义者所宣称的那样。特殊主义者同样倾向于：（1）强调反对将意识形态化的个人主义与公民政治权利方面的人权内容任意地联系在一起；（2）将社群主义者所持的非西方社会、非西方文化的社群道德视域（vision）与这种意识形态化的个人主义相对照。

---

　　① 第二层次上的人权论争，在罗纳的《人权与世界宗教》一书中有很好的阐述。

　　② 例如，参见阿兰·格维斯《人权证成与应用片论》（Alan Gewirth, *Human Rights: Essays on Justification and Applications*, Chicago: University of Chicago Press, 1982），以及他最近的《共同道德与权利共同体》（"Common Morality and the Community of Rights"），收录于奥特卡与里德合编《共同道德的前景》（Outka and Reeder ed., *Prospects for a Common Morality*），第29—52页。对基础主义人权进路的富有启发性的讨论与批评，参见迈克尔·弗里曼《人权之哲学基础》（Michael Freeman, "The Philosophical Foundations of Human Rights"），《人权季刊》（*Human Rights Quarterly*, vol. 16, no. 3, 1994），第491—514页。

　　③ 特殊主义进路方面具有启发性的例子，参见阿扎曼蒂·波利斯与彼得·施瓦布《人权：西方式建构及其适用性限制》（Adamantia Pollis and Peter Schwab, "Human Rights: A Western Construct with Limited Applicability"），载波利斯与施瓦布编《人权：文化与观念的视角》，第3—18页；以及阿利森·邓兹·伦特林《国际人权：普遍主义与相对主义》（Alison Dundes Rentelen, *International Human Rights: Universalism Versus Relativism*, Newbury Park, Calif: Sage Publication, 1990）。

在我看来，两大阵营的观点都各有问题。普遍主义立场的潜在危险在于，他们试图将人权的论证简单地诉诸一些在国际范围内仍充满争议的道德认识论（例如西方的基础主义）。这种倾向，不但削弱了双层理解进路所带来的益处，而且使注意力偏离了通过协商性实践共识来论证人权正当性的功能和作用，进而陷入到认识论上无穷无尽的不确定性与纷争之中。再者，这种人权正当性论证的整体性（monolithic）进路，可能对不同文化—道德传统间的实践协商与人权对话进程，有产生干扰的危险。

另一方面，特殊主义者的可指责之处在于，其对人权的复杂性与历史发展的理解极其肤浅。这种短视的根源在于他们没能认识到人权的内容并非铁板一块，而是由三个各有侧重的不同阶段所构成——公民政治权利、社会经济权利、集体发展权利——尤其是后两代人权，其实已经在相当程度上修正了在特殊主义者眼中常常与公民政治自由权画等号的个人主义意识形态。由此，特殊主义者固执地坚持非西方的集体主义传统与公民政治的个人主义人权观之间的紧张与非协调性，从而忽略了那些非西方文化传统与社会经济权利、集体发展权，甚至是公民政治权利（在经过修正的理解之下）之间可能具有的（我相信，是有可能存在的）某种兼容性。在一些特殊主义者对假想中的纯粹个人主义人权观与社群主义传统的比较研究中，可能会出现一种更加深层次的问题：他们在比较中往往狭隘地倾向于使用那些文化传统中年代久远的古典文本作为论证材料，而并未对晚近的文本与时代予以应有的重视，而恰恰是这些以更接近现代形式存在的晚近文本和语境，才更有可能为这些传统文明中所具有的内在观念的多样性提供相关证据。

罗思文（Henry Rosemont）对人权与儒学传统的相关性所做的批评，为我们提供了一个颇能说明问题的特殊主义例子。[①] 在其文章中，罗思文不仅将人权狭义地界定为公民个体的政治权利——既没有提到社会经济、集体权利方面的人权内容，也忽视了我所提到的那种侧重于社群主义立场

---

① 罗思文：《为什么要认真对待权利？——儒家的批评》，载罗纳编《人权与世界宗教》，第167—182页；亦可参考罗思文《插曲：现代西方与古代中国的个体观念》（Rosemont，"Interlude：Modern Western and Ancient Chinese Concepts of the Person"），收入氏著《中国借镜——对政治经济学以及社会的道德反思》（A Chinese Mirror：Moral Reflections On Political Economy and Society，La Salle，Ill.：Open Court，1991），第3章。

的公民政治权利解读——而且，他的比较仅仅限于古典儒家（ancient Confucianism）的范围之内，却没有把宋明新儒学的发展纳入考虑的范围之中。与这种颇有问题的比较倾向形成鲜明对比的，是狄百瑞（Wm. Theodore de Bary）更早些时候发表的文章。① 在明确地以一种发展、演进的眼光看待人权概念的前提下，狄百瑞确认了一系列看上去正与第一代、第二代人权的某些特定内容相匹配的新儒学思想家、精神原则，以及广受好评的改革举措，例如，人道治理（反对酷刑、改革刑罚），公平征税与设置义仓（社会经济状况的改革以及物质财富的分配），法律改革，对"个体生而具有的价值"（the inherent worth of the individual）及"自愿参与政治、社会秩序"（the essential voluntarism of the political and social order）的认可（这种倾向，从公民政治自由权利的角度来看，则可理解为一种对个体参与社会、政治的授权）。虽然我总体上十分赞赏罗思文在中国哲学研究方面所做的工作，但在对儒学中是否可能含有人权因素这一问题的考察中，我更倾向于认同狄百瑞的研究进路，因为它更具说服力，且更有价值。

现在，我将提供一份提纲，用以说明经过笔者修正的人权观念如何能够与儒家传统相协调。我将通过五个步骤来证明这一点。作为一名并非专门从事儒家传统研究的学者，我首先需要做的是根据自己的一般理解，对儒家传统中那些可能与人权问题产生关联的因素做一番概述。其次，为了提供一些相关背景，同时也有助于提升我们对这一课题的期待，我将简要介绍儒家传统在历史上对世界人权宣言的内容所做出的一些鲜为人知的贡献。第三，我将指出，尽管三代人权观念各有侧重，但它们都能与儒家的道德、政治思想相协调。换言之，我将就人权如何能与儒家传统相兼容的问题提出一套自己的假说，以资参考。第四，从人权正当性的双层理解进路出发，我将进一步指出，儒家传统完全能够以自己的语言参与到国际层面的人权共识中来，并在其中占据一席之地。最后，作为总结，我将提

---

① 狄百瑞：《新儒学与人权》（Wm. Theodore de Bary, "Neo-Confucianism and Human Rights"），载罗纳编《人权与世界宗教》，第183—198页；下面的几处引用分别出自第184页与第197页。亦可参阅氏著《中国的自由传统》（The Liberal Tradition in China, Hong kong: Hong kong Chinese University Press, 1983; reprint New York: Columbia University Press, 1983），及其《〈明夷待访录〉英译本》（Waiting for the Dawn: A plan for the Prince, New York: Columbia University, 1993）。

出，双层理解进路有助于我们在将来建立起儒家传统与国际人权界之间的
互动。

　　笔者对儒学传统中那些与人权相关之因素的理解如下：儒学的道德、
政治思想基本上是一种社群主义立场：（1）强调个人在本质上是一种社
会化的存在；（2）将个体为社群共善的责任，以及履行此种责任所必需
的美德置于优先性地位；（3）以一种双向性的、互惠的社会关系与社会
角色（尤其是"五伦"）来塑造共同繁荣的基础以及共善的愿景。与此同
时，儒家传统同样强调道德的自我修养对于所有社会成员——无论是统治
者还是普通民众——的重要性。这种自我修养，根植于每一个个体生而具
有的道德潜能，它能够发育出仁爱、正义、循礼（propriety）的美德，以
及明辨是非的能力（discernment）。那些作为道德楷模的圣贤引导着道德
修养的进程，至于圣贤的自我修养，则遵循那些传统的经典文本中蕴藏的
道德、政治规诫的指引。这种个体之于社群共同体的强烈信念，源自一种
万物相互依存的宇宙观，这种宇宙观，通过基于家庭伦理的同心圆扩展模
式将道德的力量扩散到更为广大的范围之中，它反过来又塑造了一种对于
宇宙本身，以及构成它的万事万物的一种普遍性的同情、通感与怜悯。倘
若回溯儒家思想的源流，从孔子、孟子到宋明新儒学思想家朱熹、王阳
明、黄宗羲，我们便会发现，儒家的道德、政治传统对各方面的状况，例
如社会、经济、教育等——只要是有益于人们的道德修养的，都会给予极
大关注。而人们道德修养的目标，就在于成为一个处于和谐宇宙中的有机
社群内值得信赖的一员。

　　皮埃尔·切萨莱·布利（Pier Cesare Bori）在谈及围绕世界人权宣言
草案而展开的争论时曾透露，与会的中国代表张彭春（P. Chang）援引的
儒家传统，曾经对《宣言》初稿的修改产生影响。[①] 正如布利所披露的，

---

　　① 皮埃尔·切萨莱·布利：《从诠释学到跨文化伦理共识》（Pier Cesare Bori, *From Herme-neutics to Ethical Consensus Among Cultures*, Atlanta, Ga: Scholars Press, 1994）第 7 章《人权与人性》（"Human Rights and Human Nature"）；下面的引用分别出自第 67、69 页与第 70 页。在其最近的文章中，华霭仁（Irene Bloom）讨论了一个功能近似的例子，即儒家思想在 1950 年联合国教科文组织（UNESCO）发表的《关于种族问题的声明》（"Statement on Race"）中所做出的贡献。（关于张彭春与《世界人权宣言》关系的详细论述，可参见突维斯《儒学对世界人权宣言的贡献——一种历史与哲学的观点》，国际儒学联合会编《国际儒学研究》第 6 辑，中国社会科学出版社 1999 年版，第 36—49 页。——译者注）

《宣言》草案初稿中曾有这样的表述："四海之内皆兄弟。所有的人都具有天赋的理性，是人类大家庭中的一员，因此人生而自由，并且在尊严与权利方面一律平等。"对此，张彭春主张将儒家的基本概念"仁"（two-men-mindedness）包括进来，作为对"理性"提法的补充。布利认为，此刻在张彭春的内心深处，闪现的是人之为人所具有的一些最基本的情感：同情、仁爱、怜悯（正如孟子所提到的那样）。最终，"良知"一词被采纳，作为对"理性"的补充。所谓"良知"，与其说是发自内在的道德法庭的声音，不如说是一种基于情感与同情心的道德召唤，一种客观存在于每个人心中、理性必须养护的"根芽"。这样，一个基本的儒学概念被写进公诸于世的《世界人权宣言》文本中，这一事实提醒我们：（1）与流行的见解相反，国际人权理念并非西方中心论的产物；（2）儒家传统完全可以与人权观念和谐共存，并且有助于我们加深对人权内涵的理解。

　　考虑到儒家传统在历史上一直强调统治者具有保障民众衣食、生计、教育的责任，它们构成了政治正当性的基本前提（这一传统源自孟子的观念，他认为，倘若君主压迫人民，那么人民就有权反抗甚至推翻他的统治，因为暴虐的君主已经失去了上天的授权），这对我们做出儒家传统支持第二代人权这一论断又向前迈进了一小步。① 事实上，我们可以看到这一观念在 20 世纪长期、广阔的背景下依然发挥作用，中国政府一直强调对社会、经济方面人权的保障，并努力改善人民的物质生活水平。在这里，马克思主义的影响或许是一个需要优先考虑的因素，然而，我们从中也不难看出儒家传统影响的痕迹。作为当今中国语境中一位极其敏锐的人权阐释者，安·肯特（Ann Kent）曾经令人信服地指出，无论是儒家思想还是马克思主义，它们所强调的有机体社会理论都重视将群体利益置于个体之上，国家或统治者确保社会稳定与人民物质福利的责任，以及一些用以解决矛盾冲突的非正式社会机制。② 进而，在某种程度上，他将以上三点中具有内在亲和性的前两者与中国对第二代人权的开

① 《孟子·梁惠王下》8、12，同时参见《梁惠王上》7、《离娄上》1、《尽心下》14。如果用权利来解释，这种正当的反抗观念可以视为一种关于社会经济条件的集体权利。

② 安·肯特：《自由与生存之间：中国与人权》（Ann Kent, *Between Freedom and Subsistence: China and Human Rights*, Hong Kong and New York: Oxford University Press, 1993）第 2 章。

放与接纳联系在一起。由此，我的第一个理论假设是：对于认可社会经济方面的人权，儒家传统所秉持的是一种开放的态度。无论是否使用了某种特定的人权话语，儒家传统对社会经济问题重要性的强调已经暗示，这一传统的代表必然能够以自己的方式明智地参与到国际人权共识中来。

我的第二个理论假设是：儒家传统，或者说至少是其中的某些表述，同样能够与作为第一代人权的公民政治权相协调。在《中国的自由传统》一书中，狄百瑞令人信服地证明，许多宋明新儒家学者都曾分别提出过很多重要的思想主张。例如，人类的道德本性与个体的可完善性（朱熹），自主的道德心与个体良知（二程、朱熹），成圣的普遍道德潜能（程颐、朱熹），可理解为在社群他人之中成长繁荣的人格主义（personalism）概念（程颐、朱熹），自治社群和地方自治（voluntarism at the local level）（朱熹、王阳明），甚至是旨在限制政治权力滥用的革新法律理念，以及通过发展公共教育来促进人民政治参与能力的理念（黄宗羲）。① 虽然这些观念并没有支撑起一种彻底的个人主义化的公民政治权利——因为在他们那里，个人实质上被理解为一种彻底的社会化存在——但很显然，这些理念使人们能够参与到那些旨在促进共同繁荣的社会政治进程之中，并为之做出贡献。因此，在这一意义上，这些理念又何尝不能与公民政治权利相协调？此外，毫无疑问，正如狄百瑞所认定的那样，黄宗羲的思想尤其是"可能提供一种在今天被我们称之为'人权'的思想框架"，在我看来，它无疑首先指向一种公民政治自由的诉求，但同时又不是那种狭隘定义中的公民政治自由。简而言之，在前文中我所提到的那种社群主义式的对公民政治权利的开放性理解之下，儒家的自由传统原则上是能够与第一代人权相协调的。

另外，我们同样有必要指出一些深受儒家传统影响的人权活动家的例子，来印证我的第二个理论假设。比如韩国人权活动家金大中（Kim Dae Jung），就公开驳斥了新加坡前总理李光耀对人权与东亚社会之相关性的

①　参见狄百瑞《中国的自由传统》，尤其第 12、20、27、32—33、49—50、85—85 页，有以上诸要点的简明介绍；以下对该书的引用，出自第 85 页。

质疑。① 为此，金大中有意识地将儒家政治哲学描述为一种包含了众多向公民政治权利开放，并且与之相协调的思想与实践遗产的传统。随着儒学再度作为一种重要的思想要素出现在当今中国的语境之中，我们可以设想一种基于文化视野的对话，例如，如何能够在公民政治与社会经济方面的人权内容之间取得一种相对的平衡？而此种对话会促使儒家传统如同对社会经济方面的人权内容一样，也对公民政治权力作出一种更加明确而清晰的承诺。

我想要说明的第三个理论假设是，儒家世界观似乎同样与强调集体发展权的第三代人权观念相一致。这一假设部分地由上面提到的革命正当性观念，以及新儒家学者所强调的自治社群结构中的自愿（voluntarism）原则所支持，倘若将二者合而观之，那么距离自决（self-determination）和发展的集体权利仅有一步之遥。不仅如此，更深一层次的思考源自杜维明所指称的"儒家最高理想"——一种"天人合一"的理想，它不仅在人类学的意义上来界定"人"，更将"人"视为一种宇宙论意义上的存在。由此，儒家人文主义及其道德责任感扩展到了我们的整个星球，甚至是全宇宙的范围之内。② 我确信，倘若将这些因素——自我治理与天人合一——综合在一起，那么它们不仅会支持第三、第四世界要求分享权力、财富与人类共同遗产的呼吁，而且同样会赞同他们要求世界和平、人类和谐的正当主张。儒家的道德与形而上学视野——天地万物一体观念——明显倾向于促进由相互联系存在所构成的整体共同体（holistic community）之福利，涵盖了人权的主要问题，甚至扩展到"绿色"权利。

前面我已提到，人权正当性的双层理解进路使得那些特殊的道德文化能够以自己的话语，来向其信奉者们证明它们在国际层面上对人权共识的认同与参与，而这些共识本身，正是在实践道德基础上得到证明的。这就意味着，对某种特定人权的认可，可以内在地通过儒家的道德范畴、箴言来证明。与之相反，一些儒学传统研究者坚持认为不存在这样的一种内在

---

① 金大中：《文化决定论？有关亚洲价值拒斥民主的迷思》（Kim Dae Jung, "Is Culture Destiny? The Myth of Asia's Anti-Democratic Values"），《外交事务》（*Foreign Affairs*, vol. 73, no. 6, 1994），第189—194页。

② 杜维明：《儒家思想——创造性转化的自我》，第171—181页；引用出自第180页。

可能性，因为儒家传统本身缺乏类似的观念资源。① 他们的理由是，儒学传统是以美德为基础的社群道德，既无法容纳权利——人权或其他权利（rights，human or otherwise）的概念，也不能认可这些权利。对于这种观点，我至少可以提出三条反驳性的回应。首先，社群主义传统并不会仅仅因其社群美德便缺乏接引人权的观念资源。其次，儒家传统本身其实并不缺乏这样的资源。最后，即便儒家传统本身（per se）缺乏权利观念，但我们仍然可以运用其自身的资源来证明儒家传统对国际人权共识的分享与认可。

　　第一条反驳性回应可以为许多方面的思考所证明。首先，许多社群主义道德传统事实上已经认可了权利、人权的相关范畴（例如，很多基督教道德传统，包括一些最重要的天主教社会说教，都同时抵制那种激进的个人主义，提出对人［person］的彻底社会化理解和社群的重要性，以及以社群共善为指归的责任与美德，可是即便如此，它们依然接受了全部三代人权理念）；此外，很多本土原生的文化道德传统在观点上是十足的社群主义，然而它们却接受了全部三类人权（倘非如此，那么旨在保护原住民权利的宣言草案就难以行得通）。② 其次，只要我们排除这样一种断言的影响，即认定权利观念的确立必须预先设定一种从共同体纽带、社会角色、历史与文化中抽离出来的完全自治的个体观念，那么，认为权利观

---

① 例如，安乐哲《以礼仪为权利——儒家的选择》（Roger T. Ames，"Rites as Rights：The Confucian Alternative"），载罗纳编《人权与世界宗教》，第 199—216 页（尤见第 203—209 页）；罗思文《为什么要认真对待权利？——儒家的批评》，载《人权与世界宗教》，尤见第 175—176 页，以及《中国借镜——对政治经济学以及社会的道德反思》第 3 章；杜维明《道、学、政：论儒家知识分子》（Way，Learning，and Politics：Essays on the Confucian Intellectual，Albany：State University of New York Press，1993），第 30—31 页；以及杜维明、米兰·海伊特马内克与艾伦·瓦克曼合编《儒家世界观察——当代东亚儒家人道主义的讨论》（Tu Wei-ming，Milan Hejtmanek and Alan Wachman ed.，The Confucian World Observed：A Contemporary Discussion of Confucian Humanism in East Asia，Honolulu：The East -West Center，1992），第 17 页。从他们在 1995 年儒学与人权会议上提交的论文到他们近期论文集中的文章看来，我推测杜维明在此问题上的看法可能发生了某些变化，而罗思文则依然坚持他原来的观点。

② 例如，可参见霍伦巴克《社群主义者对人权的重构》，载《天主教与自由主义：对美国公共哲学的贡献》，以及亚历山大·尤恩编著《土著人民的声音：原住民在联合国的演说》（Alexander Ewen，ed.，Voice of Indigenous Peoples：Native People Address the United Nations，Santa Fe，NM.：Clear Light，1994），附录 B，第 159—174 页，该书中转载了联合国原住民权利宣言草案的摘要内容。

念无法与社群主义传统相协调的观点就会缺乏合乎逻辑的理由。① 正如我已经指出的，一旦考虑到人权观念所具有的历史性，那么这种假设就会明确地显现出其不适用性。再者，正如李承焕（Seung Hwan Lee）已经强调指出的，参照乔尔·费因伯格（Joel Feinberg）文章的观点，我们很难理解，任何一种包含了财产、承诺、契约、借贷、婚姻、合作等实践的道德传统会缺乏一种发挥着权利作用的概念上的对应物（相对于义务而言）。② 如他所说，"在这一意义上，权利观念是为我们的道德生活所必需的，无论我们信奉何种社会理想（社群主义，抑或自由主义），接受何种道德体系（基于美德的道德观，抑或基于权利的道德观）"。事实上，我从未听说过一种缺乏权利意识（sense of claims）的文化道德传统，因为权利意识正是在相互协作的社会实践背景下，依赖彼此调节行为所产生的个体之间或群体之间的预期，向他人提出的。③

在儒家传统这一具体例子中，李承焕同样令人信服地指出，在"儒

---

① 这也是我对罗思文文章的一点间接回应。我质疑那种如罗思文所描述的、将个体自治作为国际人权理念之重要前提的理论假设的准确性。难道对人民所享有的公民自由与政治自由的强调必须建立在彻底自治的个人这一理论假设之上？难道这些权利不能被理解为一种与建立在相互联系的个体观念之上的社会相协调社会化的授权？尽管我承认在社群主义社会中仍然存在着如何协调与平衡公民—政治自由与社会—经济权利的问题，但我依然强烈地意识到，在社群主义社会中，那些重要的公民—政治权利对于社会利益的获取具有重大意义。关于这一完整问题的更加详尽的论述，参见笔者《比较伦理学与跨文化人权对话》，载《基督徒：问题与展望》。

② 参见费因伯格那篇具有重要影响的文章《权利的本质与价值》（Feinberg，"The Nature and Value of Rights"），载氏著《权利、正义与自由的边界：社会哲学片论》（Feinberg, *Rights, Justice, and the Bounds of Liberty: Essays in Social Philosophy*, Princeton: Princeton University Press, 1980），第143—155页。李承焕是一位对费因伯格思想做出卓越运用的哲学家，参见其《儒家基于美德的道德中存在权利观念吗？》（Seung Hwan Lee, "Was There a Concept of Rights in Confucian Virtue-Based Morality?"），《中国哲学》（*Journal of Chinese Philosophy*, vol. 19, no. 3, 1992），第241—261页；尤见第241—245页；下文引用出自第245页。

③ 我完全愿意承认，这种暗含于以上提到的种种社会实践中的权利要求与国际人权理念的认识仍有相当距离。为了尽量消解此种差距，我们只需要考虑一下存在于这些文化道德传统之中的那些借以维系其长期存续，并能将其成员引导向一种令人满意的生活的功能性因素。例如，对个体安全的保证、对基本社会经济需要的满足、公正的争议解决程序、对天然人际关系的保护，等等。无论是否明确地被赋予了权利的形式，一种能够维持自身长期存续的传统必然会将这些因素置于优先考虑的地位，而且，倘若将那些存在于社会实践中的隐含的权利因素——或者说其观念上的对应物——并纳入权利的考量之中，那么，我们就有十分充足的理由证明，这样的一种文化—道德传统至少能够对人权的要义及主旨有一定的理解与认识。

家文献之中存在着充足的例证"，能够说明其中包含着真正的人权内容，从孟子提到替人照顾牛羊或者家庭的责任委托（其中隐含着义务与权利），以及为人民反抗暴君的权利所做的辩护，到成中英与金勇义（Hyung I. Kim）对《易》的阐释（尽管我承认，这些例子中可能存在一些解释上的争议）。① 而且，我相信狄百瑞的新儒家自由主义学说及其对人权范畴的开放性，都进一步论证了儒家思想与人权理念的可协调性。这使我意识到，儒家传统的确存在可以内在地认可和证明国际人权的概念和道德资源。即便这些都还不足以说明问题，那么我认为，狄百瑞的讨论至少厘清了一点：即便本身缺少人权概念，儒家传统仍然具有充足的资源，能够认可并证明人权的主要问题，更准确地说，比如强调满足人们社会经济需求的重要性，赋予满足社群自治与个人修养所需的公民政治权利。换言之，即便这一传统本身不愿使用诸如权利、人权之类的话语，但其资源仍然能够充分支持这一传统，在实践道德的基础上，对国际人权共识的参与与遵循。

至于儒家传统内在地证明其认同国际人权共识的明确过程与诉求，我想我们一定有众多的可能性，但我更愿意将这一工作交由儒家传统自身的代表去完成。根据我的理解，这些可能性包括对经典文本（例如《论语》、《孟子》）中的道德准则与规范、众多作为体道者（亦即思想与行为上对典范人格的诉求）的圣贤与导师、被视为天命之性的儒家道德规范、

---

① 李承焕：《儒家基于美德的道德中存在权利观念吗?》，《中国哲学》（vol. 19，no. 3，1992），第 246—250 页；引用分别出自第 246 页与第 248 页。所引孟子内容，参见《孟子·公孙丑下》4，以及《梁惠王下》6，亦请见本书中所收成中英（Chung-ying Cheng）的文章。我提到在一些实际情形中，参与社会与文化实践的人们会将不同的道德话语体系汇聚在一起，马克·乌诺（Mark Unno）提示我，这正可以作为对那些认为人权与儒家思想无法兼容的人的观点的一个更具深度的回应。他所举的一个例子是一位从事国际贸易工作的中国政府官员，他必须在某种程度上含蓄地承认人权话语，因为，比如"最惠国待遇"就与人权问题不可分离。如果这位官员接受或者诉诸儒家道德规范，那么他必须思考的问题就是：作为一种历史话语的人权如何能够与儒家相联系？倘若我们不考虑在美国外交政策中所使用的那种人权话语，那么我认为，这一观点是能够成立的；也就是说，现实的状况往往会使道德话语以这样的一种方式获得同意，即人们在正式承认这些道德话语之前，很可能已经在实用意义上预先默认了它们的正确性。这一见解，不仅扩展了确认儒家传统与国际人权理念之协调性的重要性，同时也使之能够以一种更加生动的方式得到呈现。此外，这也是在寻找一种能够使这些传统在实践领域中参与到国际人权共识中来的折中方法。

由内在本心或良知呈现的"理"（理则，范式）等的诉求。① 对于任意一
种诉求，有一点很重要，儒家传统无需从自身的道德范畴中发展出一套人
权，或对权利本身做出证明（虽然如我指出的，这种做法完全有可能），
相反，我们只需利用它们去证明儒家传统同意参与并遵循实践性的国际共
识，且这种参与与遵循与儒家视野中人的道德本性与福祉是相一致的。②
这就构建了一种新的论证思路，较之于那种不得不生硬创造出一套儒家固
有的内在人权传统的做法（虽然这种做法同样能够找到很多论证资源）
而言，这也可能是一种更为可行的方式。

　　现在，让我简要地对本文该部分中的三个主要观点作一概括：（1）儒
家传统中存在着一些与三代人权重叠的道德内容；（2）这一重叠内容可
以被合理地构造为一种内在的人权术语（idiom）；（3）即便这些重叠内
容无法被构造为人权语言，它们也足以内在地证明儒家传统同意参与国际
人权共识。③ 我所论证的很多内容都支持了上述观点。儒家思想中那些与
三代人权相类似的内容，至少可以支持论点（1）。同时，也能在一定程
度上支持论点（2）和论点（3）。一般的社群主义传统与特殊的儒家传统
与权利和人权术语协调的观点，可以支持我的论点（2）。此外，即便论
点（2）会遭到某些理由反驳，儒家传统中也有充足的资源能够证明其对
国际人权共识的参与，而这正是论点（3）将论点（1）与我们先前讨论
的人权正当性双层理解进路结合在一起的关节点。

　　最后，非常有必要指出的一点是，这种人权正当性的双层理解进路使
我们能够在原则上描绘出在儒家传统与国际人权界之间过去与未来之间的

---

　　① 这种在儒家传统中寻找人权因素的诉求以及相关争论，最近的期刊上多有讨论。例如，
可参看华霭仁（Irene Bloom）、成中英（Chung-ying Cheng）、张伟仁（Wejen Chang）以及约翰·
施雷格（John Schrecker）等的文章。

　　② 皮文睿通过与黄老学派之基础主义（Foundationalism）的对比，将儒家哲学解释为一种
"人类中心主义的实用主义"，而这可能会对我们在人权问题上基于儒家内部资源的实用主义证
明路线提供一些支持；参见氏著《古代中国的法律与道德：黄老帛书》（Randall Peerenboom,
Law and Morality in Ancient China：The silk Manuscripts of Huang-Lao, Albany：State University of New
York Press, 1993），第4章。有必要提及的是，这一论证策略与皮文睿本人建构一套中国式的权
利理论的尝试产生了分歧，参见氏著《中国的权利怎么了？——通往中国特色的权利理论》
（Randall Peerenboom, "What's Wrong with Chinese Rights？：Towards a Theory of Rights with Chinese
Characteristics"），《哈佛人权》（*Harvard Human Rights Journal*, vol. 6, 1993），第29—57页。

　　③ 在此，我要感谢我的同事约翰·里德（John P. Reeder），是他建议我对这些观点做一
重申。

互动与交互影响的大致图景。① 儒家思想在世界人权宣言的起草中所起到
的历史性贡献，已经为这一传统在国际人权协商中发挥的影响做出了很好
的例证。我们有理由相信，儒家的道德、政治思想还将在这一进程中做出
更加深入的贡献——例如，强调从社群主义的视角来理解公民政治自由，
将其视为一种旨在促进社群参与与共同繁荣的授权；有助于强化三代人权
理念之间的相互依赖与不可分割性；为那些集体性权利，尤其是为那些和
平、和谐、生态责任等权利提供更多的理据。此外，我相信，儒家传统越
是深入地参与到在民族与国际层面上的人权对话中来，就越有可能增进其
自身对于人权主题的承认与信奉。儒家传统中那些已经对人权观念产生影
响，并且具有蓬勃潜力的思想资源，都应该被着重突显并带入到充满前景
的跨文化对话中来。随着全球多元化意识的日益增强，人们越来越认识
到，各种不同的声音需要在一个更高的参与层次上获得倾听，而这将有可
能在我所谈到的两个层次上对人权做出更为细致的阐明。

（作者单位：美国佛罗里达州立大学宗教系。顾家宁译，梁涛校）

---

① 在这里，引用黎安友的判断是颇为合适的，他认为，"西方与中国的权利观念之间存在
着许多共通之处，比如对言论自由之社会功效的笃信……（这些共同点）的确为双方之间的对
话与交互影响搭建了一个平台"，同时，他也指出："这一中国思想传统中，包含着一种更加自
由、更加多元化的权利理论之基石，同时，它也能使西方得到许多能够带来新的启发与思考的异
域思想资源。"黎安友：《中国权利思想的资源》（Andrew Nathan，"Sources of Chinese Rights
Thinking"），收录于兰德尔·爱德华兹、路易斯·亨金、黎安友编《当代中国的人权》（R. Ran-
dle Edwards，Louis Henkin and Andrew Nathan，*Human Rights in Contemporary China*，New York：Co-
lumbia University Press，1986），第125—164 页；引用出自第163—164 页。

儒家思想与人权的若干问题

[德] 罗哲海 (Heiner Roetz)

一

在过去的十年中，人权问题是东西方"对话"中争论最多的问题之一。实际上，这场"对话"往往更像是一场独白，而非平等双方之间的讨论——一种"文明"与另一种"文明"的内部讨论。我们发现双方不是寻求共同的基础，而是对所宣称的各自文化的本质进行教条化对比。这种对比涉及很多问题，尤其是（1）个人主义与集体主义，（2）"人"之概念的抽象化与具体化，以及（3）权利与义务（或者说责任）的问题。由于（3）可以看作其他两个问题的最终结果，因此我将集中讨论这个问题。

权利概念反映了"西方"的本质，义务概念（或者说一个人履行义务的责任）反映了"东方"的本质，是在流行的对各自"文明"的自我理解以及对对方之想象中一再出现的话题，在关于"亚洲价值"的争论中，它也一再出现。在我看来，他们各自的看法不仅是来自对"他者"不全面的印象，而且是在忽略了权利和义务的内在关系的基础上作出的。事实上，几个世纪以来，不管是产生于"西方的"还是"东方的"伦理体系，都有对义务的强调。西方转向对权利的强调是很晚的事，它是一定历史经验和社会政治发展的结果，这种发展不仅在西方，而且在世界各地基本上都出现了。

为了说明这种对比研究的方法，我想引用儒家思想"新加坡学派"的权威人物之一吴德耀先生的话作为例证。他说：

　　在四书五经中，以及从那以后一直到 19、20 世纪的儒家著作中，从来没有提及什么权利，更不要说人权了……似乎中国人生活在一个义务的社会中，为统治者效劳的义务，为家庭劳作的义务，服从父母的义务，帮助亲属的义务，光宗耀祖的义务，危难之际保家卫国的义务以及自我修身养性的义务，而权利似乎只属于一个人——天子。①

吴先生的观点总结起来就是，"由于历史、文化和传统价值观的影响，西方人倾向于从个人权利的角度去思考问题，而东方人则倾向于从义务的角度思考问题"。② 吴同时还提到，作为 1948 年《世界人权宣言》起草委员会的一位成员，"我忠于我的传统……倡导人的义务以平衡人们对权利的坚持，但是除了不经意间提及的个人对社区的义务之外，我的观点并未被采纳"。③

　　这种关于"西方人"与"东亚人"差别的观点，其创始人之一是梁启超（1873—1929），他写道："（主体）权利的概念可算是欧美政治思想中最重要的一个组成要素。他们所说的人权、爱国主义和阶级斗争……以及各种其他的社会运动都无一例外地都源自于此。即便是最为简单、亲密的社会关系，比如父子、夫妇，都是在这一模式的基础上构成的。对我们中国人来说，此概念完全无法理解。"④

　　同样，梁漱溟（1893—1988）曾将西方描述为就社会组织而言是"个人本位"，就法律体制而言是"权利本位"。相反，中国则是由"伦理关系"支配，这种伦理关系是"义务关系"。⑤

　　另外，我们还可以参考陈顾远先生的观点，他是中国 20 世纪最著名的法律史学家之一。他说：

---

　　① 吴德耀：《东亚和西方的权利概念：起源与发展》（Wu Teh Yao, "East Asian and Western Concepts of Rights: Their Origin and Development"），见吴德耀《儒家之道》（*The Confucian Way*, Singapore: The Institute of Asian Philosophies, 1987），第 40、41 页。

　　② 同上书，第 42 页。

　　③ 同上书，第 44 页。参看《世界人权宣言》第 29 章第 1 节。

　　④ 梁启超：《先秦政治思想史》，台北：台湾中华书局 1984 年版，第 87 页。

　　⑤ 梁漱溟：《中国文化要义》，香港三联书店 1949 年版，1987 再版，第 91、89 页。

罗马的法制以权利为准绳，传统中国的法制以义务为准绳，两种体制完全不同。如果以［主体］权利为准绳，那么人与物的关系就会被看得更重要，因此人们就会"躬自薄而厚责于人"。如果以义务为基础，那么人与人之间的关系就会被看得很重要，人们就会"躬自厚而薄责于人"（《论语·卫灵公》15节）。换句话说：以权利为准绳无异于以个人为准绳，那么，人人都想鹤立鸡群。以义务为准绳无异于以社会为准绳，那么，人人都会"克己复礼"（《论语·颜渊》1节）、宽厚待人。①

显然，以上观点是基于这样的假设，即权利的享有不过意味着对个人利益的追逐而已。因此，不论是东方—西方，还是对权利—道德的看法，都是二分法的结果。

对义务（相对于权利）的强调不是中国或儒家所特有，而是可以在任何卷入了与"西方"的伦理论争的文化中找到。比如，在1981年6月27日制定的《非洲（班珠尔）人权和民权宪章》中，对义务的强调远远胜于1948年的《世界人权宣言》。② 事实上，《班珠尔宪章》（*The Banjul Charter*）中的很多核心条款听起来都很"中国"。在印度，我们发现了不愿将权利置于义务之上的类似情况。③

---

① 陈顾远：《从中国文化本位上论中国法制及其形成发展并予以重新评价》，参见陈顾远《中国文化与中国法系》，台北：三民书局1969年版，第55页。

② 《世界人权宣言》只是在倒数第二条的一句话中提到义务，而《班珠尔宪章》却用了一章的篇幅对义务进行了详备的说明。它指出了人民应履行的各种义务，例如"维持家庭的和谐发展，促进家庭的团结和尊严；任何时候都要尊敬父母，在需要的时候抚养父母"（第29条第1款），"不得危害国家安全"（第29条第3款），以及"维持和壮大积极的非洲文化价值观"（第29条第7款）。《班珠尔宪章》在序言中指出："权利和自由的享有也意味着每个人都要履行相应的义务。"

③ 据普茹首塔玛（Purushottama Bilimoria）称："权利的概念是最近才来到印度的，而且，与印度的独立一样……其传统中更为显著的观念是责任和义务，早些时候，这种观念隐藏于各种礼仪当中。""看来，正如在现代道德话语中，如果不优先考虑权利，要谈义务是极其困难的，在传统印度的语境下，如果不优先考虑义务，人们也不能谈权利——如果谁真的敢于谈论它的话。看来，义务是印度社会伦理思想中的主要概念。"见氏著《权利与义务：［现代］印度的困境》［Purushottama Bilimoria, "Rights and Duties: The (Modern) Indian Dilemma"］，载尼尼安·斯马特和希夫舍·塔库尔编《现代印度的伦理政治困境》（Ninian Smart and Shivesh Thakur, *Ethical and Political Dilemmas of Modern India*, New York: St. Martin's Press, 1993），第30、36页。

伊斯兰文明的情形也一样，在那里，权利的享有同样与宗教义务的履行，甚至对宗教经典的遵从，特别是与伊斯兰教的信仰本身绑在一起。大体上，我们可以假定在义务与宗教化社会之间，以及权利与非宗教化社会之间存在着紧密的，虽然不是绝对的联系。这在基督教中也有体现。在1789 年法国国民议会中主教们试图（徒劳地）达成人的义务与权利同等的宣言。① 1983 年颁布的《天主教会法典》（Codex Juris Cononici）将天主教徒的义务置于权利之前（§§208 – 223）。基督教会，特别是天主教会，其官方教义一直是人权最凶猛的敌人，而且，直到 20 世纪中叶以前，他们对此话题一直避而不谈。②

有组织的基督教，尤其是天主教会历史上对待人权的态度表明，我们讨论的问题首先反映的不是文化传统之间的冲突。而是关于某些文明或文化传统不同发展阶段内部的冲突。这些文明或文化传统从建立至今，在特定的发展阶段，一些共享的信念和生活方式不再为人们普遍接受。欧洲的情况就是如此，这就是古老的"弥撒祷告历"信仰在灾难性的宗教战争中破灭，民族国家间的激烈冲突风起云涌，政治专制主义伺机而起，以及最后但最为重要的，人们发现并开拓了"新世界"。

但这并不排除新的思想已经在旧的传统中酝酿，而且就西方而言，宗教遗产在这一过程中起着特殊的作用。然而，主体权利（subjective rights）这一思想的最终胜利，正如人权的预设（presupposition）一样，至少一半源于与欧洲传统的分离，一半源于这种传统本身所蕴含的潜力。在双重的意义上，人权这个概念都是欧洲传统的后代。我认为，任何文化在遇到语境变迁和"善"的观念解体，而不得不寻求新的规范基础时，

---

① 参见汉斯·迈尔《人权如何是普遍的?》（Hans Maier, *Wie universal sind die Menschenrechte?*, Freiburg, Basel, Vienna: Herder, 1977），第 22 页。

② 参见 H. -H. 希瑞《人之再生? ——基督教视野中的人权》（H. -H. Schrey, "Wiedergewinnung des Humanum? Menschenrechte in christlicher Sicht"），《神学评论报》（*Theologische Rundschau*, vol. 48, 1983），第 64—83 页。以及克努特·沃尔夫：《福音、教会权利与人权：合理性与不足》（Knut Walf, "Evangelium, Kirchenrecht und Menschenrechte: Begründung und Defizite"），《资政》（*Concilium*, vol. 26, no. 2, 1990），第 112—118 页。今天，基督教会对人权的批判态度已经变得更为宽容，并继续坚持人权观念是基督教价值体系的一种表达。然而，人权观念仍然属于世俗社会，如果没有基督教之宗教传统和世界观的危机以及人们与它们的断然决裂，人权的出现是不可能的。否则，宣称人权的普遍性就会成为对一种特殊文化优越性的断言。

都会出现这种矛盾的情况。① 今天，源自古代模式的传统社会基本上已不存在，尽管有很多人为努力想恢复它们。

因此，我认为，以文化的"面向"为基础把权利和义务区分开来是非历史的。更重要的是，不管从历史的角度，还是从理论的观点来看，这两个概念都是不可分离的。这是因为，归根结底，人权的概念无一例外都存在于伦理范围之中。的确，西方"古典"人权概念似乎并不支持这种假设，这是因为 C. B. 马克弗森（C. B. Macpherson）所说的"占有性个人主义"（possessive individualism）在人权概念的形成中曾发挥关键的作用。② 然而这一"主义"，由于没有首先为人权的主张提供一个坚固的基础，因而也无可避免地受到来自"西方"本身的批判。在我看来，本文所讨论的人权，作为主体权利的形式，不仅与伦理论说是一致的，而且它的正当化也只在这样的语境下才是可能的（这并不等于否认合法性与道德性之间的不同）。

如果可以这样说的话，那就更没有理由将"西方的"和"东方的"立场对立起来，因为首先"东方"对义务的强调与权利的观念并不抵触，而是可以作为后者合理化的基础。我想援引中国的一个重要的伦理学说——孟子的伦理学说作为我展开论述的基础。这个学说与前现代的西方理论一样接近人权的思想，因此我们将其看作此思想的先驱。当然，我不是第一个发现或断言孟子学说与人权思想之间存在密切关系的人。日本学者早在 19 世纪末已经认识到了这一点。③ 在中国，张君劢甚至认为孟子肯定启发了法国大革命时制定的《人权宣言》。④ 其他的中国现代学者（特别是"新儒家"）遵循着张的理论，比如邓小军在其著作中对"儒家思想与民主思想的逻辑联系"的探讨。⑤ 本文我要做的就是为这种观点辩护——不是赞成张的夸张之处——并为此理论提供一些补充性的论证。

---

① 参见拙文《内在的尊严——中国传统与人权》（"The Dignity within Oneself: Chinese Tradition and Human Rights"），载卜松山编《全球语境下的中国思想》（Karl-Heinz Pohl, *Chinese Thought in a Global Context*, Leidon, Boston, Köln: Brill, 1999），第 236—261 页。

② C. B. 马克弗森：《占有性个人主义的政治理论：从霍布斯到洛克》（C. B. Macpherson, *The Political Theory of Possessive Individualism: Hobbes to Locke*, Oxford: Oxford University Press, 1962）。

③ 参见魁尔格·保罗《人权的哲学》（Gregor Paul, "Philosophy of Human Rights"），《罗特里奇亚洲哲学百科全书》（*Routledge Encyclopedia of Asian Philosophy*），即出。

④ 张君劢：《中西印哲学文集》第 1 卷，台北：学生书局 1981 年版，第 386 页。

⑤ 邓小军：《儒家思想与民主思想的逻辑结合》，四川人民出版社 1995 年版，第 332 页。

二

为了说明孟子的伦理体系可以为中国人接受人权思想提供一个基础，我们并不需要在《孟子》中读出主体权利的思想。其实，这一概念（就其详尽的形式而言）直到 14 世纪甚至更晚，在为人权的诉求奠定了知性基础的西方传统中还是缺失的。在我看来，孟子的思想与之相似之处，就是"自然法"的传统。

尽管自然法传统，在今天被看作西方"权利话语"的重要组成部分，但这种联系在前现代的西方仍是缺失的。阿拉斯代尔·麦金太尔（Alasdair MacIntyre）已经论证过，权利的概念"在大约公元 1400 年之前是缺少任何表达方式的，不管在古典还是中世纪的希伯来语、希腊语、拉丁语或阿拉伯语中都没有，更不要说古英语了"。① 而就与之相应的个人自由的概念而言，以赛亚·伯林（Isaiah Berlin）宣称尚未发现"古代世界中存在可信的证据或任何清晰的陈述"。② 这两种观点都是有理有据的。主体权利作为一个清晰的概念始于简·吉尔森（Jean Gerson，1363—1429），③ 但它的使用在随后的两个世纪仍然非常稀少。

在前现代的欧洲，社会不是由拥有主体权利的人组成的，"西方"人首先是社会单元中的一员。德国私法历史的古典研究者 H. 米特埃斯（H. Mitteis）和 H. 利伯里克（H. Lieberick）写道："是现代的概念让人作为一个人拥有了合法的地位，而不仅是社会角色的担当者。"④ 而且，社会的大部分人——女人、非自由民、外国人，以及宗教异端——都不是首先拥有充分合法的地位。在德国，基于出生、社会地位或教育程度的不平等而建立的传统等级形态一直持续到 1918 年，随之而来的平等主义共和

---

① 阿拉斯代尔·麦金太尔：《追寻美德：对道德理论的研究》（Alasdair MacIntyre, *After Virtue: A Study in Moral Theory*, Notre Dame: University of Notre Dame Press, 2nd, 1984），第 69 页。

② 以赛亚·伯林：《自由四论》（Isaiah Berlin, *Four Essays on Liberty*, Oxford: Oxford University Press, 1969），第 11 页。

③ 参见西奥·柯布式《人的发现》（Theo Kobusch, *Die Entdeckung der Person*），《形而上学与现代人类图景中的自由》（*Metaphysik und Freiheit im modernen Menschenbild*, Freiburg, Basel, Vienna: Herder, 1993），第 34 页。

④ H. 米特埃斯、H. 利伯里克：《德意志私法》（H. Mitties and H. Lieberick, *Deutsches Privatrecht*, Munich: Beck, 1978），第 35 页。

宪法（对权利和义务同等强调）只持续了 15 年。

在西方，对主体权利观的详尽阐述是直到 16 世纪甚或 17 世纪才出现的，那时，诸如弗朗西斯科·苏阿雷斯（Francisco Suárez，1548—1619）、托马斯·霍布斯（Thomas Hobbes，1588—1679）、巴鲁赫·德·斯宾诺莎（Baruch de Spinoza，1632—1677），以及约翰·洛克（John Locke，1632—1704）等作家就从人的自由意志的某种力量而发展出了权利概念（日本/中国将"right"翻译成"权利"非常恰切）。因此，该概念出现于欧洲历史上一个相对较晚的阶段，而且它的形成缘于非常特别的历史原因（见上），这些历史原因动摇了既有的世界观。

如果是这样的话，那么追溯到古希腊、罗马时期，我们看作是人权概念先驱的"自然法"（ius naturae 或 ius naturale），当时所表达的又是什么意思呢？ius naturae（ius naturale）与 lex naturae（lex naturalis）两个概念互换使用的事实，并不意味着主体权利由此变得清晰起来，直到后来现代物理学使用了后一个概念。当传统的欧洲哲学家，尤其是斯多葛学派提到"自然"的时候，他们所想的是一个规范性的无所不包的实在（reality）（即基督教中造物的规则）。自然这个概念为作为整个实在一部分的人确立了规则和义务。正如斯多葛学派所言，"根据自然法则是对的"（To physei díkaion），指超越个体的实在（reality）决定"什么是对的"，而不是指权利概念。自然为人类立法，而首先建立的是义务。"权利"作为个体的正当要求，最多不过是源自这些义务。

让我们看看中世纪最重要的思想家托马斯·阿奎那（Thomas Aquinas，约 1225—1274）对自然法的看法。根据现代一些托马斯主义者的说法，阿奎那那些"为自然法的探索提供了特别重要且权威资源"的作品，[1] 包含了人权理论的萌芽。[2] 然而，正如杰克·唐纳利（Jack Donelly）所分析

---

① 约瑟夫·波义耳：《自然法与国际伦理》（Jeseph Boyle，"Natural Law and International Ethics"），见特瑞·拿丁和大卫·玛佩尔编《国际伦理传统》（Terry Nardin and David R. Mapel，*Traditions of International Ethics*，Cambridge，New York，Port Chester，Melbourne，Sidney：Cambridge University Press，1992），第 112 页。

② 参见杰克·唐纳利《阿奎那政治思想中的自然法和权利》（Jack Donally，"Natural Law and Rights in Aquinas' Political Thought"），《西方政治季刊》（*The Western Political Quarterly*，vol 33，no.4，1980），第 528 页。参见约翰尼斯·梅斯纳《社会伦理：西方世界中的自然法》（Johannes Messner，*Social Ethics：Natural Law in the Western World*，St. Louis：Herder，1965），以及雅克·马里坦《人与国家》（Jacques Maritain，*Man and the State*，Chicago：Chicago Uinversity Press，1951）。

的：阿奎那的"法"（ius）概念与现代英语中的"权利"概念有很大不同。根据自然法（ius naturale）做事，就是去做形容词意义上的"正确的"的事，或名词意义上的"正确的事情"。讨论自然法，我们讨论的是"道德上的正直"，而不是"赋予人的特殊权利"。① 杰克·唐纳利总结道："行为是正确的（right）一点也不意味着人有权利（right）去做这件事。"② 自然法这一概念关注的不是权利，而是义务。如果自然法提供了对统治者的约束力——这是它的功能之一——那么它是通过强制统治者遵守公正的规则，而不是向被统治者分配好像不可剥夺的权利之类的东西，如不可剥夺的抵抗权等。著名的中世纪哲学和经院哲学研究专家，托马斯主义者约瑟夫·皮珀（Josef Pieper）概括他所宣称的"正义之古老理论"时说：

> 正义之古老理论关注的不是权利的拥有者，而是义务的承担者。它不是对人们被赋予并可要求享有的人权的阐述，而是对出于尊重权利之义务的阐述和辩护。③

在皮珀看来，自然法对义务的强调是苛求的、"进攻性的"，而对权利的强调则是"防御性的"，因为前者支撑着"公正（即是说道德的）统治"的期望。④

　　这一切听起来都非常儒家。有趣的是，皮珀对 1948 年《世界人权宣言》起草委员会中国代表的陈述作了评论。该代表很可能是张彭春，该委员会的副主席。他说传统中国没有人权一词，但是中国传统文化用不同的方式表达了同样的含义。这位中国代表接着引用了中国经典中的一句话："惟天惠民，惟辟奉天"——这很可能是《尚书》或《孟子》中的话。皮珀说："我在此发现很有趣的一点是，它与中世纪的正义学说非常类似。在此教义中，同样没有正式提到人权，但是它充分地表达了这一观

---

① 杰克·唐纳利：《阿奎那政治思想中的自然法和权利》，《西方政治季刊》（vol. 33, no. 4, 1980），第 529 页。

② 同上书，第 530 页。

③ 约瑟夫·皮珀：《关于正义》［Josef Pieper, *Über die Gerechtigkeit*（*On Justice*），Munich：Kösel, 2nd, 1954］，第 88 页。

④ 同上。

点乃至信念，那就是人作为一个人，许多东西是应该属于他的。但是它从来没有说，'听着，你被赋予了这个、那个，你瞧，你现在得到它了！'在（传统的）西方正义理论中，对正义作出承诺的表述，所针对的并不是被赋权的人，而是负有义务的人，那就是统治者。"①

根据皮珀的观点，传统西方和中国的进路可以"更为深入地达到对人权的辩护（与现代的表述相比），尽管人权这个概念并没有被直接使用"。② 因为，如果人之所应得是植根于上天的秩序，那么，掌权者所应关注的就是人之为人之根据，而不"仅仅"是某个人。

但是皮珀也指出了这种思想的消极面：它"取消了"人权观念，因为它将对"天道"的阐释和奉行转交给了掌权者。③ 在我看来，这种矛盾是理解为什么单方面强调掌权者所规定的义务而非子民的权利最终不再被认为是充分的、可延续的关键。这不仅对西方，而且对中国也是适用的。现代的中国话语也正在逐渐朝认可权利的方向发展。

因此，如果我们试图止步于 17 世纪这个转折点，而不是继续追寻权利的发展，回到前现代那个基于"自然"的规范性而极其重视义务与美德的过去，那就太不明智了。然而，这或多或少就是查尔斯·泰勒（Charles Taylor）1997 年在法兰克福的演讲中给那些非西方文化的建议。泰勒说，任何文化中都有尊重人的规范，但是只有西方，由于洛克的发明，选择了权利概念来加以保护。我们能否不要只局限于此，而是寻求一种跨文化的关于人之不可侵犯的共识，但是又不拘泥于将这种不可侵犯性纳入权利的形式？德国汉学家克劳斯（Klaus Mühlhahn）有过相似的提议。他说"儒家人道主义"可以充当"西方政治文化组成部分的"人权的替代物或同义语。根据克劳斯的观点，批判中国的政治状况是没必要提及人权的。④

---

① 参见爱德华·克罗克《中国人权中的刑罚》（Edward J. M. Kroker, "Die Strafe im chinesischen Recht"），亚琛社会科学院（Rheinisch-Westfälische Akademie der Wissenschaften），奥普拉登：《人文学》（Geisteswissenschaften, Vorträge G. 165, Opladen, Westdeutscher Verlag, 1970），第 70—71 页。

② 同上书，第 71 页。

③ 同上。

④ 克劳斯：《人权与政治文化、系谱与实践：比较视野中的一个普遍概念》（Klaus Mühlhahn, "Menschenrechte und politische Kultur. Genealogie und Praxis eines universalen Konzepts in komparativer Perspektive"），参见《中国妇女简讯》（Newsletter Frauen und China, Nr. 8, März 1995），第 19 页。

　　我并不认为这些在美国的中国研究中非常流行、经常在"礼仪而非权利"的标签下提出的结论，是令人信服的。吊诡的是，它们更多出现在西方谈论中国的话语中，而不是中国本身的话语中。尤其是，我不知道有哪位新儒家会不愿意在儒家的伦理、政治学说中为人权概念找到一席之地，包括那些极力批判所谓的西方卑俗的个人主义，甚至倾向于将西方人权定位为个人主义极端形式的人。对权利的要求早已成为非西方世界的一个现实，中国也不例外。我们应该认识到这一事实出现的一些很好的原因——例如，多元论的迅速发展。我们甚至可以证明，这样的发展不仅仅是西方思想的输入，而且在中国传统的道德论争中也有其历史背景。

三

　　现在，就让我们将话题转向这个中国的历史背景。

　　如何约束和控制社会及政治权力是所有文化中居于首要地位的一个问题。实现此目标的一个非常普遍的方法是诉诸一个超越人间王国并能限制人类活动的权威（从这个角度来说，伦理学是形而上学的源泉，而非其他）。西方的自然法传统是如此，中国敬天的宗教及其在哲学上的重要继承者，如孟子的道德自然主义（moral naturalism）也是如此。下面我们将对孟子的地位进行讨论。

　　众所周知，孟子将道德意义上的"天爵"与政治地位意义上的"人爵"区分开来，并认为前者优于后者。同时，他宣称，道德意义上的天爵，或者至少其"端"是所有人与生俱有的。因此，起源于天的规范性标准是与人类结合在一起的，而不需要从外部强加给他们。凭借天命之性，"人皆有内在的尊严"，与社会与政治的荣耀不同，这种尊严是官方不能赋予或剥夺的。① 相反，正是这种尊严强迫统治者以尊重、体谅和仁爱之心对待每一个人。他们的子民不能被当作"犬马"或"土芥"，即禽兽或贱物来对待。②

---

　　① 《孟子·告子上》17："欲贵者，人之同心也。人人有贵于己者，弗思耳矣。人之所贵者，非良贵也。赵孟之所贵，赵孟能贱之。"

　　② 《孟子·离娄下》3："君之视臣如手足，则臣视君如腹心。君之视臣如犬马，则臣视君如国人。君之视臣如土芥，则臣视君如寇仇。"

关键的一点是要认识到人之尊严不只是存在于道德行为的实践之中，而是直接存在于道德评价和道德行为的潜能之中。① 因为，正如孟子所言，即便一个人在实践中举止如禽兽，这也不影响他的"情"（实际情况），他总有办法恢复他最初的潜能，只要他愿意"求"。② 因此，我们可以认为，这种潜能以及由此构成的尊严是不可剥夺的。

因此，我不同意诸如安乐哲（Roger T. Ames）或皮文睿（Randall Peerenboom）等人的观点，他们认为儒家思想，尤其是孟子思想中，一个人只是由其"成就"所构成。③ 恰恰相反，一个人是由其做出成就的能力所构成，特别是在道德领域。这种能力在孟子的理解中不只是消极的，而且，在正常的情况下，也包含着一种可以导向道德行为的能动力量。在我看来，如果就道德成就本身，而不是就实现这种成就的人类道德潜能来理解孟子学说的地位，终会是一种误读。如果从实践而非潜能的意义上去理解，确实对中国如何去适应人权思想构成了障碍，而非确立起点；而且，就这一点而言，它是无力辩解的。因为那些没有做出道德成就的人根据定义将不能被称作人，相应地，就可以被当作禽兽来对待，实际上这个结论是皮文睿推出的。④ 那时候再提到儒家思想中的普遍"人道精神"也无济于事，因为"人道"这个词也将失去原本的意义。

如果我们从成就而非潜能的意义上来定义人，以及与之相应的人的尊严，我们也将无法把握我认为是传统中国法律体系中一个最为显著的特点：审判权中对自新和改过原则的认可。正是这种对人类改过自新能力的认可使得汉文帝能够（暂时）废除肉刑⑤，也是这种认可保证了唐律中被

---

① 关于这点也可参见信广来的《孟子与早期中国思想》（Shun kwong-loi, *Mencius and Early Chinese Thought*, Stanford：Stanford University Press, 1997），第 190 页。

② 《孟子·告子上》8："人见其禽兽也，而以为未尝有才焉者，是岂人之情也哉？"以及《告子上》第 6 条："乃若其情，则可以为善矣，乃所谓善也，若夫为不善，非才之罪也。"

③ 安乐哲：《以礼仪为权利——儒家的选择》，《人权与世界宗教》，第 20 页；郝大维、安乐哲：《汉哲学思维的文化探源》（David L. Hall and Roger T. Ames, *Thinking from the Han：Self, Truth, and Transcendence in Chinese and Western Culture*, Albany：SUNY Press, 1988），第 273 页。皮文睿：《古代中国的法律与道德》，第 129 页；以及《儒家正义：实现人道社会》（Randall Peerenboom, "Confucian Justice：Achieving a Humane Society"），《国际哲学季刊》（*International Philosophical Quarterly*, vol. 30, no. 1, 1990），第 22 页。

④ 皮文睿：《古代中国的法律与道德》，第 129 页。参见罗哲海《内在的尊严——中国传统与人权》，《全球语境下的中国思想》，第 244 页。

⑤ 参见《史记》所载缇萦故事。《史记》卷十，香港：中华书局 1969 年版，第 427 页。

起诉之前自坦其罪（自首）者可以免罪的规定。① 这些法规的实际效果可能还是非常可疑的，但是它们至少是不同凡响的，而且就理论而言，在全球范围内都是无与伦比的。我们必须将这些成就归功于孟子的道德哲学和古老的天道崇拜的影响。甚至在孟子以前，就存在至少是隐含着人之尊严的概念，这可以由中国早期法律的另一个显著特征得到证实：未经证实前的无罪推定，具体内容包含在《尚书》和《左传》之中，如"与其杀不辜，宁失不经"。②

　　确实，在独特的中国传统中，对人之尊严的保护不是通过强调当事人的权利，而是通过声明他们的义务来实现的，这与约瑟夫·皮珀所提及的西方自然法（lex naturae）的情况一样。这是源于儒家伦理体系的精英统治论，归根结底反映了这样的事实，即大多数人没有能力把握自己的利益。孟子没有摒弃这种仁慈的温和的家长制作风。后者甚至破坏了他"人皆可以为尧舜"的道德学说。于是，在谈及中国传统伦理时，尤其是在现代中国话语中，甚至觉得在儒家语境中很难使用"权利"一词的人，对这个词的使用都显得太过宽泛了。③ 另一方面，只是从义务描述儒家倡导的行为也是远远不够的。我们在《孟子》中的确找到了一个"可以"的话语。④ 所以我们可以问，当涉及与诸如反抗坏的统治和批判官方这样的（道德）权利时，甚至至少可能有一种准理解（quasi-understanding），

---

　　① 《唐律疏议》5.1，引文见刘俊文《唐律疏议浅解》第 1 册："诸犯罪未发而自首者原其罪。"中华书局 1996 年版，第 365 页。

　　② 《尚书·大禹谟》，引文见顾颉刚《尚书通鉴》："与其杀不辜，宁失不经。"（书目文献出版社 1982 年版，第 405 页）；以及《左传·襄公二十六年》。《汉书》卷二十三："与其杀不辜，宁失有罪。"中华书局 1975 年版，第 1110 页。

　　③ 相关例子包括李长林的《早期儒家礼学的权利义务》，《中国文化月刊》1997 年 1 月，第 202 期，第 16—35 页；程林辉的《先秦的人权思想》，《孔孟月刊》1997 年 6 期，第 35 辑，第 16—22 页；蔡仁厚的《从儒家思想看人权问题》，《中国文化月刊》1997 年 1 月，第 202 期，第 2—14 页；另外保罗·施（Paul K. T. Shih）说："孟子的自然法观念在其政治理论中体现得最为明显，他是一位激进而民主的中国思想家。其政治思想的本质就是革命的自然权利。"见《孟子的自然法哲学》（Paul K. T. Shih，"The Natural Law Philosophy of Mencius"），《新经院哲学》（New Scholasticism，vol. 31，1957），第 327 页。还可参看 D. W. Y. 夸克：《论人之为人的礼仪和权利》（D. W. Y. Kwok，"On the Rites and Rights of being Human"），见狄百瑞、杜维明编《儒教与人权》（Wm. Theodore de Bary and Tu Wei-ming ed.，Confucianism and Human Rights，New York：Columbia University Press，1998），第 88 页。

　　④ 参看《孟子·离娄下》4："无罪而杀士，则大夫可以去。无罪而戮民，则士可以徙。"

如李承焕所说的"有效的理解"（working understanding）呢？① 我们也可以问，这样一个概念甚至可能是强加于孟子的思想？因为它具有温和家长制模式的明显局限，这种模式毕竟对精英统治者的道德操守寄予了过高的信任。那么，为了论证邹人在战争中拒绝为曾虐待过他们的上司卖命的合理性，孟子做了什么呢？（《梁惠王下》12）他只是否认了不公正上司处罚其下属的权利，还是同时也申明了下属有反抗不公正上司的（道德）权利？

　　不管孟子本人是如何看待这个问题的，重要的是他的理论打开了朝认可权利的方向发展的可能性，这与他对尊严的关注是一致的。这一过程是否发生、何时发生，或多或少是一个历史经验积累的问题，需要达到"一定的量"才可能。我们足以认识到，在一个公众对政治事务的参与度很低的时代，优先关注统治者的义务洞察力和义务意识是合理甚至是不可避免的，但归根结底是个不可靠的选择。有鉴于此，另辟蹊径对人之尊严加以维护本身就成为一种道德责任，那就是让义务与权利享有平等的空间，从而让以义务为中心的模式中本来就隐藏着的作为一种补充的权利显现出来。从历史的角度来说，这个迟来的发展很容易从社会原因中得到解释：它必须在国家政府与儒家思想的联系断裂，以及儒家思想失去了意识形态的半垄断地位后才能出现。只要儒家思想仍然"在位"，就没有理由和动力承担起这个责任。只有其少数派的地位，与前面所述的基督教情况相似，才给予了这个伦理体系发展其潜能的空间。

　　这种认可权利的观点，可能也是对一个儒家思想家有吸引力的地方，就是我们无需离开固有的伦理论证框架。这不仅因为权利可以从道德要求（moral demands）中派生出来（只要人之尊严无法由其他手段来维护）。我甚至可以论证权利只能在此基础上获得其正当性。

　　当我们把人权赋予人类时，我们已经假定他们配得上拥有，且有能力以负责任的方式来行使这样的权利。如果人类只是一个策略性算计的利己主义者，如中国的法家、霍布斯，或是现代博弈理论家所假设的那样，那么，就没有正当的理由将这样的权利归于人类。权利的享有预设了有能力履行义务的前提，因而站在积极的立场上对待他人，而不仅仅是策略性的

_____

① 李承焕：《儒家基于美德的道德中存在权利观念吗？》，《中国哲学》（vol. 19，no. 3，1992），第241—261页。

关系（这一开始就排除了将人简化为原子式的单子，并将人权局限于政治水准上的做法）。这意味着，根据孟子的思想，我们所宣称的权利拥有者的自主道德潜能必须预先被视为理所当然的（不论我们如何在哲学的意义上论证这一潜能的合理性）。如果这一点可以成立，它就具有重要的意义：在一个人享有他的权利之前，除了道德能力（moral capacity）外，我们不能要求其对美德做进一步的证明。道德能力的假设必须充分，不能再附加条件，否则会破坏正当性本身。我们唯一能做的就是实行制裁——如果其他人的权利实际受到了侵犯的话。接下来需要做的就是教育、修身以及积极价值观的灌输等等，但是所有这些都是基于对每个个体之中先在的"实践理性"（practical reason）的承认。

在这一点上，我提出的方法与那些最近提出如何从义务中引申出权利的华裔学者有所不同。

成中英认为，人权应该通过社群得到公众的认可，它是"作为德行执行者或实践者的道德人隐含的权利"，因为这些良善之举是"为了公众的利益"。① 在我的印象中，成中英没有将"德行实践者"与有能力进行此实践的人区别开来，因而具有认为权利取决于实际的德行实践的危险。

现在，让我们转向杜维明。一方面，杜维明写道，"人之为人的价值是建立在履行责任之能力的基础之上的"。② 另一方面，他同意约书亚·科恩（Joshua Cohen）的观点：根据"儒家的立场"，"人类的价值与他们对社会责任的践履（原文如此）紧密相连"。③ 这里有必要厘清上面这个模糊的看法，以便弄清杜维明是否已经准备好穿越这样的界限，即认为一个道德之人对权利的享有依赖于他的行为，而不是如孟子说的一个人本来就拥有的潜能。

我在国际行动委员会（Inter-Action Council）的倡议中发现了《世界

---

　　① 成中英：《将儒家美德转化为权利——儒家伦理观中人的实践能力与潜能研究》（Cheng Chung-ying, "Transforming Confucian Virtues into Human Rights: A Study of Human Agency and Potency in Confucian Ethics"），载狄百瑞、杜维明编《儒教与人权》，第149页。该文已收入本论文集。——编者注

　　② 杜维明：《作为儒家道德话语的人权》（"Human Rights as a Confucian Moral Discourse"），《儒教与人权》，第304页。

　　③ 同上。

人类责任宣言》所面临的同样的诱惑，这是一个年长政客的组织，包括李光耀（Lee Kuan Yew）和前德国总理赫尔穆特·施密特（Helmut Schmidt）。据施密特的证言，行动委员会希望《世界人类责任宣言》最终会具有与《世界人权宣言》同样的"司法（原文如此）和政治效果"。①但是这可能导致某种道德警察，对《世界人权宣言》并非有益补充。

综上所述，我相信中国的道德传统，尤其是孟子的儒家思想，是中国适应人权思想的根基。因为该思想只有在伦理理论的语境下才能获得正当性，那么，儒家思想中特殊的道德观就是一个有益的资源，而非障碍。只是，这个道德观只能运用在人权正当性的层面，而不是在实际享有的层面。这个关键的差异源自对孟子伦理学的重构。

（作者单位：德国波鸿鲁尔大学东亚研究中心。梁涛、刘晓英译）

---

①　赫尔穆特·施密特：《时间，那言说之事》（Helmut Schmidt，"Zeit，von den Pflichten zu sprechen！"），《时代周报》（*Die Zeit*）第 41 期，1997 年 10 月 3 日，第 18 页。

当代中国儒家人权观初探

[中国香港] 陈祖为 （Joseph Chan）

一 为什么是儒学？

证明普世人权的合理性，至少存在两种主要的思想进路。首先是较传统的进路，说明存在一些普世价值和道德原则，它们可以向所有理性的人证明人权的正当性。① 第二种进路试图从不同的文化视角来探求有关人权之共识。它鼓励不同的文化从自身的角度，以自己的方式来为人权辩护，期待一种关于人权规范的"重叠共识"能够从不同文化的自身探寻和共同对话中产生出来。我将第一种进路称为"基要主义者"（fundamentalist）的进路，第二种称为"众派合一主义"（ecumenical）的进路。众派合一进路具有一定的优势，如果成功的话，它将人权置于一种特殊文化自身的基础之上，使人权更容易被原本缺乏人权思想的文化所接受。然而，虽然这种进路可能产生共识的基础，但它同样也可能产生很多冲突：对各自文化探寻得越深，可能会发现不同文化之间的差异越明显。在本文中，我将通过考察作为一种文化视角的儒学，来讨论这种进路的可行性。

首先，我要做两点说明。一是关于儒学的含义和范围，二是儒学对当代中国的重要性。像"自由主义"一样，"儒学"可以在多种层面上使用：哲学思想，政治意识形态，实际的国家政策或实践，或者生活方式。在本文中，儒学指的是一种哲学思想传统，并非国家意识形态或政治实

---

① 参见阿兰·格瓦兹《人权：证明和应用》（Alan Gewirth, *Human Rights: Essays on Justification and Applications*, Chicago University of Chicage Press, 1982）。

践。作为国家意识形态或实践的儒学，往往是时代和历史情境的产物，而作为一种哲学思想的儒学，则是由孔子所创立，并经历了时间的考验，至今仍是中国人思想的活水源头。而且，将一种思想传统的哲学表述与其历史的、体制的表述区分开来，能够为我们创造出一种空间，以便对该思想传统加以批判性的评估、使用和进一步发展。正如马克思主义者经常回到马克思本人的言论，来谴责国家的政治实践，并发展新的马克思主义理论以回应当代问题一样，我们也可以转向儒家哲人来做同样的事情。在讨论作为一种思想传统的儒学时，我将进一步将自己限定在早期儒学思想，即孔子和孟子的思想。尽管儒家思想在孔孟之后的中国历史的不同阶段中得到充足发展，然而《论语》中所反映的孔子思想以及《孟子》所作的进一步阐述，一直是后世儒者批判反思的范式和基础。由于讨论范围的局限，我这里重构的儒家人权观仅是儒家众多视角中的一种。儒学是一种久远而复杂的传统，对这一主题自然可能存在着不止一种观点。

然而在当今中国，儒家思想在多大程度上构成了一种富有生命力的文化传统？这种哲学思想在多大程度上可以被看作是一种文化观点，即一种被中国人普遍认同，并落实在他们的生活方式和实践中的观点？在20世纪60和70年代的社会主义中国，儒学曾受到过严厉批判和否定。它是否有可能重新成为一种有影响力的文化观点？我认为有一些理由相信，儒学在获取一种现代的、重构的形式之后，即使不能成为严格意义上的一种有影响力的文化观点，仍有可能成为社会价值和文化重建的主要源泉。首先，马克思主义的意识形态在苏联以及东欧共产主义阵营解体之后遭到质疑。今天，马克思主义仍是中国执政党的指导思想，但马克思主义如何进一步中国化则是一个重要的课题，而与传统文化尤其是儒学的结合无疑是这一课题的重要内容。

其次，随着冷战的结束，民族主义兴起。中国已经将民族主义作为一种策略，以重塑她在国际舞台上的形象，以及寻求内部的政治和道德的凝聚。要建立民族身份，无疑就必须诉诸文化传统。对此，中国的一些高级官员已经公开承认有必要向过去——中国的传统文化和伦理——学习。① 此

---

① 例如，时任中央政治局委员、国务院副总理李岚清曾提出，要发展当今中国的道德观，我们有必要向中国过去五千年的宝贵的道德传统学习。参见罗国杰主编《东方伦理道德与青少年教育》，上海教育出版社1994年版，第1—2页。

外，最近一些半政府机构也组织了一些大型学术会议，探讨中国传统伦理思想之复兴，尤其是儒学之复兴。① 不仅如此，在 20 世纪 90 年代，儒家伦理的一些重要内容已经被吸收进中小学课程以及"行为守则"之中。②

对儒学的兴趣不仅局限于一小部分北京的政治家和学者。在省一级，学者们比官员更热衷于推动中国历史、传统文化和哲学的研究。大量关于传统伦理思想的著作得以出版。这种现象不是仅仅出现于个别省份，而是遍及整个中国。

最后，正因为儒学有成为一种有效文化观点的潜力，尽管还未成为一种有活力的传统，其含义和具体制度性内容仍有待建构。对儒学——比如，儒学和人权的关系——展开严肃、公开的讨论，将防止权力对儒学的绑架。

由于这些原因，考察儒学和人权的关系便显得很重要。儒学是否能够接纳现代人权观念，并使之与中国文化相结合呢？或者，儒学是否本质上与人权观念不相协调，因而会阻碍人权在中国的推进呢？

我将在本文的第二、三节中回答这些问题。在第二节"四个所谓儒家思想反对人权观念的理由"中，我将通过论证说明以孔孟思想为代表的儒家核心教义与人权观念是相容的。在第三节，我将通过论证说明儒学能够证明人权的正当性，但是这种证明与西方自由主义之主流流派所提供的证明并不相同。这暗示儒家将以不同的方式定义一些主要人权的功能和范畴。换言之，尽管儒家和其他文化观点能够通过考察和对话形成关于人权的共识，但在人权的证明方式和范畴上仍可能存在严重分歧。③ 在本文的最后一节，我将综合前几节的观点来提出一种儒家的人权观。然后我将通过一些具体的人权问题，来说明这种儒家人权观所隐藏的含义和重要

---

① 例如，1993 年中国一些主要教育机构在北京召开了一次名为"东方道德传统与当代青年教育"的国际会议。儒家伦理是其中的主要议题。

② 对此现象的描述，参见罗国杰主编《东方伦理与青少年教育》，第 324—331、339—346、347—358 页。

③ 关于不同文化传统在人权方面可能形成重叠共识的讨论——尽管在权利的证澄和范围上存在异议——见查理·泰勒《关于人权非强迫一致的条件》（Charles Taylor, "Conditions of an unforced consensus on human rights"），载乔安妮·R. 鲍尔与贝淡宁编《东亚对人权的挑战》（Joanne R Bauer and Daniel Bell, ed., *The East Asian Challenge for Human Rights*, Cambridge：Cambridge University Press, 1999）。

性。但是我要强调的是，在讨论一种儒家人权观的可能性时，我无意宣称此种观点在哲学上优于其他观点，例如自由主义的观点。① 我想捍卫的是一个较弱的说法，即这种儒学人权观在哲学上是可以成立的，并因为它是可以成立的，中国人可能会更容易接受它，而不是其他同样可以成立，但异质于他们的文化的人权观。

二　四个所谓儒家思想反对人权观念的理由

儒学与人权观念不相容已成为一种普遍观点。这种观点不仅认为儒家思想里不存在人权观念，而且认为任何对人权观念的认可都必定与儒家的人论、伦理观和社会观发生冲突。我同意这种观点的前半部分，但不同意后半部分。在这一节中，我将说明儒学中的许多主要内容与人权观念是相容的。为论证这一点，我将引用并探究一些常见的"儒家"拒绝人权观念的理据，我发现有四种这样的理据，并将逐一讨论。

（一）儒家之语境化个体和角色伦理观

某些儒家学者认为，任何对人权的维护都基于这样的预设，即人是非社会性（asocial）的存在，具有独立于文化和社会的权利。他们认为这种预设与儒家的观点相悖，因为儒家认为人必须生活在社会中才能成为真正的人，才能拥有丰富的人生。例如，罗思文宣称，因为无论人们的个人特征——比如文化背景——有何不同，他们都享有权利，所以他们可以独立于文化而生活，而这明显与儒家的人性观相悖。② 无论如何，从儒家的视角出发，很难设想这样的权利拥有者，因为不存在独立

---

①　这种立场反映了众派合一进路之精神。事实上，我相信人权的本质允许其基础、范畴和等级等问题上的多元诠释。对此观点的详细论证，参见陈祖为《亚洲对普遍人权的挑战——一种哲学评价》（"The Asian Challenge to Universal Human Rights: A Philosophical Appraisal"），载邓特抗编《亚太地区的人权与国际关系》（James Tang, ed., *Human Rights and International Relations in the Asia-Pacific Region*, London: Pinter, 1995）；陈祖为《香港、新加坡和"亚洲价值"——另一种观点》（"Hongkong, Singapore, and 'Asian Values': An Alternative View"），《民主》（*Journal of Democracy*, vol. 8, 1997）。

②　罗思文：《为什么要认真对待权利？——儒家的批评》，载罗纳编《人权与世界宗教》，第 167 页。

于文化的人。同样，皮文睿认为，因为人权是与生俱来的，人必须被看作"作为一种生物物种之成员"（qua members of a biological species）的存在而非"社会存在"（qua social beings），而这与儒家的观点深深抵触。① 安乐哲也认为儒家不可能接受人权，因为人权所保护的是人的"独立于且先于社会的"利益。②

这些观点的问题在于，它们对人权及其预设的理解存在误差。人权是人仅凭其人之资格就享有的权利，无论他拥有怎样的性别、种族、文化、宗教、国籍或社会地位。但是，这种人权概念并不预设或暗示人不具备上述属性。它所维护的仅是一种规范性的宣称：一个人对基本人权的拥有权，与他的性别、种族或文化没有道德相关性。同样，人权概念也不暗示人是非社会性之存在，其利益独立于且先于社会。恰恰相反，国际人权宪章包含保护个体利益的权利，而这些利益本质上都是社会性的：言论自由，保护个体与他人交流，尤其是在公共空间与他人交流的利益；宗教自由，保护的是个体加入宗教团体的利益。这些权利恰恰说明人权概念所拥有的是这样一种预设，即人是社会和文化的动物。我们不应将个人权利的基础与这些权利的内容混为一谈。证明人权正当性的是个体之利益，而非社会之利益，虽然个体利益的内容可能是社会性的。③

批评者可能会反驳说，人权概念的确暗示了无论人们拥有怎样的社会角色，他们都拥有人权，而这恰恰与儒家的语境化个体和角色伦理观相矛盾。在他们看来，儒家赞同这样一种伦理观，它阻止将义务（或者权利，如果有的话）归属于个人。我们可以称此为一种纯粹的角色伦理观（pure role-based view of morality）。按照这种观点，道德义务或权利只产生于社会关系，例如家庭关系、朋友关系和政治联盟。大部分的儒家教诲都是关于个人在五伦——父子、夫妻、长幼、君臣和朋友关系——中的行为规范。的确，许多学者甚至提出，在儒家伦理中，个人之身份完全是由社会

---

① 皮文睿：《中国的权利怎么了？——通往中国特色的权利理论》，《哈佛人权》（vol. 6，1993），第40页。

② 安乐哲：《以礼仪为权利——儒家的选择》，《人权与世界宗教》，第205页。

③ 对此观点的进一步论述，以及关于个人权利和共善（common good）之间的关系的论述，参考陈祖为《雷兹论自由主义权利与共善》（"Raz on Liberal Rights and Common Goods"），《牛津法律研究》（Oxford Journal of Legal Studies，vol. 15，1995）。

关系网所构成的。① 据此，罗思文写道：

> 　　对早期儒家而言，不存在可被抽象认知的、孤立的自我；我是生活在与一些特定的他者之关系中的全部角色。我不是在做或演这些角色；我就是我的诸角色。当所有角色都被确定，那么我也就被一种独特、充分、完全的方式所定义，不剩下任何东西可以勾画出一个自由自主选择的自我。②

这种对儒家人之范式和伦理的理解为不少学者所赞同，成为拒绝人权的一项理由。按照他们的理解，由于（1）人是由私人关系网中的各种角色所构成，并且（2）以角色为基础的义务已经涵盖了所有人与人之间的义务或权利，因此不存在只属于绝对个体的、独立于其社会角色的义务或权利。③

　　我同意儒家思想确实强调特殊的社会关系，但不认为儒家的人论或道德观是纯粹角色本位或关系本位的观点。在儒家看来，人首先也是最重要的是能够实现仁的道德行为主体，这意味着人具有某种关爱、同情他人之能力和习性。尽管实现仁的场所通常是诸如父子和夫妻这样的私人关系，但也存在一些仁所要求的道德行为并非属于私人关系的情况。也就是说，并非所有的儒家道德义务都来自社会关系。儒家伦理中也存在一些强烈的非关系元素。让我们看看以下几个例子：

　　1. 孟子所说的"孺子将入于井"，就是在非私人关系处境下仁之表达的佳例（见《孟子·公孙丑上》6）。孟子认为，仁者会出于恻隐之心去拯救那个孩童，他之所以这样做，不是因为他与孩子的父母有私交，也不是为了赢得乡党或朋友的赞誉，而仅仅是出于恻隐之心，不忍他人受到苦

---

　　①　参见皮文睿《中国的权利怎么了？——通往中国特色的权利理论》，《哈佛人权》（vol. 6，1993），第44—45页；李承焕《儒家基于美德的道德中存在权利观念吗?》，《中国哲学》（vol. 19，no. 3，1992），第256页；和安乐哲《以礼仪为权利——儒家的选择》，《人权与世界宗教》，第208页。

　　②　参见罗思文《为什么要认真对待权利？——儒家的批评》，《人权与世界宗教》，第177页。

　　③　关于这种理解，参见皮文睿《中国的权利怎么了？——通往中国特色的权利理论》，《哈佛人权》（vol. 6，1933），第44—45页；李承焕《儒家基于美德的道德中存在权利观念吗?》，《中国哲学》（vol. 19，no. 3，1992），第256页。

难。孟子认为仁爱之心，人皆有之，仁至少意味着对他人苦难的敏感。在此，他人并不限于我们认识的人，而是可能包括"四海"之内——即全世界——所有人。

2. 孟子又说"君子以仁存心，以礼存心。仁者爱仁，有礼者敬人"（《孟子·离娄下》28）。这里的"人"也没有特指哪些人。这种爱人就是爱所有人的观点也存在于《孟子·尽心上》46 中，孟子说："仁者无不爱也，急亲贤之为务。"

当然，孟子的这种仁之范畴的潜在无限性继承自孔子。孔子明确指出，仁即"爱人"（《论语·颜渊》22）。理雅各（James Legge）将此翻译为"爱所有人"（love all men），较好地抓住的孔子的本意。① 孔子还教导年轻人要"泛爱众"（《论语·学而》6）。

3. 儒家思想中还有另外一个重要的伦理教诲，不仅适用于亲密的私人关系，而且适用于所有人："己所不欲，勿施于人。"（《论语·颜渊》2）

至此我们已经清楚地看到，儒家并没有采纳一种纯粹角色本位的伦理观。儒家伦理观中有明显的非关系化方面的内容。当然，至此我并没有说儒家承认个人享有与其人伦角色不相关的权利；而是指出，那种指责儒家思想无法接纳普世人权的观点是错误的，因为它基于一个错误的假设，即儒家是一种纯粹的基于角色的伦理。

（二）儒家对社群理想的思考

人们通常认为，儒家思想中的理想社会基本上就是一个放大的家庭。正如许多学者指出，五伦中有三伦属于家庭关系（父子，夫妻，长幼），另外两伦（君臣和朋友）虽然不是家庭关系，但也是以家庭关系为模型的。② 理想家庭的特点是成员间的相互关爱和爱护。好儿子会把家庭中其他成员的幸福视为自己幸福的一部分，好父亲也会如此。在这种家庭理想中，谈论权利是不适宜的，因为：

---

① 参见理雅各译《论语》（James Legge, trans., "Confucian Analects," in Legge, *The Chinese Classics*, vol. I, Hong Kong: Hong Kong University Press, 1960），第 269 页。

② 李承焕《儒家基于美德的道德中存在权利观念吗?》，《中国哲学》（vol. 3, 1992），第 253 页。

> 儒家强调，真正的社群不是由那些自我中心、漠不关心他人的个体所组成，而是由具有美德的成员组成，他们视共同的目标和价值超越自己的目标和价值。……在这种理想社群中，最高之美德就是这样一种品质，当以主动形式表达时，它即是仁；当以被动形式表达时，它即是"对自私的克服"（"克己"）。[1]

任何对人权的维护都基于人是以自我为中心的观点，而人权恰恰是保护而非遏制这种观点。有人认为这种观点与儒家的理想家庭关系相悖。推而广之，人权也就与以家庭为模型的社会相悖。

然而以上论点却是建立在错误的人权观之上。人权并不假设人是以自我为中心的，完全无视他人的福祉。人权保护个人的正当利益。我们必须区分"自身利益"和"自私利益"。例如，人有不被折磨和不被性侵犯的自身利益，这种利益显然并不自私。与马克思的观点不同，人权不必是"自私之人"的权利。捍卫自己不被他人折磨的权利显然不是自私的表现。

要维护人权，我们只需要两点假设：（1）每个个体都享有某些正当的自身利益，他或她应当被允许保护这些利益。（2）并非所有个体都有足够的利他精神，以致可以为了他人而牺牲自己的正当利益。第一个假设使人权成为可能，第二个赋予人权重要性。[2] 显然，这些假设都不暗示人是自私的。

然而，人们可能会怀疑，即便这两个较弱的人权假设条件仍然与儒家的理想社群的精神不相容。儒家认为，处于亲密人际关系中的人们不应该视自己为拥有权利的主体，并根据权利向同伴提出要求。而是，他们应该视彼此处于一种相互承诺、相互关爱的关系中。在这种关系中引入权利是不恰当的，因为它会驱使我们将其他成员的利益更多地看作是对我们自己

---

① 李承焕《儒家基于美德的道德中存在权利观念吗?》，《中国哲学》（vol. 19, no. 3, 1992），第252页。

② 有人可能会说，即使在利他主义社会中权利也是必要的。因为人们可能对什么是人之利益以及如何进一步促进它们有着不同的，甚至无法接受之道德观点。对个人的正当利益加以侵犯可以是出于盲目的溺爱或自私。

的利益的限制，而不是我们也希望促进的利益。①

　　我并不反对这种观点，即权利在一个美德关系中所起作用并不大。我同意在一个健康、亲密的关系中，各方都最好忽视权利，注重相互之关爱。但是，万一这种关系恶化了呢？我们需要用权利来修补它吗？可能不用，因为补救的最好办法可能是双方重新投入互相关爱的理想关系，而不是诉诸权利。如果这种关系破裂到不可挽救的地步，那么权利难道不是保护各方利益的相关、有用之机制吗？② 以婚姻的破裂为例，如果一个丈夫已不再爱他的妻子并且在许多方面损害了她的利益，那么她肯定非常希望——而且这也是必要的——拥有形式上、法律上之权利（婚姻权利以及人权），供她依靠来保护自己之利益。③

　　因此，即便在家庭关系中，我们也有理由赋予权利一定的地位，而且我认为儒家会在以下这种意义上支持人权。没有任何一种有关仁爱或关爱的伦理学会寻求灭绝个人之需要。归根结底，我们关爱一个人时，我们关心的无非就是他的需要和利益。如果权利有时是保障个人之重要利益所必需的，那么儒家就没有理由拒绝它。如果家庭关系需要权利作为一种备用（fallback）机制，我们就更有理由使权利成为支持一个较大的社群之机制。儒家社群也并非完全由亲密的私人关系所构成，例如统治者与被统治者，以及陌生人之间的关系就并非是私人关系。在工作场合、市场、政府、法庭和其他不那么私人的场合，人们并不依据亲密的私人关系之准则来交往。权利并不会破坏这些场合中的人际关系。毕竟，权利是弱者保护自己免受利用和伤害的重要工具。

　　尽管如此，儒家可能并不会赋予权利超出备用机制（fallback apparatus）的更大的功能。权利既不能构成美德，也不能构成美德关系。这一点对于目前某些西方国家——比如美国——所盛行的人权观具有重要意义。某些西方自由主义者持有一种膨胀之权利观，这应该受到抵制。

---

　　① 参见休·拉佛列特《人的关系：爱，身份和道德》（Hugh LaFollette, *Personal Relationships*: *Love*, *Identity and Morality*, Oxford：Blackwell, 1998），第146页。

　　② 同上。

　　③ 权利作为一种备用机制的想法来自杰里米·沃尔德伦《当正义代替情感——对权利的需要》（Jeremy Waldron, "When Justice Replaces Affection：The Need for Rights"），载沃尔德伦《自由主义权利》（*Liberal Rights*, London：Cambridge University Press, 1993），第374页。

也有些自由主义者认为，即使是最有价值的相互关爱形式，也只有在以权利为基础的关系上，才能繁荣。① 坎尼（Simon Caney）说："仁爱作为一种美德，如果是建立在对权利的认知基础上，则更为可欲。它包含了更强烈的意图。"② 然而，此乃一种有争议之观点。它意味着如果特蕾莎修女（Mother Theresa）对权利一无所知的话，她的生活就并不可欲——这种说法有违直觉。陶马斯（John Tomasi）举出以下的例子支持坎尼的观点：

　　试想象在一段婚姻关系中，一方对另一方完全顺从。比如有这样一位"顺从妻子"，她对丈夫千依百顺，在他人眼中，她的所作所为远远超过她应尽之义务（我们也可以很容易想象出这样一位丈夫）。无论多么不合身，她都会穿上丈夫喜欢的衣服；无论多么不愿被打扰，她都会邀请丈夫喜欢的客人；无论多么不符合她的作息，她都会随丈夫起床、就寝——显然，这种千依百顺称不上是美德——她没有意识到她有理由不这样做的。她忘记了，或者根本不愿意别人提醒她，她是享有权利的。③

人们可能会同意陶马斯的观点，认为这是一位有缺陷的妻子，她缺乏自尊和自重。可是，自尊却并不必基于她有权利这个事实（尽管她确实有）之上，而应基于这样一种信念，即她值得得到关爱，以及她的福祉具有重要性。因此，她有正当的理由来抱怨丈夫，但该理由不一定是丈夫忽视了她的权利。更适合的理由恰恰应是相互关爱之理想——丈夫没有关爱她、

① 参见西蒙·卡内《桑德尔对首要正义的批评——一种自由主义的反驳》（Simon Caney, "Sandel's Critique of the Primacy of Justice: A Liberal Rejoinder"），《英国政治学》（*British Journal of Political Science*, vol. 21, no. 4, 1991），第 517 页；约翰·陶马斯《个人权利与社群美德》（John Tomasi, "Individual Rights and Community Virtues"），《伦理学》（*Ethics*, vol. 101, no. 3, 1991），第 532—533 页；乔尔·费因伯格《自由与实现》（Joel Feinberg, *Freedom and Fulfillment*, Princeton, NJ: Princeton University Press, 1992），第 238 页。

② 参见卡内《桑德尔对首要正义的批评——一种自由主义的反驳》，《英国政治学》（vol. 21, no. 4, 1991），第 517 页。

③ 参见陶马斯《个人权利与社群美德》，《伦理学》（vol. 101, no. 3, 1991），第 533 页。

没有意识到她的需要和渴望。① 妻子不需要从权利的角度来思考他们的关系。事实上，一旦她如此思考，她就已经疏远本来可以向其要求的丈夫了。在儒家看来，她首先应该做的是提醒丈夫维护相互关爱之婚姻理想。

（三）儒家思想中的等级制和家长制

在一些学者看来，儒家关于人际关系的观念是提倡等级和服从的。在五伦中，个人是不平等的。"每人获取个人和公共利益的能力是受限的，依据其社会地位等级而定。"② 以父子关系中孩子的义务为例，根据一些人的诠释，儒家思想中的孝是提倡孩子（无论未成年还是成年）对于父母（尤其是父亲）的服从。孩子必须服从父亲的指令，无论它多么不合理。根据这种诠释，儒家的人伦观会拒绝接受人权，即便它们仅仅是作为家庭成员的保护性备用机制而存在。

以上对儒家的诠释有一定道理。但是，在这个问题上，我们首先有必要将早期儒家与儒家的后期发展区分开来。儒家思想中对家庭中的绝对服从和等级的论述多是来自汉代及其以后的发展。例如，"三纲"就主张丈夫对妻子、父亲对孩子、统治者对被统治者的绝对权威。其次，虽然孔子本人的教诲看起来似乎暗示子女服从父母，但是我们也可以在他的思想里找到反对这种教诲的根据，这根据在于孔子是从仁出发来理解基本的人伦关系和相关美德。以孝为例，孔子认为仁是一切美德的基础，家庭是实现仁的最自然和最重要的地方。那么，仁是怎样影响我们对孝道的理解的？现举以下几点作为说明。

首先，仁即爱人（《论语·颜渊》22）。它要求我们关心和尊重他人。以仁对待我们的父母，就不仅只是在物质上供养他们，更重要的是关心和尊重他们。"至于犬马，皆能有养；不敬，何以别乎？"（《为政》7）其次，有仁心的孝子会关心他的父亲是否也以仁待人。因此，他不会遵从父亲不合理或不道德的要求，因为这将进一步促使父亲沉迷于恶行。行孝不

---

① 可能有人会说丈夫其实是违背了作为公平的一种形式的互惠之规范，但按我的理解，互惠是潜藏在许多种伦理中的最基本的观点。我们可以说相互关爱理想，以及孔子恕的观念——"己所不欲，勿施于人"，"己欲立而立人，己欲达而达人"——都体现了互惠观点。但无论如何，作为一种"公平"形式，互惠仍与权利观念非常不同。

② 参见李承焕《儒家基于美德的道德中存在权利观念吗?》，《中国哲学》（vol. 19，no. 3，1992），第 251 页。

能以牺牲仁为代价。最后，仁（慈：父母之爱）也要求父母爱护子女，促进子女的幸福。仁也暗示着双向互惠的原则：所谓"己所不欲，勿施于人"（《卫灵公》24）。如果这种互惠原则运用于有着不同角色的一种关系之上，那么我们可以说一个好父亲也不应该强迫儿子接受一些若他处于儿子的位置也不愿意接受的事情。

如此可以看到，我们可以从孔子关于仁的观点来批评他关于孝的教诲。但是有一种观点认为，孔子的意思是即便父母做了错事，并且无视儿子的劝谏，儿子也应该顺从：

> 子曰："事父母幾谏，见志不从，又敬不违，劳而无怨。"（《里仁》18）

这段话的前半部分说明孔子认为孩子应当关心父母的德行，此中隐含了仁的观点。但是后半部分似乎并没有将仁的观点持续下去，而是错误地把"敬"置于"仁"之上——要求儿子允许或者帮助父母做违背仁的事情。

然而，对于这段话有一种更宽容的解释。关键词"not disobedient"不一定是"不违"的唯一可能的翻译。理雅各注意到"不违"可以意味着"不放弃告诫"，而非"不敢违背父母的意志"。[1] 如果接受这种解释，那么这段话就不能表明孔子提倡绝对的顺从。相反，它支持了前面所说的基于仁的孝道。

总结上述观点，如果人们认同基于仁的孝道，就应该反对将绝对服从作为孝道的基本范式。这种观点也适用于其他家庭关系，无论这些关系的范式如何，它都应以仁为基础并受仁爱原则的制约。简而言之，仁要求相互关爱，反对自我中心或一方对另一方出于自私的控制。

然而，批评者仍然会认为上述论证并没有对儒学与人权不相容的意见作出充分回应。他们或许会同意家庭关系应当以仁为基础，并受到仁的制约，但是仍然存在某些与仁的精神相一致，却违背了人权的家庭关系范式。以包办婚姻为例，这种在传统中国广泛流行的做法看起来并没有违背仁，但是却明显违背了个人自由选择配偶的权利。

我们该怎样回应这一反驳呢？尽管仁确实为孝设定了一些理论性限

---

① 见理雅各译《论语》，第170—171页。

制，但许多具体范式是否为仁所要求，取决于文化规范和社会环境。孔子认为孝就是在对待父母时合乎礼，"生，事之以礼；死，葬之以礼"（《为政》5）。孔子所生活的封建社会中，礼或规范对子女提出了许多要求和限制。例如，按照礼，在父亲去世后，"三年无改于父之道，可谓孝矣"（《学而》11）。但是我们不要忘记，对孔子来说，礼应在仁之后。孔子对礼表现出一种人文主义的态度："人而不仁，如礼何？人而不仁，如乐何？"（《八佾》3）在某些特定的社会和经济条件下，某些礼仪是为仁所要求的。但是当情况发生改变，原来的礼仪不再促进或表达仁的时候，礼仪也应改变。孔子还认为一个有美德的人，在运用道德原则时，应该能够权衡时势的各种迫切要求（《子罕》3）。这条思路可以用来分析现代社会中的包办婚姻。但我不打算在这个例子上花费太多笔墨，我希望探讨这一反驳背后的基本理论问题。

这一理论问题就是，尽管仁能够否定出于自私对他人的控制，但无法否定家长主义，即为了被强制者的福祉而采取强制做法。一个具有强烈的家长主义色彩的理论会难以接纳人权所捍卫的基本自由。理论上，对于关爱和关心的强调可能导致家长制。的确，儒家思想经常被批评过于家长主义，对个体的自主没有给予充分的承认。作为回应，我想提出两点。首先，从历史上看，古代时家长制在中国以及世界其他地方，都得到广泛接受。但是从理论上看，就我所知，除了上述关于孝道的讨论之外，至少在《论语》中，我并没有发现任何推荐或提倡家长主义或者类似原则的证据。我们有必要把一种很可能导致家长主义的理论，与一种将家长主义直接确立为基本准则的理论区分开来。人权与后一种理论是矛盾的——你不能在不放弃家长制原则的情况下将人权注入该理论之中——但是我认为儒家思想更接近前一种类型，它不需要经过"手术"就可以接纳人权。也许因为它的关爱伦理和对道德生活的强调，以及它不那么强调个人自由，儒家思想可能会导致家长制。如果是这样的话，这正这说明了儒家思想对于人权有一种内在的需求——如果吸收了人权，儒家思想就不太可能滑向家长主义。这种吸收并不会排挤儒家思想的任何核心价值或原则。

以上所说的可能并不足以支持儒家思想，以下是我提出的第二点。孔子不仅不同意而且明确反对采用强制手段来促进人们的美德或福祉。对于许多种类的关系，比如君臣、父子、朋友关系，甚至是在文化上优越和落后的种族之间的关系，孔子都不主张采用强力来改变人们的生活或者防范无德之人腐蚀他人。相反，他不断要求那些处于优越地位之人——如君主、父亲、文化上优越的种族——以身作则，为他人树立道德榜样：

> 季康子问："使民敬、忠以劝，如之何？"子曰："临之以庄则敬，孝慈则忠，举善而教不能则劝。"（《为政》20）

孔子对那些试图征服"夷狄"——远离华夏中心、文化和道德相对落后的部落——的统治者也提出了类似的忠告。他说："故远人不服，则修文德以来之。既来之，则安之。"（《季氏》1）下一节会更多地讨论儒家反对强制的思想。一言以蔽之，儒家思想可能含有精英主义，却不主张家长主义。

（四）儒家社会的非诉讼特征

儒家反对人权的所谓的第四个理由是，对权利的诉求会使和谐的社会关系变得充满冲突、诉讼。儒家的和谐社会理想强调退让和服从，而不是竞争和自我维护。"任何过度喜好争论、自我维护、争吵或诉讼的人是为人所不齿的。一个有美德的儒者凡事会自我克制和忍让，而不会急于宣称或维护自己所拥有的权利。"①

我同意儒家会在可能的情况下，尽量避免使用诉讼或权利这些手段。孔子说："听讼，吾犹人也，必也使无讼乎！"（《论语·颜渊》13）对权利和诉讼的诉求往往意味着礼或美德关系已经破裂。在出现冲突时，我们应该首先试着以符合互相关爱理想的方式寻求妥协。但是在上面所引的文字中，孔子并没有说诉讼无论在任何情况下都应该绝对避免。如前所述，当人们不再遵从美德或礼时，例如当他们伤害他人时，我们就有必要依靠权利这种备用机制来保护我们的正当利益。更重要的是，孔子并没有说我们必须总是屈从他人，即便受到了不公正的伤害。下面这段文字可能纠正人们对孔子的误解：

> 或曰："以德报怨，何如？"子曰："何以报德？以直报怨，以德

---

① 参见李承焕《儒家基于美德的道德中存在权利观念吗？》，《中国哲学》（vol. 19，no. 3，1992），第 255 页。

报德。"（《宪问》34）

当我们**被**他人误解或伤害时，孔子说诉诸公平或正义是适当的。孔子对调停、协调和妥协的偏好并不意味着人们没有权利，也不意味着当人们受到伤害时他们不应该运用权利来保护自己。当然，儒家对以非法律手段解决冲突的偏好，在当代人权研究中是值得关注的。正如皮文睿写道：

> 尽管不是十全十美，像调解这样传统的解决冲突的方法，有许多好处。冲突双方都能保存颜面，充分参与过程，并共同形成最终解决方案。该过程通常比正式的法律方式要更经济而快捷，有助于特殊处境中正义之建立和社会和谐之恢复，因为双方都感到他们得到了自己应得的东西。①

事实上，我们之所以关注非诉讼手段，并不是因为我们反对人权，而是反对对权利之滥用。为了防止权利被滥用，我们需要有一套完整的美德理论体系来指导权利拥有者正当使用权利。儒家思想作为一种关于美德的丰富学说，在这一点上正好对人权理论做出了补充。②

三 人权的基础和内容——一种儒家视角

至此，我已经论证了以孔孟子代表的儒家思想无需排斥人权理念。但是儒家思想会支持当代人权宪章中所包含的那些具体权利吗？它会怎样解释这些权利的范畴和局限？本节我将说明儒家对这些问题的回答，与典型

---

① 参见皮文睿《中国的权利怎么了？——通往中国特色的权利理论》，《哈佛人权》（vol. 6，1993），第 55 页。

② 限于篇幅，在此我无法详细阐述该观点。更详尽的论述参见杰里米·沃尔德伦《高跷上的废话》（Jeremy Waldron, *Nonsense Upon Stilts*, London：Methuen and Co.，1987），第 194 页；米切尔·梅耶《何时不主张你的权利——权利的滥用与高尚运用》（Michael J. Meyer, "When Not to Claim Your Rights：The Abuse and the Virtuous Use of Rights"），《政治哲学》（*The Journal of Political Philosophy*，vol. 5，1997），第 149—162 页；尤其是李承焕《自由主义权利与儒家美德》（Lee Seung-Hwan, "Liberal Rights or/and Confucian Virtues?"），《东西方哲学》（*Philosophy East and West*，vol. 46，no. 3，1996），第 367—379 页。遗憾的是，最后一篇文章对儒家美德和自由主义权利的关系做了有趣的分析，然而当我发现它时，本文已大致完成。

的自由主义的回答有哪些不同（但至于孰优孰劣，则是另外一个问题）。

（一）择善的自由

儒家思想是否会接纳现代人权，比如不受折磨之权利、受到公正审判之权利、言论自由、宗教自由、结社自由等等？我们不难理解，儒家思想不会反对人身不受折磨，以及受到公平审判之权利。如前所述，儒家思想会把权利视作一种辅助的备用机制，只有在美德不复存在，或者人际关系明显破裂的情况下才依靠它们来保护人的基本利益。仁者都会对他人的苦难十分敏感。

那么，那些自由主义者所珍视的传统公民权利又怎样呢？儒家视角对此的回答是比较复杂的。① 在此我想论述三点：第一，儒家视角会支持诸如言论自由和宗教信仰自由这样的基本公民自由或权利；第二，儒家对于这些权利之范畴的理解有别于某些西方的权利观；第三，这两种视角对公民权利提供了不同的证明。我将以言论自由为例来阐述这些观点。

孔子和孟子都没有明确（或隐晦）地提倡言论自由或任何类似的国家政策。然而，儒家思想是有理由——一种工具性理由——接纳言论自由的。孔子和孟子都认为社会和政治的讨论与批评对于防止文化和政治的败坏是很有必要的。比如，孔子就曾以有助于健全政治为理由来证明政治言论的必要：

> 如不善而莫之违也，不几乎一言而丧邦乎？（《论语·子路》15）

孟子也认为臣子对君主的过错有责任进谏：

> 君有大过则谏。（《孟子·万章下》9）

可能会有人认为，在以上章节中，孔子和孟子只是在要求那些拥有公共职位之人——臣子——行进谏之责，所以言论自由仅仅限于这群人，但这并不正确。孔子和孟子都不在朝堂，但是仍然公开批评当时的政治和学术。

---

① 本文并不论及儒家思想是否支持政治权利，例如在自由选举中的投票权、政治平等权、民主等。这个问题需要在另一篇独立的论文中作仔细处理。

孟子曾经被问到为什么喜欢辩论。他回答说他没有选择，因为杨墨学说对人们的思想、道德和政治的有很多误导。他还说孔子作《春秋》的目的就是向当时的君主和人民进行劝告：

> 杨墨之道不息，孔子之道不著，是邪说诬民，充塞仁义也……作于其心，害于其事；作于其事，害于其政……岂好辩哉？予不得已也。能言距杨墨者，圣人之徒也。（《滕文公下》19）

在最后一句中，孟子甚至鼓励人们公开挑战杨墨的思想。

这并不能证明孔孟都珍视言论自由本身，我并没有想做如此的证明。然而这能够说明，他们都注意到言论在政治和文化中的重要性。假如从经验主义角度来说，言论自由从长远来说确实能够帮助社会纠正错误的伦理信仰和防止统治者犯错，那么儒家思想就会支持政治言论自由。一言以蔽之，如果言论自由大体上有助于达到这种结果以及对仁的追求，那么儒家视角就没有理由会拒绝它。

请允许我对言论自由的证明再做两点简短的评论。第一，这种证明只是间接的个人主义性质的。儒家视角的终极目标是使每个个体成仁，而不是为了国家或统治者的荣耀。在这个意义上，对言论自由的这种证明是个人导向的。但是证明它的直接理由却是它对于社会、文化和政治活动的贡献，所有这些的繁荣将促进仁。在这种直接意义下，证明所诉诸的是社会之善而不是个人之善。

第二，这种证明是完美主义的（perfectionist），因为它将一种伦理之善作为国家应当促进之目标。于是，言论自由的正当性就在于它能够长远地促进这一目标之实现。从结构而言，这种证明与西方政治哲学中对言论自由所做出的完美主义和工具主义性质之论证相类似，[1] 不同之处仅是儒家视角的证明是以仁为所追求的道德目标。但这种完美主义和工具主义性

---

[1]　比如，参见约翰·密尔《论自由》（John Stuart Mill, *On Liberty*），其中包含对言论自由的一种强烈完美主义性质的证澄（尽管它也有其他类型的证澄），另参见格林（T. H. Green）的道德和政治哲学。关于现代完美主义、工具主义性质的证澄，参见约瑟夫·雷兹《自由的道德》（Joseph Raz, *The Morality of Freedom*, Oxford：Clarendon Press, 1986），第 10 章；罗伯特·P. 乔治《让人变得道德——公民自由与公共道德》（Robert P. George, *Making Men Moral：Civil Liberties and Public Morality*, Oxford：Clarendon Press, 1993），第 7 章。

质之证明与某些自由主义哲学家所提供的以权利为本位的证明不同。我们可从它们在"对恶之容忍"问题上的不同态度看到二者的差异。

（二）对恶之容忍

尽管儒家视角确实为公民自由和权利提供了某种证明，有人可能会批评说这种证明过于道德化，故而有很大的局限性。这种批评认为，从儒家的视角来看，我们只有在将之用于促进道德生活或者仁的时候才拥有权利。儒家很难承认人们拥有作恶而非作善之权利。因此我们不应该拥有出版色情作品，或者表达道德腐败或自我贬低之观点或生活方式的权利，即便这些对他人不造成伤害。正如著名学者谢幼伟（Hsieh Yu-Wei）在 20 世纪 60 年代关于儒家伦理的文章中所说，我们有选择善或发展自我和人性的自由，但这自由不得延伸至作恶的事情："只要是在善行的范围内，我们就有选择的自由。在善行范围之外，人是不应享有自由的……不论你需要怎样的自由，你都不应违反择善之自由的道德原则。"①

许多西方人权学者无法接受这种观点，他们认为个人有权利表达自己的任何思想，只要这种表达不伤害他人。比如，内格尔（Tomas Nagel）写道：

> 我反对审查淫秽物品……因为它们所带来的危害与禁止它们所造成的伤害是不成比例的……我当然知道没有淫秽物品人们仍可以很好地生活……但这正是问题所在。不是禁止所带来的后果，而是认为国家权力可以被以这种错误的方式合法使用的观念……简单说，他们没有控制人们的那一方面的权利。②

内格尔将他的主张建立在对个人道德地位的理解之上：每个人作为道德主体都是平等的，都应该享有足够的个人独立，不受他人意志之强迫。③ 另

---

① 参见谢幼伟《中国伦理中个人的地位》（"The Status of the Individual in Chinese Ethics"），载查理·摩尔编《中国心灵》（Charles A. Moore, ed., *The Chinese Mind*, Honolulu: University of Hawaii Press, 1967），第 313 页。

② 参见托马西·内格尔《人的权利与公共空间》（Tomas Nagel, "Personal Rights and Public Space"），《哲学与公共事务》（*Philosophy and Public Affairs*, vol. 24, 1995），第 95—99 页。

③ 同上书，第 94 页。

一个自由主义哲学家费因伯格，也捍卫出版淫秽物品的权利。他的主张建立在这样的观点之上，即个人在他们的私人事务方面享有主权。"享有主权的个人"这个概念来自国际法之语言，"依照国际法，自主之民族国家享有自决的主权"。① 正如主权国家对自己的领土享受主权，其他国家不得侵犯，一个享有主权的个人也应当对自己的生活和行为享有主权（只要他的行为不伤害到他人）。需要注意的是，对费因伯格而言，个人主权与国家主权一样，是"一个全有或全无（all or nothing）之概念；个人在其私人领域内，事无巨细，皆享有绝对的控治权"。② 因此，这种个人主权禁止外部对个人进行干涉，除非干涉是基于一些涉及他人的因素，例如为了防止个人对他人造成伤害或侵犯。

　　这是对公民权利的一种自由主义证明（也可能是在美国最具政治影响力的公共道德观）。③ 公民权利不仅在工具意义上有用，而且也正是它们表达了个人道德地位的观点，此中包含个人独立和个人主权。公民权利的范围应该相当广泛，限制它们的唯一理由就是防止个人伤害到他人。从这种自由主义视角来看，儒家对个人权利并没有十分当真。"承认社群有权仅仅根据内容就可以限制个人之意见或态度的表达，就等于剥夺了个人对其精神生活的主权。其结果就是所有人都会同等地失去部分自由。"④

　　儒家视角与这种自由主义视角的主要区别就在于此。自由主义的个人主权或独立的理念对于儒家思想来说似乎是完全陌生的，但这是否意味着儒家思想有缺陷呢？我认为，有必要区分两种观点：（1）一般来说，无害于他人的卑劣行为不应该受到法律的禁止；（2）个人拥有说卑劣之话，或者做卑劣之事的道德权利（如果它们对他人不构成伤害的话）。⑤ 我们刚刚讨论过的那种自由主义、个人主义视角通过第二点来证明第一点，然而儒家视角则可能倾向于接受第一点，不接受第二点。

---

　　① 乔尔·费因伯格：《对自我的伤害》（Harm to Self，Oxford：Oxford University Press，1986），第47页。

　　② 同上书，第55页。

　　③ 对于这种自由主义在美国的发展的详细描述，参见迈克尔·桑德尔《民主的不满——美国寻找公共哲学》（Michael Sandel，Democracy's Discontent：America in Search of a Public Philosophy，Cambridge，MA：Harvard University Press，1996）。

　　④ 参见内格尔《人的权利与公共空间》，《哲学与公共事物》（vol. 24，1995），第99页。

　　⑤ 类似的区分可见于乔治《让人变得道德——公民自由与公共道德》，第4章。

儒家视角不会采纳第二点所表达的个人道德权利的强烈观点。如前所述，这种强烈观点是基于个人主权或独立的观念之上，而这正是儒家很难接受之观念。儒家可能接受道德自主的观念，即个体在道德思考和道德选择中是自主的。① 然而，道德自主之所以有价值，在于它是道德生活的一个组成部分。道德的或伦理的生活本身就是有价值的；道德自主，作为道德生活的一个组成部分，因而也是有价值的。儒家认为，个人主权如果被用来舍善求恶，就是无价值的。个人之所以有公民权利和自由，不是因为这些权利和自由基于个人主权，而是因为：第一，在个人的、社会的、文化的和政治等领域发展仁或人性是他们的重要利益；第二，而保护公民权利和自由正是维护这些利益的最佳方法。这些权利不应为道德败坏提供借口和保护。个人没有基本的道德权利去作恶（即使不涉及他人）。

一些人可能会认为，"个人没有做不道德的事情或恶事的基本道德权利"这种观点，可以很容易为法律上压制公民自由提供正当借口，尤其是当人们滥用公民自由作恶的时候。然而，儒家不赞成使用法律性的强制手段来促进道德或防止人们沉迷于恶或卑劣之行为。孔子认为法律惩戒不能够改变人的心灵，只有礼才能够。他说："道之以政，齐之以刑，民免而无耻；道之以德，齐之以礼，有耻且格。"（《论语·为政》3）

人不能被强迫变得高尚。要过一种真正高尚的生活，作为行事主体的人必须了解这种生活本身——他必须认同那些美德，有动力按照它们来生活，并享受这种生活。"不仁者不可以久处约，不可以长处乐。仁者安仁。"（《里仁》2）美德的培养是通过礼的教育和实践来实现的——是礼而非强制使人安于美德。这一点与个人自由被理解为免于强制相关。要行为高尚，我们就必须遵照正确的理由行为。避免刑罚并不是高尚行为之理由，因此法律不是道德教化的好方法。任何承认这一点的人，都会希望限制刑法的范围。同样，刑罚也不应被用来防止坏人腐化好人，孔子认为最好的方法仍然是通过榜样来教化人们，他要求统治者

---

① 参见史华兹对儒家思想中的道德自主的讨论，史华兹：《中国古代的思想世界》（Benjamin Schwartz, *The World of Thought in Ancient China*, Cambridge, MA: Harvard University Press, 1985），第113页。

以身作则：

> 季康子问政于孔子曰："如杀无道，以就有道，何如？"孔子对
> 曰："子为政，焉用杀？子欲善，而民善矣。君子之德风，小人之德
> 草；草上之风必偃。"（《颜渊》19）

孔子对统治者和士大夫而不是普通民众，提出了严格的道德行为规范。这
与儒家思想中基本的宽容精神是一致的——"躬自厚而薄责于人"（《卫
灵公》15）。儒家的宽容不是建立在自由主义的个人独立、个人主权或作
恶的道德权利的价值之上。它是基于同情，认为强制不能有效地推行仁，
也基于一种关于道德教化的特殊进路。

四　儒家人权观与当代的相关性

儒家人权观的主要元素可以概括如下：

（1）人权保障了仁或人性的重要利益。

（2）这种人权保障应该被视为一种备用机制——只有当美德不起作
用或人际关系破裂时，权利才显得重要。

（3）人权不应该被夸大，即它们不应该被视为可贵人际关系的组成
部分或者实现美德的必要条件。它们也不应该像保护善行一样保护
恶行。

（4）权利只能作为解决纠纷的最后手段。

在论及儒家视角对当代人权问题的重要性时，我们必须考虑一系列规
范的、实践的和历史的因素，才能作出判断。我希望能够扼要地说明，儒
家视角确实澄清了一些真正关注的问题。我将探讨与人权法学相关的两个
问题，它们是言论自由的宪法保障和长者的权利。

（一）人权法学：以言论自由为例

根据儒家的视角，人权不包括说和做不道德事情的权利，这种观点对
于人权法学有着重要意义。现代人权宪章和法案都包括了言论自由的权
利，但是何种形式的言论或表达应该受到这种权利的保护呢？从自由主
义、个人主义的立场来看，许多形式的言论都应该受到严格的保护（除

了那些对他人造成明显伤害的言论，例如诽谤）。比如在美国，言论自由在宪法里受到几近绝对的保护。然而，儒家思想并不愿意将某些言论（例如色情杂志）置于这种保护之下，因为人权不是用来保护人们的低级趣味。这有几个重要暗示。第一，司法复核不能用来废除审查色情刊物的法律，尽管立法机关本身可能会改变它们。第二，在评估审查法律的合理性时，公众在色情表达方面的利益所占之比重，将远不及政治、学术或艺术表达的利益。当然，色情出版物是否应该被禁是另外一个问题。正如我在上一节所论述的，儒家不愿意使用法律惩罚手段来达到道德教化的目的，它更注重转化人们的欲望，而不是压制它们。[①]

我们还可以考虑一下那些煽动种族仇恨和歧视、主张侵犯别人权利的言论。这样的言论也不应该受到人权宪章中言论自由权利的保护。反对禁止这些言论的意见认为，我们很难分清真正的种族仇恨言论和较隐晦的歧视言论。但是如果这种言论没有得到禁止，这不会是因为人们有发表鼓吹种族仇恨言论的道德权利。

（二）长者的权利

一些亚洲国家，包括中国大陆和台湾，都立法规定当父母无法维持自己的生活时，他们有从成年子女处得到赡养和扶助的权利。中国《宪法》第四十九条就规定了这一权利。近年来，新加坡也在效仿中国大陆和台湾。在大部分西方国家，虽然人权法规定子女有得到父母或监护人照顾的权利，但是父母却没有相应的权利。父母权利似乎是一种中国独有的现象。我们先前所描述的儒家视角是否会接纳父母权利这种理念呢？

这种立法会使许多西方人感到惊讶。第一，不同于中国文化，我并没有在西方文化里发现子女对父母有赡养的道德义务的明确共识。第二，西方发达国家的大部分父母都有退休金来保障生活，他们不需要依赖子女的赡养。这些条件是中国大陆和台湾所不具备的。中国文化里的孝道，包括赡养父母的道德义务，仍然广泛为人所接受。并且，在过去，并不富裕的父母无私地将全部精力和收入投入在子女的教育上；退休后，他们需要并期待孩子的赡养。

---

① 这点或许可以解释为什么淫秽物品在古代中国得到容忍。

　　我们应该怎样解决中国社会中的这个问题？法律上父母得到子女赡养的权利还是国家或私人的养老金计划？儒家视角对此会有怎样的启示呢？儒家视角会主张我们应该首先尝试一种间接方式，来支持退休的父母，促进子女的孝顺。例如，儒家会支持为赡养父母的子女减免税务。这项政策在香港实行了很长一段时间，并且在社会中广为接受（最近，赡养兄弟姐妹和祖父母的人也得到了税务减免）。另外，儒家也会支持将家庭的定义扩大到包括父母在内。现在，香港认同西方的核心家庭的观念，只包括已婚夫妇和他们的孩子。因此，雇员所得到的工资以外的附加福利都不会惠及父母。例如，医疗福利和房屋津贴都使得雇员无法与父母生活在同一屋檐下，或者与父母共享好处。① 这些政策应该改变。

　　如果上述政策有效，如果孝道在一个国家内盛行，那么就不需要诉诸法律来强迫子女赡养父母。然而，我们要考虑的是一些例外，如果子女没有强烈的尽孝的义务感怎么办？或者，如果孝道文化衰败了怎么办？我们是否应该将法律上的父母权利作为一种备用机制来保护父母呢？答案取决于我们如何构想法律上亲权（parental right）的目的。首先让我们考虑婚姻的例子。如前所述，当婚姻关系变差时，最好的修补方法是重唤互相关爱的承诺，而不是维护各自的权利。但是如果关系破裂到了不可挽救的地步，那么其中一方诉诸权利来保护自身利益也没有什么不妥。

　　类似观点也适用于长者的权利。如果长者权利的目标是维持或修补基于孝道的亲子关系，那么权利在此是不适当的。法律工具的使用可能无法促进作为美德的孝道，因为它激起了子女的一种错误动机——由于害怕惩罚而赡养父母。但是如果目的不是维持亲子关系，而是保护关系破裂时父母的利益，那么使用法律上的亲权就没有不妥。在描述 1993 年发生在中国的一则案例时，李晨阳写道：

　　　　山东一位九旬老妇状告其二子不尽孝道。该妇的丈夫早逝，留下两名分别为一岁及三岁的儿子。她含辛茹苦地把儿子抚养成人。

---

① 参见贝淡宁《东亚对人权的挑战——东西方对话的思考》（Daniel A. Bell, "The East A-sian Challenge to Human Rights：Reflections on an East West Dialogue"），《人权季刊》（*Human Rights Quarterly*, vol. 18, 1996），第 665—666 页。

现在她年纪已大，丧失工作能力，两名儿子却不想赡养她。法律裁
定该妇得胜，两名儿子均同意对她的生活和医疗费用承担全部
责任。①

儒家认为成年子女有赡养父母的道德责任。在离婚的情况下，一方——通
常是妻子——有得到背叛的另一方的经济支持的权利。儒家会认为让年老
无助的父母也能诉诸法律工具，从不尽孝道的成年子女那里得到经济支
持，也同样是合理的。当然，有些人会认为这么做是一件很羞耻并且痛苦
的事情。但是像上述的事例，诉诸法律权利似乎是保护一个人的利益以及
作为父母的应得之物的必要手段。

结　论

本文我论证了由孔孟所代表的儒家思想与人权理念是相容的。儒家思
想里的核心要素——对角色伦理的强调，儒家的理想社群，对于长者的尊
敬，对和谐而非诉讼的偏好——都与人权的理念相容。并且，儒家关于仁
的哲学支持将人权吸收进来作为一种保护人性和重要个人利益的工具，尽
管这一工具应主要被视为一种备用机制。从儒家的观点来看，我们应该首
先以教育、调解和妥协的手段来解决冲突，以维护人际间互相关心和信任
之精神。但是这并不意味着我们认为人权这样的工具并不重要。人权和美
德在重建之后的儒家伦理中同样重要，并且他们互相需要。美德有时候可
能会丧失，因此依靠它们来保护人之利益是不保险或不可靠的。另一方
面，我们需要美德来指导权利拥有者正确地行使权利。美德帮助人们防止
滥用权利。

我还论证了儒家思想会以工具性而非内在性的理由来证明诸如言论自
由这样的公民权利。西方自由主义者以个人自主来证明言论自由，儒家则
视其为一种手段，社会借此可以来纠正错误的伦理信仰、防止统治者沉
迷于做错事，以及推动艺术和文化长远发展。儒家思想不会承认个人拥

---

① 　参见李晨阳《转变视角——重新审视孝道》（"Shifting Perspectives: Filial Moral Revisi-
ted"），《东西方哲学》（vol. 47，no. 2，1997），第218页。李的文章指出，该案例见于1995年8
月25日《人民日报》的报道。

有不道德言论的权利，尽管儒家不会支持使用法律惩罚手段来禁止这种行为。

这种对儒家和人权的考量揭示了在人权上达成重叠共识的多大的可能性呢？就儒家和西方自由主义而言，我认为两个传统都可能赞同某些人权，至少包括某些个人权利，比如不受折磨之权利，以及某些基本的公民自由，比如言论自由。但是这些共识并不是证明和范围层面上的。当然，两种视角都可能不断改进，将来可以达到更大程度的共识。意识到除了自己的视角之外，还存在其他关于人权的视角，这为我们进行互动对话和自我改进提供了强大的推动力。

（作者单位：香港大学哲学系。宁宁译，韩锐校）

作为"后备机制"的儒家权利

［美］ 田史丹（Justin Tiwald）

　　虽然在西方很少强调，但在世界上受到密切关注的哲学论辩之一，涉及儒家社会中权利与权利言说的地位。本文一个重要的，但多少被大多数论辩参与者所忽视的立场，可简单描述为：适合儒家制度与社会习俗的权利乃是一种"后备机制"（fallback apparatus）。因此，权利一般不用于对道德与政治行为的辩护与思考。诉诸权利仅当其他首选的机制——诸如家族与邻里的关怀或对传统礼俗的依赖——不能有效维护人的基本利益时才是必要的。这种见解之所以引人注目，不仅因为其被广泛主张，也因为不同阵营的人均以其来支持自己的立场，无论他们视儒家与权利思想本质上相容或根本冲突。相容论者，如陈祖为（Joseph Chan）认为，儒家的后备权利证明儒家学说适应于权利言说。① 而那些反对如此描述儒家的人们，如井原（Craig Ihara）与安乐哲（Roger T. Ames），则认为后备的观点强化了儒家与主流自由主义之间的根本差异。② 冒着老生常谈的风险，我们必须确定儒家的后备权利是否可与基于权利的主流自由主义相容。

---

　　① 参见陈祖为《儒家人权观》（Joseph Chan，"A Confucian Perspective on Human Rights"），载 J. R. 鲍尔与贝淡宁编《东亚对人权的挑战》，第212—240页。另见李承焕《自由主义权利与儒家美德》，《东西方哲学》（vol. 46，no. 3，1996），第367—379页。"备用机制"的说法来自陈祖为文。以上两文均收入本书。——编者注

　　② 参见克雷格·K. 井原《个人权利是必须的吗？——儒家的视角》（Craig K. Ihara，"Are Individual Rights Necessary? A Confucian Perspective"），载信广来、黄百般编《儒家伦理：自我、自治与社群比较研究》（K. Shun and D. B. Wong ed.，*Confucian Ethics：A Comparative Study of Self, Autonomy, and Community*，Cambridge：Cambridge University Press，2004），第27—28页。另见安乐哲《以礼仪为权利——儒家的选择》，《人权与世界宗教》，第213页。陈祖为与安乐哲均称权利诉求为"最后的凭借"。安靖如对于权利有一个具有细微差别的说法，在其新作《圣人：新儒家伦理与政治哲学的当代意义》（Stephen Angle，*Sagehood：The Contemporary Significance of Neo-Confucian Ethical and Political Philosophy*）第11章中称之为"次要制度凭借"。

　　我认为那些主张儒家与权利思想不相容的人们更接近事实真相，至少在儒家奠基性思想家的道德与政治信念方面是如此。但是，我也认为持这种观点者立论有些过于简单，因为许多现代权利思想家也将诉诸权利看作某种必要的恶，至少在大多数我们与家族、朋友和同事互动的日常情境中是如此。此外，多数自由主义权利思想家也将人们的家庭关爱或邻里和睦，看得比诉诸权利更为可取。① 无疑任何合理、适宜的自由主义均承认权利言说会侵蚀家庭和社会关系，并且这些关系常被其他手段更好地维系着。儒家一贯视权利为后备机制，此一事实本身不足以将其与自由主义对手区别开来。

　　本文提供了另一种古典儒家学说与权利不兼容的解读思路。简单地说，我的观点认为儒家的后备权利首先可通过它们被主张的方式来加以辨别，也就是说，通过它们在实践中为道德主张辩护的方式，以及通过这些主张行为付诸实施后的结果。的确，我认为多数儒家与权利相容性的讨论，实际上是实践权利主张（rights-claiming）的讨论，而这种权利的真正存在完全取决于儒家是否为这种实践留有空间。据此我认为，儒家的后备权利并非是通常所理解的那些权利。

　　在正式开始之前，我应对自己讨论的范围稍作交代。我打算关注传统上两位最有影响的儒家哲人，也是创始或"古典"时期最广为人知的思想家，孔子（前551—前479）和孟子（约前372—前289），并且大多数讨论（但绝非全部）均集中在传统上被认为代表了他们思想的作品上。② 此外，我最关心的是，这两位思想家的观点是否与权利相容。少数人认为儒家经典文本明确承认权利，但多数人主张，儒家的政治与社会制度能够接受权利，不过要少许损害儒家哲人的基本原则与理想。就我讨论的目的而言，儒家能否与现代权利思想相容，取决于那些核心的儒家原则与理想可被放弃的程度。对这一问题的回答既是对当代"权利言说"的揭示，也是对儒家学说的阐明。

---

　　① 下面我会谈到卡斯·桑斯坦（Cass Sunstein）与杰里米·沃尔德伦（Jeremy Waldron）的两种上述观点。

　　② 有许多理由对后来儒家诠释者的权利相容思想持乐观态度，特别是某些清代（1644—1912）思想。

一　权利与后备机制

社会组织的家族模式为后备机制的说法提供了线索。在儒家立场上，一个秩序良好的社会在许多方面都是和谐家族的扩大（依据亲亲之爱的原则）。权利诉求与享有善良品质不相容，一定程度上也非家庭生活的必要构成。如果我必须为弟弟的教育提供种种帮助，那么我最好是出于爱、礼仪或传统习俗，以及维护不可或缺的家庭利益的综合考虑。与此相反，如果我通过诉诸弟弟的权利，或通过暗中衡量自己与弟弟的权利来表明自己行为的正当性，我便在自己的思考中至少加入了两种不受欢迎的元素。首先，我已经开始根据家庭个体成员的私利来考虑自己的决定。其次，我也涉及我或其他人有法律约束，甚至是强迫的道德要求。[①] 一旦道德考量成为对这些冲突性问题的回应时，弟弟与我便不再处于真正的兄弟关系之中，并且反过来还威胁到家庭成员与整个家族之间的关系。在儒家看来，如此根据权利来思考并辩护我的行为，剥夺了只有家庭生活才能提供给我们的那些益处（goods）。

对于家庭及更大的社群而言，存在着一种有助于社群成员的特殊美德，而无需诉求他们潜在的强制性权利。我会帮助邻居从他被淹没的地下室排水，因为这是邻居应该做的（礼俗或"礼"），也因为我应关心他的利益（爱或"仁"）。甚至外国人也应受到礼貌的对待，就像一个好家庭对乡下客人所表现出的仁慈一样。正如有礼貌的访华者通常发现的，外国人的出现往往被视为展示这个国家独特的好客美德的机会。同样，权利诉求仅当爱与礼俗的首选机制失效时才变得必要。

以这种方式描述权利乃是在特定的意义上对其加以理解。有时我们用权利语言选定出（pick out）一组特殊的（privileged）利益，在这里次要（lesser）的利益不能作为理由来剥夺一个人的这些特殊利益。[②] 由于这个

　　[①]　诉诸我的权利超过或对抗我弟弟的权利使我过度地关注到自己，而考虑到我弟弟权利潜在的强制性会过度关注国家或公众。多数儒家会认为这些权利诉求的特点在两方面都是有害的——前者因其过于自我中心，后者则因其过于没有人情味。儒家观点不允许出现这些极端情况，因为其视家族关系本质上是个人化的和（在一定程度上）无私的。就此点应感谢艾文贺（Philip Ivanhoe）。

　　[②]　我视其为最接近多数权利理论家基本共识的东西。见约瑟夫·雷兹《自由的道德》，第7章。

原因，拥有一种权利并不直接隐含着我们可以正当性地将其付储实践。如果一个家庭中母亲的医疗权胜过其子女夏日露营和时髦服饰的要求，这并不意味着她在道德上被允许利用这种权利来对付其子女。无论是否直接诉诸权利，它可能只标明任何子女、父母或祖父母均应努力保护的利益。这种权利观具有解释力，但并不在我们对道德主张的辩护中扮演必须的角色。

显然，儒家的备用观点预设了比此更深、更强的权利论说。就备用的说法而言，它们在某些利益优先于其他利益上是一致的。① 当然，儒家面对权利的困难在于，他们如何把家庭与社区成员的道德考量考虑进来。当这一观点的支持者声称，权利只有当其他首选机制失效时在道德上才是被认可的，他们便假定拥有权利对于合理行为具有重大意义。如果我们认为自己的弟弟有受基础教育的权利，那么我们不仅是说他在受教育方面的利益优先于我自己较小的利益，我们还是在说我们可以（或者在一种更强的解读下，应该）通过诉诸这一合法的利益来为我们行为提供正当性辩护。正是在权利归属的后一种意义上，儒家发现了问题。

在备用的意义上，承认"拥有权利"奠定了正当性辩护的基础，确切地说，这究竟是何种辩护呢？至少在这里，主张权利的行为（act of claiming）会对他人的考量与行为产生影响（purchase，直译为"购买力"——译者注）。如果我的弟弟利用其合法权利以获得我对其教育的帮助，则主张此种权利的行为给我一个为他提供教育的理由（即使并非一个决定性的理由），也可能给出了其他理由以强化对我的要求。这里凭直觉可知，权利并非某种仅仅确认一系列义务的方式。我们无需诉诸言论自由的权利来说明为什么我有义务让他人言论自由。我们只需说，我有责任这样做，或由于某些道德感而倾向于让他人言论自由。这便引出了下面反复出现的问题：一旦我决定有义务为他人做些什么，我的所作所为对"这是你的权利"的说法附加了什么内容呢？一个重要的回答是，它为要求应得的权利（practice of claiming）提供了道德空间。如果为弟弟提供教育是我的责任，那么我只不过对他负有某种义务。但如果帮助他是我的责任，而且他在道德上允许提出要求，加入了强制或调整，那么他便拥有某

---

① 实际上，安靖如提供了一个有力的例子，这种优先性深植于儒家传统中。见其《人权与中国思想——跨文化的探索》（Stephen Angle, *Human Rights and Chinese Thought：A Cross-Cultural Inquiry*, Cambridge：Cambridge University Press, 2002），第 8 章。

种权利。

　　费因伯格（Joel Feinberg）大约是这种一般观点最著名的捍卫者，他在一篇影响深远的论文中提出了与我们的世界非常相似的幽冥世界——无何有之乡，其居民也有责任确保他人任何的基本自由和正面的益处，正如我们现在有义务去确保的那样，但是幽冥世界的人们对于那些自由和益处没有正当的权利。[①] 对于费因伯格而言，无何有之乡的居民不同于我们的地方在于，其权利主张仅仅是一个事实陈述。相反，真正的权利持有者的主张行为在更强的意义上是"可执行的"（performative）：它不仅是对他所拥有的一种宣告，同时也"使得事情得以发生"。[②] 诉诸合法权利一般会产生需要得到适当回应的道德要求。当然它并不总是要求我们以适当方式对其主张作出回应，但无论如何它是赞成要作出回应的理由。[③]

　　费因伯格也坚持认为可执行的权利主张与拥有权利是密切相关的："一般而言，仅仅拥有所有权（title）的人，或有资格具有它的人，或以其名义的代理人可以以权利对某物提出主张。这是关于权利的一个重要事实……它们只能被它们的拥有者所主张。"[④] 这表达了一个重要的观点。拥有权利的部分要点就在于其打破了家长式的政治与道德结构。如果我们普通人拥有宗教自由的权利，但只有国王才能（代表我们）执行这一权利主张，那么我们原先拥有的权利便没有意义了。但是费因伯格所分析的这一特点必须被调整以说明根本性的集体（group-based）权利。以台湾家族对于家族企业的权利为例，大概某些家族成员可代表整个家族对企业资产提出主张（与费因伯格所规定的不同于权利持有者的"以其名义"的主张者仅有细微差别）。对于某些固执的自由主义思想家而言，这种情况是无法接受的，但对于儒家和多数权利话语的言说者而言，这足以使指定方而不是权利的持有者居于主张其自身权利的地位，无论这些指定方是个

　　① 费因伯格：《权利的本质与价值》（Joel Feinberg，"The Nature and Value of Rights"），《价值探索》（*Journal of Value Inquiry*, vol. 4, 1970），第243—260页。

　　② 同上书，第251页。

　　③ 就是说，它在一定程度（*pro tanto*）的意义上算是一个理由：它具有明确的重要性（weight），即使从整体来看它会被其他理由超越。这与一个人的权利主张仅有有限的重要性的观点形成对照，例如，当其被父母或其他权威有条件地许可的时候。对此区别的精确说明见皮特·琼斯：《权利》（Peter Jones, *Rights*, New York: St. Martin's Press, 1994），第9章。

　　④ 费因伯格：《权利的本质与价值》，《价值探索》（vol. 4, 1970）第251页。

人、家族还是族群。①

　　另一件应记住的事情是，关于儒家传统中权利地位的争论基本上是关于道德权利，而非法律权利。其核心问题在于是否或在何种条件下，我们应该认为弟弟拥有得到帮助的权利，而并非是否或在何种条件下，他拥有相应的法律授权（entitlement）。法律可能是错误或不道德的，更基本的问题是，是否存在基于权利的准则，以此可对我们自己或他人被迫履行的行为做出判断。

　　儒家备用机制的说法，与特定的权利概念形成对比。在这种观点下，权利不仅是对权利持有者的一系列利益的简略描述，同时也是一种更为重要的方式，来为某种正当性实践奠定基础。这种实践至少有两个部分，首先，它给予了权利持有者主张其合法利益的道德许可；其次，它产生了对于他人（即便不是特定的人）适当回应的道德要求。总之，它为考量并验证道德行为的实践增加了一个重要的层面，在这里行为人（agents）之所以被认为是道德的，不只是因为尽其所能为他人提供其应得的益处，也是因为考虑到他人对于权利的主张。一个人既忽略了帮助他人的义务，也忽略了他人对此帮助的合法主张，处于双重缺陷之中，而他人也拥有道德责任以支持这种主张行为。由此更易于假设，多数儒家会在日常生活中降低权利的地位。然而有待说明的是，它是否建立了不同于熟悉的基于权利的道德理论的稳定起点。如我们在前面导言中所说，有些学者认为备用的说法支持儒家与权利相容的解读，另一些学者则似乎认为相反。在下面一节中，我会展示这些不同的结论开启了关于备用权利的永恒性和非永恒性的模糊性。

二　作为补救（remedy）的"备用权利"

　　自由主义权利思想家常常被看作现代权利政体的重要捍卫者，但我们仍然很难发现有人相信诉诸权利是处理家庭或其他亲密社群事务的理想方式。通常是在更为不幸的意义下，人们才视权利是必要的——这时它可以

---

　　①　显然，儒家在思考权利可归于集体的时候没有任何特别之处。在自由主义文献中存在着一些关于集体权利的可能性的争论，这种权利在其他语境中常被视为当然。使用英语的人们很少会在提及民族自决权利或保护族群免于种族灭绝的权利前思量再三。

作为对人类实际行为的让步，或作为一套当其他机制失效时所采用的规则。① 当自由主义思想家在后一种意义上将诉诸权利的行为看作不幸时——多数是家庭的情况，其观点看上去便与儒家的备用说相似了。自由主义理论家沃尔德伦（Jeremy Waldron）明确持这一观点。② 沃尔德伦以婚姻关系为例，说明将爱与情感置于权利言说之前的重要性：

> 存在对正式的和法律上的权利与责任加以安排的需要，并非为了维系情感纽带，而是当出现不幸情况，没有其他办法应对往日伴侣时，向每个人提供可以依赖的、令人心安的知识。③

另一个权利言说的公开支持者桑斯坦（Cass Sunstein）则指出，实际上权利语言对道德准则的广泛安排——包括从人际礼貌到堕胎政策的一切——并没有做出很好的说明。在这些情况下，对于权利的诉求虽然必要，但却标志着道德话语的崩溃。④ 这种观点与罗尔斯的观察相似，如果成员特意诉诸政治正义的原则，家庭生活特有的益处便会丧失，而他的这个断言可以毫无困难地推广到其他诸如大学、教会或工会这样的团体中。⑤ 因此，很难向这些自由主义者说明儒家所主张的备用机制观点的差别所在。大概那些否认儒家与权利相容的人们会认为，这些表面的相似性掩盖了根本的理论差异。对于这些差异仍需做进一步说明。

　　井原也是面对这一问题，反对权利相容解读的学者之一。井原承认权利言说表示一种不幸但有时是必要的求援。例如，他同意对于某些非正常

---

　　① "批评者似乎认为'权利言说'的膨胀表明了某种社会失败——包括社会责任的失败在内。这是过于简单的主张。实际上，相反的意见很可能是真的——社会责任的失败带来权利主张的增长。"见卡斯·桑斯坦《权利及其批评者》（Cass Sunstein，"Rights and Their Critics"），《圣母大学法律评论》（Notre Dame Law Review，vol. 70，1995），第 744 页。

　　② 沃尔德伦：《当正义代替情感——对权利的需求》，《哈佛法律与公共政策》（Harvard Journal of Law and Public Policy，vol. 11，1988），第 625—647 页；《自由主义权利》（Liberal Rights，Cambridge：Cambridge University Press，1993）。

　　③ 沃尔德伦：《当正义代替情感》，《哈佛法律与公共政策》（vol. 11，1988），第 629 页。

　　④ 桑斯坦：《权利及其批评者》，《圣母大学法律评论》（vol. 70，1995），第 751—756 页。

　　⑤ 罗尔斯：《重申作为公平的正义》（John Rawls，Justice as Fairness：A Restatement，ed. E. Kelly，Cambridge：Harvard University Press Rawls，2001），第 162—168 页，尤其见其第 165 页注 48。

的家庭，为了保护子女的根本利益，有时需要加以干预。但在他看来，这并没有使其成为一种大家熟知的权利，因为儒家始终不承认儿童拥有这些基本保护的权利。相反，只有当家庭出现危机时权利才出现。有人承认儿童应得到基本的保护与保证，但不需要预设一种先在（pre-existing）的权利观念："最基本的是儿童应如何被对待。至于确立的权利是否会促进这一结果，取决于家庭的健全程度。"①

在做出这一主张时，我假设井原是在上述更强的意义上理解权利，即赋予某人权利不仅是给予其某些利益优先性的方式，也是使其有理由可以合法主张这些利益的方式。如果确认特有的利益是一个简单的问题，那么，儿童应受到正确的对待（在多数如此的情况下）便已经是一种权利了。但井原担心的是，拥有权利可能会允许人们从他们自身来为其行为辩护，并使他们彼此对抗。根据他对儒家观点的理解，这种允许应视家庭与社群关系的败坏情况而定。

毫无疑问，对于儒家而言，善待民众比保证这种善待的方式更为根本，但是说儒家相信培养良好的社群情感和社会美德为社会制度增添了巨大价值，显然也是成立的。但这两点本身没有区别。因此我们看到，即便不是绝大多数，也会有许多主流自由主义思想家可能赞同以上两点，一些这样的思想家，如沃顿，明确表示了赞成。沃顿的立场不同于儒家的是进一步的权利价值无涉问题。对于儒家而言，权利的价值完全（或几乎完全）取决于其确保人民应有的最低福利的能力。

我们马上会看到，权利在维系社群团结与家族关系方面可能也有某些价值，但这只是另一种价值依赖（value-dependence）的形式。对于沃顿而言，拥有权利反而增加了某些东西。儒家视权利为可以换来诸如保护无权无势者的体面生活，或更高的社会与家族美德的流通物。对于沃顿这样的自由主义者而言，权利便常常值得加以保存，即使有关家族与社群的价值有时会超过它们。②

如果这是正确的，那么建立儒家备用权利的关键取决于其保护与维持

① 井原：《个人权利是必须的吗？——儒家的视角》，《儒家伦理：自我、自治与社群比较研究》，第27—28页。

② 我认为安靖如的作品公正地看到了这一点，他争辩说（不同的）儒家权利具有独立的价值（见《圣人：新儒家伦理与政治哲学的当代意义》，第11章）。

其他独立价值的能力。在这种意义上，说对人们诉诸权利的许可无需"始终存在"是恰当的。仅作为微不足道的价值，有极少数独立的理由，权利的"存在"无需扮演保护与维持的角色。这称作"补救依赖"（remedy-dependent）的权利观。儒家的权利问题根本上依赖其调整能力，以调整人道待遇、社会美德等所熟悉的儒家益处方面可能出现的缺陷。

当然，仅因为权利没有独立的或是无效的（non-instrumental）理由就无需始终存在，并不必然意味着即使在最好的情况下，其缺乏可依赖的理由存在下去。可想而知，所有较为传统的儒家益处的安排，仍依赖于某种持久权力的架构。该架构可对某人的权利提出主张。让我们转向这个更富争议性的假设。

通常说明儒家包容权利创设的方式是寻找一些经典片段，其中古典儒家学者接受，至少是表面上接受用诉讼手段处理持续的社会冲突。这不足以证明这些思想家实际上认可主张道德权利的行为，当然，说明儒家与权利相容，其目标往往更低，认为相容的仅是部分权利。为了说明儒家与权利相容，至少应有这样的情况，当社会关系变质时，人们可让其正当利益引起他人的关注，而他人也负有以适当方式做出回应的义务。由于这个原因，权利相容论的支持者转向某些广为人知的涉及"听讼"与"执法"的篇章。可能最知名的片段出现在孔子的《论语》中：

> 子曰："听讼，吾犹人也。必也使无讼乎！"（《颜渊》13）

作为权利相容解读老练的捍卫者，陈祖为在这一片段中发现了先在的法律权利的证据。大概儒家的职责是难以完成的，而孔子也足够现实，意识到这些理想可能不会在其一生中实现。因此，诉讼被看做社会秩序崩溃时的备用机制。[①] 而井原则指出，这仅表明，当有必要对其加以利用的时候，我们才需要此种机制。在此选择中没有任何内容显示人们拥有某些先在的权利，可以自己的名义提出正式的主张。

尽管为后者的解读思路所吸引，我还是倾向陈祖为的观点。后者认为建立对于他人强制性要求（claims）的法律或道德架构的唯一理由是对其加以运用。但实际上即便不被运用，仍可能有很多其他理由需要此架构以

---

① 陈祖为：《儒家人权观》，《东亚对人权的挑战》，第226—227页。

待用。选择诉诸合法权利的有效性在于，它能够并且常常在日常生活中扮演一个显著的角色。试举几例，它可以明确提示一种权利可以被主张，它可以作为某种未明言的谈判筹码以支持其他益处，或者它可以是标示（flagging）人们特殊义务与责任的方式。我们可将上述内容总称为权利潜在的"背景性功能"。如果我们承认权利能够在此背景中起作用，那么既有的文献可以为陈祖为的解读提供更有力的支持。试看下面引自《孔子家语》的文字，它描述了孔子的统治艺术：

> 设法而不用，无奸民。（《相鲁》第一）

可以肯定，在代表孔子思想上，《孔子家语》不像《论语》那样具有权威性，但它对孔子统治的描述方式是有效的。如孔子所是的那样，一位理想的统治者，不会求助于或实施法律，但他仍然会制定法律。《论语》暗示了同样的立场，它记载古代圣王努力制定并调整法律，尽管实际上他们很少运用到它们（见《尧曰》1）。

我认为背景性权利可以通过一些方式有助于社群，而无需经常地诉诸它们（儒家的方式如何有待研究）。首先，权利提供了必要的安全感，使更无私与自愿的社会互动成为可能。为了捍卫其自由主义另类的备用观，沃顿称人际关系可由友谊加以调控，然而益处却有赖于暗含的与未明言的权利：

> 我的杂货商可以某种非正式的、友好的方式与我交往，时常在我需要时让我赊账，或订购一些我想要的小东西，等等，这仅是因为他相信，最终他能收回我滥用其友谊时所欠的钱，而且没有其他人可能由他累积的"善意"中获得非分的好处。[1]

沃顿关于权利支持性角色的主张本质上是一种风险心理学的观点。让常客赊账时，杂货商自愿承担一些风险。毕竟，通过官方的权利保护渠道收账会造成他时间与资源的紧张。但与此同时，他并未承担过多的风险，因为他仍保有其他方式都行不通时收回账款的选择。关键在于，备用权利有时为友谊或相互信任的更高益处提供了必要的基础，即使当（或精确地讲，

---

[1]　沃尔德伦：《当正义代替情感》，《哈佛法律与公共政策》（vol. 11, 1988），第642页。

因为）它们没有被诉求。

对于某种意义上赋予权利一个背景性角色而言，这是一个有说服力的例子，但在儒家学说中并没有发现这一思想。儒家不仅担心权利会以某些公开或对抗性的方式被诉求和应用，而且会在我们考虑和辩护对他人的回应方式中扮演某个决定性的角色。无论杂货商是否向朋友索账，真正值得担心的是，杂货商会将此种权利考虑在内。根据沃顿自己的假设，他肯定会如此：如果杂货商不能确信可以对其钱财提出法律主张，他起初就不会赊欠。

更重要的是，有很好的理由认为，即使这种小的让步，早期儒家也会视其为对社群美德与益处的不幸伤害。例如，孟子曾想象有一个时期，不定期的地方集市有效地按需销售货物，其中很少有商贩是为了积累财富而交易货品。直到一些无耻奸商参与进来，并将整个市场变成追求利益的所在，法律上的强制才变得必要，而孟子为事情发展到如此可耻的状态感到悲哀。① 对于孟子的理想而言，即使权利作为保障也已经是一个让步了。

第二种可能的背景功能没有将权利描述为一种心理上的支持，而是使家族与社群生活的益处更有价值的组成部分。在一篇题为《何时不主张你的权利》的文章中，梅耶（Michael Meyer）用选择性的慈善来说明这一点。设想一个人，比如博特（Bert），性格慷慨，他到洗衣房时刚好赶上使用最后一台洗衣机。不一会，一个更需要洗衣服的人（也许他是衬衣溅上了番茄汁的邻居）赶到。博特允许邻居使用自己的洗衣机，做出了高尚的举动，而使其高尚的部分理由在于，他可以不这样做。他有洗衣服的权利，因此他人不能阻止他使用洗衣机（虽然他们多少可以批评或试图劝阻他）。作为一种美德，博特显然应该把洗衣机让给更需要的邻居，但如梅耶指出的，"此种必要性无法否认博特权利的存在。的确，在这个例子中，权利存在本身便是赋予其行为以美德的组成部分"。②

---

① "古之为市也，以其所有易其所无者，有司者治之耳。有贱丈夫焉，必求龙断而登之，以左右望而罔市利。人皆以为贱，故从而征之。征商，自此贱丈夫始矣。"（《孟子·公孙丑下》10）。

② 米切尔·梅耶：《何时不主张你的权利：权利的滥用与高尚运用》，《政治哲学》（vol. 5, no. 2, 1997），第149—162 页。贝淡宁曾提醒梅耶提出的投币式洗衣机的例子太过琐碎，不足以算作真正的权利主张。如果这是正确的，那么更重大且恰当的例子可能是律师为贫穷的原告做代理。这里正如梅耶的例子，使得赞助者的慷慨值得人们钦佩的部分原因在于，他本来有权利不这样做。

这是一种重要的思考，有希望在更大的儒家图景中具有背景性功能。常有这样的例子，喜好扮演其儒家角色的人们——特别是政治权威——应该去做他们有权利不做的事情（在此意义上，如果他们选择不作为，没有人从道德上可以要求他们）。或许好的统治值得赞扬的特征之一，是有美德的统治者在他们可以不如此的时候，仍对其民众奉献很多。从这一假设往前推进一小步便可得出相似的结论，在儒家国家里，邻里之间应选择慷慨。

此外，儒家会比梅耶更进一步，发现背景性权利可以起到构成美德的作用，例如，"孝"作为美德的"根本"，从心理上将所有各种美德黏合在一起（《论语·学而》2）。多数儒家不会认为子女可以有选择地履行孝顺的责任。[1] 但如艾文贺（Philip J. Ivanhoe）所争辩的，"孝"一个至关重要的特点是独特的感恩之情，受惠的子女意识到他不可能从物质上回报父母的恩惠（这种理解大概不存在于博特与其邻居之间）。子女永远不可能为父母做父母在其心智、情感和道德发展的关键性成长岁月里做过的事情。他对父母的这种独特的感恩之情便成为他以后对政治权威感恩之情的范型，后者同样拥有并实践提供不计回报益处的选择。[2] 如果父母的慷慨性选择是以权利为根据的，这也就为权利扮演背景性角色（对于儒家而言这是极其重要的）开辟了空间。

主张儒家与权利不相容的学者可能有多种方式回应对于背景性权利的运用。首先，他们可在拥有权利与拥有对权利的选择之间做出区分。或许可以说，有美德的统治者所选择的牺牲不与针对自我放纵的背景性权利相对立，但与他能够认可自身权利的通常理解相对立。正常情况下，他根本不会想到他可以这么做，但是如果他如此选择，他有自由决断权（discretionary power）来建立一个为自己的行为进行正当性辩护的框架。这一点很难理解，因为这实际上是说，有美德的统治者不能选择主张他被保护的

---

①　对于古典儒家以及多数现代儒家社会而言，这都是不可选择的。关于此点可参见贝淡宁《超越自由主义民主：东亚背景下的政治思考》（Daniel Bell, *Beyond Liberal Democracy: Political Thinking for an East Asian Context*, Princeton: Princeton University Press, 2006），第243—251页。

②　艾文贺：《作为美德的孝》（Philip J. Ivanhoe, "Filial Piety as a Virtue"），载沃克与艾文贺编《塑造美德：美德伦理与当代道德问题》（*Working Virtue: Virtue Ethics and Contemporary Moral Problems*, ed. R. Walker and P. J. Ivanhoe, Oxford: Oxford University Press, 2007），第297—312页。

利益，但是他可以选择选择主张这些利益。至少可以这样说，要说明第一与第二序选择之间的区别是相当棘手的。①

　　一种次要的或许更直接的处理这种选择上慷慨大度的方式，是断言他们的选择不是基于权利而是基于自由决断权或特权。如我们所知，权利乃是某种权利持有者可用来对抗那些支配他们的人的东西，并对他人提出进一步遵循并保护这种权利的义务。仅有自由决断权不会带来这种强制性机制，但权利持有者仍然有自愿服务他人的义务（正如博特的所作所为）。这肯定更好地描述了儒家统治者的地位与其臣民的关系。孟子曾说："不得而非其上者，非也；为民上而不与民同乐者，亦非也。"（《孟子·梁惠王下》4）

　　最后，我认为第二种回应更强有力，它指出了儒家国家区别于现代权利政体的几种方式。但对此主张还需要做更多分析，以表明为什么它与基于权利的观点截然相对，而我们也未能充分说明权利主张强加于他人义务的方式。某些方式表现出对于关于申诉者（claimants）的判决较之他人有更多的服从，如我在下面所要表明的那样，那些表现出很少服从的方式并非我们通常认为的权利。

　　总结这部分内容，儒家备用机制的说法最好被理解为权利的真正存在取决于其补救功能的能力。而且，其需要补救的过错，是与儒家信条密切相关的独立益处中的缺点，那些益处就是和谐社会关系与其相应美德，以及正确对待大众的基本道德规定。然而，将儒家权利描述为儒家政治与社会制度中永恒的特点是否有意义，仍不确定，因为它们甚至在未直接诉诸备用权利而依然正常运转的社群中也可扮演背景性角色。当我认为有关背景性权利的证据最终仍是不确定时，我也发现了试图将儒家补救性权利表述为权利的一种更强的担忧。这种担忧在于，儒家思想家心目中的补救与我们所设想的的权利主张并非一类，而这是本文下面最后一部分的主题。

三　儒家的补救性立场是针对权利的吗？

　　不能否认，孔子与孟子均认可法律的运用、市场规律、正式的诉讼，

---

　　① 寻找儒家统治者的选择性权利与执行者的应急权力之间的并行不悖之处，可有助于深入化这一解释。但要找到这些与父母、老板，或老师的选择性权利之间的可对比之处，要难得多。

以及许多其他支持儒家制度与矫正其缺陷的方式。归根结底，他们对于回归黄金年代的可能性都不持乐观态度，且如我们所见，有充足理由认为，即便是理想的统治者也需要法律的纠正（remedies），而无论其是否直接运用它们。但是说他们认可此纠正或补救是一回事，而说这些补救乃是基于权利则完全是另外一回事。基于权利的补救有两个主要特征：1. 在道德上允许权利持有者通过"主张"其合法利益而引起人们对他们的关注；2. 他们合理的主张行为对他人具有道德的要求，以保护或保障其主张。如我们在第一部分所见，它们不一定是帮助权利主张者的充足理由，但作为赞成的理由已足够了，因为它们至少，如费因伯格所说，"使事情得以发生"。一种无法得到真正的义务回应的权利根本就不是权利。

　　基于权利补救的第三个本质特征更难以把握。3. 权利持有者主张权利本身（as such）。主张权利是一种谨慎的行为。我们主张自己的权利，当这样做时便有某种确信，所主张的对象实际应当是属于我们的，因此我们主张它们，是因为它们是我们的权利。如果我不能确信所申请的大学教育资金是我应当得到的，那它就不能算是权利。如我主张的理由与它是我的权利无关，同样不能算是权利。比方说，我主张政府应为我提供大学教育，因为他们需要我以特殊技能来服务大众（或许我懂一门有价值的语言），但结果是我应当受到大学教育，因为这是我的权利。这不是对权利的主张，也不是儒家学者将权利描述为令人遗憾的备用机制时所设想的内容。

　　这一点需要做些说明。我们可以设想一种制度，其中人们就权利而主张权利，但这一事实本身不会使他人有任何道德上的回应。这也不算是基于权利的补救。假设一位校长以学生的抱怨衡量其不满，但并不重视其主张的内容。如果卡博（Crab）小姐班级上的几位学生抗议她布置了太多琐碎的家庭作业，但校长仅视之为卡博小姐需要更好地鼓励学生，而不是认为她的作业浪费了他们太多的时间。如果一个受欺负的学生报告说感到自己的生命受到威胁并要求转学，校长便需适当地决定对这位男孩子及迫害他的人加以调解。或许某些学生会偶然发现校长已经预先安排的解决办法（可能某一天一位学生要求调解，而这是校长无论如何都愿意为其提供的东西）。尽管如此，这些学生针对特定解决办法碰巧主张了权利的事实，并不是使校长如此做出回应的东西。因此，一个人的权利主张对他人所具有的道德要求，很大程度或完全取决于他人的判断或辨别。

　　当人们思考权利主张特定的辩护功能时，我不认为他们想到了上述这些例子。允许人们主张其权利的要点在于给予他们某种慎重的主权（sovereignty）。当权威人物无法正确判断我们所应得的益处时，我们便为了我们自己而主张我们的权利。实践权利主张的理由不仅是为当局提供了有用的信息，或向我们的邻居和朋友表达我们的不幸。相反，它是以真正的道德主张去面对他们，我们不仅说出了"我饱受缺乏医疗保障之苦"，而且也说出了"我有权得到更好的健康保障，并且协助提供它是你们的责任"。

　　对于这种法律和诉讼的支持作用，古典儒家文本较少涉及。当我们看到孔子与孟子支持法律与诉讼时，很少有证据支持或反对这一假设：这些事情是基于权利之上。诉讼可能是权利主张行为的希望所在，因为它有可能包括原告（claimants）主张自己的利益、要求自认为应得的益处。可是诉讼当事人也需要真正的条款来主张他们的权利，而他们对什么是自己权利的判断本身，便是法官最终判决的一个重要因素（不像我们所假设的校长的例子）。无疑，先秦中国的诉讼当事人有时便是如此行事，但孔子与孟子是否承认（endorse）这一点则是另一回事。

　　使用法律与诉讼文献的另一个担忧，是其对权利主张潜在的道德基础所论甚少。早期儒家未尝不可说背景性利益保护的法律，是实用的（convenient）法律惯例，但无人具有代表自己做主张的任何道德资格。给儒家国家人们的权利主张以制度性力量，可能是获得社会和谐的最好手段，更令人信服的证据表明，不仅儒家为允许人民主张其合法利益的法律与政治制度留下空间，而且这些法律与制度可建立在更根本的主张这些利益的道德资格之上。我将简单地提及一些可作为这种道德权利之证据的著名例子。

　　显然孔子与孟子认为人民应受到最低限度的人道待遇，[①] 而且有迹象表明，这可能类似于某种道德权利，人民据此可提出道德主张，并要求做出纠正。而且，孟子常被理解为允许人民使用超法律的手段来保护自己，包括以暴力推翻暴君：

---

　　① 如孟子指出的，人民的人道待遇是所有道德与政治实践的立足点（fixed point）。官员甚至君王都是可替换的，但人民却不能（《孟子·尽心下》14）。

齐宣王问曰:"汤放桀,武王伐纣,有诸?"孟子对曰:"于传有之。"曰:"臣弑其君可乎?"曰:"贼仁者谓之贼,贼义者谓之残,残贼之人谓之一夫。闻诛一夫纣矣,未闻弑君也。"(《孟子·梁惠王下》8)

(孟子谓齐宣王)曰:"士师不能治士,则如之何?"王曰:"已之。"曰:"四境之内不治,则如之何?"王顾左右而言他。(《孟子·梁惠王下》6)

这些段落常被用作反抗权的证据,一种以人民有权获得最低限度福利为前提的权利。[1] 它们清楚地表明人民对于合理的良好生活拥有基本的权利(entitlement)。联系孟子主张君王可被罢免,如其他渎职的官员一样,它们可被视为某种心照不宣的声明,人民被允许保卫他们正当的权利。

但是,这需要对已有的证据大肆揉捏(massage)。对上述权利主张本质特征的简要回顾表明,孟子缺少对于人道待遇或反抗的真正权利的认可。一方面,一种权利必须允许权利持有者代表自己提出主张(基于权利补救的第一点);另一方面,权利主张应有相应的道德回应(第三点)。不仅《孟子》文本显示了对于这些要求显而易见的抵制,它们也不是古典儒家道德思想的特征。

首先,可考虑权利持有者是否被允许代表自己提出主张。虽然这些段落认为专制的或昏庸的君主可被废黜,但很少主张人民(可能的权利持有者)可以这样做。严格来讲,这里提到的唯一的反抗者是稍低一级的封建领主汤、武。

公平地讲,从这个图景中省略掉人民与故意将他们排除在外完全不同。此外,人民的意愿也可能在推翻暴君的过程中扮演了某种角色(毕竟武王没有他们的帮助便不可能成功)。人民可能扮演某种支持性角色的事实并不必然意味着他们在如此做的时候乃是主张了自己的权利。孔子与

---

[1]　见成中英《将美德转化为权利》,载狄百瑞、杜维明编《儒教与人权》,第149—151页;李承焕《儒家基于美德的道德中存在权利观念吗?》,《中国哲学》(vol. 19, no. 3, 1992),第245页;杜维明《道、学、政:论儒家知识分子》,第6页;萨姆纳·突维斯《儒学与人权讨论的一个建设性架构》,载《儒教与人权》,第41—44页。

孟子均更倾向于将人民的忠诚表述为子女对父母的忠诚一样，其中爱憎——而非对权利的主张——决定着他们合作的意愿。①

即使人民被允许进行权利主张，这些主张能否得到必要的道德回应仍值得怀疑。人民的抱怨更像我们例子中学生的诉苦，其道德力量取决于更高权威的判断。推翻君主例子中最引人注目的是，不存在明显的更高权威来实施此种裁判。这看上去为孟子提供了一个依靠大众意志为事件的适当仲裁者的机会，但孟子却拒绝运用这种机会，他始终视天，而非人民为相应的权威。② 比如，在一场重要的对话中，沈同问孟子所在国家的君主是否可在道德上正当地推翻邻国腐败与邪恶的统治——这可被理解为近似于武王在道德上合法地推翻纣。孟子做了如下描述：

> 沈同问"燕可伐与"？吾应之曰"可"，彼然而伐之也。彼如曰"孰可以伐之？"则将应之曰："为天吏，则可以伐之。"今有杀人者，或问之曰"人可杀与？"则将应之曰"可"。彼如曰"孰可以杀之？"则将应之曰："为士师，则可以杀之。"（《孟子·公孙丑下》8）

如我们所见，认为昏庸的君主可被推翻是不够的。孟子关心的是，具体而言谁可以来推翻，其答案审慎地绕开了任何可能使人民成为事件最终仲裁者的解决方案。这与古典儒家政治思想更为一致，将人民的爱憎描述为天命的被动显现，而非对于权利的主张。③

我主张对于备用权利通行立场做出根本修正，至少对于历史上孔子、孟子两位重要的思想家是如此。通行观点和我均认为，权利仅作为某些重要的补偿性功能而存在。我们已经看到了许多有关这种补救的性质与永恒性的争论。我认为，这些补救，即便在最开放的解读中，也并未为某种现

---

① "信能行此五者，则邻国之民仰之若父母矣。率其子弟，攻其父母，自生民以来未有能济者也。"（《孟子·公孙丑上》5）

② 对这一问题，我赞同萧公权之说，见《中国政治思想史》卷一，台北：联经出版公司1983年版，第92—98页。

③ 孟子让天在道德解释中扮演一个比多数学者所允许的更强的角色。对此角色的有趣说明见艾文贺《〈孟子〉中作为伦理保障的天》（P. J. Ivanhoe, "Heaven as a Source for Ethical Warrant in Early Confucianism"），《道：比较哲学杂志》（*Dao: A Journal of Comparative Philosophy*, vol. 6, no. 3, 2007），第211—220页。

代权利言说所预设的主张行为留有余地。

　　我的主张是,古典儒家没有无条件地容纳权利,但我不认为这完全是坏事,因为这也指出了某种有待探索的妥协方式。我指出了与儒家思想相对的标准权利主张的三个基本特点。其中每个特点都有发现意义重大的中间地带的可能。考虑到如下假设,当权利由权利持有者自己加以主张的时候,其要求他人有道德上的回应。这当然不是维护个人利益的唯一方式。儒家可能发现了鼓励人们首先维护其亲密朋友与家族成员权利的多种方式,使维护权利的行为更为互利互惠。权利主张的另一个基本特点是,人们通常就权利而主张其权利——这也就是,他们诉诸权利本身,而非(诸如)维系社会关系或促进社会和谐的方式。① 这里同样存在妥协的余地。儒家可能愿意允许个体的基本权利有时优先于更大的家族或社群利益,但同时也可能坚持,权利主张者一旦有可能便应诉诸更广泛的益处。有关日常的道德行为还有很多内容应予以交代,这些内容鼓励我们为了对他人有所贡献而付出自己的利益。无疑,任何对于儒家与现代权利思想的有效综合均不得不将此考虑在内,我认为基于充分的想象力,这完全是可能的。

　　　　　　　　　　(作者单位:旧金山州立大学哲学系。梁涛、匡钊译)

---

　　① 当然,少数现代权利言说的捍卫者会提出,我们不应参照社群的益处说明问题,但申诉者所能说的与他为了使权利得到保护而需要说的之间存在着差异。对于大多数权利思想家而言,诉诸我们的权利本身便已足够,然而儒家可能要求我们进一步根据更广泛的、基于社群的益处来表明自己权利的正当性。

个人权利是必须的吗？

——儒家的视角

［美］克雷格·K. 井原（Craig K. Ihara）

一　从不宜谈个人权利的地方说起

本文拟从一些我们熟悉的语境谈起，在这些语境中，权利话语，尤其是那些彼此责难的权利话语，显得非常不合时宜。

（一）以体育团体中的篮球队为例。团队中每个人的天赋不同，承担的角色分工也不同。负责发起进攻的防守队员最重要的责任是持球跑动进攻、运球、发球以及传球给处于有利位置的队员。中锋（通常是最高的队员）负责控制篮下阵地、抢得篮板球、阻止对方投篮，以及篮下得分。假定在一次比赛中，某队的中锋站在对方的篮板下面，没有对手严密防守，而该队负责发起进攻的防守队员却未能将球传给中锋，人们会怎么说？说防守队员犯了一个错误，做了错事，没有做该做的事，没有尽职尽责，把事情搞乱了或者说把局面搞糟了。无论什么原因，如果他经常性地错失这样的机会，他可能被视为一个能力不够甚或是拙劣的后卫，很有可能丢失这一位置。该队其他队员有理由抱怨他的不称职、缺乏球场意识或者指责他自私，尽管就团队精神而言他们不应该急于批评。

借用阿拉斯代尔·麦金太尔的术语来说，[①] 我们在篮球或其他类似的

---

① 参见阿拉斯代尔·麦金太尔《追寻美德》（Alasdair MacIntyre, *After Virtue*, Notre Dame, IN: University of Notre Dame Press, 1981），第 175 页以下。

比赛中从事的是一种实践（practice）。在这一实践中，参加者有不同的角色和责任，需要接受比赛表现好坏的标准以及大量的评判性评价。在这一实践中，参与者承担着角色职责意义上的义务，但我认为，他们并不享有个人权利。

为什么说他们并不享有个人权利呢？首先一个明确的事实是，关于权利的话语根本不能在篮球比赛中使用。尽管它可应用于比赛之外的专业合同谈判或其他属于法律范围或准法律范围的场合。如果负责发起进攻的防守队员未能将球传给中锋，我们通常不会说他不尊重、侵犯了或者是妨碍了中锋的球权。

在这种情形下，如果我们赋予中锋一定的权利，除了说后卫未能尽职，做了错事之外，我们还能说什么？我们可能会说在这一情形下，只有中锋享有球权，而后卫未做应做之事，便意味着他剥夺了中锋的这一权利，因此对他构成了伤害；防守不仅做了错事，他亦伤害了中锋，侵犯了他的权利，并且剥夺了他的应得权益。所以，中锋比其他队员更有理由要求补偿。我认为，这样的一套篮球或其他体育比赛理论至少是古怪的。更严肃点说，它会从根本上改变比赛的性质，它会将个人而不是团体，视为最根本的要素，从而重新定义比赛本身。

当然，队员们，即使同队的队员们，彼此间会产生不满。在上述情境中，如果中锋比其他队员对后卫更加不满，那也不足为奇。毕竟，由于后卫的错误，他才错失了一次轻易得分、帮助该队取胜的佳机。但是，尽管情理上可以理解，我们却不能说中锋的权利受到了后卫的侵犯。而且，如果中锋不是因为后卫的所作所为使团体失去了获胜的机会，而是因为后卫的错误伤害了他自身而严斥后卫，他也会因缺乏团队精神而受到谴责。

体育比赛中还有各种各样的例子可说明权利话语的使用至少是不正常的、不必要的。这些例子涉及的是犯规，而不是未尽职的问题。如同大多数体育比赛一样，篮球赛有许多关于队员在比赛当中可做和不可做的规定。队员违反了规定就会受到相应的处罚，而这些处罚通常情况下都不会涉及权利侵犯之类的话语。举例而言，持球走（有时称走步）是一种犯规，会导致球权转入对方手中。很多犯规行为——罚球当中的越线或换人犯规——皆是如此。它们并非只是针对对方球员，所以无法从侵犯权利来解释或定义。

在篮球比赛其他一些犯规的例子中，关于权利的话题虽然并非难以提及或者说令人尴尬，但依然是非正常的，亦是不必要的。比如一个队员被对方队员犯规。这种情况下，该队员会不断向裁判员申诉，而实质上他所要表达的就是"难道你没看见他（对我）做了什么吗？"如果这样说只是为了指出犯规行为，该队员的申诉并无不妥之处。任何人，包括其粉丝在内，都叮以这样做。关键的问题是这一申诉是否必须从侵犯权利这一角度提出。

例如，一个防守队员抱住对手以阻止他拿球是一种过错；我们甚至可以说他对对方犯规，破坏了规矩，做了不被允许、不该做之事，或者违背了比赛规则，但是通常情况下我们不会说他侵犯了对手的权利。这并不是说我们不能这样去界定，而是这样界定没有任何意义。显而易见，如果防守队员犯规应该给他以处罚；如果裁判员没有裁定处罚，包括其粉丝在内的任何人都有理由进行抗议。但是，他们喊的会是"犯规"，甚或是"他被犯规"，而不是"他的权利受到了侵犯"。请务必注意，就是"他被犯规"亦无须界定为一种权利侵犯。"他被犯规"可被解释为"他受了委屈"，可被比作一种我们非常好理解的事情，一件无须援引权利概念，甚至无须理解权利概念就可以理解的事情。只要明白犯规者做了根据规则本不该做的就足够了。引入权利观念只会转移对团体的关注，对于比赛而言也是不必要的。

（二）再以舞蹈这一语境为例。在芭蕾舞剧中，演员都有自己的角色，他们每人都应该表演一系列的舞步。然而，尽管《天鹅湖》中的每个演员都有自己特定的角色与责任，但如果认为这一场舞蹈中舞蹈者彼此间享有权利，在我看来则是概念性的错误。

首先，芭蕾舞中没有可以产生个人权利与责任的规定。其次，当有人未能尽职时，其他人不会说他们的权利受到了侵犯。如果我忘了自己的舞步，可以说我跳得差。我甚至可能觉得有必要向我的舞伴或者整个团体道歉。然而，如果因为一个舞步上的失误，我未能帮你完成单脚着地旋转，却并不能说我侵犯了你的权利。我或许令你沮丧，使你生气，让你失望，而你也有充足的理由批评我的表现，或要求我做出进一步的努力，但却无须从侵犯了你的权利的角度来理解这种批评和要求。

当然，你可以有权利期望我按照你所知道的舞蹈设计去表演。但是，你存此期望却并非说明我对你有应尽的义务。这里所说的权利是认知性的，它表明你的信念，即你对我的期望，有它合理的基础。换句话说，就理性的正当性而言，可以说你有权利指出我的失职。而事实上，其他任何一个看见并意识到我的错误的人都享有这一理性的正当性。但这并非意味着犯错即构成了对你的权利的侵犯。

（三）再考虑另一种语境——典礼。典礼或许更像舞蹈表演，而不是竞争性比赛，但两者都有基本上的相似之处。一方面，如芭蕾舞一样，其中的每个参与者都承担着某种角色，每种角色都有其既定的责任。正如在舞蹈中，成功依赖于一种协作。这种协作是一种共同的努力，其中一个人目标的实现很大程度上仰赖于其他每个人的努力。更为重要的是，每个个体的目标很大程度上与所有人共同的利益是一致的。

另一方面，如竞争性比赛一样，典礼经常有自己的规定，虽然其规定不同于比赛规定。举例而言，国宴有其特定的礼仪要求。典礼这一语境，因其角色责任与行为规则，较之其他语境更像儒家的社会理想。

至此，我想说的是，在上面提到的以及一些其他语境中，讨论个人权利至少是非正常的、不必要的。下文我还会指出这些活动与儒家的社会理想有某些根本上的相似之处。它们所描述的都是无须谈及个人权利的语境，其中不存在这样的现象：一个人拥有特别的可能被他人侵犯的道德权利。花这么多时间说明这些，我主要是希望铭记以上例子于心，详细说明它们之间的不同，能为读者提供一个参照，以便对下文有更好的理解。

二　关于个人权利重要性的讨论

最近几年，研究儒家哲学的重要学者，如杜维明、罗思文（Henry Rosemont, Jr.）、安乐哲（Roger T. Ames）、陈汉生（Chad Hansen）等，[①]

---

① 见杜维明《作为人性化进程的礼》和《儒家之成人观》（"Li as Process of Humanization" and "The Confucian Perception of Adulthood"），载杜维明著《仁与自我修行：儒家思想文集》（*Humanity and self-cultivation：Essays in Confucian Thought*，Berkeley, CA：Asian Humanities Press, 1979）；罗思文《为什么要认真对待权利？——儒家的批评》，载罗纳编《人权与世界宗教》，第199—216 页；陈汉生：《中国的刑罚与尊严》（Chad Hansen, "Punishment and Dignity in China"），载孟旦编《个体主义与整体主义》（Donald Munro, ed., *Individualismand Holism*, Ann Arbor：University of Michigan Center for Chinese Studies, 1985），第360 页。

都声称传统儒家思想中没有权利观念。① 尽管这一声称本身是有争议的,②
而且有关讨论还远没有结束,我还是敢断言大多数儒家学者是会赞同这一
说法的。我还有这样的推断:专攻其他非西方思想的哲学家们很可能对他
们各自的道德传统持有类似的观点。

与此同时,研究英美道德哲学的重要人物,如德沃金(Ronald Dwor-
kin)、费因伯格(Joel Feinberg)、阿兰·葛维慈(Alan Gewirth)、朱迪
思·贾维斯·汤姆森(Judith Jarvis Thomson)、麦尔登(A. I. Meldon)和
马奇(J. L. Mackie)等,都曾以不同的方式有力地强调权利的根本性意
义,而且他们所说的根本性意义不仅仅是针对西方的伦理理论,而是针对
任何一个哲学上可被接受的道德伦理。③ 正如阿兰·葛维慈所说,“对人
权的认可和保护是所有社会道德合法性的必要条件。”④

看起来,如果这些儒家学者是正确的,亦如他们所说儒家思想中不存
在权利观念,我们就会面临一个两难困境:要么儒家伦理从根本上而言具
有道德上的缺陷,要么西方权利倡导者在某个地方出了问题。从本部分开
始,我将通过分析费因伯格著名而颇有影响的文章《权利的本质与价值》
中的论点来讨论这一两难问题。⑤

在此探讨费因伯格观点的目的是想表明,英美的权利倡导者们过分强
调了他们所谓的权利,而事实上,即使没有个人权利这一概念,儒家伦理

---

① 这一声称并非仅仅指出儒家思想中没有人权观念,而是说根本没有权利观念。

② 李承焕:《儒家基于美德的道德中存在权利观念吗?》,《中国哲学》(vol. 19, no. 3,
1992),第241—261页。

③ 德沃金:《认真对待权利》(Ronald Dwarkin, *Taking Rights Seriously*, Cambridge: Har-
vard University Press, 1977);阿兰·葛维慈:《理性与道德》(Alan Gewirth, *Reason and Morali-
ty*, Chicago: University of Chicago Press, 1978);贾维斯:《权利之王国》(Judith Jarvis Thom-
son, *The Realm of Rights*, Cambridge: Harvard University Press, 1990);马奇:《伦理学:虚构
是非》(J. L. Markie, *Ethics: Inventing Right and Wrong*, New York: Penguin Books, 1977);
麦尔登:《权利与人》(A. I. Meldon, *Rights and Persons*, Berkeley: University of California
Press, 1980);费因伯格:《权利的本质与价值》,《价值探究》(vol. 4, 1970),第243—
247页。

④ 阿兰·葛维慈:《为什么权利必不可少》(Alan Gewirth, "Why Rights Are Indispensi-
ble"),《思想》(*Mind*, vol. 329 - 330, 1986),第343页。

⑤ 费因伯格:《权利的本质与价值》,《价值探究》(vol. 4, 1970),第243—247页。

也并非如费因伯格所暗示的那样，是站不住脚的。[①]

三　费因伯格的"无何有之乡"及其含义

在《权利的本质与价值》一文中，费因伯格让我们想象一个"无何有之乡"，在这个世界中，人们彼此之间不能有任何道德上的主张，也就是说，他们不享有权利，但是这个世界有如下特色：

1. 人们的道德极其高尚，与我们所知的人性本善相吻合。

2. 人们对任何没有特殊关系的他人和集体不具备完善的责任（如慈善）。

3. 人们对于"甜头"（dessert）的意识比较薄弱。他们会认为一定程度的奖惩是合理的，比如最佳竞赛者之获得奖赏，但当一名雇员因特别出色的工作而主张额外的报酬时，就不能认为是合理的了。

4. 为了具备诸如资产，信诺与契约，协议与买卖，约定与贷款，婚姻与伙伴等制度，"无何有之乡"拥有"君主权利垄断"。在其中上述实践都必须承认权利，但只承认君主的权利。[②]

在费因伯格看来，尽管没有权利概念的"无何有之乡"在道德上已至极高之境，但它还是有所缺失的。他说：

> "无何有之乡"和我们的最大差别……与主张权利的活动（the activity of claiming）有关。[③]

这将我们引到以下问题：费因伯格所说的"主张权利的活动"是什么意思？假如没有权利，我们就真的不能提出主张吗？果真如此，它为什么如

---

① 尽管费因伯格等人在绝对意义上使用"权利"这一术语，我还是认为他们的主张主要是就个人权利而言的。关于此点，后文有更详细的讨论。

② 费因伯格：《权利的本质与价值》，《价值探究》（vol. 4，1970），第 243—247 页。

③ 同上文，第 249 页。这一对主张（claiming）的强调反映了费因伯格特有的权利观念。他特意区分了他的主张权（claim rights）观念与霍尔菲德式（hohfeldian）的权利概念，如许可权、豁免权、控制权等："主张权不同于许可权、赦免权、控制权，后者有时也称作'权利'，而且很容易与前者混淆。"（第 249 页）在本文中，我采用了费因伯格被理解为有效要求的权利概念。

此重要？看起来，试图维护儒家伦理的学者要么证明即使没有权利概念，儒家思想提出主张（claiming）也是可能的，要么证明缺乏权利的理论并非一个道德体系的致命缺陷。而我想说的是，能够向他人提出个人主张并非一个可行的道德体系的必要特征，尤其是儒家这样的道德体系。

为了清晰阐明自己的观点，费因伯格进一步对主张（claiming that）和提出主张（making claims）做了区分：

> 关于权利（或主张）的一个重要事实是，只有拥有权利的人才能提出主张。当然，每个人都可以主张（claim）这把伞是你的，但是只有你或你的代表，才可能真正对这把伞提出主张。……因而合法主张（legal claim to）与主张（claiming that）之间一个重要的区别是，前者是合法的作为，可以产生直接的合法结果，而后者常常只是说明性的语言，不会产生法律效力。从法律角度而言，权利主张本身可使事情得以发生。①

费因伯格含蓄地将他关于合法主张的论断扩展至道德主张。显然，提出道德主张显然是一个道德行为，可以产生直接的道德结果，使事情得以发生。而声称某事如此或并非如此常常只是事实上的语言说明，并不具有任何道德力量。②

费因伯格接着又做了如下大致的推断：在一个没有权利概念的社会里，提出主张是不可能的。而如果没有提出个人主张的能力，就不可能具有"某某东西是我的"意识，因此（1 a）没有什么伤害可构成申诉的理由，而且（1 b）任何给予他人的恩惠都是额外的（道德上不被要求）；（2）我们缺乏人类尊严、自尊和平等。既然这些在道德和哲学上都使人感到不快，我们就有足够的理由抵制任何不具备个人权利的社会或道德观。正如费因伯格所说：

> 这些关于享有权利的事实很好地证明了权利的至高无上的道德重要性。所以，我最想说的是，这些事实说明"无何有之乡"出了什

---

① 费因伯格：《权利的本质与价值》，《价值探究》（vol. 4，1970），第251页。

② 费因伯格对合法要求的说明显然比道德要求的推论更为清晰，也更为有力。

么问题。①

如果上文提到的儒家学者的判断是正确的，那么就可以轻易地得出结论：个人权利的缺失就是儒学思想或其他没有权利基础的传统之问题所在。

四　对费因伯格的回应

现在我们更详细地讨论一下费因伯格观点中存在的问题。首先他说：

　　"无何有之乡"的居民，即使受到了极端的歧视，即使他们的需要无人理会，甚至即使遭到不堪的对待，也不会想到要站起来提出正当的主张。②

这段话无形中使我们面临一个谬误的两难之境：要么我们拥有主张权，要么我们就被动地丝毫不加反抗地接受一切形式上的虐待折磨。但是，表达或流露对他人的不满并非只能依赖权利概念。以违背某一传统文化的禁忌为例。这一社会中的任何一个人都可以并可能抗议违禁行为。但抗议的根据并非是违禁行为侵犯了其他居民的个人权利甚或是其他居民的集体权利。比较可能的情况是，这一违禁行为侵犯了某一超自然法令。在这种情况下，抗议的居民并不仅仅是声称（claiming that）正在进行的某事触犯了一项禁忌，他们还可以提出主张（make a claim）"使某些事情得以发生"。当然，这种主张并非费因伯格意义上的主张，因为它并非由特定的权利被侵犯者所提出的主张。但是这些居民能够判断不道德行为的发生，亦有能力对这一行为提出抗议，而且能够将这一能力付诸实践。

这些居民可以提出抗议，同样的事情也可以发生在无何有之乡。费因伯格规定无何有之乡的居民可以：

---

① 费因伯格：《权利的本质与价值》，《价值探究》（vol. 4，1970），第 252—253 页。
② 同上文，第 249 页。

彼此间承当义务；但这些义务……并非直接为受约人、债权人、父母等诸如此类的对象而尽，而只是为上帝而尽，或为某一精英实力集团的成员，或为神祇之下的独一无二之君主而尽。[1]

但是，果真如此的话，请考虑这样一个问题：如果某人 A 向君主承诺他不会违逆他人意愿而夺取他人之物，而事实上他却做了这样的事，那么会出现什么情况？被 A 夺取了物品的某人 B 显然会意识到允诺者违背了他向君主所做的承诺，并且很可能要求允诺者要么物归原主，要么接受惩罚，甚至二者兼有。这就说明即使是无何有之乡也并非如费因伯格所设想的那样被动顺从。在这个地方因为人们彼此之间不能直接提出权利方面的申诉（例如"你伤害了我"），我们可以说它没有权利概念，尽管如此，这里的居民依然能够提出可以"使事情得以发生"的主张。无何有之乡可能是一个没有权利主张的世界，但它不可能是一个不能辨识背弃诺言和契约或者说无视如此行为的一个世界。

以上众多例子中的两例表明，没有彼此间的个人权利，并不意味着没有不道德的行为，也不意味着抗议不道德的行为不会出现。其他例子包括了由角色支配的活动——如前面分析的篮球赛、芭蕾舞、典礼等。再以礼节为例。有违礼节不会被界定为侵犯权利，如用小刀吃豌豆并不构成对其他就餐者的侵权，但是这不妨碍我们认定这一行为不适宜，也不妨碍我们对之提出抗议。

棒球比赛中，假定二号守垒员将跑垒员推离二垒之后再将其触杀，依照规则，这一行为是被禁止的，所以跑垒员可以据此提出抗议。如果裁判员同意，跑垒员就可以留在二垒。那么，如果跑垒员坚持说"我的权利受到了侵犯"会出现什么情况？不仅规则手册里对"权利"没有明确的提及，而且这样的说法也未免稀奇古怪。但是无论我们认为跑垒员或甚至整个团队有无权利，我们都无须为了对这一行为提出申诉而以权利概念来界定这一犯规行为。对于申诉而言，必要的就是权威性的规则和职责。二号守垒员违犯了规则，做了一个二号守垒员不该做的事，这就足以构成理性抗议和寻求官方补偿的基础。

有人可能会说，这些关于运动和礼节的例子是琐碎的，因而并不中

---

[1]　费因伯格：《权利的本质与价值》，《价值探究》（vol. 4，1970），第247页。

肯。道德是严肃的，当我们讨论的是真正重要的事情，如人类生活，此时关于权利的语言是必不可少的。

关于这一反对意见，我做出如下三点回应。首先，和道德相比，比赛和礼节的确显得琐碎，但是我们并不能轻易否定两者之间明显存在着一些结构上的相似之处。这些相似之处是否具有重要意义，部分取决于一个人的道德观念，但我认为这些相似之处可以启发我们对规则、角色责任以及基于权利的人与人之间关系的理解，并且启迪我们从崭新的角度审视道德。尽管这些例子不够严肃，但它们却有另外一个优点：比更为严肃的例子较少争议性，较少感情色彩。

其次，无论其有何种普遍意义，提出这些例子主要是针对费因伯格观点的回应：无论受到何种虐待，无何有之乡的居民也不会想到抗议。后者作为一个例子与任何比赛之例同样是琐碎的。当然，一个例子的琐碎性并不能表明另一例子琐碎性的合理性。不过，如果我所举的例子可以提供具体而又为大家所熟悉的语境，其中一些行为可以被认为是错误的，可以被抗议，而不必依赖或使用权利概念，那么，这些例子理应与费因伯格的无何有之乡之例具有同样的分量。

最后，更加严肃的例子并非没有。然而，要举出没有争议的例子却不容易。这至少可以归因于以下两点。其一，在我们这个竞争的个人主义的社会体系中比较难以提取严肃的实例。比如，从比较严格的科学观点来看，一队受聘于类似曼哈顿工程的科学家可以是一个相当不错的例子。因为他们从事的就是我所主张的无须权利话语的合作性事业。然而，有人可能会提出反对意见：这一合作性事业中，知识产权是必须考虑的。这一反对意见背后存在着一个预设：这一合作活动的背景是一个较大的市场体系，而这一市场体系正是科学家们非常关注的。而且，还存在另一个假定：除了市场体系，没有其他的公正途径可进行金钱或其他利益的分配，因此一个人的自我保护也就等同于某些权利的主张。

列举更加严肃的例子的第二个障碍是，很多人倾向于用权利话语界定一切重要的人类关系。而这样做往往是行不通的，其中争议最少的严肃的例子就是传统家庭，尤其是亚洲的传统家庭之例。我们常用天然的、有机的单位来界定这样的家庭。这种家庭最重要的目的是家族的延续和发展。它们是一种统一体，时间上前可追溯至远祖，后可延伸至子孙后代。在这样的家庭中，角色和职责都有明确的规定。每人都有该做的一份工作，而且每个人一生的主要目标中至少有一条就是做好那份工作。一个经常忘记给孩子做饭的母亲不是一位好母亲。但是无须将她的行为界定为侵犯了孩子的饮食权。一个没有按照父母意愿照顾兄弟姐妹的兄长是做错了事情，但不能说他侵犯了兄弟姐妹的权利。

与上文所举之例相似的例子也可表明费因伯格第一个论点第二部分（1b）的问题：没有权利概念的人们必定会将他们得到的利益视为赏赐或是统治者的分外之举（acts of supererogation）。

在包括中国在内的很多社会，人们认为统治者在春季必须履行一定的祭祀之礼从而保证好的收成。就统治者而言，履行祭祀之礼并非分外之举，而是其角色的一个必不可少的职责。如果未能履行这一职责，统治者便会遭到指责；而对这一职责的履行，甚或是值得赞扬的过度履行，根本不会被视为过分之举。但是无论在哪种情况下，人民都没有被授予权利，尽管他们才是最为获益或最为受损的一方。

棒球中的巧胜是一个类似的例子。击球员一个好的短打使得跑垒员能够完成角色职责实现目标。跑垒员依赖击球员的作为，从击球员的作为中受益。但就跑垒员而言，赞扬击球员并非不可，而感恩却属异常。就像上文提到的统治者，击球员所做的并非分外之事，而是他作为击球员的职责所在。他只是做了他应做之事，而不是为了跑垒员轻轻触球。这就与费因伯格的观点——没有主张权，获益就会被视为统治者的分外之举——相抵触。①

最后，再看看以无何有之乡为背景的一例。如果无何有之乡的君主要求所有的夫妇都要彼此关心爱护，那么丈夫关爱妻子是他对君主应履行的责任，而妻子关爱丈夫也是她对君主应尽的义务。而根据费因伯格的假定，无何有之乡的夫妻彼此间没有主张权。但是，夫妻双方中的任何一方也不会视对方的尽职行为为异常，为分外之举，就如同棒球运动员不会对队友间的相互依赖感恩戴德。

---

① 在我看来，我们似乎不能说跑垒员有要求击球员短打的权利。最多只能说跑垒员有权利期望击球员尝试并打出一个短打，但这样的权利是认识论意义上的，而非一项主张权。也就是说，它是基于沟通，有理由相信击球员会短打的一项权利（例如，跑垒员看到了教练向击球员发出的击球示意），而并非是基于承诺，或任何一种击球员向跑垒员做出的保证履行的义务。

五　个人权利和儒家的人类价值观

面对上述例子，费因伯格或许会不情愿地承认，尽管没有个人主张权，无何有之乡的居民也能够向不端行为提出抗议，能够接受一定的利益而不将其视为赏赐。但他又可能坚持认为，无论是抗议还是接受都并非基于适当的理由，即遭受损害或获取利益的人民的道德状态。换句话说，他们的回应并非立足于这样的事实：他们本就是理应得到尊重和尊严的人。而这实质上又促使我们分析费因伯格关于权利价值的第二个观点。下面是一段详尽的引用：

> 当然，拥有权利使得提出主张成为可能；但是，正是提出主张赋予权利以特别的道德意义。就某种程度而言，权利的特点有些像我们惯常关于人之为人意味着什么的讨论。拥有权利使我们能够"像人一样地挺立"，能够坦然地正视他人，能够从根本上体会人与人之间的平等。视自己为权利的持有者并不会导致过度的骄傲，而会使人感到适度的自豪，自豪于拥有那借以获得他人之爱与尊重的最低限度的自尊。事实上，尊重人……或许就是尊重他们的权利，因此人与权利不可能被割裂开来；而所谓的"人的尊严"或许就是公认的提出主张（assert claim）的能力。因此，尊重一个人，或者认为他拥有人的尊严，也就是将他看作一个潜在的主张者、权利声称者……这些关于拥有权利的事实很好地证明了权利至高无上的道德意义。这里，我最想说的是，这些事实道出了无何有之乡的问题所在。①

我们从上述引文中可以看出费因伯格两个极其不同的论点。起初他声称"主张能使我们'像人一样地挺立'"，等等。换句话说，他认为提出主张本身足以使人"像人一样地挺立"，或者说它至少是使人"像人一样地挺立"的部分充分条件。而承认这一观点并非必然要批判儒家思想或其他不谈及权利的道德体系，因为除了主张权之外，我们还可以通过其

---

① 费因伯格：《权利的本质与价值》，《价值探究》（vol. 4, 1970），第 252 页。

他途径来保证人之为人的尊贵和人与人之间的平等。

然而，接下来他又强烈地暗示，认为他人拥有权利，即拥有提出主张的能力，至少是尊重人的尊严的一个必要条件，甚至说二者可能（may）是等同的。尽管费因伯格用可能做了程度上的限定，这一观点对他的权利辩护观而言还是至关重要的。如果没有这一观点，权利不会是"最为重要的"，而是可以不被涉及的。而无何有之乡也未必如他所说是一个有缺陷的社会。

但是，如果说权利是平等、自尊、尊重人、人格尊严的必要条件，那么费因伯格不但向无何有之乡，而且向诸如儒家这样任何一个没有认可或者说特别重视权利的道德哲学发起了一个极其猛烈的挑战。①

应该从何处着手来回应费因伯格的第二个论点呢？首先，笔者再次着重强调一下笔者一直坚持的观点：费因伯格不仅仅是在赞美可理解为主张的权利美德（virtue of right），而且是个人权利和主张的概念。换句话说，不将权利和主张归属于个人，它们在概念上依然是可能的。相反，权利或许只能被归属于诸如家庭之类的团体，比如德川日本的情况。而情况果真如此，我们将不得不重新考虑费因伯格的言论。他依然还会说人们能够享有平等、尊严、自尊以及其他的感受吗？

一方面，如果答案是肯定的，人们就不会因个人享有权利而享有这些，而是因为他们属于拥有如此权利的团体才享有它们。那么，个人享有主张权对自我价值感和尊重他人意识而言就并非必须的了。而事实上，费因伯格的例子都是关于个人与个人权利的，所以，他是根本不可能采取这样一种思维的。

另一方面，我们可以假定团体权利不足以使人感到自我的价值、人格的尊严。如果如此的话，所需要的就不仅仅是权利，而是个人享有的权利。而事实上，我坚持认为这点正是费因伯格论点所预设的。他的分析以及关于权利的很多哲学文献，都声称其为之辩护的是权利的价值，而实际上却是个人权利的价值。

---

① 令我感触的是，就是那些力主儒家思想中存在权利观念的人，比如李承焕，也认为那些权利已经被严重地淡化。如果真是这样，如果文章开头所引西方学者是正确的，那么儒家伦理就存在严重的缺陷，因为它从不给予权利、主张正当的位置。

其次，如果费因伯格是正确的，那么他必须承认任何一个道德体系要么必然具有权利观念，要么其中的人们就不可能享有"平等，最低的自尊，热爱、尊重他人，敬重人或人的尊严的感受"。而这些论断的谬误与真实都是就定义而言的，而非事实的判断。

费因伯格曾断言，视自己为权利的拥有者是借以获得他人之爱与尊重的最低限度自尊的必要条件。这里，我们再分析一下这一论点。如果将"自尊"简单地理解为一个心理学概念，最明显的事实是，一个人最低限度的自尊就是指获取他生命中——尤其是在孩提时代——重要人物对他的爱与关心的首要机能。然而，下面假定似乎不合情理：爱的基础，尤其是家庭之爱的基础，是"视自己为权利享有者"或"视自己的孩子为一个潜在的主张提出者"。而且，他人的尊重往往取决于什么被其所处的文化重视，它可能包括也可能不包括向他人提出主张的能力。所以，一个人在没有自我是个体权利享有者的观念时，也很有可能受到他人的尊重，并拥有自尊。

费因伯格却因为在这样的社会中，人们并不视自己为权利的享有者，而断言这些人们不可能真正地尊重自己。然而，这种论点不仅看起来是用未经证明的假定来推论的结果，而且，在费因伯格所说的"最低限度的自尊是获取他人之爱与尊重的必要条件"的假定之下，这种论点必然导致如下观点：这种社会中无一人"值得他人的爱与尊重"，但费因伯格根本不可能主张这一观点的。

我们再从儒家的视角看费因伯格的另外一个观点：能够提出主张是人的平等、人格尊严、尊重他人的必要条件。儒家所说的世界是为天所安排好的秩序井然的宇宙的一个部分。在这一宇宙中，每一事物都有其根本天性，都有其需要扮演的特征角色。当每人每物都能履行其职责时，一切都会如其所是地顺利、和谐地进行。这是一个秩序的世界观，与今天的观念相比，它更像科学革命以前的西方观念。

在儒家看来，人类是自然秩序不可分割的组成部分。自然的状态，即使就人类而言，也理应是和谐的，而不是混乱的。和谐社会中的生活既是人类最适宜的生活，也是其天性最向往的生活。儒家的人人平等观念来源于人人生而具备同情、尊重、礼节等道德情感能力，并在其基础上建立人际关系能力的信念。① 传统儒家思想的基本信条就是"人性本善",认为人人生而具有四种情感,而且这四种情感便是四种德行的始端(《孟子·公孙丑上》6)。

儒家认为,就是因为上述这点,才使得人类具备值得尊敬的道德地位,而并非人是权利享有者或潜在的主张提出者使然。

赫伯特·芬格莱特用另一种相关的方式描述了儒家思想中的人类平等及价值。② 在其著作《孔子:即凡而圣》中,芬格莱特将儒家的人类生活观比作一场神圣的礼仪。人如同"神圣的礼器",因为在礼仪中人人有其扮演的角色。③ 芬格莱特努力地指明,人类拥有内在的价值,并非因为他们是个体的权利享有者,而是因为他们是一个内在的价值整体的构成部分。人类有其价值,并非因为他们是独立的个体,而是因为他们是互相关联的。认识到这一点是很重要的。

对儒家还可以另外描绘一个形象,与芬格莱特神圣礼仪的观点非常接近:生活如同一场神圣的人人出演的舞蹈,无论是个体的还是集体的,其唯一的成就之路就是成功的表演。人人都是生活之神圣舞蹈的参与者,他们出演孩子、父母等角色,他们具备人类特有的彼此相处的能力,因而他们值得尊重。在这一场景中,人们在两个显然不同的层面上值得尊重,享有尊严:(1)从外在观察者的角度看,因为他们都是一个拥有内在价值的整体——神圣舞蹈——的不可或缺的构成部分;(2)从内在其他参与者的角度看,因为我们都是同一家庭的组成部分,类似于家庭成员间的关系——彼此间需要尊重。在这一场景中,平等来自我们共同的成员身份,来自我们在我们自己特别的环境中达到卓越之境的平等潜力。尽管就舞蹈者之间彼此的权利和责任来界定芭蕾舞等舞蹈是可能的,但如此对待舞蹈者的舞蹈的思维方式还是比较奇怪。而且,这样的界定是没必要的。就舞蹈的目标而言,权利根本远非首要之事,充其量它也只是次要的,而且甚至可能妨碍目标的实现。

---

① 关于儒家的人类平等观,见孟旦《早期中国"人"的观念》(Donald Munro, *The Concept of Man in Early China*, CA: University of Stanford Press, 1967)。此书已有中文译本,见丁栋、张兴东译,北京大学出版社 2009 年版。——译者注

② 赫伯特·芬格莱特:《孔子:即凡而圣》(Herbert Fingarette, Confucius: *The Secular as Sacred*, New York: Harper Torchbooks, 1972)。

③ 同上书,第71—79页。

上述这一显然比较粗略的场景描述有助于我们理解，尽管儒家从未提及权利，它对人的平等与价值却有着重要而令人关注的概念。我们似乎可以将尊重他人与适宜的自豪归因于人的道德能力及他们对该能力的实践，虽然他们并非被视为潜在的主张提出者。

相对于费因伯格基于权利的观念，儒家关于人的价值观是否令人满意呢？如果这一问题可以理解为"儒家关于人的概念能够为人们拥有自尊、人的尊严、人的价值、适宜的自豪、平等、尊重他人等情感提供一个令人关注而又合乎道理的基础"吗？那么答案显然是肯定的。

如果问题意为"儒家关于人的概念能否产生与个体权利享有者观念非常一致的概念呢？"答案就很值得怀疑了。但是，即使答案是否定的，它也不足以构成谴责儒家观念的原因，除非我们已经认定基于权利的概念是唯一可接受的概念，人必须被视为个体权利的享有者。而认定这一思想之前，我们首先得接受如下观点：人在本质上是个人（individual），他的人性通过理性和自主得以界定，人性得以受到尊重则需要承认个人向他人提出主张的权利。

然而，关注个人，关注个人的理性与自主，关注个人向他人提出主张的权利是西方特有的关怀。传统社会，如基于儒家思想的社会，甚至启蒙运动之前的西方社会，显然是从另外的角度理解人之为人的道理。费因伯格可以径直断言这些角度的理解是错误的，权利视角才是正确的，但这样做却显得有些自以为是。

费因伯格自始至终都在论证，没有权利概念，就不可能有人的尊严概念。这在很大程度上取决于"人的尊严"究竟何指。一种似乎有道理的解释是，人的尊严可被理解为对人之为人的内在固有价值的认可，这种价值与纯物质的价值分属不同的体系。如果这样理解，没有权利概念的儒家和其他传统文化，就它们具有自己的人的价值概念而言，同样具有人的尊严概念，借用康德的术语，它们认为人之价值是超越于价格的。

然而，如果人的尊严必须以个人及其权利，或者以人的自主与理性的角度进行分析，那么儒家及其他传统思想或许真的不存在人的尊严概念，但或许也并不会因为这一缺失而损害其伟大性。换句话说，如果费因伯格为之论证的是，如果没有视人为权利享有者的概念做基础，我们就不可能具有关于人之尊严的正确概念，那么，他首先必须更加清楚地阐明一个令人满意的尊严概念需要满足的条件，而且必须提供更多的论据来证实此概念的独一无二性。

可以看出，儒家关于人的价值概念是否比基于权利的人的价值观更为可取是一个非常难以回答的问题，因为任何一种答案看起来都是用未经证明的假定来论证。从一个儒者的角度而言，答案显然是肯定的。就一个浸染于个人权利传统的个体而言，答案可能是否定的。而第三种可能性，即致力于某种跨文化的协议，可能尚遥不可及。既然如此，唯一明智的做法或许就是：不排斥任何一种承认人的价值的道德体系，即便其价值不是基于个人权利之上，而是建立在不同的人的观念之上。

总而言之，我对费因伯格第二个言论的反应是：我并非主张，在我们多元而又破碎的现代社会，成为权利享有者不可能是建立并获得人的价值意识的一种途径。[①] 我认为是错误的，也一直反对的，是把视自己及他人为权利的享有者看作人的平等、尊严、自尊以及其他价值的唯一途径的观念。我的言下之意是，其他道德理论亦可能是深思熟虑的结果，可以支撑起人之为人的尊严意识而无须依赖于个人权利观念。

六　个人权利的价值

最后一节的主要内容，是我关于个人权利之实际价值的一系列思考。再以篮球赛为例。在篮球赛中，规则话语是重要的，而个人权利话语却是非正常的，没必要的。然而，谈论个人权利却并非不可能。我承认，我们能够将权利引入篮球赛。那么我们为什么不这么做，在何种情况下我们或许会想要这么做呢？

原因之一，当队员、教练、粉丝或裁判值得信赖，尽心尽责，能够确认、处理违背规则或角色的行为时，我们无须谈及权利。授予违规行为的直接受害者（例如投篮时被违规的队员）以特权是没必要的，因为它不可能增加比赛的公平性。投篮队员不可能是客观的、值得信赖的。

在这种情况下，我们力图保护的是什么？规则的设定既然是为了组成比赛，也是为了改进比赛，使其更具有竞争性，因而更具有刺激性和趣味性。而欲达到这些目标，最为根本的是要保证竞争的公平性，其中尤其包

---

① 　还有理由可以提出，尽管在本文中我只是指出，过度的个体主义会损害自尊，例如将人从赋予其行为意义的社会环境中割裂开来（我将这一点归于 Paul Kjellberg 的启发）。

括规则的公平应用。

这一认识或许可以启发我们关于权利话语及其重要性的讨论。如果道德的一个重要方面是处理竞争，尤其是个体间的竞争，那么保护竞争者，使其免遭不公正对待便是非常重要的了。一方面，如果我们能够具备基本的合作精神和诚实感，比如在篮球赛中，具备某种可信赖的公正的机构或机制，那么从个人权利的角度界定这一比赛，给予个体以主张权利的特殊能力，就不会很重要，或者说根本不需要。另一方面，假如我们不具备上述条件，那么使个体具有并要求自己权利的能力就是极其重要的了。

或许，与上述竞争之例不同的例子也可说明这一问题，比如公司或家庭，一个通过践行角色责任而运行的合作性整体。当一个团体是一个奋斗目标一致的共同体（community）时，权利话语是不需要的，也是不适宜的。事实上，它可能是破坏性的（deleterious）。尊重、平等和尊严都可以根据其成员对社群（community）的贡献来理解。该社群依然存在规定与界限，但它们的存在不是因为社群中的个体拥有权利，而是因为为了使社群能够有效地运行、不断地进步而不得不对角色进行界定。另一方面，当一个社群解体之时，当一个社群没有共同目标，当一个社群中的成员致力于个人的升迁或其他形式的竞争时，每个人都想要且需要个人的保障措施或个人权利。

有时人们认为，尤其是问题家庭中，家庭成员一直享有权利，而当家庭关系和睦时，生活本身就认可并实践了那些权利，因此它们无须被提及。这是一种界定方式，但是我们还可以有另一种界定，这种界定同样易于理解，或许更容易理解。而且更为重要的是，这种界定比前一种更少形而上色彩。这种界定就是：家庭中的权利，比如说儿童权利，是为了裁定问题家庭中存在的分歧而设置的社会概念。所以说，不是儿童们一直拥有权利，而是他们在出现了很多问题严重的家庭的社会中逐渐享有了权利。因此，一旦家庭不能履行它照顾好孩子的本职工作，那么视孩子为权利的享有者有时就有它的必要性。而问题的根本是孩子应该受到怎样的对待，确立权利观念是否会促进问题的解决则依赖于家庭的运行情况。

我一直主张的是，在没有个人权利观念的情况下，人们亦能够保证规则的执行或角色职责的履行，也可以具有人之为人的尊严感和价值感。在我看来，个人权利的价值在于其可以改善其他一些公平机制，而这些机制的设立则是为了保障对规则、角色的遵从，或是为了裁定冲突，或者为了保护个人免受那些拒绝履行责任者（包括国家）的侵害。在任何团队比赛（如篮球赛）中，如果裁判公正不偏，那么面对队员的申诉，他可以以是否违规来裁决，果真有违规现象，就可以按违规程序处理。而如果裁判是众所周知的不公者，那么个人权利就可能是纠正裁判之偏的一种途径。如果家庭沦落到孩子无亲情可依的程度，那么儿童权利话语的引入便可能成为不愉快的必然。

在我们越来越多元的复杂的社会，问题之一或许就是我们太过分裂，以至于看起来除了私利之外我们再别无其他利益可以依靠，我们也不可能依赖诸如社群压力等非正式保护措施来保护私利。诉诸权利，亦即在制度内给个体特殊的地位，是确保个人利益得到重视，违规行为被识别并被严肃处理的一种手段。果真如此，我们就会明白在特定的当代语境下，权利观念为何会如此有用武之地。权利能给个人主张以独有的强调；就人权而言，它赋予个体超出特定的社会政治结构之外的重要意义。

在我看来，倡导个人权利观念是否有意义取决于特定的环境是否需要给予个人主张以特别的重视。假如根本不涉及个人权利观念的道德体系能够同样或更好地服务于人类，那就不应该倡导个人权利观念。

考虑到现代社会文化的多元性，我们不难看出，为什么许多人认为诸如儒家等传统道德体系是不切实际的。然而，即使他们的说法是正确的，不适用于现代社会，亦并非如费因伯格等人所主张的那样，意味着在道德上是不可接受的。①

（作者单位：美国加州州立大学富勒顿分校哲学系。张娟芳译，梁涛校）

---

① 显然，这一对权利的分析承认权利的重要性，但仅限于特定具体的社会环境。这与费因伯格和其他一些人无条件强调权利重要性是截然不同的。然而，我的观点所提出的并非只是一个功利主义或结果主义者（consequentialist）的权利观念，因为它与罗尔斯式的建构主义（constructivism）是相一致的。与罗尔斯（Rawls）一样，我所说的权利可被理解为对某一特定情景（situation）的一种合理的解决方式，该情景部分由特定的社会环境所决定，如缺乏共享的"善"观念等，这种权利无需被概念化以成为任何一个道德上可被接受的体系的本质部分。

儒家基于美德的道德中存在权利观念吗?

［韩］李承焕

引 言

关于基于美德的道德（virtue-based morality）与基于权利的道德（rights-based morality）两者之间的区别，不断出现在近日的哲学论辩中。① 基于美德的道德关注涉及所有社群成员的善（good）。共善（common good）由共同生活所制定，并由一种角色体系来确定，该体系说明了社群各成员为维持生活所做的贡献。美德是角色活动和达成共善的必要品质。基于权利的道德并未赋予共善与共同生活以核心地位。相反，它强调社群各成员有资格向其他成员提出某种主张的观念。社群的道德纽带基于相互尊重，体现为承认每个个体的权利——诸如自由、财产、福利等权利。②

在中国哲学语境中，伴随基于美德的道德与基于权利的道德两者的区

---

① 阿兰·葛维慈:《权利与美德》（Alan Gewirth，"Rights and Virtues"），《形而上学评论》（*Review of Metaphysics*，vol. 38，no. 4，1985），第739—762页；丹尼尔·A. 普特曼:《权利与美德：指向一个整体化的理论》（Daniel A. Putman，"Rights and Virtues: Toward an Integrated Theory"），《价值探索》（vol. 21，1987），第87—99页；罗伯特·B. 劳登:《权利的痴迷与道德理论的贫乏》（Robert B. Louden，"Rights Infatuation and the Impoverishment of Moral Theory"），《价值探索》（vol. 17，no. 2，1983），第87—102页。

② 黄百般:《道德相对性》（David Wong，*Moral Relativity*，Berkeley：University of California Press，1984），第3—4页，第121页。

别，很多诠释者通常会将儒学划分为基于美德的道德，① 并不得不承认儒家伦理思想中没有权利的观念。② 笔者同意前半部分的论证，即儒家道德是基于美德的。然而，笔者并不认同后半部分关于儒家伦理思想中没有权利观念的论证。暂且将后半部分的观点称作"儒家非权利论"，即"儒家思想中没有权利观念"。本文旨在对"儒家非权利理论"提出反驳。文中，笔者将致力于三个问题。首先，反对认为儒学中没有权利观念的观点，笔者起初的反驳理由是，倘若儒学中没有权利的观念，那么，有关财产的典章制度以及承诺与契约的实践又如何实现？从这种最主要的质疑开始，我进一步论证，权利的概念对于一种道德生活（即使是一个完全的社群社会）和伦理学说（即使是一种基于美德的理论）具有规范意义上的必要性。其次，在论述了权利的必要性之后，笔者探究了在不使用"权利"这一概念的情况下，儒家伦理学如何理解财产制度和契约。这番探索带领笔者得出一个结论，尽管儒学中没有单独的概念可以翻译英语的"权利"（"rigths"）概念，但儒家学者有能力领悟西方人使用"权利"概念时所指的内涵。然而，儒家分配权利的办法大大有别于当代西方道德。最后，笔者认为，儒家伦理思想中对权利有其独特的理解，而且这与其对个人权利的约束并不矛盾。换言之，即便儒学中存在权利的观念，为了共善与社会和谐，也会对个人主义对于人之为人的平等权利的主张做出约束。下面将一一展开论述。

一　权利对于道德生活与伦理学说规范意义上的必要性

基于权利的道德与基于美德的道德之间的区别，误使许多哲学家得出一种排他的结论来，认为基于美德的伦理体系中，权利的观念是不必要的。在西方哲学背景下，麦金太尔代表了这种观点。他认为，以个人主义

---

① 例如，黄百般说："在古代中国文化中占据主导地位的道德是以美德为中心的。"《道德相对性》，第 153 页。

② 罗思文：《为什么要认真对待权利？——儒家的批评》，载罗纳编《人权与世界宗教》，第 167—182 页；安乐哲：《以礼仪为权利——儒家的选择》，载《人权与世界宗教》，第 199—216 页；陈汉生：《中国的刑罚与尊严》，载孟旦编《个体主义与整体主义》，第 360 页。

的权利主张为代表的现代西方道德不过是"自私与罪恶的合理伪装"。①
因此，依照麦金太尔的观点，我们必须放弃权利话语并恢复社群的观念，
在社群中，美德扮演了道德的核心角色。在他批评基于权利的道德时，麦
金太尔相信，在一种（亚里士多德式的）基于美德的体系中，权利的观
念是不必要的，因为在社群背景下，个体将其首要利益（interests）等同
于社群的善（good）。②

　　在阐释儒家伦理思想时，罗思文（Henry Rosemont）采用了相似的观
点。在罗思文看来，由于儒家伦理学与诸如角色、关系、公共承诺
（communal commitment）等概念紧密相连，没有为权利概念在其体系中留
下空间。此外，在罗思文的阐释中，中国伦理学不仅缺乏权利的概念，也
缺乏基于权利的道德概念簇。他说：

　　　　（中国的）语言不仅不包含有关**道德（moral）**的术语；也不包
　　含诸如与自主（freedom）、自由（liberty）、自律（autonomy）、个人、
　　效用、原则、合理性、理性主体、行为、客观的、主观的、选择权、
　　两难处境、职责或者权利等相应的术语。③

根据他关于基于权利的道德与儒家的不同选择之间的排他性区别，罗思
文采取一种激进的相对主义立场，认为这两个概念簇不能被比较。
他说：

　　　　我们可能不赞成一种为另一文化成员所赞成的行为。但倘若我们
　　的不赞成是基于一个标准，该标准包含了当代基于权利的道德的概念
　　簇，而这一概念簇在他们的（儒家）文化中是缺失的；而且倘若他
　　们的赞成基于一个标准，该标准包含我们文化中缺失的概念簇；那么
　　说两种文化的成员间存在着基本道德的分歧，就是一种循环论证和逻
　　辑错误。④

---

　　①　阿拉斯代尔·麦金太尔：《追寻美德》（Alasdair MacIntyre, *After Virtue*, Notre Dame, IN:
University of Notre Dame Press, 1984），第66—71页。
　　②　同上书，第250页。
　　③　罗思文：《为什么要认真对待权利？——儒家的批评》，《人权与世界宗教》，第173页。
　　④　同上书，第172页。

　　麦金太尔和罗思文都赞成在基于美德的社群道德中（无论是亚里士多德式的还是儒学式的）没有为权利概念留下空间。权利与美德是否真的相互排斥，以至于只能非此即彼呢？

　　儒家伦理体系中是否真的不存在权利的概念？基于美德的道德是否可能在其伦理体系中容纳权利概念？

　　在我们这个后现代的时代，社群主义对权利的异议并不特别。大卫·休谟（David Hume）也类似地提出在家庭成员或者亲密友人之间不存在公正概念的位置。① 的确，作为权利的批评者，当事情在一个其成员被爱和情感联系在一起的社群中理想地进行时，是不需要求助于权利话语，因为他人的应得都被包含在爱或关怀的关系中。但是没有理由去否认在他们的道德关系中存在这样的概念。如果在爱和情感占主导的情况中不需要权利话语，这必然是因为这种彬彬有礼的爱承认被爱者的权利，宽容并珍惜它。如果没有必要去表达诉求（claim）、不满、愤恨——权利话语的典型语境，这必然是因为当时没有权利被否认。②

　　基于社群主义或礼俗社会理想对权利的异议，引起了一个有趣的疑问：如果我们生活在一个道德情感（例如善，仁，爱）丰富的完整的社群社会，我们是否可以离开权利而生活？乔尔·费因伯格称这类想象的世界（那里没有权利的概念，却充满了我们想象到的众多美德）为"无何有之乡"。③ 在这个想象的世界中，因为人们只有美德没有权利，他们没有什么是自己应得的观念。他们从没想过抱怨，即使预期的赏罚并没有得到兑现时也不会感到自己受到了侵害。而且，在这个想象的世界，由于没有与权利相关的责任概念，债务人偿还债务从不被看作一个人应偿还的问题，而是被看作慈善的问题；付账总是被混淆为小费，一种赏钱而不是应该支付的。在这种世界中，不存在一个人可以合理地向责任者主张自己应

---

　　① 大卫·休谟：《道德原理研究》（David Hume，*An Enquiry Concerning the Principles of Morals*，Oxford：Clarendon Press，1975），第 184—185 页。

　　② 斯坦利·I. 本：《人权——为谁和为了什么》（Stanley I Benn，"Human Rights—for whom and for what?"），载尤金·卡门卡和艾丽丝编《人权》（Eugene Kamenka and Alice Erh-Soon Tay，ed.，*Human Rights*，New York：St. Martin's Press，1978），第 72 页。

　　③ 费因伯格：《权利的本质与价值》，《价值探索》（vol. 4，1970），第 243—247 页。

得的道德话语。我们不得不想到这个想象世界的道德话语有一种严重的缺失或极其不完善。正如费因伯格的质疑："没有授予权利和赋予义务的规则，我们怎样才能有财产所有权，交易与协议，承诺与合同，约定与贷款，婚姻与伙伴关系?"①

　　道德判断实质上是两者的关系（relations）。② 但是两者的关系至少需要两个概念的相关物——行动者与接受者，主张者与有义务者，要求者与被要求者。无何有之乡道德话语中缺失的是行动者的话语——对于行动者、主张者、要求者的术语。权利话语为一个人作为主张者提供了适当的资格（status）。一个主张者有资格对某货物提出合理的要求，意识到相关的他人有责任履行这些要求。权利与慈善的区别在于，作为一种严格的义务，权利的对象归于个人本身。权利具有规范意义的必要性，因为权利的规范性力量使得权利持有者具有提出合理主张或要求的资格，不仅仅是针对义务承担者慈善或仁爱的请求。③

　　在这种意义上，权利概念对于我们的道德生活不可或缺，而无关乎社会理想（无论是社群主义或自由主义），也无关乎道德的模式（无论是基于美德还是基于权利的道德）。

二　儒家文本中所表达的权利—责任关系

　　麦金太尔对权利的社群主义异议，导致其认为在中世纪结束之前不存在权利的概念，因为我们不能从古代语言找到任何关于权利的表达，可以翻译为英语术语"一项权利"。④ 罗思文从中国古代语言中没有权利或义务方面的词汇这一事实，为"儒家思想中没有权利观念"这一理论找到了类似的证据。⑤ 麦金太尔和罗思文将"一种观念"与"一个词汇"混

---

① 费因伯格：《权利的本质与价值》，《价值探索》（vol. 4，1970），第 247 页。

② 尤金·卡门卡：《一个观念的剖析》（Eugene Kamenka，"The Anatomy of an Idea"），载《人权》（Eugene Kamenka and Alice Erh-Soon Tay，ed.），第 11 页。

③ 对于更多关于权利的基础性必要的讨论，参见阿兰·葛维慈《为什么权利必不可少?》，《思想》（vol. 329－330，1986），第 337 页。

④ 麦金太尔：《追寻美德》，第 69 页。

⑤ 罗思文：《为什么要认真对待权利？——儒家的批评》，《人权与世界宗教》，第 173 页。

同起来，将权利概念的意义限制得过于狭窄。这里区分存在关于 X 的词汇和对于 X 的认同是十分重要的。一个人可能认可 X 而并不使用关于 X 的独立词汇。阿兰·葛维慈（Alan Gewirth）认为即便没有使用关于权利的独立词汇，一种更为复杂的措辞也可能表示权利的观念。他这样论述道：

> 人们可能具有并使用权利的观念，但却没有明确的关于权利的词汇；一种更为复杂的措辞可能表示或蕴含这一观念，正如一些人对其他人有严格的义务，并伴随有不履行这些义务的处罚，或者人们应当或不应当被允许拥有某物或做某事。①

如果葛维慈是正确的，那么我们可以同样认为，尽管中世纪结束之前古代语言中没有可以从字面上翻译为英语术语"一项权利"的独立表达，古代人类可能通过更为复杂的措辞表达对于权利有了实际的理解。例如，让我们考察苏格拉底在《斐多篇》里的著名遗言，"克里托，我欠阿斯克勒庇俄斯一只公鸡，你会记得偿还这一债务吗？"这里，苏格拉底说欠阿斯克勒庇俄斯一只公鸡，等于说偿还一只公鸡是阿斯克勒庇俄斯应得的。这又等于说阿斯克勒庇俄斯有资格——即，有权利——要求被偿还。麦金太尔和罗思文将权利的观念限制到一个独立的词汇——"权利"，忽略了分散于复杂措辞和不同表达中的权利的实质内容。很多情况都不能这样来理解，认为一种语言中的某一词汇在另一种语言中没有相对的专门独立词汇。

如果复杂的措辞可以包含权利的实质内容，而不需要一个独立的词汇，那么，我们可以从儒家文献中找到大量的例证。例如，孟子曾说：

> 今有受人之牛羊而为之牧之者，则必为之求牧与刍矣，求牧与刍而不得，则反诸其人乎？抑亦立而视其死与？（《孟子·公孙丑下》4）

---

① 阿兰·葛维慈：《理性与道德》，第99页。

在上文所引的《孟子》篇章中，无论其情况是两个朋友之间的承诺还是两个立约人之间的买卖合同，牲畜的所有者有权利使其得到照顾，而且当诺言未被履行时他也有资格要求它们被返还。另一方面，被委托方有义务照料牲畜，并且有责任将它们返还给其主人。换言之，牲畜的所有者即是权利持有者（牲畜则是第三方受益者）；而受委托照料牲畜者则是义务的承担者。用霍菲尔德（Hohfeld）的分析，[①] 牲畜的所有者拥有主张权和行使权（power-right）；受委托者具有相应的责任和义务。从这里我们注意到，尽管没有使用"权利"一词，权利观念明显地包含于《孟子》的语句中。让我们继续考察另一个例子：

> 孟子谓齐宣王曰："王之臣，有托其妻子于其友，而之楚游者，比其反也，则冻馁其妻子，则如之何？"王曰："弃之。"（《梁惠王下》6）

这里，许诺人受委托在其朋友外出时照顾其家人，不只是处于给予其施舍的立场，而是处于有责任有义务照顾他们的立场。家人（第三方受益者）有权利得到许诺人的照顾。家人未得到照顾的事实是认为许诺人没有履行其义务的主要理由。家庭成员受到的照顾则是称许诺人履行了其义务的主要根据。家庭成员有资格得到许诺人一定方式的对待，这是后者的义务所在。家庭成员有权利获得许诺人的照顾，他们可以抱怨并维护他们的权利。他们也可以拒绝其服务并由此解除许诺人的义务，尤其是当他们可以照顾自己而不需要许诺人为他们提供服务时。这意味着他们有权利得到许诺人的照顾。承诺不仅是一种慈善的保证，而且是确保相关的另一方（或者第三方，当第三方受益者被考虑时）能够选择做出

---

① 霍菲尔德（Wesley N. Hohfeld）认为："诉求这一观念可以表达出四种清晰的概念：诉求（claim）、特权（privilege）、权力（power）和豁免权（immunity）。当它们是其拥有者应得的时候，每个都是一项权利，被法律、道德或习俗所规定。并且每一项权利都分别有一个相关联者：责任（duty）、无权（no-right）、义务（liability）和无资格（disability）。"参见霍菲尔德《法律基本概念在司法理性中的应用》（Wesley N. Hohfeld, *Fundamental Legal Conceptions as Applied in Judicial Reasoning*），W. W. 库克编（W. W. Cook, ed., New Haven., Conn., 1964），第35页。

努力。①

上述例子表明，尽管儒家思想中没有可以被直译为英语术语"一项权利"的表达，但其中存在着对于权利与责任关系的实际理解。除了承诺或契约例子中的权利，孟子捍卫百姓反对暴政的权利亦广为人知。根据孟子，政府有养育子民和维护国家和平稳定的绝对责任，百姓具有对于福利和社会安全的权利。如果政府失职，百姓不仅不必忠于它，还可以主张反对它，孟子说："上慢而残下"；"（民）视其长上之死而不救"；"出乎尔者，反乎尔者也"（《梁惠王下》12）。这里，我们可以注意到统治者与百姓之间的关系，并不只是前面分析中出现的一种爱与情感的关系，而是一种权利与责任的相互关系。当统治者的责任未能实现，百姓可以针对统治者提出合法的主张，要求其兑现承诺。

这里值得一提的是，儒家的道德规范（moral norms）诸如仁、义、礼等，不应被仅仅理解为一种道德，如同西方道德中的慈善、慷慨等。在一些西方伦理规范的分类中，诸如慈善、慷慨等道德品质被归为美德，在于它们超越了基本道德（与权利和责任紧密相关）。因此，根据西方的分类，慈善和慷慨被视为值得称赞的或职责外的行为，而非责任或义务。②传统上，儒家道德规范被视为人格中的美德品性（dispositions），往往通过杰出之人值得称赞、职责外的行为表现出来。然而，我主张的是，儒家道德规范不仅包含美德的因素，也代表了与权利和责任紧密相关的基本道德的某些畛域。从这种意义上说，西方对激励道德（morality of recommendation）与基本道德（morality of requirements）③ 的区分不能恰当地应用于儒家伦理之中。

为了证明这一点，我们需要仔细地考察儒家道德规范。例如，儒家的道德规范"仁"，不仅仅是爱和仁慈的一种充满激情的品性，同时也是被儒家的道德规则（moral rules）所要求的责任。根据儒家伦理学说，仁，不同于西方的慈善美德，由于严格的道德规则而具有强制性。倘若某人不

① 更多关于第三方受益者的权利，参见大卫·里昂《权利，提出者和受益者》（David Lyons, "Rights, Claimants, and Beneficiaries"），载于大卫·里昂编《权利》（David Lyons, ed., Rights, Belmont: Wadsworth Publishing Company, Inc., 1979）。

② 史蒂芬·D.哈德逊：《认真对待美德》（Stephen D. Hudson, "Taking Virtues Seriously"），《澳大拉西亚哲学》（Australasian Journal of Philosophy, vol. 59, no. 3, 1981）。

③ 同上。

仁，他将受到严厉的惩罚。①

儒家的道德标准"义"也吸收了许多基本道德的重要特征——履行义务尽心尽职，对于他人应得保持公正，以及面对不合理惩罚要求正义。例如，孟子说：

> 非其有而取之，非义也。（《孟子·尽心上》33）

就这一点而言，义与西方的正义②与权利③概念具有一种家族相似性。简言之，义是所有人类给予或索取、预付或提取的行为标准，它根据不同的情况决定每个人的权利和责任。

至于礼，尤其是当被实际应用于五伦时（君臣、父子、兄弟、朋友、夫妇），它不仅标示相关情景中相互的爱与关怀的品性，还吸收有关双方之间的（用霍菲尔德的术语）权力与责任（power/liability）、特权与无权（privilege/no-right）以及豁免权与无资格（immunity/ disability）的相互关系。例如，在父与子的关系中，父亲有按照他自己的意志管理家庭财产的特权，儿子则在其父亲过世之前对此毫无权利；④ 父亲有安排其子女婚嫁的权力，儿子则有责任去遵守父亲所决定的一切；⑤ 父亲有针对儿子指控

---

① 例如，孟子对于诛杀暴君的辩护基于这样的道德判断，即不仁不义的人可以被诛杀（参见《孟子·梁惠王下》8）。孟子主张不仁之人应该受到惩罚（参见《滕文公下》5）。从以上例子可以看出，仁不仅仅被视为一种激励道德（例如，值得称赞的，职责外的行为），同时就儒家道德规则而言，还是一种基本道德。

② 成中英认为义是一种道德标准，可以与西方的正义概念相比较。参见《儒家和孟子思想中的正义观念》，收录于《知识与价值：和谐，真理与正义的探索》，台北：联经出版事业公司1981年版，第349—380页。

③ 金勇义认为在传统儒家思想中，"义"这一概念中可以寻找到与现代法定权利概念相似的内涵。参见《中国和西方的基本法律概念》（Hyung I. Kim, *Fundamental Legal Concepts of China and the West*, N. Y.：National University Publications, 1981），第93页。

④ 在财产所有权方面，即使家庭成员共同享有财产所有权，但管理财产的权利在父亲手中。更多细节的讨论，参见金勇义《中国和西方的基本法律概念》，第103—117页。

⑤ 在中国传统思想中，婚姻的目的是为了传宗接代，婚姻本身不只是个人的事情，更是家族的事情。既然婚姻是两个家庭的结合，婚姻的安排就取决于两个家庭中家长的同意，而不是根据新郎和新娘个人的意愿。参见瞿同祖《中国法律与中国社会》（T'ung-tsu Ch'u, *Law and Society in Traditional China*, Westport：Hyperion Press, Inc., 1961），第2章。

的豁免权，儿子则无资格这么做。①

五伦习惯上被解读为道德话语，例如相互的爱与情感。然而，应当承认的是这些关系也包含了权利和与之相应的义务的重要成分，例如权力与责任、豁免权与无资格、特权与无权之间的相互关系。

以上对于《孟子》篇章以及多种儒家规范的思考得出一种结论：即使儒学中没有独立的词汇可被直译为英语术语"一项权利"，儒学中实际上也包含了对于权利的有效理解。

三　儒学为什么没有(或不能)
发展出一种人权理论?

笔者关于儒学中存在对权利有效的理解的论证不应被夸大。存在对权利有效的理解的事实不应引导出权利概念在儒家伦理体系中充当了重要角色，或者作为道德通行语受到高度重视的轻率结论。相反，我认为，即便存在某种权利概念，权利的个人主义主张在儒家伦理体系中受到了很大的限制。因此，没有像现代西方一样，发展出权利理论（例如天赋人权理论以及权利理论）。根据我的看法，儒学不能发展出权利理论的原因可以解释为以下几点：首先，儒家的自我概念与其在等级社会关系中的角色紧密联系在一起，以至于个人主义所主张的人之为人的平等权利不能被接受。其次，在儒家的社群主义社会理想中，社群之善总是优先于个体之善，因此，这样的社会理想倾向贬抑个体在面对共善时对自己权利的维护。最后，儒家的和谐理想构成了一种让步与妥协的道德，而非权限与自我主张的道德。

在儒家伦理体系中，人社会地处于一种关系背景中——人不是孤立的存在，而是关系的存在。从儒家观点出发，西方的自我作为一个自主的、自由选择的、抽象的概念与我们的现实经历相距甚远。在这种社会情景化（socially contextualized）的方式下，个人的身份不是通过与他人

① 儒家思想不但反对儿子对父亲提出责难，也反对儿子举证父母的过错。儒家思想发展出"子为父隐"的思想（《论语》）。依照儒家"子为父隐"的思想，如果一个儿子告发自己的父母，这不但违背了道德原则，并且还是十分不孝的行为：在中国古代各朝的律法中，孩子告发父母都是要受到严厉惩罚的。在这个意义上，父子关系可以被理解为霍菲尔德所说的豁免权与无资格的关系。瞿同祖：《中国法律与中国社会》，第70—74页。

的分离而获得，而是通过在相互交织的社会关系中扮演适当的角色来获得。据安乐哲的观察，儒学没有"证明自我作为一种独立且先于社会的利益所在的哲学基础"。① 儒家五伦的精髓在于为不同人根据其不同的社会地位和角色提供了行为指导的规范。在社会关系的等级结构下，以五伦为例证，权利几乎无法平等地分配给每个个人，而不顾及他们的社会地位与关系的差别。相反，权利（尤其当用霍菲尔德的术语表述为特权、豁免权、权力）根据其地位、角色以及与他人的关系被不平等地分配给个人。换言之，享有个人和公共利益的权力（power）根据其社会地位及关系身份受到限制和分为等级。② 例如，在中国传统的法律中，"在通常的案例中，女人有权利抵抗任何对于她的侵犯。但是这一特权并未延伸至女性奴隶和女仆……她所面临的选择似乎只有服从或自杀"。③

　　人的权利的分化不仅根据个人的社会地位，还根据个人在家庭中的地位（如前面一节中父子关系的讨论）。在统治者与被统治者、父与子、主与仆的关系中可以发现一些亲密的关系。在这些关系中，统治者、父亲、主人的身份相对于臣民、子女、侍从的身份而言具有合法的支配地位。当前一群体的成员较后者享有更多的特权、权力、豁免权时，后一群体的成员则得到更多的责任和更少的权利与能力。在这样一种关系性、基于角色的伦理体系下，只要一个人想要在关系中生存，就要服从于其固有的规范要求与预期，即便感觉其难以承担或者对自由选择或行动是极大的束缚。④ 在这样一个基于关系的社会中，高度的不平等不仅是可以接受的，甚至被视为是十分可取的，只要其最终在某种程度上有助于社会和谐的根本理想。总之，儒家对自我的看法与其在等级社会关系中的角色与地位如

---

　　①　安乐哲：《以礼仪为权利——儒家的选择》，《人权与世界宗教》，第205页。

　　②　根据仁井田升（Noboru Niida）的观点，传统中国的社会阶层可以分为两个主要群体：（1）自由人，包括上层社会（士人与官员）和下次社会（平民）。（2）奴隶，包括官方的奴隶和私人的奴隶。参见仁井田升《中国法制史研究——关于奴隶和农奴的法律与关于家庭和乡村的法律》（Noboru Niida, *A Study of Chinese Legal History -Law of Slaves and Serfs, and Law of Family and Village*, Tokyo: Tokyo University Press, 1962），第7—8页。

　　③　瞿同祖：《中国法律与中国社会》，第188—200页。

　　④　柯雄文（A. S. Cua）也从儒家伦理思想中"处于社会关系中的人性"中寻找到了权利意识缺乏的原因。参见柯雄文《礼与道德正当性：对〈礼记〉的研究》（A. S. Cua, "Li and Moral Justification: A Study in the Li Chi"），《东西方哲学》（vol. 33, no. 1, 1983）。

此紧密地结合在一起，以至于在儒学中无法找到关于人的权利的普遍主张的安身之所。因此，在儒学中，人的权利表达的是个人利益和权力与其在社会关系中所发挥作用之比的函数极限（functional limits）。

儒学缺少权利理论的第二个原因可以解释为，儒家社群社会的理想不能容忍针对社群之善的个人自我利益主张。儒学强调，一个真正的社群不是由互不关心的自私的个人所构成，而是由考虑共同目标与价值胜于个人利益的有美德的成员组成。每个成员把促进社群的目标与需求看作自己的收获。孔子在评价这种理想社群时说：

> 里仁为美。择不处仁，焉得知？（《论语·里仁》1）

> 克己复礼为仁。（《颜渊》1）

在这种理想社群中，最高美德就是这样一种品质，当以主动形式表达时，它即是仁，当以被动形式表达时，它即是"对自私的克服"（"克己"）。杨庆堃注意到：

> （儒学）并未针对规定、限制和保证个人权利与利益，或针对平衡个体之间权力与利益的社会矛盾寻求解决办法。它通过牺牲个体保全群体寻找办法。①

社群理想可能与中国古代社会的土地所有制联系在一起。孟子对理想社群的描述完美地反映了社群主义与乡民道德之间协调一致的关系。孟子说：

> （经界既正）死徒无出乡，乡田同井。出入相友，守望相助，疾病相扶持，则百姓亲睦。……同养公田。公事毕，然后敢治私事。（《孟子·滕文公上》3）

---

① 杨庆堃：《共产革命时期的中国社会：家庭与村落》（C. K. Yang, *Chinese Communist Society: The Family and the Village*, Cambridge：M. I. T. Press, 1959)，第 172 页。

从孟子对理想社群的描述中，我们发现社群主义道德的本质特征：共享的价值和目标，共善较之私人利益的优先性，相互的爱与关怀，以及和谐。

在儒家思想中，一个密切、和谐的家庭就是这种理想社群的范例。在五伦中，有三伦属于亲属关系范围（即父子、夫妇、兄弟之间的关系）。剩下的两伦，尽管不是家庭关系，但也是根据家庭关系构思（即君臣关系根据父子关系来构想，朋友关系则可以比作兄弟关系）。许多非家庭社会关系仿照家庭制度的结构与伦理价值而建构。

在这种社群的社会中，一个成功的生产者但却是失败的奉献者会受到人们的严厉谴责。因此，私有财产与积累被强调，以逐利为目的的商业交换不被鼓励。① 儒家伦理中君子与小人的根本区别就基于这种社群理想。孔子在区分君子与小人时说：

> 君子喻于义，小人喻于利。（《论语·里仁》16）

> 君子怀德，小人怀土。（《里仁》11）

孟子在批评对于私利的个人主义追求时也说：

> 为富不仁矣，为仁不富矣。（《孟子·滕文公上》3）

使私利服从于共善（communal good）必然导致这种观点，为了社群，个人的权利（entitlements）与主张可以被牺牲，或限定在一定范围。类似西方的个人自由和自然权利的理念很难在儒家的社群主义中找到安憩之所。

儒学缺少权利理论的第三个原因可以通过观察儒家"和"的理想来解释。儒学最根深蒂固的追求是和谐能流行于人类生活世界的各个领域：人格领域（灵与肉的和谐，知与行的和谐），家族领域（父子、夫妇、兄弟的和谐），社会（邻里的和谐，公私利益的和谐），以及整个宇宙（人

---

① 例如，根据《礼记》，在家庭体系中，父母在世的时候，孩子不应拥有自己私人的财产；子女不应拥有私人的财物。《礼记》也提出，出于商业目的买卖土地是不适宜的也是不合法的，因为这会加剧贫富差距。

与自然的和谐）。对和谐的偏爱导致儒家思想不鼓励过度的自我主张和自我要求，视其为有害于对和谐的维护。不是维护一个人的权利和应得，而是"谦""让"的美德因为社会和谐的缘故而受到高度评价。[①] 在西方，对抗性的冲突被看作社会进步与发展的动力。相比之下，对冲突的厌恶则深入中国人的心灵中。[②] 例如，孔子说：

> 犯而不校。（《论语·泰伯》5）

> 君子矜而不争。（《卫灵公》22）

> 君子无所争。（《八佾》7）

> 君子惠而不费，劳而不怨，欲而不贪，泰而不骄，威而不猛。（《尧曰》2）

正如我们从孔子的箴言中看到的，任何过分好辩论的、自作主张的、动辄争吵的或是好诉讼的人都被视为卑劣的。一个有美德的儒者全神贯注于克己与谦让，而不是主张和维护他有权利拥有的东西。

根据乔尔·费因伯格的观点，权利的一般性质是"主张"（claims）。而主张的关键是诉求（assertion）的方式。因此，根据费因伯格，权利的概念可以按照"有效的主张"——对某物的有效主张（*claims-to*）和要求他人的赔偿（*claims-against*）——来分析。[③] 与费因伯格所分析的权利精神相反，儒家认为主张行为是不光彩的，可能会扰乱社会和谐的行为。然而，对费因伯格来说，"不在恰当的情况下主张，那么享有权利的人将是缺乏活力的或者是愚蠢的"。[④] 对于孔子，为了社会和谐，顺从和谦让是

---

① 儒家对妥协和社会和谐的强调与当时的社会现实是相反的：在孔子的时代，社会秩序被春秋时期的四分五裂和战争严重地破坏。儒家强调社会和谐，可能是反对当时的社会冲突和无节制的暴行。

② 对矛盾的厌恶并不是儒家所独有的，但它对中国人的思维方式来说是普遍的。例如，《道德经》言："有德司契，无德司彻。"（第79章）

③ 费因伯格：《权利的本质与价值》，《价值探索》（vol. 4，1970），第243—247页。

④ 同上书，第252页。

最令人满意的美德。

儒家价值观并非强调个人权利，而是强调维护和谐的社会秩序的功能。就这一点而言，为什么中国人习惯上偏爱法律之外的解决矛盾的体系（例如调解与妥协）而非法庭上的司法体系，也就可以理解了。①

四　概括与总结

在本文中，笔者已经试着反驳"儒家非权利论"，即儒家基于美德的伦理中没有权利观念。与之相对，笔者提出：

1. 一个社会不存在权利的概念是难以想象的。没有权利的概念，财产、契约、承诺的体制无法存在。权利概念对于道德生活与伦理理论是必要的。没有权利的概念，我们不可能对于我们的合法应得提出主张，也无法在道德生活中达成契约和做出承诺。而且，为了道德话语的完善，必须有主张者与接受者，以及责任承担者与义务者的术语。

2. 尽管儒家伦理体系中并不存在一个独立的词汇可以翻译为英文术语"一项权利"，但对权利存在有效理解。儒家文献和道德规范表明，儒家思想有能力理解被西方人用"权利"一词描述的伦理关系。然而，权利的分配、范围、界限显然与现代西方有所不同。

3. 儒学缺少权利理论的原因可以通过以下事实来解释：（1）儒家的自我概念作为一种关系性存在处于社会关系之中，不赞成个人主义所主张的人之为人的平等权利；（2）共善优于个人利益的儒家社群理想，必然导致对个人权利主张的厌恶；（3）儒家的社会和谐理想强调了谦让的美德，而不是竞争和自作主张。在这种氛围下，权利由于其原始本性根本上是争辩的和独断的，不能植根于儒家伦理理论之中。

事实上，所谓基于美德的道德和基于权利的道德之间的区别，不必看作权利概念在其各自体系中缺失或存在的排他性区别。基于美德的道德可能在其伦理体系中包含了权利的概念。真正使基于美德的道德区别于基于

---

① 作为儒者自身的感慨："听讼，吾犹人也，必也使无讼乎！"（《论语·颜渊》13）恰当解决绝大多数争讼的办法，不是依照法律的正义，而是基于道德要求的让步和妥协。从儒家观点来看，争讼不仅会导致争讼双方和谐关系的破裂，也会导致对个人利益的无耻追求和对共善的损害。

权利的道德的地方，并不在于权利在其伦理体系中的缺失，而是美德（有助于共善的个人品质）对于个人人权的个人主义诉求所具有的优先地位。同样地，真正使社群主义区别于自由主义的并非是个人利益的缺失，而是共同利益相对于个人利益的首要地位。

尽管基于美德的道德与基于权利的道德之间的排他性区别导致了一些混乱，麦金太尔对权利导向道德的批评反映了现代西方道德文化的根本缺陷：含混不清与自私自利的自我概念，过多的权利主张，以及共善概念的缺乏。从这种意义上说，麦金太尔对基于权利的道德的批评以及他对回归（亚里士多德式的）基于美德的道德的迫切愿望可以理解为一剂治疗现代西方个人主义道德疾病的药方。

然而，麦金太尔对权利的异议是否适用于中国的情况，还有一定的疑问。"儒家非权利论"的拥护者在中国语境中拒斥权利，评估基于美德的道德，似乎错误地把麦金太尔对现代西方情况所开的药方应用到了一个不同的病例中。我们应当对症下药，不同的疾病需要不同的药方。中国道德文化以前没有，现在也没有遭受不可化约的个人主义的自我概念，以及如西方过度的权利主张之苦。在我看来，与西方的情况相反，中国的道德问题源自它对共善这一集体主义概念的过分强调。人们对基本权利和自由的主张屡屡在社会福利和社会和谐的名义下被忽略。近来，中国人已经援引人类的基本权利——最低的基本标准，通过这一最后手段，每个个人可以被当作自治的道德存在来对待。与西方大相径庭的是，中国人所需要的是更多的个人权利和自由。将麦金太尔对后现代西方的治疗方法应用到中国不仅不恰当，而且可能会妨碍根据变化的社会条件，对传统道德迫切需要做出修正的认可。

（作者单位：韩国大学哲学系。梁涛、赵依译）

人权的儒学进路

［美］ 沈美华（May Sim）

一

儒家思想与人权主张的不相容性，一般是通过人权概念与西方哲学之间的联系来论证的。通常的论述是，人权主张得到了西方倾向原子主义或至少强调自主性的关于自我的观点（views of self）的支持，而这种个人主义或自我中心的论点异质于强调社群首要性和个人对他者的义务的儒家思想。① 然而，也有一些评论家认为儒家思想与人权主张是相容的。陈祖为（Joseph Chan）从儒家的视角重构了人权。② 在论证儒家思想与人权的相容性时，陈氏认为儒家学说暗含一种道德自主性的概念，或两者至少是相

---

① 参看安乐哲的《继续关于中国人权的对话》（"Continuing the Conversation on Chinese Human Rights"），《伦理与国际事务》（Ethics & International Affairs, vol. 11, no. 1, 1997），第 177—205 页。在其中他论证了儒家思想如何能对人权探讨作出贡献，以及为何在讨论国际人权问题的时候考虑儒家的看法是如此重要。同时参看皮文睿的《儒家正义：建立一个人道的社会》（R. Peerenboom, "Confucian Justice: Achieving a Humane Society"），《国际哲学季刊》（International Philosophical Quarterly, vol. 30, no. 1, 1990），第 17—32 页。在文中他反驳了契约主义者的正义观，这种正义观源自这样一种前提，即个人是反社会的、通过相互竞争来获取利益。在皮文睿看来，经常体现于权利话语的这种正义观，构想的最多只是一种可怜的生存前景，而儒家思想却能使个人在一个人性的社会中实现其各种潜能。

② 陈祖为：《当代中国儒家人权观初探》（J. Chan, "A Confucian Perspective on Human Rights for Contemporary China"），载 J. R. 鲍尔和贝淡宁编《东亚对人权的挑战》，第 212—237 页（该文已收入本论文集——译者注）。对文化进路的批评，参看 Y. 加伊《人权与统治：亚洲的辩论》（Y. Ghai, "Human Rights and Governance: The Asia Debate"），载《澳大利亚国际法年鉴》（The Australian Year Book of International Law, vol. 15, 1994），第 1—34 页；以及 J. 唐纳利《人权与亚洲价值观：对"西方"普世论的辩护》（J. Donnelly, "Human Rights and Asian Values: A Defence of 'Western' Universalism"），见《东亚对人权的挑战》，第 60—87 页。

容的。① 其他学者以一种特殊的方式论证了人权的精神和物质的决定性基础，该方式使人权脱离启蒙运动的个人主义，从而使其更易被儒家所接受。②

由于东西方哲学思想的冲突，东西方文明的历史性邂逅在关键的地方陷入了僵局。僵局的原因之一在于亚洲国家长期浸润于儒家服从和尚礼的传统之中，而西方社会却盈溢着一种与儒家思想极为相左的个人主义以及对独立性的渴望。在西方看来，儒家思想显得仪式化和家长制，使道德成了行为举止的问题，而人际关系则成了宗法（即通过角色扮演来实现的关系）的问题。在儒家看来，西方对个人主义的过度崇拜和对自主性的过度颂扬都是一种夸张，这会导致行为的极端化，并扰乱既定的文化和人际关系模式。思维缜密的观察家们很想知道，基于礼仪和宗法的儒家伦理和政治与基于个人权利的伦理和政治是否真的如此不一致，以致两者不可能相互理解。在这样的情况下，讨论相互对立的哲学思想就不仅是人文学科范畴内的一种事务，它还是一项将会对实践和政策产生影响的紧迫任务。

西方主流的权利观对东方传统观念来讲的确陌生了一点；这很容易成为生硬拒绝权利的理由——不少人认为权利是意识形态的一部分，可以像抵制西方音乐或电影那样轻而易举地抵制权利。东西方绝大多数观察家都认为亚洲民众面临着一个简单的选择：接受传统的方式（大多数情况下，就是儒家思想）而排斥权利，或是接受西方的方式而拒绝作为其根基的传统。

---

① 陈祖为：《道德自主、公民自由，以及儒家思想》（J. Chan，"Moral Autonomy，Civil Liberties，and Confucianism"），《东西方哲学》（vol. 52，no. 3，2002），第281—310页。同时参见艾姆布鲁斯·金《儒家思想中的个人与集体：关系的视角》（Ambrose Y. C. King，"The Individual and Group in Confucianism：A Relational Perspective"），见孟旦编《个体主义与整体主义：儒家与道家价值观研究》。金说"儒家毫无疑问支持自我的道德自主性"，因为作为模范的个人（君子）是能够顶着大众的压力而行为的（第57页）。然而，金进一步声称，在超出五伦（君臣、父子、夫妇、兄弟以及朋友）所定义的角色、进入陌生人的群体时，君子的道德自主性可能使他无法保持其道德，因为"儒家典范没有提供个人与群体之间'有效的联系方式'"（第65页，并参见第58页金对五伦关系的讨论）。

② 加伊：《人权与统治：亚洲的辩论》，《澳大利亚国际法律年鉴》（vol. 15，1994），第1—34页。

　　这是一个错误的困境。实际上，儒家可以根据自己的传统资源来合理化权利。阻碍权利主张的首要因素是这样一个事实：主流的权利观是建立在自主个体及该个体追求自我偏好的自由——只要他没有妨碍他人的同等自由——之观念上的。这样的观念对儒家思想来说是陌生的。我希望能避免将权利与个人自主性联系起来，同时也避免用一种与任何西方主要的权利理论家没有明显联系的特殊方式来重构它。毕竟，用一种与儒家思想更相容的方式来重新描述权利并不困难，但是如果那样，它与现存的西方观念的联系就会变得不值得讨论。① 也许更好的方式是诉诸某位西方权利理论家，他对权利的理解并非建立在占有性的个人主义或启蒙运动关于自主性的思想之上，因而可以更容易接纳儒家的想法。麦尔登（A. I. Melden）对人权的讨论不仅与儒家思想相容，② 而且为儒家人权观与西方人权观的比较提供了一个非关联性（non-relative）的共同基础。比较而言，麦尔登更接近维特根斯坦（Wittgenstein）而非儒家，因此会有不同之处。尽管如此，我们在麦尔登那里发现了一种基于人际关系和伦理社会的权利观。这种权利观不仅是合理的，而且也可能被儒家所接受。

二

　　启蒙思想认为权利是处于"自然状态"下的个人生来就拥有的，与他在社会中与其他人的习俗关系无关，但麦尔登并不同意这样的观点。他也不认为人权基于人的某种固有人性之上，这种人性使得人类所有成员都可因此享有某种权利（第25页）。麦尔登认识到人与人的相互联系如此紧密，以至他们的生命交织在一起；每个人都作为一个道德主体（moral agent）来行为，但是每一个主体都需要从他人那里获取支持，也应该支持他人的主体性（第67页）。这种内在于人的主体性和人际关系的相互支持，就是麦尔登人权观的基础。在具体的人际关系形成之前的真空中，

---

　　① 我认为陈祖为对自主性这一观念的重构（如《道德自主、公民自由，以及儒家思想》一文中）就有这个问题。

　　② 麦尔登：《权利与人》（*Rights and Persons*，Berkeley and Los Angeles：University of California Press，1980），所有的页码注释均以插入的形式交待。

权利及其相关的义务既不会出现也不会被认识。反之，一个人拥有权利就意味着他与他人处于某种道德关系之中，他反过来也有义务履行或是避免某些行为，以支持他人的道德努力（第 15、62、67、80 页）。置身于这种应当履行或避免某些行为的道德关系中的一方，就意味着成为了权利的拥有者。所谓权利，就是从应当履行或避免某些行为的人或人们的角度来看的道德关系。

麦尔登随后怀旧地谈及了孔子，并以家庭为例详尽阐述了有关人际关系和道德社群的观点。他声称，家庭成员——丈夫与妻子、兄弟与姐妹、父母与子女——生命交织的方式使他们之间存在一种相互理解，以至于他们可以给予对方特殊的考虑（比如资源的共享）。这种关系中的特殊考虑不但包括对彼此事业的相互支持，也包括对这种支持的期待（第 68 页）。例如，爱和情感使一个孩子的生命与父母紧密相连，以至父母有义务照顾孩子，使他能够追求自己的计划和抱负。而孩子这一方也理所当然地期待得到父母的照顾。这种期待是任何关于权利洞见的起点。随着孩子的成长和在道德教养上的进步，他随后也学会了如何通过自己的行为，首先为那些与他的生命有直接联系的人的道德努力提供帮助，进而渐渐为一个更大的群体提供帮助，比如他的朋友、熟人以及陌生人。如此这般，最初发端于具体家庭关系中的萌芽终于扩展成了道德社群。如麦尔登所述："因为家庭成员的生命彼此交织，每个成员的主体性通过不同的和变化着的方式支持着其他成员，由此权利和义务在他们之间得以分配。"（第 67 页）据此，麦尔登的观点是权利和义务发生在具体的情境之中，在其中人们的生活彼此交织，以至于当他们追求各自的目标和利益时他们也彼此相关联。

因此，麦尔登否认任何人有获取与他无关之人信息的权利，或者是获取不会影响到他的利益和计划的信息的权利。比如，一个陌生人没有获取某人的健康报告或是学校成绩单的权利。相反，一个对孩子负有养育责任的家长却有获取他儿子相关情况的权利，即使学校管理者和医生不愿提供。权利的基础存在于家长与孩子之间真实的道德关系。学校管理者和医生有义务向父亲通报儿子的相关信息，以便父亲能履行对儿子的道德责任（第 60 页）。因此，对麦尔登来说，特定的权利及其相应的义务并非任何人凭着人类这一物种中的成员身份就可以自动享有的普遍应得。特定的权利取决于我们实际的相互联系方式，取决于我们的计划和事业，以及我们的处境。

麦尔登不仅没有把权利建立在自主的个体性之上，而且也不赞成启蒙思想家们所拥护的，而且契约论者仍然珍视的人是独立自主之个体的信仰。他考察并驳斥了两种关于人格的观点（views of personhood）。第一种观点主张人是经验的主体，而且作为主体，他不会发生任何变化。麦尔登驳斥了这种观点，他认为一个不变的主体不可能拥有对其产生影响的经验，也不可能成为会引起变化的主体（第63页）。他还驳斥了一种过程的观点——自我就像是一个由变化着的经验（印象、观点，或你所有的一切）组成的集合，这些经验仅靠记忆相连。这种自我太容易变化了，这样一来，要透过重要的性情变化（暂不说情绪和脾气的细微变化——第64页）来确定一个相同的自我将十分困难。因此，这种关于人格的观点既无法解释过去的行为，也不能说明一个持续行为的人是那些行为的主体的事实。他的权利、义务、计划和事业都会处于持续不断的变化之中（第65页）。麦尔登还质疑了人与社会之间的类比，他说虽然人拥有权利和义务，但作为集合体的社会却没有。即便我们能够理解国家是一系列相互联系的经验所构成的观点，麦尔登还是认为它没有权利或义务。麦尔登呼吁一种对于人的具体理解：人具有所有的复杂性，他会改变，但是在时间的流逝中也保留着足够的不变性。他说：

> 在我们关于人的概念中，人是生而无助的；他完全依赖那些为他的出生做足准备，并照料和关心他的人们；随着他越来越融入这个家庭的生活，他也会回报从家庭中得到的爱和情感。他首先在这个环境中学习，随后随着他在道德教养方面的进步，他在更广阔的社群中——其家庭只是该社群很小的一个部分——学会如何在关心和尊重他人的前提下，从事自己的各种事业，而他若想取得成功就必须依靠他人的支持。随着他作为一个道德主体的能力的逐步提高，他首先在家庭的圈子内，随后在朋友、熟人以及陌生人的圈子内，追求自己的事业。（第66页）

麦尔登的权利观——还有很多有待说明——要比起传统的个人主义和契约

主义的权利观更有道理。而且，它与儒家思想也更相容。① 儒家的个人，如麦尔登所理解的那样，既非一个毫无变化的静止主体，也非一系列由记忆串联起来的不断变化的经验。孔子与麦尔登一样，都将目光投向家庭，在其中寻找人类行为和身份活的核心。人出生在一个家庭中，然后逐渐将其人际关系拓展到朋友、熟人、同事和陌生人。② 虽然孔子没有谈论过权利，但他提过一个与麦尔登的"义务"——对麦尔登来说就是权利的对应词——功能相当的概念。因此，找到一个可以作为权利对应词的概念为权利观念如何融入儒家思想体系提供了一个很好的切入点。诉诸被广泛认可的权利与义务之间的关联性，而声称任何承认义务的进路就可以承认权利，这种做法是轻率的。正是麦尔登将权利根植于真实的人际关系与道德社群的做法，使得义务与权利的关联性变得不再不值一提或过于定义化，这同时也为儒家阐释人权开启了通道。

　　孔子认为某些表示遵从、孝顺（一种特殊的对父母的服从、尊重和荣耀）、关爱和尊重的行为是家庭中某些成员对其他成员所应当给予的。③ 例如，当孩子年龄尚小的时候，父母有照顾他们的责任（《论语·阳货》

---

　　① 我对儒家思想的讨论限制在《论语》中历史和哲学记述的范围内。除非另外说明，否则所有的翻译都来自安乐哲和罗思文译《论语：一种哲学性的翻译》（R. Ames and H. Rosemont, Jr., *The Analects of Confucius: A Philosophical Translation*, New York: Ballantine, 1988）。儒家思想的这一历史版本中的真实思想，将会给今天众多形式的儒家思想带来深远含义，限于本文篇幅，这里不加讨论。

　　② 孔子说："孝顺和敬爱兄长是人道（仁——儒家的最高道德）的根本。"（作者的翻译，《论语·学而》2。同时参看《雍也》30、《颜渊》22 以及《子路》19，其中都体现了儒家将人的家庭之爱推及他人的目标。）

　　③ 艾姆布鲁斯·金在《儒家思想中的个人和集体》一文中说："孝道是个人、家庭以及社会存在的中心。尽管儒家教诲中还有其他文化理想，但'孝道是传统中国主要特征的根源，它是一种根本的理想，任何其他形式的自我形象都依此接受评判'。"（第 58 页）许烺光在《儒家思想及其文化表现》（Francis L. K. Hsu, "Confucianism and Its Culturally Determined Manifestations"）一文中说："中国人的社会组织以家庭和亲属关系为中心，从而坚持以孝道作为最基本的道德。这就是说，所有其他美德，从诚实到对伴侣的关爱，从对统治者的忠心到抽象原则中的利益，要么从属于这一根本道德，要么受其修饰，受其定义，甚至被其摒除。因此，比如，一个人的妻子是否被认可首先要看她是否令他的父母高兴；对国家的职责被放在守孝和其他对父母的义务之后。"见沃尔特·斯洛特编《儒家家庭的心理—文化动力》（Walter H. Slote, ed., *The Psycho-Cultural Dynamics of the Confucian Family*, Seoul: International Cultural Society of Korea, 1986），第 33 页。关于孝道的更多资料，请看大卫·乔丹（David K. Jordan）的《台湾的民间孝行：二十四个孝子典范》（"Folk Filial Piety in Taiwan: The Twenty-Four Filial Exemplars"），尤其是乔丹文中附录的"二十四孝子典范"，见《儒家家庭的心理—文化动力》，第 82—94 页。

21），而当孩子长大后，他们则有服从、赡养父母的义务（《学而》11），而且即使是规劝父母的时候也要保持尊重、温柔的态度，永远不能流露出生气的样子（《里仁》18）。这些家庭成员之间的责任和义务——如果说稍嫌严格的话——与麦尔登所认同的类似，对后者来说，义务（及其对应的权利）产生于各自的生命以具体方式相联系的人们之间。孔子与麦尔登一致的地方在于，家庭成员是如此紧密地联系在一起，以至他们之间能够相互理解，在各自的事业中，应该给予对方特殊的考虑和支持。不管是麦尔登还是孔子，都不会将同样的义务广泛地拓展至所有人身上。比如，父母对子女的责任和义务与他们对配偶、兄弟姊妹、同事、一般熟人和社群中的陌生人的责任和义务是不同的。① 尽管如此，家庭是我们首先体验主体性及其依赖性、义务以及应得某物感觉的地方。其他的权利和义务事实上都是这些家庭经验的延伸。

尽管一个完全陌生的人没有查看某个学生的成绩报告或者医疗记录的权利，但该学生的父亲确实有得到这些信息的权利。孔子也认为一个人应该得到什么取决于他所扮演的角色以及与他人的关系。在麦尔登所理解的权利语境中，孔子的这个观念非常接近于对权利的确认。儒家社会是一个模仿严格的家庭等级制度的等级社会，在其中某些角色可以获得某些侍奉和服务，而他人却不应享有。比如，正如家庭中的年长者应该得到子女的服从和孝顺，而年轻成员则不应得到这些；一国之君臣也应该拥有为国家事务决策的权力，而普通百姓则不应得到它。如孔子所言，就是"天下有道，则礼乐征伐自天子出……庶人不议"（《季氏》2，同时参见《颜渊》11）。

麦尔登的家庭观并非如此严格的等级化。但是他认为权利主张是针对同处于某一道德关系中特定人员的观点应该会得到的孔子赏识。以父母—子女关系为例，孔子也认为子女应当从父母那里获得某些关心——不仅是为了他们的身体成长，也是为了他们的道德培养。如果子女没有从父母那

---

① 杜维明在《儒家人道主义中五伦的探讨》（"An Inquiry on the Five Relationships in Confucian Humanism"）中说："基本的双向关系，包括所谓的五种最重要的关系（父母与子女、夫妇、兄弟姐妹、朋友以及君臣），都受互惠原则的主导……（这种）原则即我们不应该用自己不愿接受的方式来对待他人这一关键性意识……（而这种意识）对我们的自我修养是必不可少的。"载《儒家家庭的心理—文化动力》，第179页，同时参第183页（括号内为我的插入语）。同时参看前注中艾姆布鲁斯·金关于五伦的讨论。

里得到这些应得的关心，他会认为父母应受到道德谴责，就像他认为抱怨为已故父母守孝三年时间太长（《阳货》21）、像喂养动物一样喂养父母而没有赋予其恰当尊敬（《为政》7，同时参见《八佾》12）的行为都应该受到道德谴责一样。由于孔子会赞同麦尔登，认为充满爱意的关心是子女应该从父母那里得到的，而妥帖的照顾和尊重也是年老的父母应该从成年子女那里得到的，所以麦尔登以权利话语来包含同样观点的做法应该会受到孔子的接纳。年幼子女有得到关心的权利，这一权利一般来说首先是对父母而言的，虽然在父母缺位的情况下，会由更广泛的社会来承担。年长父母有得到恭敬照顾的权利，同样，这一权利一般来说首先是对成年子女而言的，虽然某些情况下可能需要更广泛的支持。如果麦尔登使用"权利"一词仅仅意味着一个人应该从与其生命相联系的他人那里得到应有的对待，那么孔子通过功能对等的、与权利相应的义务概念会赞同他的观点，这种义务也深植于一个人与他人的联系之中。

孔子也会同意麦尔登关于道德教育在一个人履行对他人的义务中所起作用的观点。麦尔登解释说，一个孩子因为从家庭关系中得到关爱，而学会了向所爱之人的道德努力提供帮助，进而向渐渐远离直系家属的其他人——比如朋友、熟人和陌生人——的利益和事业提供帮助（第66—67页）。孔子也认为我们是从对我们父母及兄姊的尊重和遵从开始，渐渐将我们的恰当举止和关爱推及社群中的其他人，这才学会了怎样以恰当的举止和爱心与他人相处。事实上，孔子的最高美德就是仁爱（仁，经常被翻译为人道、仁慈或是典范行为）。① 仁爱意指对他人的关爱。当孔子说"孝弟也者，其为仁之本与！"（《学而》2）时，可以看出，仁是从学会如何对待家人开始的。当孔子说"夫仁者，己欲立而立人，己欲达而达人"（《雍也》30）时，以及当他用"爱人"（《颜渊》22，同时参见《阳货》4）来回答什么是典范行为的问题时，我们可以清楚地看出，仁包含关爱他人并给予他人实际支持的含义。孔子认为，我们从家庭和社群中他人身上所学到的，就是我们应当对待他人的恰当方式，无论是对父母、兄

---

① 对《论语》中"仁"的三种意义的详细讨论，参看拙作《儒家伦理重构中的亚里士多德》（"Aristotle in the Reconstruction of Confucian Ethics"），《国际哲学季刊》（vol. 41, no. 4, 2001），第453—468页，尤其是注释5。

弟姊妹、配偶、上级或下级。① 其中我们所学的一点就是什么是他人应得的。当有一个足够具体、基于社群的权利理论时，一个儒者应该不难用权利话语来表述这一观点。再说一次，权利就是对于应得义务者而言的义务。恰当的理解是，不管权利还是义务都是在社群中产生并在社群中得到维系。

孔子应该会赞同麦尔登的如下观点：人们通过在一个人际关系为道德关系的道德社会中生活，来学习如何实现对他人的义务以及如何维护自己的应得。然而，他们的不同点在于，麦尔登并不认为德行是道德教育的成果。他也不认为所有的恰当行为方式都被概括在了源自远古传统的礼仪之中。② 我以后还会探讨这些不同点。

在麦尔登看来，不管是否有法律的支持，不管是否有法律援助来弥补侵害，义务和权利的道德重要性都依然存在。因此，他将道德意义上的权利与法律意义上的权利区别开来（第68页）。以承诺为例——在麦尔登看来，它使得承诺者对被承诺者在道义上负有义务，因此被承诺者对承诺者就拥有一种权利。麦尔登认为，承诺将涉事双方联系在了一起，不论在作出承诺的过程中他们是否签订了合约。这是因为承诺在承诺者和被承诺

---

①　在孔子看来，这些方式是由以前的传统流传下来的权威仪式（礼仪，礼）所规定的。他说："周监于二代，郁郁乎文哉！吾从周。"（《八佾》14）对孔子来说，学习文化和诗歌（《诗》）并在所有的行为中都遵守礼仪是使一个人成为拥有仁的君子或者说楷模的途径（《阳货》9，《颜渊》1）。他说："诗，可以兴，可以观，可以群，可以怨。迩之事父，远之事君，多识于鸟兽草木之名。"（《阳货》9）他还补充说，一个人不要看、听、说、做任何不符合礼仪（礼）的事情（《颜渊》1）。更多关于礼与仁关系的讨论，参看拙作《儒家伦理重构中的亚里士多德》，特别是注释41；以及拙作《孔子和亚里士多德的伦理自我》（"The Moral Self in Confucius and Aristotle"），《国际哲学季刊》（*Intenatinal Philosophical Quarterly*, vol. 43, no. 4, 2003），第439—462页，特别是注释33。

②　当代儒者和评论家对孔子对礼的不断诉求中所反映的复古程度的多少，持不同意见。大部分认为这些诉求表明对传统的强烈依赖，因此具有浓厚的保守主义倾向。其他人则不同意。郝大维和安乐哲甚至认为对礼的虔诚诉求，将会是一个创造性的诉求，将会不可避免地改变现存的模式。关于郝大维和安乐哲对此问题之立场的讨论，参看拙作《〈伦理学〉与〈中庸〉中的和谐与中道》（"Harmony and the Mean in the *Nicomachean Ethics* and the *Zhongyong*"）一文，见《道：比较哲学杂志》（vol. 3, no. 2, 2004），第253—280页。我赞同一个较为保守的诠释。虽然礼仪的模式有调整甚至偶尔改变的空间，但是最初的儒家思想基于对以下两个事实的深刻欣赏而可被看作传统主义：一是人道的生活和道德的高尚是不稳固的成就，二是促进这些成就的生活方式（比如周礼）是罕见的珍宝，需要在最少变动的基础上，仔细地呵护和培养。参看拙作《儒家伦理重构中的亚里士多德》中关于较为保守的评论家的讨论。

者之间建立起了一种道德联系，以致如果承诺者没有履行其义务，他就侵犯了被承诺者作为一个道德主体追求其利益的权利（第44—45页）。换句话说，承诺者对被承诺者——以及他们之间的关系——实施了道德伤害，因为被承诺者受到了引导，以为可以指望承诺者的支持。① 因此，即便没有合约或法律，如果承诺者没有履行其义务，被承诺者的道德权利就受到了侵害。

麦尔登认为，一个广泛意义上的权利和义务是可能存在的，即便它们尚未得到明确的阐述。这与他认为存在没有合约的承诺和没有承诺的义务的观点是一致的（第50页）。这是因为当人们的生命以种种方式联系在一起的时候，他们至少会心照不宣地承担起支持彼此的义务，不论这些义务有没有得到明确的说明。麦尔登说这种生命的结合表达了一种"相互理解"。这个短语可能有误导之嫌，因为它可能暗示着对某种义务的明确赞同或有意赞赏，但这对麦尔登来说是没有必要的。正是这种相互理解要求我们提供支持并期待他人的支持。而且，正是这种对需要支持和表达支持的至少心照不宣的期待构成了权利及其相应义务的本质基础。麦尔登写道："因为对权利和义务的确立来说重要的是相互理解，这种相互理解存在于作为相互支持的主体之间，以一种关键的方式将他们的各种行为联系在一起，而这种相互理解不一定要得到明确的表述。"（第67页）法律合约可以或缺，对"相互理解"或人们相互依赖的明确意识或表述也可以或缺，这使得麦尔登的权利概念非常适合孔子的口味。

孔子自己也会同意麦尔登的观点，即不管是否有法律的支持或是明确的表述，义务都具有道德力量。因为孔子对通过刑罚或惩罚来引导人们道德行为做法的有效性持怀疑态度，他应该会赞同麦尔登的不需要法律的支持来使义务具有约束力的观点。孔子反对用刑罚来迫使人们履行责任和防止侵害他人，他说："道之以政，齐之以刑，民免而无耻；道之以德，齐之以礼，有耻且格。"（《为政》3）孔子不主张用法令来强制义务的履行，

---

① 麦尔登经常说到追求利益的权利，这是现代自由社会的重要内容，但对孔子来说却不那么重要。就承诺而言，承诺者没能履行其责任便侵犯了受承诺者，因为后者追求其利益的权利（麦尔登认为作为人我们都具有这项权利，第76、78—79页）被损害了。对个人利益和自我偏好的追求是重要的，但笔者认为其实是次要的，因为它没有暗示一种普遍的人类状况。笔者将在下文更多地讨论利益与善之间的关系。

这与麦尔登强调道德教育的看法较为相近。①

众所周知，孔子不是为道德观寻找必要和充分条件的理论家。他也不追寻普遍的、无例外的义务。他也不要求对义务进行明确的表述，以使其具有约束力。他持续关注的是行为而非人们的言论（《宪问》27，《卫灵公》8）。因此，虽然他谈及我们对他人的义务以及应得的关爱、尊重、服从和敬意，他却从不主张需要用明确的表述来使这些义务和权利变得有效和有约束力。麦尔登的分析——如果说语调上更具有理论色彩的话——与孔子对义务以及应得的看法实际倾向是十分一致的。

麦尔登和孔子强调家庭，也强调我们对相互支持的需要感和我们的责任感是如何从家庭成员间相互联系的方式中生发出来。对权利的麦尔登式进路帮助儒家看到权利也是从这里诞生。这些权利和义务不需要法律合约的支持，也不需要关于道德关系的明确论断及其逻辑暗示的支持，就具有约束力。毫不奇怪的是，两位思想家也都认为家庭成员间相互联系的方式无法简约为一系列的规则（第70页）。麦尔登强调，家庭既非一个拥有规则的社会机构，也非由规则构成。在他看来，规则规定的是任期、职位或机构中的角色，但规则无法充分规定它们的道德要求。比如，对"父亲"的法律定义可能描述父亲这一角色，并列举他的义务。然而，正如麦尔登所正确指出的，这样的定义不可能告诉一个父亲成为一个好父亲所应该知道的一切（第71页）。如果对这个角色的描述确实试图规定某些道德要求，比如一个父亲应该关爱他的孩子，那么麦尔登认为我们对"父亲"的理解实际就与怎样才算一个好父亲的看法联系在了一起。这样一来，我们就不能用"父亲"这个称谓来称呼一个坏的父亲。（在日常的谈话中，我们确实说过这样的话："对那个男孩来讲，他从来都不是一个真正的父亲。"）不论怎样，就道德要求而言，对规则和定义的依赖不可能为我们提供所需要的一切。②

① 孔子强调指导性礼仪的作用以及作为道德榜样的统治者的重要性。参看拙作《〈伦理学〉与〈中庸〉中的和谐与中道》中对孔子道德教育观中这一双重强调的讨论。尽管麦尔登并不推荐孔子这套教育人们履行义务的方法，但他仍然赞同家庭是孕育各种道德关系的源头。

② 麦尔登拒绝依靠规则的另一原因是规则往往无视人们所经历的变化。（或者说，如果我们试图在规则中对这些变化进行反思，那将是十分复杂的事。）个人所经历的这种变化会改变我们的义务和权利。比如，作为一个孩子的儿子与一个成年的儿子对其父母的权利和义务十分不同。

　　虽然孔子提出了一种规范性的角色观，但他比麦尔登更倾向于将角色的定义与它们的道德要求结合起来。比如他经常说话的方式，似乎暗示了一个人的首要义务是对父亲的名，是对这个角色而不是对这个人，而这个人只是碰巧处在了这样一个应该得到尊敬的角色。因此，孔子在关于履行对父母的义务上更为严格，即使他们是坏的父母，甚至即使他们有虐待子女等等的行为。① 反过来也一样。父母应该关爱他们的子女而子女应该尊重（意思是服从、遵从）他们的父母。父母之所以要关爱他们的孩子，仅仅因为这是他们的孩子，即使他们非常讨厌或者在某些方面存在缺陷。而子女也必须尊重他们的父母，即使后者不是好父母。这就是儒家的角色规范性。②

　　不论怎样，孔子都赞同麦尔登的看法，即实现一个人的角色并非遵从一系列规则。他关于"乡愿，德之贼也"（《阳货》13）的评论，表明了他对遵从规则的怀疑。乡愿指的是那些表面上坚守所有道德规则，但内心却道德败坏的人；他按规则来做，为的是给他人留下好印象或是避免惩罚，而不是为了美德本身。孔子反复强调一个人全身心投入去实施一项行为的重要性，不论是礼仪性质的回赠行为还是祭祀行为（《阳货》11，《八佾》12）。对孔子来说，孝顺父母不仅仅包括照顾父母的生活，人们对动物也能这么做（《为政》7，同时参见《为政》8），而在于对父母的尊敬，并表现出恰当的颜色。这些都不是仅仅能够通过我们的动作行为表达出来的。一个人如何实施他的行为，以及它们是否真诚，才是关键。这种真诚无法通过遵从规则来实现，规则仅能告诉一个人实现行为应该完成的动作。③

　　因此，孔子用指导我们做适宜之事的美德（义）来代替固定的规则。他说："君子之于天下也，无适也，无莫也，义之与比。"（《里仁》10、16，《公冶长》18）义（适宜）之于孔子，就是适应环境并使之和

---

　　① 参看《论语·子路》18，在这里孔子认为一个真正的人不会举报其父亲的偷窃行为。同时参看我在第147页注释③中引用的许烺光和大卫·乔丹对孝道的讨论。

　　② 例如，他说："君事臣以礼，臣事君以忠。"（《八佾》19，参看《颜渊》11和16）。

　　③ 参看郝大维和安乐哲《通过孔子而思》（David Hall and Roger Ames, *Thinking Though Confucius*, Albany: State University of New York Press, 1993），第95—96页。作为君子，在日常行为中应当注意实际情况并创造性运用判断，而非死守规则。

谐、给予那些身处其中的人应有的尊重和爱的能力。① 因为所有环境都是不同的，没有规则能告诉你什么是恰当的。因此孔子和麦尔登都认为人们之间相互联系的方式无法简约为规则。我们必须考察我们的生命交织的所有具体方式，并呼吁大家相互支持；孔子补充说，我们必须依靠美德。

　　一个更复杂的问题是权利和善的联系的问题。麦尔登认为权利的基础之一是每个人追求自身利益的权利，只要这些利益不是"道德败坏的"。麦尔登认为，既然尊重某人的权利意味着给予履行义务者做或是不做某些行为的限定，那么谈论权利和义务就有这样的预设，即权利拥有者作为一个道德主体，是在追求某些实际或假定之善（第137页）。如非如此，那么如果权利拥有者的行为没有得到支持，他就不会受到任何道德侵害，因为他的行为一开始就不是道德行为。履行义务者也不必因没有支持他的努力而感到悔恨或内疚，因为这并没有颠覆权利拥有者作为道德主体的地位（第56—57、137页）。更复杂的是，麦尔登认为义务的履行如果不能帮助权利拥有者就是没有意义的。麦尔登说："因此，权利和善不仅在概念上是相连的，而且追求权利和善的人如果不能至少结合彼此生命的某些部分，并在此过程中关心彼此的利益并以某种方式减轻对方的负担以及促进彼此的善的话……就不会有权利和义务。"（第145页）

　　由于权利与善之间的这种概念上的和实际中的联系，麦尔登断言对权利和义务的确认要求仁慈或一种善意（sense of goodwill）。因为如果没有对另一个人实现其利益的关心，就不会对他有义务，也不会在侵犯他的权利时感到悔恨（第145页）。这样的一种关心，在麦尔登看来，是从家庭中学到的。他说："不论道德上成熟的孩子与朋友、熟人甚至陌生人之间的关系是否充满着爱意和关怀，作为不会忽视对方利益，并在交往中记住对方利益的人，他们之间的相互关心是他们在家庭中关心他人的自然延伸。"（第156页）

　　孔子会将麦尔登关于权利与善之间关联的观点再往前推进两步。首先，他会更依赖积极的、规范性的道德之善，而非仅仅从负面去限制

---

　　① 关于《论语》中三种含义的"义"的详尽讨论，参看拙作《儒家道德重构中的亚里士多德》，尤其是注释14。

"道德上的自我败坏"。孔子相信我们对他人的义务感往往源自他人做出好的、道德上值得赞扬的行为。儒家的义务——因而儒家的权利，如果存在的话——与儒家的善关系紧密，尤其是美德之善。一旦拥有这些善，就可以促进自己与他人的和谐。如果我们想要的不仅仅是"关系"，而是良好的、健康的关系；如果我们想要的不仅是与他人的联盟，而是道德社群，那么儒家认为我们道德世界的轴心就取决于与此相关的美德。① 仁是儒家最高的美德。正是这一品质使得一个人把在家庭中培育的对他人的关心扩展到更大的社会群体中去。孔子说仁德之人在追求自我之善的同时，也会树立并促进他人之善（《雍也》30）。正是这一品质让一个人可能认识到他人的需求，从而认识到自己的义务以及——我们可以说——他人的权利。同时也正是这一品质让一个人以符合自己能力和环境的方式来履行这一义务。简而言之，仁是让一个人对他人负责并对之履行义务的美德。对儒家来说，对权利的确认以及对相应义务的履行都要求美德，其中最重要的就是仁。

三

在论证了儒家的人权观会比麦尔登更依赖于美德的积极善之后，我必须问：儒家是否能承认普遍人权的观念？② 首先，要想一下麦尔登是如何把握特殊权利和人权之间的关系的。

麦尔登的"特殊权利"并非普遍的，而是取决于与他人的特定关系，或是一个人试图实现的目标。他承认这些权利是可以让渡和废除的。然而，除了所有的特殊权利之外，还有"基本权利"或者说人权，这些是不可让渡的（第167页）。当一个人的特殊权利被让渡或侵害时，他就无法追求特定的目标。其他不相关的权利和目标并没有受到影

---

① 孔子认为美德有其自身的吸引力，能够像魔术一样建立起社会。他说："上好礼，则民莫敢不敬；上好义，则民莫敢不服；上好信，则民莫敢不用情。夫如是，则四方之民襁负其子而至矣。"（《八佾》14，参看《颜渊》17、《为政》20）。参看拙作《中国早期科学中的礼仪和现实性》（"Ritual and Realism in Early Chinese Science"），《中国学刊》（*Journal of Chinese*，vol. 29，no. 4，2002），第501—523页，其中说明了为什么美德对孔子来讲具有如此大的力量。

② 在我下面的总论点之外，关于公民权利的特殊问题，比如言论与集会的权利，以及诸如财产权和"发展权"之类的经济权利，将不得不在别处再作论证。

响。另一方面，当一个人的人权或基本权利遭到侵犯时，他就丧失了所有权利，从而不能再有效而自由地追求任何利益。他不能正常地与他人相联系。他被剥夺了人的资格。麦尔登说当我们侵犯某人的人权时，就是"认为他没有人的资格……那些不拥有道德权利，也无法对我们有任何义务感的人，我们不会尊重，更无法将我们的生命与他们发生任何联系"（第 175 页）。

按照麦尔登的看法，我们的人权是什么呢？它们是我们作为人类所享有的能够将自己的生命与他人相联以及追求自身利益的权利。它们一旦遭受侵犯，我们就无法将自己的生命与他人相联系或是追求我们的自身利益。所有法律的、社会的、民事的，以及机构性的权利，包括财产权，都不是人权，因为人权是我们仅凭人之资格就拥有的权利。而这些特殊权利则是源于我们所参加的不同的社会组织（第 179 页）。然而，有些特殊权利是我们享有人权的逻辑后果。换句话说，因为有些特殊权利与我们和他人的联系及追求利益的能力尤为相关，所以麦尔登认为这些特殊权利是人权的逻辑后果，他支持它们的确立以促进我们对人权之享有（第 180 页）。

一个儒者会承认比特殊关系和角色中产生的义务更为根本的对人的义务吗？[①] 这是一个最为微妙的问题，这里我只能提供一个概要性的答案。下面就是我的论证：鉴于（1）在道德社群的语境下权利与责任的相关性，以及（2）在人与人关系中权利与善的联系，如果儒家认为不论何时以及在所有情况下都存在必须遵守的公认的善，那么就有共同的"基本"权利或者人权。这些公认的善就是儒家的美德。因此，既然存在基本的善以及培育它们的义务，那么（3）就存在"基本"权利或人权。这些最基本的人权，依照儒家的理解，就是对道德美德的前提性条件的权利。[②] 儒家主张每个人都需要培养仁德。因为我们都处于一个互相牵

---

① 在这个道德问题中暗藏着一个本体论问题。即儒家的自我观是否承认除角色之外的自我核心，还是认为"自我"已被其角色和关系所穷尽。我在《孔子和亚里士多德的道德自我》中讨论过这个问题。

② 关于基本的道德权利是美德之前提的论点，以及从中推出公民权和其他权利的论点，参看 C. W. 德马科《理性与道德：一个批判性的阐释》（C. W. DeMarco, *Reason and Morality*: *A Critical Exposition*, master's thesis, Catholic University of America, 1986, dir. Tony Cua）。

连的道德社群之中，我们都有帮助他人培养这种仁德的义务。① 从这一义务的对象的角度来看，这种义务就是一种权利。因此每个人在对美德的追求中都有获得这样的支持的权利。这是每一个儒者都应当会承认的普遍权利。人权作为道德美德的前提条件，是儒家也会赞成的一种权利。

儒家关于基本人权或道德权利乃建立于一基本原理之上的看法，与麦尔登相差不远。一种可能的儒家权利进路，也会关注将自己与他人的生命相连以及追求自我之善的条件。让人觉得奇怪的是他们之间的差异与其说来自权利的一方，不如说来自善的一方。与大部分现代人一样，麦尔登相信追求任何看起来对个人"有益的"东西的自由（先决条件是不干涉他人的自由）本身就是一种善，而孔子在美德中确定了一系列实质性的善。下面，让我们来考虑一下儒家进路中的两个论点。

首先，如果美德的确只是那些使我们在提升自己的同时也提升他人的个人品质，准确地说是那些建立良好关系和道德社群的品质，那么一个依据人际关系和社群的人权进路就不仅不能忽略美德，而且还应当将它们置于中心地位。

其次，将最基本的权利看作美德前提条件的权利进路，对现代或后现代人们来说不一定会显得狭隘，那是因为道德的必要条件包括很多条件。毕竟，培育和实践美德，是培育和实践自由而不受强制的行为。因此，虽然以美德为基础的权利进路会比自由主义或契约主义进路更为严苛，但是它不会设定诸如排斥言论自由之类严格的限制，包括批评政府及其他权力机构的言论，因为我们不能假定领导是具有美德的，我们需要开放的言论来保证这一点。基于美德的权利进路也不会排斥自由集会，因为对美德的追求需要联系紧密的小型社群以及不受商业或政府控制的中间机构。② 这

---

① 既然我们每个人都有培育自身之仁的义务，据此理论我们也有对自己的权利。我把这个问题先搁置一边。

② 孔子不侍奉一个腐朽政权的主张表明他已经准备好反对不仁慈的家长式政府形式（《泰伯》13，《卫灵公》7）。其他一些可能被嫁接更积极儒家思想的章节有：（1）关于"人能弘道，非道弘人"的观点（《卫灵公》29），表明人是变化的，是道的根源；以及（2）声称"当仁，不让于师"（《卫灵公》36），表明无需盲目地敬畏权威。

种进路甚至可能推论出要求拥有代议制政府的权利，① 因为一位儒者会有要求领导者具有美德的权利，以此作为培养政治社群中的高尚道德的前提条件。因为不论是世袭还是其他机制都无法保证这一点，所以需要频繁地监督政府及其领导者。此外，我们还应该记住，美德并非人类唯一的善，仅是最基本的善，它们是可以建立人际关系和社群的善。简言之，对美德的追求为很多其他利益的追求预留了空间——虽然对于这些其他利益而言美德应该具有优先权，同时也设定一些限制。②

太多的权利理论都是在玩弄聪明的智力游戏，它们为我们已经认为是基本权利的东西配置创造性的逻辑依据。按照麦尔登的看法，人权的目的是保证个人追求自身利益的权利，只要他们没有侵犯他人追求其自身利益的权利（第 250 页）。在这一点上他与大部分启蒙思想家以及当代自由意志论者的观点一致，尽管他不同意他们对权利的基础的看法。因此，麦尔登在通向儒家阐释的道路上只走到了一半。他从在家庭中成长，并扩展到

---

①　我没有说"选举的权利"。民主政体还没有穷尽代议制政体的可能性［见贝淡宁《东方邂逅西方：东亚的人权与民主》（Danial A. Bell, *East Meets West*: *Human Rights and Democracy in East Asia*, Princeton, N. J.: Princeton University Press, 2000）第 114—116 页以及第 186 页关于非民主政府仍然可能是代议制的例子］。关于"对政府投不信任票"的规定可能已经足够，而且即便在有选举（那肯定是一种"特殊"权利，由官方机构授予的）的地方，儒家也无需放弃君主制理想。关于自清代以来中国宪法中的选举权的讨论，参看黎安友的《中国宪法中的政治权利》（A. Nathan, "Political Rights in Chinese Constitutions"），载 R. R. 爱德华兹、L. 亨金以及黎安友编《当代中国的人权》，第 77—124 页。同时参看杰克·唐纳利的《人权与亚洲价值》（Jack Donnelly, "Human Rights and Asian Values"）中关于君主制理想与选举权的一致性。毕竟，通过选举产生的君主仍然是君主政体。当然，关于言论、集会和"代议"的权利的言辞不是那种能出自孔圣人之口的言辞。我在本文中一贯的论点是这种权利进路是儒家的，而不是孔子的。我在本文中的论述只是试图建立儒学进路的基础。至于这种进路是否暗示了我们想要断定许多或是大部分权利为根本权利，还有待后续的论述。

②　代议制政体的权利是出于对道德领袖的需要，是一个很好的例子来说明权利的儒家进路能或者不能为我们提供什么。自由派政治理论大都认为政府的功能就在于确保个体对自身利益的追求，以及防止个体对他人的类似追求产生影响。代议制政府就是为追求个人偏好提供了方法的政府。尽管儒家的进路不会如此的自由主义，也不能允许如此多的个人偏好取代真正的善［例如，参见 L. 亨金的《中国的人权观》（L. Henkin, "The Human Rights Idea in China"），《当代中国的人权》，尤其是第 36—37 页关于个人权利从属于社会之善的观点］，但它应当会允许并鼓励对善之追求的多元表达。孔子发现了很多通向美德的路径——射、乐、诗和学，以及治国之方。因此儒家学者也许会由此推断，认为体育、艺术和学术等等，更不用说政治生活，都需要公开地进行，并得到制度的积极支持，虽然他们将通过对以下问题的公开讨论来寻求普遍共识："根据一些与其他观点能够和谐并存的生活观，如何能促进道德高尚的生活？"

其他形式人类社群的实践主体的相互支持中找到了权利的基础，但是他没有对之予以足够的重视，没能立足于此对人权的目的和内容作出全新的评定。他运用了这个基础，但却没能对典型的自由放任体制给予足够的批判，而是力图为之寻找基础。与早期和近期的现代自由意志主义者一样，麦尔登不相信有任何方法可以对利益做出优先的区分，或是有什么东西是所有人类都应该追求的。这些思想家相信人们拥有不同的天赋、利益和爱好的事实，杜绝了存在实质性共享之善的可能性。与为获取其他固有之善（即美德）而必须有的善的权利相比，麦尔登认为拥有追求个人利益之公平机会的权利已然足够。① 在这个关于道德实质的问题上，儒家则有不同意见。

儒家的人权进路有着理论和实践的重要意义。原因之一是将权利植根于真实的人际关系，在这种关系中我们的生命彼此结合，我们的实践主体所依赖的道德社群（从家庭开始）也相互结合。这一点很重要，因为它比"自然状态"或是"无知之幕"思想实验（thought experiments）更符合实际，后两者要么错误地假设人是分离的（甚至是对立的），要么错误地认为他们至少可以通过思考忘掉所受之培养或者人际间的相互依赖。儒家的人权进路之所以重要的另一原因，是它承诺了一种对西方主张和西方优先权的全新评价。一个真正的儒者更能前后一致地看到结合了权利与善的权利理论的真意，以及权利和义务在人际关系和道德社群中的基础。

（作者单位：美国大学圣十字学院。韩锐、刘晓英译，梁涛校）

---

① 而且，与所有的现代自由主义者一样——少数反动分子除外——麦尔登认为那些生活条件优越的人应该去积极帮助那些因为环境的限制而生活条件不利的人们。生活条件不利的人应该通过这样的途径得到帮助，以便能够享有追求其自身利益的人权，这种追求是所有人类都应该拥有的道德平等。

将儒家美德转化为权利

——儒家伦理观中人之实践能力与潜能研究

[美] 成中英（Chung-Ying Cheng）

一　社会政治背景：中国的父权政治

在我看来，《诗经》与《尚书》等典籍中所反映出的古代中国人的"敬天"观念（belief in the consanguinity of heaven and man），为夏代以前就出现的"祖先崇拜"和父权政治提供了形而上的说明。① 如今，史学研究已经梳理出了父权制在中国社会的发展脉络：家庭父权—宗族父权—异姓族群组成的国家层面上的父权。而父权政治得以成立则归因于使家庭伦理乃至宗族伦理结合在一起的礼，这种礼适用于封建贵族统治下更大的社会范围。②

然而，"礼"的基础是"德"。"德"使统治者得以享有天命，从而使其统治合法化和稳固化。据此，德就外在而言是顺从民意，就内在而言

① 参见拙文《儒家道德的辩证与人的形上学》（"Dialectic of Confucian Morality and Metaphysics of Man"），《东西方哲学》（vol. 21, no. 2, 1971），第 111—123 页。

② 《史记》中有关于中国社会和文化的奠基和形成的记载。中国社会和文化可追溯至有巢氏、燧人氏、伏羲氏、神农氏等文化英雄所属的氏族部落时代，后又演化至黄帝、尧、舜、禹（夏朝，公元前 21 世纪到公元前 17 世纪，逐步统一了各部落）统治的氏族国家时期。自夏以来，调节基本人际关系、指导礼仪庆典的礼制文明大兴。礼的产生不仅仅是为了维护政治统治，也是为了开创出一个赋予人生及人类活动以意义的社会制度。就此而言，周礼是中华文化的一项伟大成就，它既反映了周人对人性、人际关系的理解，本身又是将这一理解付诸实施的一种体制。礼已经将德定位为一种获得社会秩序和政治统治的途径。

则是统治者的自我修养，以确保其更好地爱民。制礼一方面是为了形成自我修养的氛围，另一方面也是为了确保社会和谐与政治有序。因此，在德与礼的统一中，我们既可以看到形而上的天人合一，又可以看到"敬天"信仰下的君民一心。我们必须认识到如下事实，中国历史或哲学一贯坚持统治者的首要尽责对象是民而非天，而历代统治者亦都接受了这一观念。天仅仅是使得政治统治得以合法化的形式基础，而在儒家看来，统治的真正基石永远都是民。在儒家看来，尧、舜时代确实如此，这影响到以后的周文化，并被儒家继承下来。

直至公元前 12 世纪周公时期，关于人际关系与人际交往的礼仪制作才得以完成，而战国末期出现的《仪礼》和《周礼》(《周官》)则是关于礼仪最早的书面记载。[①] 从现代道德角度看，在实践德与礼的过程中，人们实际上是追求一种由统治者所示范的共善 (common good)。因此，我们或许可以将这一礼仪系统看作基于社群的德行伦理的典范。

礼仪系统建立在人际关系和对处理这一关系之能力的发现之上，它一方面反映了情感导向的社会意识，另一方面反映了基于能力的人性意识，这二者在孔子的道德人文主义中得到充分的体现。社会性和人性都是时间和空间上人类整体存在的体验，因此也就出现了既能表达又能评价人类创造力的人类文化理想。而基于这种体验，个体的生命领域得以延伸，因此并不存在彻底越入另一世界的迫切动机。甚至死亡，作为一个事件，在这个充满文化价值观念的世界中也拥有它合宜的一席之地，祖先崇拜之礼和慎终追远之德可为例证。这一点便是世俗可以成为神圣的根本原因。倘若统治者能够践德而行礼，他便可做到垂拱而治。但是，为了确保植根于德的礼治的成功，统治者必须做到"仓廪实"，以作为其践德行礼的基础。

基于对"德"、"礼"及其关系的这一认识，孔子就如何建立良好的政治秩序，提出了通过恢复"礼"的精神以复兴周礼的主张。因此才有了他那广为人知的关于"仁"的一个界定："克己复礼为仁。"(《论语·颜渊》1) 孟子意识到恢复古礼并非易事，所以他不再谈及系统的礼仪，

---

① 《仪礼》和《周礼》的成书年代存在争议。第三本关于礼的著作《礼记》成书较晚，出自战国时期的孔门后学，其中包含儒家学者对于诸多不同礼仪之含义的各种讨论。

只是提出四端之说。四端之中，礼仅居其一。孔孟都未能说服人主将其哲学付诸实践，但这并不能否认他们的见识与思想反映了当时民众心声的事实。同时，他们指出了更为深层的政治统治问题。早在公元前4世纪，孟子就特别关注到父爱政治问题，即作为"民之父母"，统治者如何在"庶之"、"富之"的基础上，在个体和社会两个层面，完成"教之"的问题。虽然，孟子改善民生的主张并未受到真正的关注，也没有在滕、宋等小国产生任何实效，尽管这些国家的国君曾被其有关"仁政"的言论所吸引。但是孟子明确指出了任何社会或国家都需要首先面对的问题：如何在一个社会中做到内圣而外王？①

根据关于"礼"与"德"的讨论可知，将天命政治理解为一种巫术宗教，将统治者视为巫师，完全不适合于孔子以礼、德为基础的治国思想。② 不过不能否认的是，历史在发展，礼、德在退化，后世的礼、德已非孔子的礼、德。老子说"大道废，有仁义"，"故失道而后德，失德而后仁，失仁而后义，失义而后礼"（《道德经》第18、38章）。或许有其道理，但他没有意识到，"失礼而后法，失法而后术"。最终，儒、道、法三家复杂而微妙的合流成为大一统汉帝国政治统治的基础，而这一合流现象作为内在的中国政治思维方式一直延续至今。以此为基础，我们或许能够解释，为什么我们能够发现在源自儒家德、礼的社会责任与政治义务中蕴含着权利的思想，尽管这一思想在现代社会有待于进一步的发展。

就以上最后一点我们可以进一步说，墨子与荀子思想中含有与托马斯·霍布斯（1588—1678）相同的观念：国家出现以前人与人之间的原始自然状态，是每个人与他人之间的战争状态。墨子指出，对源于"天志"的"兼相爱"和"交相利"原则的发现，导致了圣王统治下国家的产生，而圣王自己就意识到这两个原则。同样地，在荀子看来，国家的出现是由于圣王发现了"分"与"群"两大社会原则的好处，并以此来说

---

① 参见《孟子·滕文公上》1、2、3。我们不难看出，鉴于多种变革力量导致的不稳定和不确定，孟子所提倡的社会政治改革是很难满足当时社会的客观需要的。

② 参见克拉克·巴特勒《作为自由叙事的历史：跨文化背景下的哲学》（Clark Butler, History as the Story of Freedom: Philosophy in International Context, Editions Rodopi, 1995, ch. 7: "China and Divine Emperorship"），第149—166页。

服人们接受父权或君主制。① 这里并不存在卢梭似的观念：放弃个人自治权利借以换取保护，是绝对王权产生的根源。因此，人权在中国思维中从未占据过显著地位的原因，是中西方对国家起源的认识不同，而绝非中国传统中根本没有人权这回事。孟子就曾有过自然权利观念的构想。由于"天命之谓性"，民有权宣称享有天的赋予，从这种观念出发，孟子坚信为了人民的幸福安康而变换政权是人的自然权利。这可视为从被称为善的人性中推衍出权利的绝好例证。

二　人的责任与权利

儒家认为，统治者及其政府的天赋责任在于德化社会和个体。因此，强烈的责任感充盈于整个统治阶层，而统治者本人及其下属亦将他们治理国家的责任视为权利（entitlement），这一责任未经许可便不能免除。如果以统治定义君王的身份，那么他的责任即是权利；而如果以服务于人民定义其身份，他的权利即是责任。

如果把这种责任与权利的关系扩展到普通民众中去，我们可以看出，中国人是如何将权利当成义务，并以有资格得到心中只有义务的君主的照顾来界定他们的自我。这一点可以对儒家学说影响下的中国文化为什么没有独立的人权意识做出解释。然而，人权意识一直内含于与美德相关的自

---

① 中国哲学家认为国家的兴起与王道的发现有关，而并非如《利维坦》中所暗示的，国家是武力征服的结果，是通过实用理性追求私利目标下履行契约的产物。中国哲学家，多少有些像亚里士多德，意识到统治是集体智慧和道德的最佳体现，应在关心人民的需要和生活状况的基础上维护自己的合法性。如果人民的生活得不到保障，政治动乱就会随之而起，揭竿起义也会发生，这时就会出现谁是代表人民利益的真命天子之争。中国历史上的朝代交替便是明证。统治权之争最终都成为执行天命、履行天德口号下的权力之争。在政治权力的更迭中，我们可以看到霍布斯思想和儒家或墨家观念上糅合的表面现象。我们可将目前的人类社会视为对和谐的理想秩序的背离，亦可认为人类社会产生于智慧的原则，那么儒家关于黄金往昔的回忆（不仅仅是一种投射）看起来就是对目前存在问题的一个自然的暗示，甚至是含蓄的批评。这也恰恰说明历史是可以服务于未来的。上面所说或许可以说明，内在连贯性而不是超验性，是中国文化发展的基础，但同时也可说明为什么文化的内在连贯性有时候不能应对时代的挑战。1919年五四运动期间，在巨大的政治社会压力之下，理性重建如火如荼，传统受到了情感上的抵制。在理性重建中，外来的、超验的元素逐渐被吸收进了内在的整体之中。在我看来，中国现在已经走过了抵制传统的阶段，已经开始了旨在整合传统与现代的重新发现传统的历史时期。就此而言，一个黄金时代可以再次被投射，但是在未来，而不是过去。

我的观念。那么，中国文化中与美德相关的自我的观念究竟是什么？

由于社会和社群的集体经验远远超过个体经验，个体生命一直最关注的是如何维系人际关系以便确保自己在社会和社群中的地位。由此可见，古代中国文化中礼与德是如何一起产生的。所以，一个人原始的或者直觉的意识就是如何在保证家庭和社群的有序与和谐的基础上发展自己，而不是首先坚持自己的权利，反对某种与自己没有直接联系的政治权威。换言之，自我原始直觉的关怀其实是关于德的关怀，因为德既是确保个体本身和谐（以心灵姿态的形式），又是确保人与人之间和谐（以习俗的形式）的力量。因此，德看起来更像是责任而非权利。德之为德即在于使个体通过自我修养和自我革新融入社会这一整体。确切地说，德就是以社会甚至政治整合为目标的自我修养和自我革新的力量。

儒家所提出的所有美德都以责任的形式出现，原因在于整体内部部分与部分之间的和谐意识已将德定位于责任。以仁德为例，它将自我的人性（humanity in a self）表达为与他人的相互性（co-humanity with others）。它是一项整个社会可以得益的责任。尽管它要求自我修养，它的目标却并非仅仅保证个人的利益。相反，它是一种使个体得以承担社会责任的途径，甚至亦可能如孟子所理解的，它是使凡人变成圣王的手段。关注行为是否得当的"礼"也是一种责任，是个人的责任，亦是社会的责任，需要修身方可履行的责任。儒家的其他美德亦如是。

一个人在履行美德中所蕴含的责任时，自然会得到尊贵而体面的社会地位。一个渐为众人所知的有德之人，也会获得政治地位和相应的政治身份。可见，美德意义上的责任观有助于保护社会和社群中的个体利益。而或许，能够获得这一保护的唯一途径就是个体将拥有履行更多责任的权利，亦即将自己培养成有德之人的权利。

因为对儒家所说的自我的这一理解，或许有人会大胆提出一个哲学问题：我们是否可以将美德视为权利而非责任？如果采取一种相依性（correlative）视角，我倒觉得视美德为权利并非不可。美德要求一个人的举止有利于他人或者有利于自身。所以，人人都可以既是施德之人，又是受德之人。换句话说，社会本身对个体的利益应承担德性上的责任。就此而言，个体可以期待社会对他尽义务，因此社会应尽的义务就可能成为个人的权利。所以，如果以社群成员间相依性责任的理论来看，一种明确的美德理论便可以将它转化成一种隐含的权利理论。这里唯一欠缺的是对这些权利的明确化，使其成为政治认同的基础。当然，完成这一转化需要的是社会和政治方面的革命性发展。

由此，我们就会明白为什么随着政治结构和政治文化相应的变化，权利意识会兴起于当代中国，并接近于西方模式。然而，立足于中国历史文化的背景，考虑到儒家德性意识的普遍影响，中国的权利运动无论从势头上还是内容的清晰界定上都不可能与西方相提并论。如果存在中国特色的人权，它就是一种建立于儒家人性和德性上的人权理论。这种理论当然也会调整（temper）我们对民主的理解和实践，日本的情况可为例证。可见，对一个历史悠久而又自足的文化而言，引进抽象概念的简单西方化方式是不可行的。阿拉斯代尔·麦金太尔认为，现代西方在发展权利和功利思想的同时，失掉了亚里士多德的美德伦理传统。他期望西方重新学习或者说恢复这一传统。① 而在我看来，现代中国的一个首要任务便是在坚持儒家的美德观的同时从中提炼出适合于现代社会的权利伦理。

三　人权和传统的理性解放

尽管黑格尔关于普遍自由——限于个体自由的概念——的理论和历史颇为鼓舞人心，② 但它存在的根本问题是，没有考虑到受法律保护的个体自由可能会有碍于个体和社会的道德发展。例如，不工作或不照顾父母的自由可能导致严重的个人和社会道德发展问题。在出现基于历史和文化的整体经验上的新的价值观的同时，也必须有一种将来可以实现的新的自由意识。

自五四运动以来，中国知识界一个持久不变的主题就是如何将中国社会从它的传统遗产中理性地解放出来。从理论上而言，旨在打破传统习俗从而建立更加开放、更加明晰、更加有序的公共政策制定和政府责任体系的理性解放当然是可取的，而且几乎所有人都相信它是现代背景下通往民主、确保人权得以实行的正确途径。然而，绝对没有理由认定理性解放只能采取某种特定的形式。事实上，我们必须允许甚至尊重不同形式的理性

---

① 参见阿拉斯代尔·麦金太尔《追寻美德》第 2、4 和 16 章。

② 参见黑格尔《哲学史讲演录》（J. Sibree, trans, *Hegel's lecture on History*, London, 1857）。

解放，只要它们承认平等、自尊、尊重他人是人权和民主在不同民族和文化中普遍的必要基础。

有人曾指出，儒家所提倡的朋友间的互敬互助（一种最基本的平等关系）的社会责任观或许可以成为建设具有中国特色的平等人权伦理的本土资源。因此可以说，甚至在儒家思想中也存在这样的人权维度。但这并非意味着儒家其他美德与人权是不相容的。例如，我们也可将士人通过自己的才德获得相应社会地位的抱负视为一种人权。人权不应该只是为了消除差异的均平，它更应该是人性的提升与发展。人权理应支持人类与社会的道德发展，而不是有损于社会。凡是能够有助于人类和人类社会全面发展的美德都应在人权的范围之内。从这个意义上来说，中国人文传统中的美德思想和西方理性传统中的人权观念可以携起手来，为新世纪建立一个可持续的生态的社会秩序而共同努力。

四　美德向权利的转化

那么，我们应如何理解现代社会中儒家美德向人权的转化呢？我提出下面的看法。

第一，我们必须认识到美德是一个人针对外界刺激，尤其是同一社群中他人的需要和情感，做出回应时内在能力和习性方面所作努力的结果。儒家美德思想的前提是其关于人性论的预设及阐释。这个意义上的美德总是以社群为目标和基础的。但这并非意味着美德只是有关社群行为的规范，而是说美德有利于保障社会秩序和社群和谐（即公利），亦或许有利于改善这些规范。在此，美德也就是个体对社群的创造性投入，它既满足社群，也满足个体本身的需要。它既包含自己，也包含社群；它既为自己服务，也为社群服务。

第二，就美德源于社群又服务于社群而言，它既是自己对社群应尽的责任，又是社群对自己应尽的责任。这种责任意识来自关于自己和社群的完美统一观念，在这一统一中，双方的需求都可得以实现。美德的责任性源自个人对选择这一观念能力的实际理解，以及对个人满足其对理性一致和自我实现之需求的理解。也就是说，责任意识源于一个人的已是和将是之间的一致性意识，因此获取这——致性的需求便成为义务性的责任意识。所以，为了实现完美德行，个人应为社群所做的和社群应为个人所做的，便成为个人和社群的责任意识，而美德因这一意识便成为责任。

第三，美德的责任意识有时伴随着公利意识或对公利的期待。这一点暗含于儒家对私利与公利的区分。以公众意识（public consciousness）和公利意识（与私欲相对）为前提的美德应得到尊重甚至是捍卫，因为其基础是指向共善的良好意愿，其目标是为了公众利益，这种美德应受到尊重。问题是，这一公众意识如何作为社群的一种公众事务被明晰地表达。有人可能会批评中国传统社会缺乏这种表达。这种批评的原因在于公众意识从来没有作为教育系统的主体部分被探讨，而且从未成为独立于忠君与孝亲之外的一种美德。如果没有对这一公众意识的理性认可，就不可能有对责任的公众意识或对行德之人固有权利的公众认可。

第四，与此相关，作为社群一员的个体亦是其他任何一个个体善行的间接受益者，即使行善者可能并非有意为之。如果说共善或公利应该受到保护，那么源自公利的社会中个体的所有间接的利益亦理应受到保护。就此而言，从逻辑上使得公利的存在合理化的个体对公利的要求便应被视为美德之不可或缺的部分。而这恰恰使得权利得以成立和认可，也就是说，权利可以被视为享有公共福利的内在要求，而个体为了公共利益去培养、运用自己的美德。公德的存在及其重要性暗含了或者说必然要求对个人权利的认可。因此，我们就会明白权利是如何从美德中产生的：一方面，它们产生于个人在培养、完善美德中，对公众或社群的责任意识；另一方面，也产生于个人对公共利益的要求，这一要求为规定和实践美德提供了理由。

第五，化美德为权利的最后一步是消除有可能歪曲或者操纵公共利益的干预力量和有关当局，从而防止公利成为服务于统治者私利的工具。一旦统治者或者统治阶级的私利侵犯公利或者创造一种保护他们私利的局面（通常以制度化的形式），我们需要通过阻止统治者在个人态度和社会手段方面的自私和不公正，来消除对公利的歪曲和操纵。对公利的歪曲和操纵包括那些从长远看来无助于公利的制度（尽管有时一些开明当权者会促进公利，而不只是为了谋取个人私利，但这并不能保证结果总会是为了公利的）。很多情况下，公利和统治者的私利之争是如此的激化以至于统治者最终会使用其权力来反对民众，形成暴虐。显然，需要对暴虐之主提出抗议，甚至与之斗争。而下面这点却常常被忽视：针对暴虐的局面，我们需要的或许是唤醒权利的内在意识。这种权利就是个人对于道义行为的诉求，以保护公众不受统治者私利的侵犯。因此，革命总是需要的，中西历史上的多次革命便是例证。

笔者在之前的一篇文章中，曾讨论过西方的权利观念如何在《权利法案》中得到了明晰的阐述。① 我们知道，《权利法案》来自成功的反抗，而反抗的对象是统治者或统治阶级私利对公利的侵犯。当然，在中国历史的朝代更迭中，与腐败或失职的统治者对抗的目的通常是为了集体的生存权利。就是1911年的革命，我们亦能看出，反抗满清的革命亦是为了一个民族的集体生存。其时，孙中山先生呼吁民权，但是这场民权革命，至今仍没有完全实现。这一情况源自这样的事实：民权革命中的"权"依然被视为民族生存的集体权利；未能直面与政府权力相对的个人权利，这些权利应该在制度上有效地保护人民的权利。这是因为与私利相对的公利意识尚未通过法令、教育以及领导的个人承诺得以有效地确立。为了克服这一问题，明确提倡一种关于权利的理性思维方式可能是非常有用的。

由上可知，儒家为了人民福利而限制统治者权力的观念中的确暗含着民主意识以及对民众政治权利的认可。从下面这一常被忽视的篇章中我们可以看出孟子的呼吁：统治者应认可人民的这种政治权利。

> 国君进贤，如不得已，将使卑逾尊，疏逾戚，可不慎与？左右皆曰贤，未可也；诸大夫皆曰贤，未可也；国人皆曰贤，然后察之，见贤焉，然后用之。左右皆曰不可，勿听；诸大夫皆曰不可，勿听；国人皆曰不可，然后察之，见不可焉，然后去之。左右皆曰可杀，勿听；诸大夫皆曰可杀，勿听；国人皆曰可杀，然后察之，见可杀焉，然后杀之。故曰国人杀之也。如此，然后可以为民父母。（《孟子·梁惠王下》7）

就上文可以得出两点结论：（1）具有决定性的应该是民众的判断与评价，而不是其他。当然，统治者所参考的应该是大多数而不是少数民众的意见。（2）统治者须"察"的观念说明，对一个人做出最终的判断时必须

---

① 参见拙文《中国历史和哲学中的人权》（"Human Rights in Chinese History and Chinese Philosophy"），《比较文明评论》（*Comparative Civilizations Review*，vol. 1，1979），第1—20页。

做到理性而公正。换句话说，理性和公正性是"察"的必要条件。由此可见，一个人享有受到尊重的权利，而这一权利不能仅仅因为他人的看法就被剥夺。它亦暗示出，直到为应有的法律程序证实有罪，一个人应当享有无罪权。然而，孟子并没有对这一权利做出明确的阐释，因而也未能确保它的实施与应用。

综上所述，笔者认为儒家美德向权利的可能转化可作如下描述：社群中个体的美德培养应该唤醒个体对社群及公众的责任意识，而这一意识又转而刺激个体参与社会事务的合法可能性（任何一个个体与社会都是不可分割的）。不过，个体的这种参与意识同时也要求其参与一种独立而理性的关于公利的探讨。它进一步要求统治力量需要顺从公利的意识。如果统治者不能顺从公利，随之而来的就会是反对侵害和压迫的抗议和革命，以及反对政治侵犯的民权的伸张。抗议和革命的最终结果则可能是一个积极的、明晰的、书面的个人人权宣言的诞生，而这一人权既含有作为自由的权利，亦含有作为美德的权利。

（作者单位：美国夏威夷大学哲学系。张娟芳译，梁涛校）

人权观念与东亚立场

[美] 克迪斯·海根 （Kurtis Hagen）

一 引 言

东亚领导人通常被认为是国际人权问题取得进展的障碍。在本文中，我将为东亚领导人有关人权的哲学立场作出辩护，并论证他们对国际道德话语的积极影响。具体而言，我认为，为了有利于建设性的跨文化交流并进而促进国际间道德事务有意义的进步，最好是将权利情景化（即使我们接受某种适度的普遍主义），而不要采用一种"放之四海皆准"的普遍权利概念。这种做法并非只是谨言慎行的问题，而是对基本道德信条的尊重，即道德原则的运用必须符合正义（justice），也就是儒家所说的义（appropriateness）。

作为对服从西方权利概念（尤其强调政治权利和公民权利）压力的回应，① 东亚国家的代表们，特别是在过去大约十年的时间里，阐明了他们自己的权利概念。这种概念的重新理解孕育了具有细微差别的（同时也更复杂更合理）的权利概念。虽然大多数权利激进主义者继续主张权利的"普遍主义"，但很多人已不那么"强硬"，转而支持"温和的普遍主义"。② 再者，亚洲价值观的积极方面，强调诸如生存权之类的"积

---

① 为了制定美国外交政策，1981 年美国国务院的一个备忘录规定，人权被明确定义为"政治权利和公民自由"。见安靖如《人权与中国思想：一个跨文化的探索》，第 240 页。

② 黎安友：《普遍主义：一种排他主义的解释》（Andrew Nathan，"Universalism：A Particularistic Account"），见琳达·S. 贝尔等编《协商文化与人权》（Lynda S. Bell et al ed.，*Negotiating Culture and Human Rights*，New York：Columbia University Press，2001），第 263 页。

极权利"，已经为人们接受和采用。但是，东亚权利倡导者并不愿意承认，包含公民权利和政治权利的"西方价值"会能被他们轻易否定。两种权利都具有合理性，它们之间出现冲突时需要恰当的调节和平衡。

然而，这种调节以及对任何具体权利的诠释存在着不确定性，因此有必要对有关普遍性的主张加以限定，用能更精确反映权利在过去、现在及将来实践中使用状况的概念取代那些绝对概念。没有任何国家，甚至包括美国在内，把言论自由权当成绝对的权利。例如，一个人在拥挤的剧院（没有火情时）大喊"起火了"就是违法，也不能自由鼓动民众暴乱。在德国，否认大屠杀就属于非法。一个人能有多大的自由被允许讨论（或策划）推翻政府？立法机关和法庭在审理疑难案件并适应日新月异的现实（如新技术或新威胁）时，不断重新界定权利的界线。杜鸣（Michael W. Dowdle）说："为有效应对东亚国家的挑战，我们有必要认真考虑他们的论点，以便对传统人权如何与有时会必然与之冲突的合情合理的道德事物相协调，作出合乎现实的描述。"①

亚洲价值观的支持者，比如《曼谷宣言》的起草者，也做出了相当大的让步。他们在承认"权利"时同意使用西方的术语，这本身就是重大的让步。甚至他们愿意把"权利"描述成"普遍性的"，尽管他们有限地接受这一观点。例如，《曼谷宣言》称在"强调所有人权的普遍性、客观性和非选择性（non-selectivity）"时，它的起草者也认识到，"尽管人权具有普遍性，但应铭记不同国家和地区各有特点，并有不同的历史、文化和宗教背景，应根据国际准则不断重订的过程来看待人权"。② 在西方权利倡导者看来，这似乎前后矛盾。我认为，这是一种基于对"普遍性"灵活理解的明智观点。

二　普遍性的两种意义

一般而言，亚洲价值的支持者在两种有限的意义上承认人权的普遍

---

① 杜鸣：《一位自由主义法理学家如何回应曼谷宣言？》（Michael W. Dowdle, "How a Liberal Jurist Defends the Bangkok Declaration?"），《协商文化与人权》，第 126 页。

② 《曼谷宣言论人权》，《协商文化与人权》，第 391—392 页。

性。首先，他们承认人权在宽泛和模糊意义上的"普遍性"。也就是说，讨论一些所有人类相似道德问题时，使用"人权"语言是一种合理的方式。但此类原则的具体表达包含有诠释的成分，必须考虑特殊的历史和文化环境。①

这种模糊的普遍认同，外加不同诠释的观念，被新加坡的王根成（Wong Kan Seng）在维也纳人权会议上做了如下表达："所有的文化都渴望以自己的方式提升人的尊严……大多数权利概念从根本上说仍然具有争议。也许存在大体一致的看法，但具体的诠释至少在目前还仍然存在着不容忽视的分歧。"② 采用整体权利观，为权衡不同的个人权利，以及把道德体系与不同社会、文化和经济环境紧密结合留下相当的空间。罗纳德·德沃金（Ronald Dworkin）对模糊"观念"（concept）和具体"构想"（conception）的区分在此可能有助于我们的理解。③ "权利"的一般性观念（concept）已被广泛认可为合理而又重要的道德范畴。但是，虽然有联合国的人权宣言，对于权利的具体"构想"（conception）仍没有普遍一致的看法。④

但也并非绝对不能达成一致意见，有些例外情况引发我们在第二种意义上考虑人权的普遍性。要建立健全的国际人权机制的一个重要理由，就是在世界各地仍然普遍存在着种种暴行。迈克尔·J. 佩里（Michael J. Perry）那本引人注目的著作，⑤ 虽然没有仅仅靠诉诸情感，但其感染力部分来自人们对此类暴行的生动描绘所引发的情感反应。不仅封面上有震撼人心的照片，整本书穿插记录了一些不久前发生的、任何最低文明程度

---

① 1993 年维也纳会议上，中国代表团团长刘华秋说："人权概念是历史发展的结果。它和具体的社会、政治和经济条件以及一个国家特定的历史、文化和价值观有紧密联系。不同的历史发展阶段有不同的人权要求，处于不同发展阶段或具有不同历史传统和文化背景的国家对人权有不同的理解和实践。因此，不应该也不可能把某些国家的人权标准和模式当成唯一正确的标准和模式，要求其他国家遵守。"见邓特抗《亚洲政府代表在 1993 年维也纳会议上的陈述》（"Statements by Representatives of Asian Governments at the '93 Vienna Conf"），载邓特抗编《亚太地区的人权与国际关系》，第 214 页。

② 同上书，第 244 页。

③ 罗纳德·德沃金：《认真对待权利》，第 134 页。

④ 关于《世界人权宣言》和国际公约，安靖如总结说："简而言之，这些文件所代表的一致意见可能更多只是表面而非真正的共识……是准法律的、被间接强迫而达成的。"见《人权与中国思想》，第 9 页。

⑤ 迈克尔·J. 佩里：《人权的观念——四种探究》（Michael J. Perry, *The Idea of Human Rights: Four Inquiries*, New York: Oxford University Press, 1998）。

的人都无法宽恕的野蛮暴行。不过，这类有关人权的案例与东亚的挑战并不冲突。东亚立场承认少量核心普遍人权，可以覆盖这些骇人听闻的案例所涉及的人权状况。因此，东亚没有作出让步，因为佩里描绘的这些暴行一直为儒家所痛斥。其实，它们受到所有文化传统的谴责。代表新加坡的王根成是亚洲价值观的坚定捍卫者之一，他在维也纳人权会议上发言说："多样性不能成为肆意践踏人权的理由。不管是发生在美国、亚洲还是非洲，谋杀就是谋杀。没有人宣称酷刑是其民族文化遗产。"① 然而，对于那些"核心"权利，以下告诫仍然适用：每一具体运用都需要具体的诠释。换句话说，什么行为构成"谋杀"具有可争议性（考虑到死刑、堕胎或安乐死等问题，更不用说战争的"附带损伤"）。显而易见，自美国军队在阿布格莱布监狱的虐囚事件曝光后，"刑讯"也成了一个争讼不断的问题。

　　但不管怎样，虽然承认在具体条件下人们可能对少量权利普遍认可，但这些权利的数量非常有限。例如，新加坡政府的代表、坚定的亚洲价值观支持者毕拉哈里·考斯甘（Bilihari Kausikan）说："真正普遍的核心权利比西方习惯认为的要少得多。在《世界人权宣言》正式通过45年后，其30个条款中的很多项仍然在诠释和应用方面备受争议——不仅在亚洲和西方之间，在西方内部也是如此。"②

　　考虑到亚洲价值支持者的权利观，他们承认核心权利的普遍性是否给自己设置了一个概念难题？肯尼斯·E. 莫里斯（Kenneth E. Morris）暗示答案是肯定的。"反对西方人权者往往会支持适度范围的权利，但没有给出这样做的理由。"③ 例如，考斯甘说，对于"种族灭绝、谋杀、酷刑和

---

　　① 邓特抗：《亚洲政府代表在1993年维也纳会议的陈述》，《亚太地区的人权与国际关系》，第244页。同时，根据1991年《中国的人权状况》白皮书，中国的立场是："中国一贯认为，对于危及世界和平与安全的行为，诸如由殖民主义、种族主义和外国侵略、占领造成的粗暴侵犯人权的行为，以及种族隔离、种族歧视、种族灭绝、贩卖奴隶和国家恐怖组织侵犯人权的严重事件，国际社会都应进行干预和制止，实行人权的国际保护。"中华人民共和国国务院新闻办公室编，1991年11月，第61页。

　　② 毕拉哈里·考斯甘：《亚洲的不同标准》（Bilihari Kausikan, "Asia's Different Standard"），见亨利·J. 斯坦纳和菲利普·埃尔斯通编《情景中的国际人权：法律、政治、道德》（Henry J. Steiner & Philip Alston ed., *International Human Rights in Context: Law, Politics, Morals*, Oxford: Clarendon Press, 1996），第229—230页。

　　③ 肯尼斯·E. 莫里斯：《西方的辩白与对人权的辩护——一种社群主义的出路》（Kenneth E. Morris, "Western Defensiveness and the Defense of Rights: A Communitarian Alternative"），《协商文化与人权》，第78页。

奴役……国际法无论如何不允许赦免，此点是一致和明确的"。① 但莫里斯说："当我对考斯甘的这一点提出质疑时，他回答说自己没有兴趣进行基于哲学'第一原则'的讨论。但是，作为一个外交家，他承认核心权利已被国际文件中的实在法（positive law）普遍认可。"② 因为考斯甘是即席回答，可能没有给出自己的最佳答案。然而，有人认为他承认一些权利的存在只是一种外交辞令，以我对亚洲立场的理解，这种反应不足为怪。其实，真正的回答应该是这样："我们不像权利倡导者那样，对人权持有强烈的形而上立场。但是，大家一致同意谴责一些事情，我们愿意用权利语言来规定这一点，以便推动彼此间的对话。请不要因为这个对我们有看法。"③ 安靖如最近对中国人权话语历史的研究显示，甚至连中国的权利倡导者也往往不会把权利具体化。安靖如总结说，"（人权积极分子）罗明达、贺航洲像他们的中国先辈以及同时代的人一样，热衷将规范话语的基础建立在具体、实际的事物而非不确定的形而上学之上"。④

在跨文化对话中，"权利"可以被当成一种方式，用以赞同某些由不同道德理由支撑的实际结论。当我们同意支持一项权利时，不必同意其本体论或形而上的主张，甚至不必同意其概念体系，除非不同的体系具有相同的含义。菲利普·E. 迪瓦恩（Philip E. Devine）说："一个人可以坚称真理与体系相关，但同时承认对大量的命题而言，其体系是相同的。"⑤ 也就是说，人们可能同意用权利语言表达的某一论点的结论，但并不认为"权利"是思考该问题的最佳术语。⑥ 一个人不会仅仅因为他同意酷刑（几乎）总是错误的——即使具体的条件足以让他把"几乎"二字去掉，

---

① 考斯甘：《亚洲的不同标准》，《情景中的国际人权：法律、政治、道德》，第 231 页。

② 莫里斯：《西方的辩白与对人权的辩护——一种社群主义的出路》，《协商文化与人权》，第 92 页。

③ 他还可以这样说，"我们也有一些重要的道德事物，希望国际社会给予考虑。我们愿意用权利语言表达这些问题，因为似乎只有这样国际社会才能听到我们的声音。"

④ 安靖如：《人权与中国思想》，第 220 页。

⑤ 转引自迈克尔·J. 佩里《人权的理念——四种探究》，第 75 页。

⑥ "权利会谈"没有包括其他一些道德话语，所以具有局限性。坚持用权利语言进行讨论，就是坚持让"应该对任何人做（或不做）什么"的问题，而非其他道德问题，如"哪些美德应该提倡？"或者"我们怎样创造真正和谐的社会？"成为道德话语的中心议题。坚持用权利语言意味着不仅使用"权利"这个词，而且只谈论与这个词意义相关的问题。这限制了道德话语的建设。现在还有余地甚至有必要用国际道德话语进行人权会谈，但不应排挤其他可能有启发作用的话语。

而被迫承认确实存在道德实在论意义的权利。断言人们对某一道德问题可能存在普遍一致的看法，与断言这个世界存在一个确定的道德结构完全不同。无论道德关怀如何被分析，即无论采用什么样的范畴去理解，在何种可行的人类价值观中，有些东西总被认为是坏的。

思考权利普遍性的两种不同方式导致了两种可能对待权利的方式。一种是法律的方式，但仅仅限于"核心"权利。这种方式有助于达成广泛的跨文化协议，支持清除各种暴行的国际法。另一种是规划性的（programmatically）方式，可以达到广泛的社会目的。[①] 这种方式不需要具体的跨文化协议。

也可以把这两种方式加以结合，这样的结合既是亚洲价值拥护者的权利观，又反映了国际话语的前进方向。其实儒家也有类似的观点，既以法治（惩罚）制裁严重的违法乱纪者，同时又以好的儒家政府对其余事物进行管理——这种政府往往是通过身份礼义以及相互责任建立起的。

三　认真对待情景（Context）

亚洲代表在承认权利（一般）普遍性的同时，强调多数权利的非选择性。所谓非选择可以理解为，反对所有国家必须用相同的方式诠释权利。这一要求坚持，抽象地把某些权利置于另外一些权利之上极不合理。诠释权利需要把权利与环境结合起来，平衡各种权利需要考虑权利所施之民众的紧迫需求。对非选择性的要求，其矛头明显指向不顾情境而优先发展少数公民、政治权利，将其置于首要位置的做法。

比如，在极度贫困的情况下，生存权和经济发展权应优先考虑。新加坡的王根成说："贫穷是对一切公民自由的嘲弄，是对个人最基本权利的肆意侵犯。只有那些忘记饥饿煎熬的人才会告知饥饿者，他们应该先获得自由然后再吃饭。我们的经验表明，经济发展是任何宣称要提升人类尊严

---

① 有些人可能会争辩说，对社会有利的目的并不是"权利"［参看玛格丽特·Ng《权利是受文化制约的吗？》（Margaret Ng, "Are Rights Culture-bound?"），载戴大为编《人权与中国价值》（Michael C. Davis, eds, *Human Rights and Chinese Values*, New York: Oxford University Press, 1995），第62页］。但是，浏览《联合国人权宣言》就足以确定，国际话语中对权利概念的理解非常宽泛。尽管这样，自由论者的反对之声仍不绝于耳。而且，权利概念一直在朝着更加包容的方向发展。

的社会体制的必然基础，而秩序和稳定是发展的保障。"① 这表明，权利不仅依赖于情境，而且还依赖于文化期望。在这里，期望（最低限度的物质财富）明显地与环境（贫穷）相关。美国历史上不仅发展出强调自由的价值观，而且追求物质富裕，它把个人能够获取什么（无论是物质必需品还是医疗保障）就获取什么的自由，凌驾于获取最低限度物质或精神财富的权利之上。教育也许是一个例外，不足以说明这一点。在美国，名义上每个儿童都应该得到良好的基础教育。但实际上，每个儿童所接受的教育却存在着巨大差异，这往往与其父母经济成功与否联系在一起。

　　"非选择性"就是要平衡众多的问题，而不是优先考虑某些问题，并用它们"掩盖"其他合法的道德问题，即执迷于一种道德关切而对其他合理的关切视而不见，也就是著名的儒家荀子所说的"蔽"。迈克尔·伊格纳蒂夫（Michael Ignatieff）说："我们必须停止把人权当作王牌，而应把它当作创造协商基础的语言。"②

　　必须强调的是，正如绝对主义会被看成执迷不悟，不加批评的相对主义也会犯选择性错误，导致产生带有偏见的观点。比如，价值观并非只与文化相关，而是某种程度上与文化相关。在构建价值观的过程中，人性不可忽视的各个方面也在起作用。虽然做出道德判断（是、非、值得赞扬、可以接受、不明智、堕落等等）要在某一道德体系内进行，但道德体系是文化的构成，不可避免地涉及人们的天性，而至少有一些天性与文化的作用无关。人性具有可塑性，但并非无限的。他们具有一些任何道德体系都必须考虑的特点。因此，完全有可能所有的文化都用相同的术语（如"错误的"）来判断某些行为。也就是说，如前面所指出的，不管以何种可行的道德体系为标准，某些事情都可能是错误的。

　　有人指责说，"必须平等重视各种人权"与优先考虑经济权利相矛盾。③平等重视意味着权利的优先次序由最迫切的需要决定，而非由预先挑选的

　　① 邓特抗：《亚洲代表在 1993 年维也纳会议的陈述》，《亚太地区人权与国际关系》，第245 页。

　　② 迈克尔·伊格纳蒂夫：《作为政治与偶像崇拜的人权》（Michael Ignatieff, *Human Rights as Politics and Idolatry*, Princeton：Princeton University Press, 2001），第 95 页。

　　③ 陈祖为：《亚洲对普遍人权的挑战——一种哲学评价》，见邓特抗编《亚太地区的人权与国际关系》，第 31—32 页。

一组权利来决定。罗纳德·德沃金（Ronald Dworkin）区分了平等待人（treating people equally）和均等待人（treating them as equal）——均等地关爱他们（caring for them equally）。比如，在一个孩子生病另一个孩子健康时，家长会把药给有病的，这就是平等地对待孩子，而非把药均分给两个孩子，也就是均等地对待孩子。① 依此类推，我们可以很容易区分两种对待权利的方式，一是在任何情况下都给予所有的权利同等程度的重视，二是根据情况给予不同权利各自恰当程度的重视。后者为亚洲国家所倡导。

东亚国家代表强调经济权或生存权时，始终是与发展中国家需求的情境联系在一起的。比如，根据中国人权白皮书，"中国相信随着历史的发展，人权的概念和内涵也在不断地发展……对于发展中国家的人民来说，最紧要的人权仍然是生存权和经济、社会和文化发展的权利"。②

发展中国家优先重视生存权是充分考虑具体条件的必然结果。认为生存权比发达国家（高度的）言论自由权更重要并没有违反不可选择性原则，它是对特定情形下的特定需要作出的判断。这与荀子"善言古者必有节于今，善言天者必有征于人"（《荀子·性恶》）的主张是一致的。同样，那些要求强调某一特定权利的人，必须表明在特定的时间地点，它与真正的人类需求的关系。

这种意义上对非选择性的要求，并不意味着权利只存在一种有效的诠释。相反，其暗含的意义是，由于全世界社会、文化和经济条件复杂多样，人们对于权利的诠释和执行会有所不同。泰国前总理川·立派（Chuan Leekpai）曾说："权利的认识并非在真空中进行。它是社会的多个团体复杂互动的结果……因此，执行基本权利的方法自然会因社会经济、历史和文化背景及条件的不同而不同。"③

非选择性，与只有少数特定权利可以被普遍视为不可减少的人权并不冲突。这只是承认，任何可行的道德标准，在任何情况下都不会容忍对这

① 罗纳德·德沃金：《认真对待权利》，第 227 页。

② 国务院新闻办公室：《中国的人权状况（1991）》，第 59—60 页。

③ 转引自梅里·卡波莱罗－安东尼《人权，经济变化和政治发展——一种东南亚的视角》（Mely Caballero-Anthony, "Human Rights, Economic Change and Political Development: A Southeast Asian Perspective"），《亚太地区的人权与国际关系》，第 41 页。

些权利的侵犯。东亚的立场是，虽然不存在"核心"权利可以被侵犯的情况，但存在公民权利并非首要权利的情况。如果坚持在任何情况下都优先考虑那些权利，就是"有选择性"的。

这一切并非证明，亚洲代表从没有使用过激的言辞表达他们的观点。比如，刘华秋下面的表述可能会使人产生误解："权利概念是一个不可分割的整体……人权的各个方面相互依存，同等重要，不可分割，不可或缺。"① 至少在某种程度上，这是权利倡导者的语言，照搬这些语言意味着对他们的让步。也许我们应该这样理解东亚这一似乎矛盾的立场：他们对这些术语和观点的理解不同,② 或者理解的角度根本不同，而并非立场本身的矛盾。

四　博采众长的权利观

在近作《世界人权的演进——观念透视》中，保罗·戈登·劳伦（Paul Gordon Lauren）谈到要"宣布一种世界人权观"。③ 他这样写道："有些非常勇于创新的人想象了一种不同的世界，人人都享受平等和有尊严的待遇……后来慢慢地开始出现一些观点，认为所有男人和女人对那些需要帮助的人负有一定的责任，都拥有某些人之为人的自然的或不可剥夺的权利。"④ 这种观点结合了两种不同的思想：其一是对更美好世界（更好的环境）的想象，其二是对世界特殊的形而上学的理解。我们要预见或不懈地创造一个世界吗？在这个世界里，我们所称的"人权"思想，基本上得到正式的普遍承认，只要是人就可享有这些权利。或者，我们被要求接受一种形而上学？它认为"仅仅因为我们是人"，我

---

① 邓特抗：《亚洲代表在 1993 年维也纳会议的陈述》，《亚太地区人权与国际关系》，第214 页。

② 比如，国际特赦组织的秘书长皮埃尔·萨耐（Pierre Sané）说："人权不是相对的。它们不能被分割或排列等级。所有的人权都是普遍的和不可分割的。"［皮埃尔·萨耐：《人权是普遍的》（"Human Rights are Universal"），见玛丽·E. 威廉姆斯编《人权——对立的观点》（Mary E. Williams，ed.，*Human Rights*：*Opposing Viewpoints*，San Diego：Greenhaven Press，1998），第 18页］他这样说的时候，心里想的"不可分割"可能是另一意义的概念。

③ 劳伦：《世界人权的演进——观念透视》（*The Evolution of International Human Rights*：*Visions Seen*，Philadelphia：University of Pennsylvania Press，1998），第 234 页。

④ 同上书，第 35—36 页。

们天生或自然拥有这些"不可剥夺的"权利。① 第一种观点包含着道德
范畴建立过程中的创造性成分，第二种观点否定了这一成分。从实际角
度而言，只有第一种观点能为众多对世界有不同理解的不同文化和社会
所接受。尽管有一种观点认为，人权必定与人性相关，但这种观点的任
何具体版本其实又是对人性的特定诠释，某种程度上是想象的理想的
折射。

儒家有普遍人权的观点吗？引征著名古典儒家支持权利的言辞，也许
能找到肯定的答案。比如，劳伦引用过荀子的话："为了消除忧虑、减少
争斗，没有比在明确承认个人权利基础上建立共同的生活更有效了。"②
不用查原典就知道荀子没有说过这样的话，因为没有办法用中国概念表达
这样的思想。阿拉斯代尔·麦金太尔说："直到中世纪快结束之前，在古
代或中世纪的语言中没有什么词能被准确地翻译成'权利'；大约1400
年前，古代或中世纪的希伯来语、希腊语、拉丁语或阿拉伯语均缺乏表达
这一概念的语汇，更不用说古英语了，而晚至19世纪中期日语还没有类
似的表达。"③ 其实，荀子是这样说的："救祸除患，则莫若明分使群矣。"
（《荀子·性恶》）④ 这很难说是对建立在天生平等基础上的普遍人权的赞
同和认可。

虽然权利不是传统儒学词汇的一部分，但儒学是不断演进的道德话
语，从一开始就致力于应对类似权利倡导者们所关心的问题。孔子、孟
子和荀子都把惠民作为头等重要的问题加以考虑，⑤ 强调公平的重要
性，⑥ 并提出了以仁、礼为中心可操作的社会体制，仁和礼也许在保全人

---

① 下面的言论也结合了这两种"观点"，既谈及第一种观点，但使用的语言又暗示了第二
种观点："国际人权倡导者们……的脑海中浮现一个世界，所有的人，仅仅因为他们是人，都可
以享受某些基本的、与生俱来的权利。"（劳伦：《世界人权的演进——观念透视》，第1页，着
重号为作者所加）。

② 劳伦：《世界人权的演进——观念透视》，第10页。

③ 麦金太尔：《追寻美德》，第67页。同时参见罗思文《为什么要认真对待权利？——儒
家的批评》，载罗纳编《人权与世界宗教》，第173页。"权利"（rights）在汉语中是一个新词。
荀子有关"权利"的论述，见安靖如《人权与中国思想》，第108—109、151页。

④ 很明显，被解释成"人权"的那个汉字是"分"，意思是"角色"或"职责"。但角色
或职责的确定要视具体条件下的各种关系而定，并非全人类都相同。

⑤ 见《论语·雍也》30、《尧曰》2和《孟子·尽心下》14。

⑥ 见《论语·公冶长》16、《雍也》22和《荀子》王志民（John Rnoblock）译本，第9篇
（《王制》）第2节、第9篇第19a节。

的尊严方面比人权概念做得更好。① 虽然儒家，特别是荀子，坚决主张严厉惩罚那些对社会构成威胁的行为，但他们绝对不支持野蛮残暴②，主张宽恕小过错。③ 但是，只要有可能，他们更偏好采用非正式的协商方式调和差异而不喜欢诉诸正式的法律程序；④ 更偏好人性化的而非刻板的模式。

　　但儒学接受权利本身吗？在历史上，儒学显得特别宽容且适应性强，在必要的时候能吸收和改造道家、墨家和佛教的思想为己所用。当代东亚国家的代表们别无选择，不得不接受权利概念，甚至在他们重新表达亚洲——很大程度上是儒家——价值观时，他们并非毫无批判地接受人权概念。实际上，他们与全球发展中国家在政治上结成联盟，重新塑造了权利观念。⑤ "绝对的、不顾历史的和普遍权利的言论与中国哲学和文化传统不一致。希望中国全盘接受美国人权思想体系是永远无法实现的梦想。中国可能采取更加以权利为导向的公共政策，但即使那样，中国的权利仍将是具有中国特色的权利。"⑥ 如果儒学可以接受权利，那也是吸收众家之长的权利。

――――――――――

　　① 华霭仁（Irene Bloom）说："孔子把礼仪视为一种历史悠久的传统手段，用于庆祝重大活动以及日常生活的普通事件、确保人们相互交往的平衡和尊严、恰当表达人类情感、遵守有益于培养特定道德态度的各种形式。"

　　② 见《论语·尧曰》2 和《荀子》王志民译本，第 28 篇（《宥坐》）第 3 节。

　　③ 见《论语·子路》2。

　　④ "处理诉讼，我与其他人相同。但如果有一点差异，那就是我首先尽量让当事双方不采取诉讼的方式。"（原文："听讼，吾犹人也。必也使无讼乎！"《论语·颜渊》13）参见 "用法律政策来引导他们，用刑罚来规范他们，民众只求免于受罚但没有羞耻感。用德（charismatic virtue）来引导他们，用礼来规范他们，他们就有羞耻感而进一步改造自己。"（原文："道之以政，齐之以刑，民免而无耻；道之以德，齐之以礼，有耻且格。"《论语·为政》3）

　　⑤ 作为其观点影响力的不幸证明，美国原来是人权强有力的支持者，由于没有对消极权利的优先性作出道德论证，现在在所有的目的和意图上已放弃其领导角色。托尼·埃文斯（Tony Evans）解释说："大多数理论家认为，霸权的存在如果不是制度创新（regime creation）的充分条件，也是必要条件。由此出发，霸权却能够通过不提供制度创新所需的资源来阻止任何不为自己服务的制度创新。美国发现自己在人权大会上抵挡不住欠发达和社会主义国家联盟的挑战。新出现的制度，其形式、内容和特点远远偏离了美国政府 '二战' 后制定的有限自由政纲。由于害怕对于种族歧视、许多州的社会和经济政策的质疑，国内的兴趣开始转向，致力于保证美国不批准任何具有法律约束力的人权协议。"托尼·埃文斯：《美国霸权与普遍人权计划》（US Hegemony and the Project of Universal Human Rights，New York：St. Martin's Press，1996），第 179—180 页。

　　⑥ 皮文睿：《中国的权利怎么了？——通往中国特色的权利理论》，《哈佛人权》（vol. 6，1993），第 57 页。

虽然儒学可能支持普遍人权的理论，但如果仍要保持儒家特色，它不会强调人权这一方面的内容，因为儒学觉得没有理由去塑造带有强烈权利色彩的文化。比如，儒家对西方权利的法律对抗方式感到不安。"对抗式控辩是我们法庭体系的象征。在西方，'人权'的意义与这种对抗式思维的影响密不可分，因为它是构想人权的一个语境。"① 从儒学的角度看，如果过分强调被看成法律机制的权利，那么非正式机制（informal mechanisms），比如礼，可能就会受到侵蚀，而非正式机制的维持对维护社会的健康至关重要：

> 没有什么比强调和捍卫人格的尊严更重要。但必须把"人格"与"个体的人"区分开来……个体的人是单独的结；人格是围绕在结周围的经纬……当然，没有结，网就会散乱；但没有网，结甚至都不可能存在。不顾一切地捍卫个人权利，可能会对他人甚至对自己产生负面的或不公正的影响。②

瞿同祖曾在广征博引几段儒家典籍后总结道："儒家坚信……国家的治乱兴衰……完全取决于礼的维持与否。"③ 某种程度上，权利似乎削弱了礼仪，所以它们将继续受到抵制。

如果权利不能被看作借以提出个人要求的凭借，在儒家看来，它们却可以被看成负责任的政府必须为每个人提供的东西。"在中国的情境中坚持自己的权利是一种文化错误……人们必须学会协商和妥协。"④但是，儒家认为，应该接受非对抗、非自私的话语和谈判模式维持的权利。

权利应被视为不断演进的、可协商的、与情境相适应的严肃规范。其

---

① 熊玠：《东亚视野中的人权》（James C. Hsiung, "Human Rights in an East Asian Perspective"），载熊玠编《东亚人权》（*Human Rights in East Asia*, New York：Paragon House Publishers, 1985），第 5 页。

② 潘内卡尔：《人权观念是西方概念吗？》（Pannikar, "Is the Notion of Human Rights a Western Concept"），《情景中的国际人权：法律、政治、道德》，第 206—207 页。

③ 瞿同祖：《中国法律与中国社会》（Ch'ü T'ung-Tsu, *Law and Society in Traditional China*, Rainbow-Bridge Book Co., 1965），第 241 页。

④ 皮文睿：《中国的权利怎么了——通往中国特色的权利理论》，《哈佛人权》（vol. 6, 1993），第 46 页。

实，西方在实践中正是这样对待权利的。权利可能在不同的地方有不同的演进方式，对不同的情境作出不同的调适，通过不同的方式被协商。这一切并不意味着世界上只有一个地方重视权利，或者只有一种文化的权利观正当。

人权有时被转变成维护人的尊严的问题。然而，考斯甘说，大多数东亚国家"都有自己的传统，统治者有义务以一种与其臣民的尊严协调一致的方式治理国家，即使他们没有像在西方那样发展而来的'权利'概念"。① 以维护人的尊严的名义，企图把权利理论强加给偏重以礼为中心进行治理的文化，确实具有很大的讽刺意义。因为通过半自愿的活动心平气和地解决纠纷比上法庭要求自己的权利要有尊严得多。雷洛伊·S. 罗纳（Leroy S. Rouner）的见解不无道理："中国对人的尊严的理解有一大优点，即礼义实践在很大程度上把人文主义价值观罗织进文化结构中，通过社会压力而非惩罚或法律诉讼加以维持。在中国人看来，对法律过分依赖，把人权理解成法律原则，会有损人性并减损尊严的人性根源。"② 迈克尔·伊格纳蒂夫这样总结亚洲的论点："西方个人主义对享受权利本身所需的秩序具有破坏作用。"③

道德体系能否保障权利，以及"权利"本身是否构成道德体系的一部分，这两个问题必须加以区分。如果把权利用作衡量道德体系的标准，则只有前一标准是合法的。有些事情可以一致被看成是对人权的侵犯，对此人们没有太大的争议。但是，所有社会都必须依靠强有力的法律体制来保障权利、治理国家，这种思想就不无令人质疑。④ "我们发现我们最受

① 考斯甘：《亚洲的不同标准》，《情景中的国际人权：法律、政治、道德》，第 227 页。
② 罗纳编：《人权与世界宗教》，第 13 页。
③ 伊格纳蒂夫：《作为政治与偶像崇拜的人权》，第 63 页。
④ 比如，斯蒂文·J. 胡德（Steven J. Hood）就非常令人吃惊地吹嘘："在民主社会里，达到一定年龄的孩子有离开自己父母的权利。而且，如果他们愿意，还有不再与他们联系的权利。"[《在非西方传统中寻找人权》（"Rights Hunting in Non-western Traditions"），见贝尔等编《协商文化与人权》，第 109 页] 这是否应该成为一种权利，目前还尚不清楚。这类要求被当成一种权利，表明过度关注权利的危险。另一方面，认真的思想家们会指出，做某事的权利与做某事的正当性之间有差别（参见德沃金《认真对待权利》，第 188—189 页）。但是，人们有充分的理由担心，在实践中这种差别可能被忘记，以致人们会形成这样的印象，有权做的事情都是可以做的事情。

保障的权利并非与其他权利对立而是合作共存。"① 另外，对于什么是权利，如果判断标准是其对于提升人的尊严的必要性，那么这倾向于将积极权利纳入视野。因为，正如奥斯卡·萨赫特（Oscar Schachter）所说："毫无疑问，一个处于凄苦条件下被剥夺生存手段、没有工作机会的人，其尊严感和内在价值会受到公开的侮辱和蔑视。"②

按照儒家的权利观，人民享有善治（good governance）的权利，其特点是：把人民的利益放在首位（仁政），很大程度上通过礼的有效实施来执行，人民以义的方式为所有的人谋求利益，并昭显自己的德，因德而获得提升；人民的利益非常广泛，不仅包括减轻疾苦，还包括更高层次的利益，人民能从"和而不同"的生活方式中找到价值和意义。如果这既是儒家的观点，却又不能充分描述当代中国的实际情况，对于那些想让中国积极参与人权建设的人来说，考虑的问题应该是"我们怎样帮助他们使其人权观念付诸现实？"而不是"我们怎样可以用自己的人权观念来取代他们的？"

五　权利政治

保罗·劳伦承认，"权利的观点和语言也可成为双刃剑"。③ 就是说，权利可以被用来反对同时也可以保护少数人，或政治经济弱势群体的利益。比如，言论自由的权利允许那些拥有最多资源的人（通过广告、游说等）推销损人利己的政策。"因此，有关财产权的主张很容易被用来捍卫少数富有者的巨额财富，而许多没有财产的穷人却一贫如洗。根据定义，私有财产甚至包括活生生的人：奴隶、农奴和妇女。"④ 还有，"在美国，公司通过捐资妨碍政府阻止不正当的竞选过程……言论自由的权利被用来加强牢不可破的权力集团的操控"。⑤ 通过把"权利"（the right）置

---

① 贝尔等编：《协商文化与人权》，第 19 页。

② 萨赫特：《作为规范概念的人的尊严》（"Human Dignity as a Normative Concept"），见《情景中的国际人权：法律、政治、道德》，第 225 页。

③ 劳伦：《世界人权的演进——观念透视》，第 26 页。

④ 同上。

⑤ 卡尔·克莱尔：《自由理论与民主重建》（Karl Klare, "Legal Theory and Democratic Reconstruction"），见《情景中的国际人权：法律、政治、道德》，第 178 页。

于"善"（the good）之上，把权利概念限于消极权利，那么受到保护的既非善也非权利。罗思文甚至这样说："如果充分展示个人权利和社会正义的含义，它们很可能是互不相容的两个概念。"[1] 在其他地方，罗思文详细阐述了这一论题：

> 第一代人权（即消极人权）建立在自由选择的自主个体的基础之上。它们可能确实能使人民免于专制政府的肆意妄为，但也可用作维护世界财富日益分配不均的工具，为跨国公司的为所欲为提供合法的借口，导致了社群的日渐消失。[2]

由110个非政府组织代表发布的宣言探讨了同一话题，他们猛烈抨击："市场权利并不是人权。'一美元，一张选票'并不是民主。剥削的自由不能给穷人带来经济权利。"他们解释说："工人的经济权利，特别是他们达到适当生活标准的权利，通常在（亚太）地区被忽视。像国际货币基金和世界银行这样的跨国公司和机构，有时也在经济自由的名义下侵害这种权利。侵犯工人权利的地区很多是北方国家，也正是它们向南方鼓吹人权的。"[3]

六　道德实在论、复杂性和建设性参与

有些人认为道德是不可妥协的（non-negotiable），把它看作是可妥协的就是放弃一切标准。例如，蒂莫西·杰克逊（Timothy Jackson）坚称，"放弃（道德）实在论必然会使社会失去建立或维持自由、平等或兄弟之情——更不用说姐妹之情——的必要条件。这样的社会可以依靠体现在自由制度和传统中的文化资本发展一段时间，但一种纯粹传统的美德不会持

---

[1]　罗思文：《中国借镜——对政治经济学与社会的道德反思》，第68页。

[2]　罗思文：《理性与宗教经验——世界精神传统的持续关联》（*Rationality and Religious Experience: The Continuing Relevance of the World's Spiritual Traditions*, Chicago: Open Court 2001），第90页。

[3]　《曼谷非政府组织宣言》（Bangkok NGO Declaration 2001），见贝尔等编《协商文化与人权》，第398、402页。

久"。① 珍妮弗・古德曼（Jennifer Goodman）也表达了同样的担忧："使任何普遍原则成为妥协的产物将会破坏其作为一种理想。它将失去作为自然法则或天赋权利的超越性实体而具有的力量。原则将变成契约各方同意遵守的惯例，契约应当事人的要求可以作调整。也就是说，契约可以随意被修改、取消或修正，因为它们仅是纸上的文字。"② 黎安友（Andrew Nathan）在总结论文集《协商文化与人权》中的文字时说："最后，我们大多数论者认为，除了论证价值的普遍有效性外，论证任何其他形式的有效性都会自相矛盾。有些事情被认为具有相对正确性，这种判断不能称作价值观，最多只代表个人偏好。康德警告说道德哲学不是人类学。如果人权属于价值问题，争论的问题应该是：它们是正确还是错误，而非在多大范围被人们拥有。"③

东亚立场恰到好处地否定了实在论和约定论、普遍主义和相对主义之间假想的二元对立。"真正富有成效的对话能扩大和加深共识……需要在空洞不现实的普遍主义和具有麻痹性的文化相对主义之间找到平衡点。所有人权都具有普遍性的神话，如果掩盖了亚洲和西方国家人权观的差异，这将会有害无益。否认差异并不能弥合差异。"④

最好不要问一种价值观是"正确或错误"，而要问它的正确性能否在实践中得到证实。问题的变化与基本世界观的变化密切相关。⑤ 价值观有效性的问题并非只有一个答案。某一体系中某一组成部分的有效性不能单

---

① 转引自佩里《人权的观念——四种探究》，第37页。

② 珍妮弗・R.古德曼：《歧义的对话——三个峡谷，两种文化，一种天性》（Jennifer R. Goodman，"Dedichotomizing Discourse：Three Gorges，Two Cultures，One Nature"），见贝尔等编《协商文化与人权》，第375页。

③ 黎安友：《普遍主义：一种排他主义的解释》，《协商文化与人权》，第359页。黎安友的确承认，"每一件事都是在某时某地、特定的具体条件下发生。从这种意义上讲，每一社会现象本质上都是特殊的。社会现象所具有的普遍性是概念性的、强加的和假设的，并非现象本身所具有。普遍现象的合理性在于解释的合理性，并非那些事实存在任何本质上具有普遍性的东西"（第364页）。

④ 考斯甘：《亚洲的不同标准》，《情景中的国际人权：法律、政治、道德》，第229页。

⑤ 这个"另外的世界观"为其他众多的观点留下了余地。从这一角度看，"人权是窗口，文化可以通过它设想一个公平的秩序。但生活在其中的人们看不到这一窗口，他们需要透过另一窗口的另一文化的帮助……我们要扩大视野让人们意识到有……而且必须有……多种窗口吗？后一种选择有利于健康的多元主义"（潘内卡尔：《人权观念是西方概念吗》，《情景中的国际人权：法律、政治、道德》，第203页）。

独进行评价。问题应该是这样的：（1）在特定的体系中它是有效的吗？（2）这整个体系是合理的吗？有时包含不同价值观的不同体系都可能在实践中被证明是正确的。它们是否被证明为正确，至少在某种程度上，是一个经验问题。虽然在亚洲价值争论中提出的哲学问题并非新问题，[1] 但它们现在比历史上任何时候都需要认真对待，因为不同体系能否在实践中证实自己的正确性，这个经验性问题的答案显示是肯定的。[2]

　　两个接受相似伦理标准但发展出不同制度的社会，都在不同程度上实现了各种善，很难客观地判断哪个社会做得更好。还有可能，不同的社会具有不同但又重叠的愿望，[3] 仍不可能判定哪一个社会最好。这种情况现在比较容易想象，因为差异较大的社会之间似乎仍存在着相同的道德。肯尼斯·莫里斯说："'谁更好？'是一个引起无止境争议的愚蠢问题。新加坡应该和美国还是底特律相比较？日本该和美国还是意大利比较？可以肯定地说，把社会和谐措施和权利侵犯事例加起来考虑，很多亚洲国家与西

---

　　① 他们也是在西方哲学传统的熏陶下成长起来的。肯尼斯·E. 莫里斯把传统的人权批评分为两类：本体论批评和目的论批评。见莫里斯《西方的辩白与对人权的辩护——一种社群主义的出路》，《协商文化与人权》，第70—73 页。

　　② 日本的例子有助于说明问题。伯克斯（Ardath W. Burks）在《日本：东亚人权的领头羊》一文中，全面公正地描绘了日本法律和社会在人权方面的优点、缺点和有争议的地方。他总结说："自从 1952 年日本重新行使主权，这个民族的人享受了一定程度的个人自由。某个观察家曾说：这'接近于任何民主宪政体制下所能获得的最大自由'。或许是因为人们拥有强烈的文化认同感，并强调社会关系的和谐一致。"［阿戴斯·W. 伯克斯：《日本：东亚人权的领头羊》（"Japan：The Bellwether of East Asian Human Rights"），熊玠编：《东亚人权》，第47 页］伯克斯还说："日本最高法院始终如一地支持，公共福利（kôkyô no fukushi）可以限制某些基本自由。"（第37 页）他还说："有法律文献为证：第12 条规定享有自由的人'有责任把自由用于公共福利'；第13 条（'生命、自由和追求幸福'的权利）对权利的限制是'不妨碍公共福利'；同样，第22 条（居住和使用权）和第29 条（财产权）也受限于对公共福利的考虑。"（第50—51 页，注 28）伯克斯注意到日本最高法院规定"加强公共福利才能获得最大的自由"（第46 页），这样，"日本新宪法尽管明显地带着美国的痕迹，但选择了尊重个人而非个人主义"（第47 页，着重号为原文作者所加）。请参阅熊玠在谈到东亚人权模式的成功时对东亚五个国家和地区（中国大陆、中国台湾地区和日本、朝鲜、韩国）的评价。

　　③ 在此我们可以考虑一下积极权利和消极权利支持者分歧后面所隐藏的价值观差异。"积极权利和消极权利与不同的心理属性有关。因此，在群体层面上与一个社会中不同的价值集群有关。支持'免于……的自由'的人特别强调允许个人承担责任的正义原则，反对侵犯或无正当理由限制个人想做的事情。支持'享有……的自由'的人强调别人的需求、目标和感受，支持鼓励人们靠自己的努力'公平分享'社会成果的正义原则。"［理查德·W. 威尔逊：《中华人民共和国的权利》（"Rights in the People's Republic of China"），见熊玠编《东亚人权》，第117 页］

方国家相比具有优势。"①

古德曼认为,"普遍原则"如果没有超越性实体的支撑,其作为绝对和永恒标准的力量就会受到削弱。即使他的观点是正确的,这样的结果仍不能证明超越性实体的存在,或者假定它的存在是明智的做法。② 现在要作出以下判断似乎还为时过早:不可变更的标准优于不断演进的标准,单义的标准优于多形态的标准。充满关切又具有理智的人们在反思具体情境的特殊性、人性的倾向、持久广泛的价值,乃至允许价值可以互有差异的方式的过程中,其所产生的建设性标准绝不能仅仅称为惯例(conventions)。

另一方面,道德实在论对道德难题的精致解决办法与错综复杂的道德情形并不协调。众所周知,美国比其他任何国家排放了更多的二氧化碳。如果全球变暖与二氧化碳的排放相关的理论精确无误,很多发展中国家,特别是非洲国家,还有亚洲国家和一些小岛国,将受到太大的负面影响。③ 这里的"负面影响"当然是委婉之语。这绝不是功利性得失大或小的问题,而是许许多多的人将失去生命。但是,此预测的根据是下面的假设:如果地球变暖很多,则会造成灾难和死亡。现在,美国(或美国的公司或个人)有权利把大量的二氧化碳排放到空气中吗?如果答案是肯定的,那么有权利排放多少、多重?一般而言,一个人有权(毫无顾忌地)危害他人吗?他人有权不受其危害吗?一般而言,权利理论怎样应对可能发生的事情?

反恐战争和其他战争一样,也引起了非常棘手的难题。无辜贫民被牺牲,或可委婉地称为"附带损伤"。在这种情况下,不确定性涉及的不是"如果"的问题,而是"谁"和"多少"的问题。当然,这可以被认为是生命与生命的权衡(tradeoff),而不是生命与经济利益的权衡。但如果

① 莫里斯:《西方的辩白与对人权的辩护——一种社群主义的出路》,《协商文化与人权》,第92页,注10。

② "《世界人权宣言》不是摩西从山上拿下来的石板,它是由凡人起草的文件。所有的国际准则如果要达成共识,一定要通过不同观点的不断碰撞,慢慢协调而成。"(考斯甘:《亚洲的不同标准》,《情景中的国际人权:法律、政治、道德》,第230页)

③ 野口纯子:《京都议定书:通过发展中国家的参与为协调公平与效率而奋斗》(Noguchi Junko, "The Kyoto Protocol: The Struggle to Reconcile Equity and Efficiency through the Involvement of Developing Countries"),新泽西州立大学硕士学位论文(MA thesis, Rutgers, State University of New Jersey, 2002),第25—38页。

生命权这样最基本的权利，都可以在此被交换，那为什么其他情况下不能如此呢？

对这些问题，我没有具体的解答。然而，我希望它们能进一步阐明，权利是一个复杂而棘手的问题，① 尤其很难靠简单的理论或推演来解决。前韩国外交部长韩升洙（Han Sung-joo）在1993年的维也纳会议上发言说："我们必须记住，用简单和自以为是的方法对待人权问题会造成适得其反的结果……同情心和实用主义而非主观的道德主义，应该成为我们的指导原则。"② 因为，正如王根成所说："简单的概括性公式不适用于人权问题。"③ 我们的道德困境是一个泥潭，简单的公式化处理无法使我们摆脱困境。在我们致力于减轻苦难促进成功的时候，如果要建设一个既公平又可行的道德世界，我们需要拥有宽广的心胸和视野，研究建设性的策略来有效地做到这一切。虽然"权利"可能会起到一定的作用，但我们不应该蔽于意识形态的影响，包括权利的意识形态。

道德情形的复杂性表明，建设性的对话模式也许比基于想象中的固定概念如"权利"的法律判决能提供更合理的办法，以通过协商创造一个更美好的世界。虽然争论各方都有充足的理由怀疑别人的动机，但如果我们真正要尊重别人的人格尊严，我们就有必要尊重他们的观点，特别是在这些观点代表着永恒而又普遍的文化信念的时候。

从纯实际的角度来看，强迫别人顺从也许并非达成协议的最佳办法。比如，"西方去维也纳谴责亚洲企图破坏普遍性的理想，说会议如果失

---

① 如果把群体权利也考虑在内，权利问题将变得更加复杂。除提醒这个问题与个人权利有密不可分的关系外，笔者不想做更深的探讨。全美人类学学会（American Anthropological Association）1947年有关人权的陈述中有一点非常正确："个体的人通过文化来发展自己的个性，因此对个人差异的尊重意味着对文化差异的尊重。也就是说，个体认同的群体如果没有自由，个体也不可能有自由。"［美国人类学学会：《关于人权的声明（1996）》（"Statement on Human Rights"，1996），见《情景中的国际人权：法律、政治、道德》，第199页］罗伯特·威尔也说"中国也坚持认为，国家主权和个人自由一样也是人权问题。因此，美国把自己的意志强加给中国人的企图被视为侵犯了中国人自主自决的人权"［罗伯特·威尔：《忽略亚洲价值的国际人权标准》（Robert Weil，"International Human Rights Standards Neglect Asian Values"），见威廉姆斯编《人权——对立的观点》，第28页］。

② 邓特抗：《亚洲代表在1993年维也纳会议的陈述》，《亚太地区人权与国际关系》，第220页。

③ 同上书，第246页。

败，则要坚决地归咎于亚洲。不可避免地，亚洲会奋起反击"。[1] 我们从事跨文化道德话语建设时，最好牢记荀子关于道德对话的标准："故礼恭而后可与言道之方，辞顺而后可与言道之理，色从而后可与言道之致。"（《荀子·劝学》）采取恭敬的姿态，我们就达到了尊重他人尊严的标准，促进真正的对话，并为相互学习和道德的互惠创造空间。

　　柯雄文（A. S. Cua）提供了富有成效的跨文化道德对话的儒家策略。为使不同文化和伦理传统之间进行富有成效的道德问题讨论，他给出了一些跨文化原则的建议。这一规划设想"论辩作为双方共同合作的事业，旨在于为某一道德社群里那些热心而又负责的成员所共同关心的问题找到合理的解决办法"。[2] 在这个模式里，参与争论的各方被看成是想维持和谐的社群而非想判定谁是谁非。"这种对待人类冲突的态度（也就是仁的态度）中隐藏着一种人际关系模式，在这里，争议被看成是道德社群中自愿仲裁和调解，而不是法律裁决的主题。"[3]（这既适用于具体的争议，也适用于一般问题，如善治的理论问题。）法律裁定是判决谁是谁非，使得被判有错的一方总觉得"冤枉"。相反，自愿仲裁和调解的目的，至少是达致可共同接受的协议，最好能取得建立在相互理解基础上的意见一致与社群和谐。善意的人们可以在很多基本的伦理问题上达成一致。同时，广泛和认真构想的一致并不意味着另一种好的一致是不可能的。

　　人们完全有可能接受共享的标准而不把单一的结构强加于道德世界。承认这一点，并把权利看作有利于达成共享标准的构想（constructs），而不是普遍的道德真理，这样就使我们更加靠近东亚的立场，减少东亚对权利的抵触。放弃那些过于强烈的普遍主义主张，不会削弱实施权利法律的要求。的确，根据特殊情形的需要对权利主张做适当的调整，反而可能增加这些主张的说服力。

　　（作者单位：美国纽约州立大学普拉兹堡分校。梁涛、曾春莲译）

---

　　① 考斯甘：《亚洲的不同标准》，《情景中的国际人权：法律、政治、道德》，第 229 页。

　　② 柯雄文：《道德构想与传统——中国伦理论集》（A. S. Cua, *Moral Vision and Tradition: Essays in Chinese Ethics*, Washington, D. C.: Catholic University of America Press, 1998），第 303 页。

　　③ 同上书，第 311 页。

内在的尊严

——中国传统与人权

［德］罗哲海（Heiner Roetz）

一

人权问题是否构成"文明冲突"问题的一部分？这是当今比较文化研究和国际政治学论辩中最热烈的话题之一。有观点认为，人权作为个体享有的与国家相关的权利，本质上是文化的而非社会的概念，这一观点在东西方都得到了一定支持。萨缪尔·亨廷顿（Samuel Huntington）是该观点最著名的拥护者之一。这种文化论的观点也在一定程度上得到了 1993 年《曼谷宣言》各签署国及许多西方政治家的肯定。这一观点总体上与务实和发展的考虑相互交织，[①] 获得了普遍认同。之所以如此，可能是源于这一事实——它能最有效地应对批评。

----

① 至于中国，首先讨论的实际问题是在过热的经济"现代化"进程中，不断增长的人口问题、环境危机和社会畸形。考虑到中国之大，类似上述的这些"现实压力"似乎要求一个强硬的中央控制和专制的手段。然而，没有充分的证据表明，一个民主政权不能有效地应对这些难题。中国政府一直强调的发展的观点（参见中国国务院办公厅 1991 年发表的《中国的人权状况》白皮书以及随后的一些说明），声称为了保护最基本的人权，即生存权，国家的首要任务就是发展经济。这符合大多数人的利益，本质上就是民主的。"生存权"和相应的集体"发展权"赋予了政府强有力的地位，因而削弱了与国家相关的个人政治权利和保护权利的地位。西方对这类问题的类似看法是，推进中国政治改革的最好方法是无限制开放的市场经济，而不必对当前侵犯人权的情况大惊小怪。

　　下文中我将探讨，为何在我看来，关于人权的文化论观点是经不起推敲的。我将聚焦中国。

　　按照经验，东西方（或北大西洋和亚洲之间、南北之间）关于人权问题的冲突是个"伪冲突"。在辩论中，首要的冲突并非发生在东西方国家之间，而是在国家之内，发生于非政府组织及相关个体，与独裁政权及其西方支持者之间。诚然，绝大多数西方国家在宪法和体制内已承认并实现了基本人权。然而，西方民主尚未按照人权标准处理的，本质上是它与其他文化间的关系。这些关系一直以来都受到战略和经济利益主导，因此也一直暗示了对人权的公然违背——西方和东方，包括与中国之间的"会谈"从未实现。此外，只要有可能，这种战略性的态度就在全球各地促成与极权政府的合作关系。我们有理由认为，西方这种行为对人权的破坏，远大于他们所指责的与非西方文化传统"不兼容性"的危害。因此不难理解，代表这种政策的西方国家，摇身变成别国人权卫士的时候，很难被认真对待。但这种战略优先考虑并不能被简单谴责为前后不一。它实际上与对"占有的个人主义"（possessive individual）这一人权主体的片面理解联系在一起，这一西方人权观念虽是古典的，但至今仍十分流行。这种片面理解还时常导致对社会正义问题的视而不见，特别是在全球层面上。

　　不仅在事实上，从理论观点出发，人权的观念也不局限于任何一种"文化"，或是某一文化的属性。诚然，它是西方文明的历史产物，追溯起来可与犹太基督教传统的核心观念相联系。该观念涉及所有的一神论——这是维护普遍性的一个依据；也涉及人类拥有上帝形象的观点——这是人类尊严的一个依据。然而，这两方面本身都包含矛盾且可能产生歧义。一神论普遍性的观点，仅在宗教意义上，造成了强制的统一而非宽容。它甚至是追求良知自由之人权的最重要的消极原因（在中国程度不确定）。① 同样，人类和上帝的相似性，受制于其原罪说，这使其需要依靠宗教活动来赎罪。基督教自然法关于人权的概念也是模棱两可的，因为

---

　　① 在中国的著述中常见一个话题，是在传统的中国，人们比在前现代的西方事实上享有更多自由。例如，参见孙中山《三民主义，民权主义，第二讲》（1925），《孙中山选集》第 2 卷，香港：中华书局 1973 年版，第 678—680 页；梁漱溟《中国文化要义》（1949），生活·读书·新知三联书店 1987 年版，第 256 页；唐君毅《人文精神之重建》，台北：学生书局 1988 年版，第 366—368 页。

"自然"的概念本身就很模糊（可能同时包含人的平等和不平等）。典型例子是，历史上人权最严酷的敌人是 19 世纪的天主教教皇们，且天主教会直到 19 世纪 60 年代的第二次梵蒂冈大公会议之前都未曾承认人权。类似的质疑在新教的基本理论中也能找到。[①]

人权的观念，与其说是单一文化始终以此为目标的合乎逻辑发展的结果，[②] 不如说是传统没落的产物。在人权被尊为西方文化的"本质"之前，这种文化经历了危机，人类长期以来共有的世界观彻底动摇了。人权观念于是被摆上台面，用于解决多元化的意见和新的生活方式间的冲突，人们需要寻找有利于共存的模式。当时，尚没有任何西方文明传统有意发展这一观念。从这个角度来说，很明显，人权制度并没有使文化或个体的真实性归于趋同。它实际上为包容文化间或文化内的差异提供了框架。[③]

如果人权观念是西方传统的产物，那么它是在源和流的双重意义上说的。然而，同样的双重关联也适用于其他文化传统，未必已经存在，也可以是潜在的。这主要涉及所谓的高级文化，但原则上，由于任何一种文化都建立在互惠的基本规则之上，故相应地都可以看作是人权的源头（见下文）。与文化主义者和正统基督教信奉者的观点相反，这些传统虽然可能在许多方面值得商榷，但都能以包容人权观念的方式很好地进行重建。我认为人权观念哲学上的合理性无需建立在这种重建的基础之上，因为它由定义而固有的普遍性超越了特定传统的范围。当然，由于实际原因，这些重建依然不可或缺，因为它们能通过认知的"包容效

---

① 关于此问题，参见克努特·瓦尔夫《圣经、教会法与人权：合法性与不足》（Knut Walf, "Evangelium, Kirchenrecht und Menschenrecht: Begründung und Defizite"），《资政》（Consilium, vol. 26, no. 2, 1990），第 112—118 页。

② 有关西方神话中关于民主和人权的内容，参见爱德华·弗里德曼《民主化：推广东亚价值》（Edward Friedman, "Democratization: Generalizing the East Asian Experience"），载弗里德曼《民主化政治：推广东亚价值》（The Politics of Democratization: Generalizing the East Experience, Boulder: Westview, 1994），第 19—57 页。

③ "人权普世的断言源自世界主义的观点。根据这种观点，当今世界的人们已足够相互依赖，需要一个普遍的道德与法律秩序。这一秩序并不要求统一的全球文化，而要求关于最低标准的一般框架。"参见迈克尔·弗里曼《人权、民主与"亚洲价值"》（Michael Freeman, "Human Rights, Democracy and 'Asian Values'"），《太平洋评论》（The Pacific Review, vol. 9, no. 3, 1990），第 363 页。

果"（anamnetic effect）促进文化间对人权观念的接纳，并消除文化身份威胁论的质疑。在这里我注意到哲学和语文学一个互补的任务，即对诠释学尤其是对东方研究的重要挑战。在下文我将尝试说明，汉学研究能够证明，认为中国文化传统与人权观念不兼容并不符合这一传统的实际情况。这些证据包括：（1）批评传统的传统，在系统中优先于其他观点；（2）关于"人类"或人的大致观念；（3）作为决定制度功能基点的不可剥夺的人的尊严概念，以及相应的对权力的批评；（4）个人自主意志的信条；（5）与国家相关的个人受保护的权利，至少是隐含的概念。

对传统的批评代表了形式或形上层面（meta-aspect），在系统中优先于其他几点，后者则代表了物质层面，围绕对权力的批评，继而可以本土的观念为手段来支持舶来的人权观念。以上几点在传统汉学中没有得到足够的揭示，一直未从 19 世纪的遗产中摆脱出来。其视野系统地受到了与调适诠释学（hermeneutics of accommodation）相对的比较诠释学（herme-neutics of contrast）的限制，比较诠释学可以追溯到韦伯（Weber）与黑格尔（Hegel），它将中国作为一个较之发达的西方在智识上落后的对立文化。近来的文化主义与后现代主义的转型大体上接受了这一图景，只是用中立或积极的评价代替了以往的负面评价。

二

在下文讨论人权时，我将着重于个人的权利，假定所谓的"集体权利"应当增强个人权利的享有，而不是论证对其的阻碍。我的讨论将聚焦儒家学说，因为它包含与本文主题相关的最有前景的计划（program），且常被看作在人权观念方面西方最主要的对立面。我将着重关注孟子的理论，因为他的著作最好地阐述了儒家伦理的道德实质，以及儒家伦理与政治间的张力。

（一）对传统的批判

理论上，文化主义有两个主张：经验主义的主张，即一种文化或文化传统的内容是 X，以及规范的主张，即一个人应当遵守 X。有讽刺意味的是，对这两种主张的背弃是大多数文化传统自身的重要内容。中国也有着值得我们注意的批评传统的传统，代表了对任何文化遗产神圣化的内在反驳，无论其内容是什么。这一传统是与最早的中国哲学一同建立的，后者总体上是对公元前 1000 年中期周朝社会衰落中传统崩坏的回应。这一形成民族性格的（formative）经验构成了"轴心时代"，并在哲学经典的一系列令人印象深刻的反传统讨论中得到了反映。① 他们通过逻辑的（传统意味着创新）、本体论的（真实无法被传播）、认识论的（过去并非清晰可辨）、历史的（时代已经改变）、经验的（传统过于多样化）、伦理的（传统生活方式可能与道德准则相抵触）以及反意识形态的（传统可以被塑造）思考对传统的可靠性和有效性提出质疑，表明传统并非明确和权威的存在，而是需要通过其他一些准则的阐释和辩护以使之合理化。例如，遵守已有的生活方式可能会接受同类相食、杀死婴孩、杀死年迈者等行为，因而与道德原则相悖。② 认可传统好比因为父亲是游泳好手，便将婴儿扔入河中一样。③ 相应地，公元前 3 世纪时出现了一个离开"成法"而承认"所以成法"④ 的政治焦点的转移，其实际结果已为人所熟知。围绕传统的辩论不仅构成了一个特殊的传统，还对中国哲学史上的大多数根本问题产生了直接影响。

这样一个批评传统的"二阶" ［卡尔·波普尔（K. Popper）］⑤ 传统的存在，揭示了文化本质论的荒谬，因为它表明对传统的批评态度正是传统自身的一部分。通过排除与旧的不相容的障碍，它不仅带来新的视角（例如人权观念），其歧出的、分离的观点也与人权观念固有的普遍

---

① 下文所述参见笔者《通向现代的桥梁：中国的批评传统之传统》（"Eine Brücke zur Moderne：Chinas Tradition der Traditionskritk"），载 C. 哈默与 B. 菲雷尔编《传统与现代——中国的宗教、哲学与文学》（C. Hammer and B. Führer, ed., *Tradition und Moderne：Religion, philosophie und Literatur in China*, edition cathay vol. 31, Dortmund：Projekt, 1997），第 15—35 页。

② 《墨子·节葬》，《诸子集成》第 4 册，香港：中华书局 1978 年版，第 115—116 页。参见笔者《轴心时代的儒家伦理——一向向后习俗思维突破的伦理重建》（*Confucian Ethics of the Axial Age：A Reconstruction under the Aspect of the Breakthrough toward Postconventional Thinking*, Albany：SUNY Press, 1993），第 242 页。

③ 《吕氏春秋》卷十五《察今》，《诸子集成》第 6 册，第 178 页。

④ 同上书，第 177 页。

⑤ "我的主题是我们认为'科学'不同于更古老的神话的地方，不在于它是与神话不同的东西，而是伴有一个'二阶'的传统——对神话批评讨论的传统。此前，只有一阶的传统。"见卡尔·波普尔《通向理性的传统理论》（"Towards a Rational Theory of Tradition"），《猜想与反驳》（*Conjectures and Refutation*, London：Routledge & Kegan Paul, 1963），第 127 页。

性（universilism）有着内在的密切联系，因为它在形式上共享了人权观念语境上和文化上的超越性。如果不考虑传统的非传统方面，而一味诉求所谓的"文化身份"（cultural identity），都将削弱其所维护的主张。

（二）"人"的概念

儒家通常被认为不懂得人的抽象概念，而这正是"人"权内在的持有者。这一辩论似乎在后毛泽东时代，中国反思70年代早期"批林批孔运动"后已告一段落，但由于这一话题的后现代主义诉求，使其又重新回到人们的生活中。

这一论点有几种变体。根据古典贵族或统治阶级的理论，只有等级的人才是"人"。角色论则认为人只是在"与特定的他人的关系"中的"角色全体"。[1] 而在性别论看来，女性不是人。最后，根据成就论，人只有在取得一定成就后才成为一个"人"。

在我看来，这些论断无一经得起推敲。由于本文不对此展开详细的探讨，我将只考虑最近在人权讨论中涉及最后两点的一些观点。[2] 关于性别论，胜雅律（Harro von Senger）认为对儒家来说，"女性似乎不属于'人'的概念，不等于'人类'"。他的根据是《论语·泰伯》20："武王

---

[1] 罗思文：《为什么要认真对待权利？——儒家的批评》，载罗纳编《人权与世界宗教》，第177页，及《权利个体与角色人》（"Right-Bearing Individuals and Role-Bearing Persons"），载 M. 博克奥沃编《规则、礼仪与责任——纪念赫伯特·芬格莱特文集》（M. Bockover, ed., *Rules, Rituals, and Responsibility: Essays Dedicated to Herbert Fingarette*, La Salle, 1989），第90页。

[2] 关于等级论，胜雅律认为，在《孟子·公孙丑上》6中孟子关于人性理论的"普遍论述"，在《公孙丑上》7中由于否认奴隶是人而变得相对了。胜雅律：《中国文化与人权》（Harro von Senger, "Chinese Culture and Human Rights"），载沃尔夫冈·施马勒编《人权与文化多样性》（Wolfgang Schmale, ed., *Human Rights and Cultural Diversity*, Goldbach: Keip, 1993），第295页。然而，孟子在此指出的是，个人由于没有"选择"仁义而失去自主性，从而使自己有沦为"人役"的危险。这种选择的可能性以及沦为"人役"的结果并不说明人没有善性。仅仅是因为我们的自由意志允许我们做出违背本性的决定，善性的存在是一种预设，并不在讨论之中。至于角色论，诚然，在儒家，确切地说是在荀子看来，角色分工是人类存在可能性的基础。然而，这并不排除人的一般概念。如果罗思文关于儒家"我并不是扮演角色，我就是角色本身"的假设是正确的（见罗思文上引文，第177页），我们就很难解释为什么第一个地方用了"人"这一说法。

曰：'予有乱臣十人。'……子曰：'……有妇人焉，九人而已。'"① 然而，正如引文的第一行所说，"人"在这里是作为"臣"（大臣，国民）的分类项（classifier）。讨论中的女性（据汉代经学家郑玄的观点是指武王的母亲）并不属于"臣"这一概念（由于孝道的原因）。这不能表明她不属于"人"这一概念。②

诚然，儒家文献为性别的社会区分进行辩护。但这种区分并不是人类与非人类的区别，而是构成不同于禽兽世界的人类世界内部的区分。这无疑为宗法制观点提供了更大的空间，但也排除了任何认为女性不包含在"人"的范畴中的观点。如果我们暂不考虑后来将阴阳宇宙观引入儒家伦理对人的概念的改变，儒家思想的性别偏见并不存在于人的概念这一层面。

同样，成就论也不符合儒家的伦理观。它是由安乐哲（Roger Ames）首先提出的。和许多人一样，安乐哲认为儒家伦理的核心在于不纠缠于抽象概括，而着眼于具体情况，这样就使得人权的概念在其整个体系中没有意义。对于孟子，他的观点如下：

> 在孟子看来，人的存在严格地说不是静态的，而是动态的，是行动之后取得的成果。"性"的概念——一般译为"nature"——源自对"生"的提炼。"生"是生物的出生、成长、灭亡的全过程。人的这一本性不是先天的。孟子认为，人类自从出现在世界上开始，就处在一种不断变化的与各种关系交错的体系中。这种体系决定了人的本性；它伴随着人类的出现而出现，并贯穿人的一生。③

那么，对于只知道具象和变化的儒家世界来说，人权就是一种外来物。如果像安乐哲理解的那样，"在中国传统中，人性的概念没有清晰的定义"，而是"被理解为一种不断进步的文化成果"，那就暗示了"那些

---

① 胜雅律：《中国文化与人权》，《人权与文化多样性》，第 294 页。
② 即使我们忽略了后面作为可能补充项的"臣"，同样也得不出胜雅律的结论（参见程树德《论语集释》，台北：艺文印书馆 1990 年版，第 479 页）。
③ 安乐哲：《以礼仪为权利——儒家的选择》，《人权与世界宗教》，第 203 页。

打破自身社会关系及其所包含的价值的人，实际上不是人"。① 对于所有我们称为人类的生物并不存在一个共同的标准，根据所接受的规则，积极入世和消极避世的人，应当有完全不同的标准。安乐哲并没有阐释这一模型的实际含义。因此，我们应当质问他，在他所维护的不同于西方人权"地域观念"的儒学版本中，是否存在"禽兽"一样的人类，并且像禽兽一样被对待？如果与我们所期望的相反，对于他们仍有最低的人道标准，我们如何对这些标准做出辩护，如果其实施的对象不是人类的话？皮文睿（Peerenboom）赞同安乐哲的观点，认为即使对这些个体"设立最低标准的基本权利"，也足以使社会"承认失败"。②

安乐哲论证的并非孟子道德理论的实质，而是一种后现代理论的推断，这种理论竭力避免哪怕丝毫的抽象和普遍。他的儒家学说不能代表孟子。诚然，在孟子看来，现实中的人可能会堕落到禽兽的层次（参见《孟子·滕文公上》3、《告子上》8）。但是孟子明确指出，这并不影响人的"真情"或"实质"（情）："人见其禽兽也，而以为未尝有才焉者，是岂人之情也哉？"（《告子上》8）人有"真情"，因此不能由其成就来定义，而是由其道德的可能性来定义。这正是"四端"之义，每个人都有"四端"于内心，正如拥有四肢一样（《公孙丑上》6）。不管我们如何评价孟子伦理思想中的自然类比，它们都显示了人类学或物种取向的重要表征。

因此，儒家伦理的"问题"不能归咎于缺乏普遍的"人"的概念。然而，在儒家文献中，确实能看到对等级、性别、成就的社会差别的重视。在这点上，我们似乎看到了儒家伦理的一个双重结构，它试图将抽象与具象、一般与特殊、平等与不平等结合起来。这种辩证法的一种表述是将黄金法则（Golden Rule）纳入《论语》中所见的政治理论中，③这就将一个主张平等的维度引入了一个一直被视为等级的体系。通过统

---

① 安乐哲：《以礼仪为权利——儒家的选择》，《人权与世界宗教》，第202页。受安乐哲的影响，皮文睿将"不乐于参与社会"的人称为一个"兽性的人"（《古代中国的法律与道德》，第129页）。

② 同上。

③ 参见罗哲海《轴心时代的儒家伦理——一种向后习俗思维突破的伦理重建》，第137—140页。

治者设想与其臣民角色互换，黄金法则确保了每个人的基本需求的满足。①

对这一混合维度最为清晰的理论证明，是荀子的政论著作中对平等与不平等的调和。荀子认为，如果不是人为确立的有组织的社会的话，恶劣的自然条件必然会迫使人们为争夺稀缺资源而展开灾难性的相互争斗。然而，社会只有在角色和等级分化的基础上才有可能。因此，要结束人与人之间的战争并让人生存下去，必须接受差别与不平等。荀子说，平等在本质上"不是平等"（"维齐非齐"）。他提示我们思考，"分均则不偏，埶齐则不一"。社会秩序（人伦）的特征被描述成"斩而齐，枉而顺，不同而一"（《荀子·王制》《荣辱》）。② 在这种秩序下，固有的不平等是不可或缺的，因为它将所有人平等地从冲突中解脱出来。这种观点的反面是，对臣民来说，只有当权者提供社会关怀和公共救济时，不平等才能被接受。荀子甚至提出了社会不同阶层间的"相互监督"（《荀子·王制》"相兼临"），它显然是为了防止特权阶层与从属阶层之间的平衡被打破。③ 脱离这种相互关系的统治者将面临垮台的风险。孟子和荀子都认为弑杀暴君是合法的，因为在这些情形下，被杀的并不是真正的君王，而是失去人民认可的"一夫"（《孟子·梁惠王下》8、《荀子·正论》）。④

儒家所理解的社会与政治不能化约为等级制，而是建立在一个互惠框架中的等级和平等相互交织的基础之上。这种互惠关系只有在特定角色的特定承担者被看作人本身时才成立。公正合理的社会秩序意味着这种互惠关系可以使所有人受益。通过结构类似的论证，约翰·罗尔斯（John Rawls）在其"差别原则"中论证了财富与权力不均等分配的合

---

① 参见《韩诗外传》卷三第 38 章："昔者不出户而知天下，不窥牖而见天道，非目能视乎千里之前，非耳能闻于千里之外，以己之情量之也。己恶饥寒焉，则知天下之欲衣食也；己恶劳苦焉，则知天下之欲安佚也；己恶衰乏焉，则知天下之欲富足也。知此三者，圣王之所以不降席而匡天下。故君子之道，忠恕而已矣。"（赖炎元：《韩诗外传今注今译》，台北：商务印书馆1979 年版，第 147 页）

② 参见罗哲海《轴心时代的儒家伦理——一种向后习俗思维突破的伦理重建》，第 71—72 页。

③ 同上书，第 72 页。

④ 同上书，第 75 页。

理性。①

一个截然不同的问题是，两个维度中的哪一个对以后儒学的发展产生了更大的影响，以及儒家打算从平等的维度中得出何种具体结论，例如，关注女性的社会角色或者对政治决策的全民参与。儒家的目标是将家长制秩序人性化而非将其废除。然而，正如陈汉生（Chad Hansen）指出的那样，伦理理论提倡的具体道德达不到"第二层推理标准"（"second-level reasoning standard"）是大多数伦理体系共同的问题，不只是儒家，也包括西方的很多伦理体系。②

（三）人的尊严

中国批评权力的传统的主线，是基于一种不为其他文明所了解，被西方视为"自我统一体"（proprium）的观念之上：不可或缺、先于国家的人的尊严。如在西方一样，这一观点在中国也有着宗教根基，即周朝早期"天"的宗教，其伦理实质被儒家所继承。这一宗教传承在孟子的学说中尤为显著。在孟子看来，上天赋予每个人"性"，使其成为不同于禽兽的道德的生命。由于人的恻隐之心、羞恶之心、辞让之心、是非之心，此"四端"（分别为仁、义、礼、智的发端）是人的固有天性（《孟子·公孙丑上》6）。③ 一个人无需任何思虑和学习（《尽心上》15），④ 无关社会

---

① 参见约翰·罗尔斯《正义论》（John Rawls, *A Theory of Justice*, Cambridge, Mass.: Harvard University Press, 1971），第 2 章。与荀子相反，罗尔斯作为民主主义者，更加关注平等。

② 陈汉生：《中国哲学与人权：比较伦理学的应用》（Chad Hansen, "Chinese Philosophy and Human Rights: An Application on Comparative Ethics"），载盖尔霍德·K. 贝克尔编《商业与社会中的伦理：中西方视角》（Gerhold K. Becker, ed., *Ethics in Business and Society: Chinese and Western Perspectives*, Berlin, Heidelberg and New York: Springer, 1996），第 107 页。陈汉生提出，应当关注这种二层假设而不仅仅是由这些假设所得出的结论（第 115 页），我赞同这一观点。然而，我不同意他将这些假设的性质解释为实用主义和功利主义的。尽管如此，不同于我所说的"汉学中的实用主义转向"的其他代表人物，陈汉生试图从实用主义假设赢得支持人权的论辩，尝试防止他自己对中国哲学的描述可被利用来支持反人权的立场 [参见拙作《周代思想的有效性——关于陈汉生与汉学的实用主义转向》（Heiner Roetz, "Validity in Zhou Thought: On Chad Hansen and the Pragmatic turn in Sinology"），载汉斯·伦克与格雷戈尔·保罗编《中国古典哲学的认识论问题》（H. Lenk and G. Paul, ed., *Epistemological Issues in Classical Chinese Philosophy*, Albany: SUNY Press, 1993）]，第 69—112 页。

③ 参见罗哲海《轴心时代的儒家伦理——一种向后习俗思维突破的伦理重建》，第 200 页。

④ 同上书，第 130 页。

地位和成就，仅仅因为是人，便具有这"四端"。

在我看来，孟子的性善论为中国古典哲学与现代人权观念提供了直接关联，且是唯一的直接关联。① 因为依照孟子的观点，通过人的本性，人被赋予了天然内在的"尊严"，先于任何可能以后由国家、社会赋予的外在尊严。孟子针对当时的权贵辩论说："欲贵者，人之同心也。人人有贵于己者，弗思耳。人之所贵者，非良贵也。赵孟之所贵，赵孟能贱之。"（《告子上》17）② 根据这一论辩，孟子将道德的"天爵"置于政治等级的"人爵"之上（《告子上》16）。③

从孟子的许多论述来看，他认为由于人本性"良贵"，人作为人必须要受到权威的尊重，而不是像动物一样被对待。人自发地有道德判断和行为的能力，不需要外部的教导。如果这一能力的实践半途衰落了，主要是因为政治原因，即统治者未能为其臣民提供最佳的环境以发展其内在的善

---

① 其他经常提及的关联是次要的，因为它们自身没有排除"仁慈的专制统治"。在我看来，这里涉及杜钢建和宋刚所说的"《论语》四道"[《将人权与中国文化相结合：〈论语〉四道与新仁学四主义》（Du Gangjian，Song Gang，"Relating Human Rights to Chinese Culture：The Four Paths of the Confucian Analects and the Four Principles of a New Theory of Benevolence"），载戴大为编《人权与中国价值》，第35—36页]，尤其是"民本"传统。在孟子经常被引用的段落"民为贵，社稷次之，君为轻"（《尽心下》14）中，"民"指集合的整体而不必是每一特定个体。任何基于这一段落的讨论都可能促使将人权化约为"集体权利"。

② 我在这里想指出的观点在或许流传最广的刘殿爵的译本（D. C. Lau，*Mencius*，Harmondsworth：Penguin，1970）中显得模糊不明："All men share the same desire to be exalted. But as a matter of fact，every man has in him that which is exalted. The fact simply never dawned on him. What man exalts is not truly exalted. Those Chao Meng exalts，Chao Meng can also humble."（第169页）有问题之处在杜百胜的译本（W. A. C. H. Dobson，*Mencius*，London：Oxford University Press，1963）中表达得最好："All men seek to be ennobled，but each man individually has nobility within himself. He does not think about it，that is all. The ennoblement bestowed by men are not nobility at its best. Those who are on the honours list of Chao Meng can be taken off again."（第182页）另参见理雅各《孟子著作》（James Legge，*The Works of Mencius*），见《中国经典》（*The Chinese Classics*，vol. 2，Clarendon：Oxford，1895）："To desire to be honoured is the common mind of man. And all men have in themselves that which is truly honourable. Only they do not think of it. The honour which men confer is not good honour. Those whom Chao the Great ennobles he can make mean again."（第419页）孟子或许影响了王充（公元27—91年）以后对个体的捍卫。王充摒弃创作应当遵守成规的主张，强调人"不同父母，殊类而生，不必相似，各以所禀，自为佳好"（《论衡·自纪》，《诸子集成》第7册，第286页）。

③ 罗哲海：《轴心时代的儒家伦理——一种向后习俗思维突破的伦理重建》，第196页。华霭仁有类似的看法，见《基本直觉与普遍共识——孟子思想与人权》，《儒教与人权》，第94—116页。

性，而使其陷入困境被迫犯罪。这种情况下，惩罚民众就等于是"罔民"了（《梁惠王上》7、《滕文公上》3）。对忠诚和效忠的要求，也应与"仁政"的回报相结合。因此孟子认为，邹人拒绝为虐待他们的官吏卖命是合理的（《梁惠王下》12）。① 因而孟子的性善说为批判专制提供了理论与表达的基础。② 在当代新儒家看来，这一点在今天依然是儒家政治哲学向人权与民主方向发展的重要起点。③

在原始语境中，基于人的尊严的统治不只是制定了仁爱的社会政策，古典儒家的秩序观念也不能化约为与个体权利无关的一般福利，形成一种以"集体"权利对抗个体权利的文化范式。人的尊严比生存更重要，孟子以乞人拒绝嗟来之食的情景为例证。④ 对孔子来说，一个合理的秩序甚至意味着在一个社会的道德实体（moral substance）崩坏之前，集体对福利的放弃。⑤ 在所有政治领域实施仁政是这一实体的一部分，这些领域中尤其容易受到专断影响的，是司法。

诚然，古代儒家对官司和诉讼持怀疑态度。但不论何时，只要这些诉讼是必要的，都会有确定的标准可以参照。其中一点是经典对滥用死刑的批驳。⑥ 古代儒家学者构建了无罪推定，称赞"与其杀不辜，宁失不经"的刑罚思想。⑦ 他们也知晓犯罪的个人性原则，要求"刑罚不及后人"，和"父子兄弟，罪不相及"。⑧ 如今，无罪推定和罪不相及原则

---

① 参见罗哲海《轴心时代的儒家伦理——一种向后习俗思维突破的伦理重建》，第 78 页。

② 参见狄百瑞《宋明新儒学与人权》，载罗纳编《人权与世界宗教》，第 183—198 页。

③ 例如，李明辉《性善说与民主政治》，载刘述先编《当代儒学论集——挑战与回应》，台北："中研院"，1995 年，第 159—198 页；邓小军《儒家思想与民主思想的逻辑结合》，四川人民出版社 1995 年版。

④ 《孟子·告子上》10："蹴尔而与之，乞人不屑也。"

⑤ 《论语·颜渊》7："子贡问政。子曰：'足食，足兵，民信之矣。'子贡曰：'必不得已而去，于斯三者何先？'曰：'去兵。'子贡曰：'必不得已而去，于斯二者何先？'曰：'去食。自古皆有死，民无信不立。'"

⑥ 参见罗哲海《轴心时代的儒家伦理——一种向后习俗思维突破的伦理重建》，第 176—177 页。

⑦ 《尚书·大禹谟》，顾颉刚：《尚书通检》，书目文献出版社 1982 年版，第 405 页之后。《左传·襄公二十六年》，第 312 页。据《汉书·刑法志》，中华书局 1975 年版，第 1110 页。

⑧ 《左传·昭公二十年》，《哈佛燕京学社汉学引得丛刊》之《春秋经传引得》，重印，台北：美国亚洲学会中文研究资料中心，1966 年，第 401 页，另见《僖公三十三年》，第 143 页。

都被视为基本的人权。① 至于这些原则在中国实际的施行则是另一个问题。

孟子关于人不可剥夺的尊严的观点在人权的讨论中很少被关注，他主要被看作"民本"传统②（"以人民为根本"）而非可以称为"性本"思想（"以人性为根本"）的代表人物。尽管他的主张并不比西方宪法中的最基本原则薄弱，但其观点并未在现代中国的宪法中得到充分的表达，后者其实应该以此为开端。所有这些宪法都是从国家而非个人的角度，把基本权利理解为政府赋予的而非应保护的事物。③ 至今仍在台湾生效的 1946 年《中华民国宪法》有可能更为关注个人的自由和权利。受孟子影响，该宪法起草人，"新儒家"创始人之一张君劢在其早期理论中，强调了个人权利与国家权利的对抗。中国的抗日战争则促使他改变了自己的立场。④ 总之，国家主义的倾向依然强势。中国宪法的历史（第一部追溯到 1908 年）始于中国沦为帝国主义的受害者的时期。这为将国家而非个人的自由提上日程提供了充分的理由。这一趋势恰好被西方的影响所强化，达尔文主义、进化论、功利主义和实证主义是当时社会的主要声音，而人权远远不是占有主导地位的话题。

因此，中国宪法的国家取向，是一种跨文化而非文化现象。⑤ 这一发现可以推而广之：现代东亚权威主义并非源于东亚传统本身，而是源于特

---

① 参见 1948 年《人权宣言》第 11 条。

② 参见杜钢建、宋刚《将人权与中国文化相结合：〈论语〉四道与新仁学四主义》。

③ 参见黎安友《中国宪法中的政治权利》（A. J. Nathan, "Political Rights in Chinese Constitutions"），见 R. 爱德华兹、L. 亨金、黎安友《当代中国的人权》，第 77—124 页。1982 年《中华人民共和国宪法》在一附属条款中提到了人格尊严（第 38 条）。

④ 参见苏新鋈《张君劢对儒家外王思想的新开拓》，载刘述先等《当代新儒学论文集·外王篇》（《鹅湖学术丛刊》第 12 辑），台北：文津出版社 1991 年版，第 25—43 页，特别是第 31 页。

⑤ 例如，1946 年《中华民国宪法》第 23 条，允许因"维持社会秩序"或"增进公共利益"或其他原因，对之前条款中提到的自由和权利"依法律限制"。虽然在 1912 年《中华民国临时约法》中也有类似的限制，但这一条款的加入可以回溯到"现代"美国自由主义中实证主义、反自然法趋势的影响。参见托马斯·E. 格雷夫《民族主义中国的人权原则：吴经熊与 1946 年宪法的意识形态根源》（Thomas E. Greiff, "The Principle of Human Rights in Nationalist China: John C. H. Wu and the Ideological Origins of the 1946 Constitution"），《中国季刊》（The China Quarterly, vol. 103, 1985），第 441—461 页，尤其是第 447 页。我认为较早一部宪法就体现了类似的影响。从本文观点出发，笔者断然不同意格雷夫的如下论述（尽管这在汉学界中是一个很常见的假设），即中国"完全缺乏个人由于其优先地位而可以反对政府的观念"。

定本土传统和外来西方传统基于选择性亲和的融合，而这一融合与传统的其他方面则是冲突的。

（四）　自我意志

如康德（Kant）所说，期待人权能够抵御"他人的强制意志"，[①] 是事先假定了一个主体能够自主判断和行动。通常认为中国缺少这一观念。[②] 在我看来，这归咎于对我所说的儒家伦理的"双重结构"的忽视。的确，儒家伦理强调对社会的融入和对政治及社会权威的服从，但并非没有道德原则，这些原则往往根据行为人对实际情况的"权"而予以履行。当儒家的君子"周而不比"，"群而不党"，"和而不同"，"和而不流"（《论语·为政》14、《论语·卫灵公》15、《论语·子路》23、《中庸》10），或者当孟子像其最早的评论者指出的，"直而不倨，曲而不屈"[③] 时，这不能脱离了一个警觉的、独立决策的主宰来理解。荀子将其定义为"心"，思维的器官：

> 心者，形之君也，而神明之主也。出令而无所受令，自禁也，自使也，自夺也，自取也，自行也，自止也。故口可劫而使墨云，形可劫而使诎申，心不可劫而使易意，是之则受，非之则辞。故曰：心容，其择也无禁。（《荀子·解蔽》）

孟子认为，心是固有的"良知"之所在。在此基础上，明代哲学家王阳明（1472—1529）建立了如下的判断自主性原则：

> 求之于心而非也，虽其言之出于孔子，不敢以为是也，而况其未及孔子者乎？求之于心而是也，虽其言之出于庸常也，不敢以为非

　　①　伊曼努尔·康德：《道德形而上学基础》（Immanuel Kant, *Metaphysik der Sitten, Rechtslehre*），威廉·魏施德尔编：《著作十种》（Wilhelm Weischedel, ed., *Werke in zehn Bänden*, Darmstadt: Wissenschaftliche Buchgesellschaft, 1983），第7卷，第345页。

　　②　例如，"对自主道德人格观念的缺乏……排除了通过不可剥夺的人权观念来揭示和实现道德自主"。见斯文－乌韦·穆勒《20世纪中国人权观念》（Sven-Uwe Müller, *Konzeptionen der Menschenrechte im China des 20 jahrhunderts*, Hamburg: Institut für Asienkunde, 1997），第22页。

　　③　赵岐：《孟子题辞》，见焦循《孟子正义》，《诸子集成》第1册，第8页。

也，而况其出于孔子者乎？①

除了自主判断的能力，儒家还强调人自主行动的能力，并且提出了"独行"的理想。② 它由良知的自我反省而激发，使一个人能够"虽千万人，吾往矣"。③ 这里涉及人的自主性，举例来说，可以意味着谨慎思忖父亲或君主的命令，而可能不听从（《荀子·子道》）。④ 自主性的主张，如果不是仅从康德的术语来理解，甚至可以看作中国哲学自身建立阶段的标志，这一点在当时最为著名的自我反思，《庄子·天下》篇中得到了证明：

> 天下之治方术者多矣，皆以其有为不可加矣。……道德不一，天下多得一察焉以自好。……天下之人各为其所欲焉以自为方。悲夫！百家往而不反，必不合矣。……道术将为天下裂。⑤

"以自为方"（taking oneself as model）与希腊"自主论"（autonomia）的概念十分相似。⑥

　　鉴于文献证据，将"缺少自主道德人格的概念"⑦ 强加于中国是毫无意义的。但尽管如此，必须考虑儒家的精英主义，其基本假设是，尽管没有原则的限制，在现实中只有少数人能够独立行为，并且预设了最高天才与普通人之间的本质差别。而且，由于避免与惯常的角色期待的根本分

----

① 王阳明：《传习录》（中），《王阳明全集》第 1 卷，台北：正中书局 1976 年版，第 62 页。

② 参见罗哲海《轴心时代的儒家伦理——一种向后习俗思维突破的伦理重建》，第 172—173 页。

③ 据孔子弟子曾参，此言出于孔子，引自《孟子·公孙丑上》2。参见罗哲海《轴心时代的儒家伦理——一种向后习俗思维突破的伦理重建》，第 170—171 页。

④ 罗哲海：《轴心时代的儒家伦理——一种向后习俗思维突破的伦理重建》，第 64—65 页。

⑤ 《庄子集释》，《诸子集成》第 3 册，第 462—463 页。

⑥ 关于"方"意为"模范"或"规则"，参见《诗经·大雅·皇矣》第六节（"万邦之方"——译者注）。这句话的意思在华兹生［《庄子全集》（Burton Waston, *The Complete Works of Chuang-tzu*, New York: Columbia University Press, 1968, p. 364）］和葛瑞汉［《庄子·内篇》（Angus C. Graham, *Chuang-tzu. The Inner Chapters*, London: Allen & Unwin, 1981, p. 275）］的英文译本中都比较模糊。

⑦ 乌韦·穆勒：《20 世纪中国人权观念》。

离——如果可能的话，这可能赋予"道德自主性"一个低的形象。其目标是"正确地使用"自由。

然而在这一点上，一个孟子意义上的儒者对人权的概念化遇到了问题。如果人权必然联系着人的尊严，而人的尊严反过来必然联系着人的美德，那么就很难理解这些权利主体对个人利益的追求。然而，根据现代的理解，对纯粹个人和个体领域生活的接受是人权的组成部分之一，与保证道德自由和应对体制变化并不一致。在此，儒家思想的功利主义分支可能值得注意，它在近几年东亚经济迅猛增长的背景下愈加引人关注，维护了对私人利益与公共福祉彼此相容的追逐。① 尽管如此，即使设想一种综合，私有利益与共同善（common good）应当比在西方标准模式中更紧密地结合。

（五）权利

如果把讨论限制在中国的成文法，那么哲学伦理中所蕴含的更根本的"人道主张"（claims to humanity）② 就容易被忽略。传统的中国法律从根本上说是一种法儒结合的体系，综合了二者的国家与身份学说，落后于两个学派的原始内容。尽管它确实优于同时期的欧洲实践，但明显没有将孟子人的尊严的理念付诸实践。与之相反，它运用了虐待、死刑以及根据被

---

① 参见余英时《中国近世宗教伦理与商人精神》，台北：联经出版社 1987 年版；田浩《陈亮论公共利益与法律》（Hoyt Cleveland Tillman, *Ch'en Liang on Public Interest and the Law*, Honolulu: University of Hawaii Press, 1994）；卜正民《韦伯·孟子与中国资本主义历史》 （Timothy Brook, "Weber, Mencius and the History of Chinese Capitalism"），《亚洲视点》（*Asian Perspectives*, vol. 19, no. 1, 1995），第 79—98 页；史华罗《如何与古代中国建立对话？》（Paolo Santangelo, "How to Establish Dialogue with the Ancient Chinese?"），《东西方》（*East and West*, vol. 46, no. 1 - 2, 1996），第 200—203 页。史华罗在《新儒家伦理与哲学中的情与欲：从 14 世纪中期到 19 世纪中期》（*Emozioni e desideri in Cina, La riflessione neoconfuciana dalla met del XIV alla met del XIX secolo*, Bari: Laterza, 1992），第 22—23，62—63，87，97—99，106，113，133—135 及 140—145 页；以及《中国的激情：文学与情感，从 14 到 19 世纪》 （*Le passioni in Cina. Lettratura ed emozioni dalXIV al XIX secolo*, Vebezia: Marsilio, 1997），第 54—65 及第 254—264 页中也讨论了这一问题。

② 汉斯·伦克将"人权"和"人道主张"（"claims to humanity"）区分开来，以避免对这一讨论的司法限制。参见其《人权还是人道主张？》（Hans Lenk, "Menschenrechte oder Menschlichekeitsanrechte?"），载 G. 保罗和 C. 罗伯特森 - 温萨乌尔编《中国传统文化与人权问题》（G. Paul and C. Robertson-Winsauer, ed., *Traditionelle chinesische Kultur und Menschenrechtsfrage*, Baden-Baden: Nomos, 1997），第 25—35 页。

告身份的不平等对待。但是，至少在理论上，它包含了与人的尊严理念相关的人道元素，例如，对自首的免责。^① 这一规则，在实践中几乎被忽略，并沦为 20 世纪中国法律"现代化"的牺牲品。^② 同样的根据也促进了公元前 167 年汉文帝对肉刑的废除。^③ 除了对司法部门的严格监督职责，中国的法律也表明了被告的准权利，例如，如果存在逼供行为，他们可以翻供，案件则被移送至另外的部门审理。^④ 尽管如此，积极的司法选择依然处于边缘地位。尤其缺少的是诉求个人权利的可能性。

　　然而，在讨论中国法律体系的局限性时，必须要想到早期儒家尤其是孔子本人，总体上与法律有一种不确定的关系，这有可能强化了底层伦理生活的丧失并使之具体化。儒家伦理的实质是追求伦理的而非程序化的方式以解决社会、政治问题。这使得其重点放在了人而不是包括法律在内的制度上。伦理的解决途径应当是，在他人需要诉诸权利和认可之前，出于自尊而意识到对他人的义务。在这种情况下，官司及诉讼根本不会发生（《论语·颜渊》13）。儒家最终认可了法律的必要性，但其保留态度从未

---

　　① 参见《唐明律合编》第 1 册，台北：商务印书馆 1977 年版，第 55、58 页，以及《汉书》卷四十四《淮南衡山济北王传》，第 2156 页。这一观点的源头是《尚书·康诰》。参见罗哲海《轴心时代的儒家伦理——一种向后习俗思维突破的伦理重建》，第 38 页。

　　② 对《唐律疏议》的相关评论引用了"改过"和"自新"的观点，这些观点可以追溯到《论语》（《学而》8、《子罕》25、《卫灵公》30）和《史记》（卷十《孝文本纪》，香港：中华书局 1969 年版，第 427 页；卷一百零五《扁鹊仓公列传》，第 2795 页）。

　　③ 《史记·孝文本纪》第 427 页。汪德迈认为，"对人的尊重"在关于肉刑的辩论中没有起到任何作用，这一看法是有误导性的。见其《中国法律观念探寻》（Léon Vandermeersch, "An Inquiry into the Chinese Conception of Law"），载 D. 艾克梅尔和 H. 弗朗克编《东亚的国家与法律——卡尔·布恩格尔纪念文集》（D. Eikemeir and H. Franke, ed., *State and Law in East Asia*, Festschrift Karl Bünger, Wiesbaden: Harrassowitz, 1981），第 15 页。

　　④ "对于严厉的控告，被告保留否认其供述并在之后的阶段要求重审的权利。""县衙的两个审问室有各自独立的拘留场所。此外，有时县衙还有第三个审问室，也有自己的拘留场所。设立两或三个审问室的原因是确保调查中有必要的变化的可能。例如，当县衙的诉讼临近结束时，被告被要求在县衙司法部门的所有成员面前签署认罪文件，他可以在此时翻供，提出之前认罪是由于受到威胁或酷刑。案件将被移送到另一个审问办公室重新调查。"见宫崎市定《宋代的司法管理》（Miyazaki Ichisada, "The Administration of Justice During the Sung Dynasty"），载孔杰荣、R. 兰德尔·爱德华兹等编《中国法律传统论文集》（Jerome A. Cohen, R. Randle Edwards and Chen-Chang, Fu-mei, ed., *Essays on China's Legal Tradition*, Princeton: Princeton University Press, 1980），第 61、63 页。关于程序正义的问题，另参见康雅信《儒家与法定诉讼程序》（Alison W. Conner, "Confucianism and Due Process"），载狄百瑞、杜维明编《儒教与人权》，第 179—192 页。

消除。

对个人道德的关注合理地导向了强调道德义务和责任，而非权利。然而，义务不应被误解为下属对上级以及更大的社会单位对上（upward-directed）的职责，像一般根据儒家批评人权的观点所假设的那样。[1] 义务从根本上应当被理解为当权者对下（downward-directed）的职责，在相互义务关系中起到引导作用。尽管难以想象一个对上的职责概念怎样能被转化成权利概念，或由权利概念所补充，当权者对下的义务能够铸成那些受其行为影响的人们的权利。在我看来，如李承焕所指出的，[2] 对于权利的这种"有效理解"在儒家对义务的描述中不够清晰。以《孟子·梁惠王上》7、《孟子·梁惠王下》12 为例，认为迫使民众犯罪又对其进行惩罚意味着陷害民众（"罔民"），和认可每个人有权在诉讼中要求对其罪行的严重性做出严肃考虑之间，没有鸿沟甚至冲突。当孟子替拒绝为残暴的上司卖命的邹人辩护时，虽然没有明确说明，但实际上是捍卫了他们拒绝坏的统治者的权利。儒家经典中对司法判决产生影响的无罪推定和罪不相及原则，再一次站在了补充而非反对被告潜在的相应权利的位置上。

从历史的角度看，责任与权利的关系依然是不平衡地偏向责任。由于儒家讨论的是人而不是制度的范畴，诉求的是"治人者"的道德意识而不是"治于人者"的权利意识（与中世纪基督教关于正义的理论十分相似）。其观念中包含的不完善的精英制、家长制的内涵不能被忽视。它假定了官员的道德正直，而现实中很少如此。在充满社会巨变的中国历史进程中，其局限性非常明显。人格的进路，建立在通过文化本身塑造道德完人的信仰之上，自有其价值，但终究无法阻止玩忽职守和专制。鉴于这一事实，责任应该具有法律效力以维护人的尊严，就成为一种道德的推论。实际上，这一推论被引入了新儒家的政治理论。正是儒家自身的道德焦点明确地指向了责任与权利的互补性。因此，承认人权并不意味着对儒家传

---

① 如，"中国人似乎生活在一个义务的社会里，为统治者服务的义务，为家庭工作的义务，服从家长的义务，服从长者的义务，帮助亲戚的义务，光宗耀祖的义务，在危难时刻保卫国家的义务，以及修养个人品格的义务。同时权利似乎只属于一个个人，即天子……这就是中国文明中的传统。"见吴德耀《儒道》（Wu, The Yao, *The Confucian Way*），东亚哲学研究所，1987 年，第 41 页。

② 李承焕：《儒家基于美德的道德中存在权利观念吗？》，《中国哲学》（vol. 19，no. 3，1992），第 241—261 页。

统的根本破坏，而是与它的道德要求是一致的。

三

我试图通过基于重建的"调适的诠释学"表明，并不必然是儒家伦理"确实无疑"地拥有人权概念，而是它可以向这一方向发展。它包含了先于国家的个人尊严的理念；它将规则的合法性与对尊严的认可联系起来，并与基于互惠的正义原则联系起来。它同时也为行使国家权力和制裁方式设定了限制。如果我们首先考虑保护性权利，这些要点包含了人权观念的实质性内容。这一内容被正式理解为道德责任或义务的目标（objective），而不是一种主张和资格（claim and title），尽管儒家道德思想逻辑上主张责任和义务互补。这不是说通过对各自传统的建设性回顾是确定跨文化人权有效性的必要条件。在国际化政治讨论的时代，对于这样一项工作，即使主张实用主义的关联性，听起来也是敌对的。然而不应忽视，这里提及的敌对确实存在，因为今天人权的批评者和敌对者在真正文化"价值"的口号下盗用传统。在这种情况下，提醒我们自己文化传统的开放性和差别性不仅仅是"学界的事"。

我们是否需要利用儒家伦理以便用中国术语重新表述引入的人权观念来自我满足？这意味着一个没有疑问的人权标准模式将为我们所用。然而，通常认为的标准模式，占支配地位的西方自由主义模式，并非没有缺点。因此在本文结尾，我将考虑中国的论辩是否能发现另一种人权的概念化表达，而不会落入将个人权利从属于"集体"权利的陷阱。

在古典西方理论中，如最先由英国政治哲学及欧洲启蒙运动提出的，人权是个人的财产（property），是人人生而具有的东西，是先于社会的存在。要求这一财产是为了保护其他财产，而不仅仅是物质财产。麦克弗森（Macpherson）将这一进路称为"占有的个人主义"，它基于以下前提：

> 个人在本性上平等地不受他人的管辖。人的本质除了一个人为了利益而进入的关系外，免于任何关系。个人的自由只受到他人自由的

要求的限制。个人是其自身的所有者，为此他不亏欠社会任何东西。①

其后果是削弱了对公众福利的关注，这一状况遭到了许多对人权问题有独到见解的当代中国学者的批评。② 中国的批评，通常伴随着对自然法观念的排斥，触及了一个真正的、需要严肃对待的问题，而不仅仅是看作缺乏对自由的充分渴求。

启蒙运动激进的个人主义自然法理论，在西方也并非没有遇到反驳。它被攻击为将人化约为"被隔绝在自身之中的孤独流浪者……但是，自由这一人权不是建立在人与人相结合的基础上，而是相反，建立在人与人相分隔的基础上。这一权利就是这种分隔的权利，是狭隘的、局限于自身的个人的权利"。这段引文并非如你想象，是来自现代"新儒家"的文献，而是来自年轻时的卡尔·马克思。③

人类的鲁宾逊画像是现代精神哲学唯我主义方法论的典型表达，虽然与之相伴的自然法观念属于更老的本体论范式。这种观点变得可疑，不仅因为马克思的反对——可追溯到黑格尔，同时也因为这一进程中哲学的其他发展，如语言学的转变和实用主义的出现等。今天，个体性与社会性相关，几乎已成为共识，它不仅是源于内在经验，也是由于与他人的沟通，尽管旧的理论似乎仍然使许多学者强调中国文化和人权的不兼容性。④ 如果依据这种洞见重建人权观念，个人财产模式应当被一种相互性模式所取代。而且，内在的自然权利假定（postulate）对于突出什么是真正重要的——先于国家状态下的权利（claim），无疑是有效的手段。但这一假定

---

① C. B. 麦克弗森：《占有的个人主义的政治理论，从霍布斯到洛克》（C. B. Macpherson, *The Political Theory of Possessive Individualism. Hobbes to Locke*, Oxford：Oxford University Press, 1962），第 269 页。

② 例如，罗隆基《论人权》，载梁实秋、胡适、罗隆基编《人权论集》，新月书店 1930 年版，第 39—42 页。玛丽娜·斯文森在其《中国的人权观念，中国人权辩论，1949—1989》（Marina Svensson, *The Chinese Concept of Human Rights. The Debate on Human Rights in China*, 1949 - 1989, Lund, 1996）对中国的讨论进行了出色的考察。

③ 卡尔·马克思：《论犹太人问题》（Karl Marx, "Zur Judenfrage"），《马克思恩格斯全集》（*Marx Engels Werke*, vol. 1, Berlin：Dietz, 1976），第 364 页。

④ 关于这一问题的基础文本，参见乔治·赫尔伯特·米德《意识，自我，社会》（George Herbert Mead, *Mind*, *Self*, *Society*, Chicago：Chicago University Press, 1934）。

建立在形而上学预设之上，并倚赖一个自然主义谬误，即规范（权利）源于事实（本性）。

因此，可能相反，人权来自主体间性（intersubjectivity）的预设，而不是来自先于与他人亲密关系的赋予，其假定在日益复杂和无个性特征的社会条件下，没有法律人权就无法得到保障，其目的首先是要约束制度的权力。因此，人权可以看作是相互承认这一人类存在基本预设的司法变形。这种相互性的伙伴也就可以被看做文化的代表。这一模式意味着，不管建立于跨文化交流（该进程在联合国已进展了几十年）的人权对话的具体内容如何，相互认可的原则已被预设为基本框架。① 它可以被解释为"免于他人的强迫狂想"② 的基本权利，以及由之而来的相应法规。

就中国而言，孟子的儒家思想运用"本性"概念与西方自然法理论家有着类似的目的。但是，与此同时——或者，另一种选择？——儒家始终把人看作处于互惠关系中的社会存在。③ 这种群体取向不能在角色取向或他律的意义上来理解，这两者经常与儒家的社会（sociality）形式相联系。④ 相反，它应当在"社会个人主义"的意义上来理解，⑤ 或上文所指出的产生了强大"自我"的"双重结构"伦理。

从这一点看，将儒家思想理解为社群主义的变形就显得可疑，如果社群主义意味着主要通过群体共享的信念来认定身份的话。周代儒家思想一个显而易见的主题是"君子"的独立性，及其与不认可他的世界的分离，正如荀子所描绘的"芷兰生于深林，非以无人而不芳"（《荀子·宥坐》），⑥ 或如颜渊自豪地宣称"不容然后见君子"（《史记·孔子世家》）。

---

① 如陈汉生指出的那样，关于中国，人权的问题将促进不同道德传统的融合（陈汉生：《中国哲学与人权：比较伦理学的应用》，第 111 页）。它也将限定这一融合的条件。

② 伊曼努尔·康德：《道德形而上学基础》。

③ 参见杜维明《儒家思想中的自我与他者》（"Selfhood and Otherness in Confucian Thought"），载 A. J. 马塞亚编《文化与自我：亚洲与西方视角》（A. J. Marsella, *Culture and Self: Asian and Western Perspectives*, New York: Tavistock, 1985），第 231 页；及狄百瑞《为己之学——论新儒家思想中的个体》（*Learning for One's Self. Essays on the Individual in Neo-Confucian Thought*, New York, Oxford: Columbia University Press, 1991），第 11 页及以下。

④ 这一点对多数源自文化人类学的研究都是正确的。其中，我借用梁漱溟的《中国文化要义》，据该书，在中国社会中，个人受限于"伦理本位"，因此人权并无地位（第 93、259 页）。

⑤ 狄百瑞：《为己之学——论新儒家思想中的个体》，第 5 页。

⑥ 关于这一问题，参见罗哲海《轴心时代的儒家伦理——一种向后习俗思维突破的伦理重建》，第 11 章。

这类宣言流传之广，以至于人们读到这些文本时，第一印象是一个已经完成修养的"自我"，出于道德责任的缘故而投身社会，而不是将其品质（constitution）归于他人。

因此，儒家自我的社会取向不应简单地等同于其社会构成，尤其不能用社群主义的术语。尽管如此，我仍认为自我的社会构成是一个充满前景的研究假设。它与人权话题的关联源于这一事实：考虑到这一概念显而易见的优点，社会构成的"自我"不只是社会体系中无足轻重的一员。这将为儒家伦理有机会在原子主义和集体主义之外，为人权贡献一个新的基础。

（作者单位：德国波鸿鲁尔大学东亚研究中心。李阳译，梁涛校）

基本直觉与普遍共识

——孟子思想与人权

[美] 华霭仁（Irene Bloom）

在最近关于中国民主和人权的前景的讨论中，孟子被一再征引。尽管你对此耳熟能详，然而，如果要你设想孟子重生，你却可能会拒绝这一想法。然而，考虑到孟子也曾不远千里为仁爱和仁政奔走呼吁，我们不妨发挥我们的想象，让孟子全面地参与到这场儒学和人权的讨论中来。他的世界是迥然不同的，正如他的语言一样，诸如权利、人权、平等、尊严等现代语汇，并不属于他的话语系统。然而深究孟子所关注的问题，有很多与我们有关：譬如他的性善论，对人类共有的良知良能的发现，对"天爵"的推崇，对民本的论述，以及对君权限制——君主不应做不尊重、爱护百姓的事情，等等。

您也许会提醒说，如果这样的话，我们就得概述孟子对中国两千多年发展之影响，这并非易事。的确如此，然而亦不必言过其实。一个明显的出发点在于，战国时期在孟子之后很快便结束了。（或者，至少说，他曾经所知道的列国，不再是群雄逐鹿。）随之而来的是：帝制中国，近代中国，以及19、20世纪与西方和日本的遭遇，1911年帝制时代的终结，两次世界大战，以及1949年的革命。历史的结局是天下最终获得统一。（当然，这取决于在当今的条件下，孟子如何定义"天下"，怎么解释"统一"。）一旦教会了孟子关于人权的语汇，并使其迅速掌握，然后提供给他《世界人权宣言》中文版和主要的人权条例，我们就能使孟子了解近年来发生在中国和西方的这场辩论。

在此，我们必须承认，问题的症结在于：在中国和西方，有些人出于不同的原因，声称"人权"是一个与中国传统无关，毫无契合点的西方理念。这个论断的弦外之音是很复杂的，关系到从内政外交到政治和道德哲学等诸多问题——甚至于对文化本身的理解。如果这一论断可以被认为是有效的，那么，将人权理论引进中文语境的尝试，会被视为将非中国人的价值观不适当地强加给中国人，好比"缘木求鱼"，甚或更糟。但是，为了判断所宣称的文化差异鸿沟是否实际存在，我们有必要深化这场讨论。如果我们想要对今日中国与其自身历史传统、哲学传统之关系，今日中国与过去、当下世界之关系等问题，有精微的理解，那么，我们就必须正视往常被宽泛地界定为"儒家传统"或"中国传统"的复杂性和丰富性。

孟子自称"予岂好辩哉"，只不过是迫于当时危急的局势而"不得已也"。我们要说，这种危急的局势再一次降临了。20世纪末的学者，和孟子时代的学者一样，也不得不辩，但也许同样预示着不祥的结果。然而，即使我们未能在"中国文化传统"的有效特质上形成一致意见，或者对一些重要的理论和学说不能达成正确一致的判断，我们仍然可以广泛地认同孟子是众多儒者不朽品质和献身精神的来源。后者在几个世纪中，深刻塑造了中国文化，确立了士人在公共生活中的角色，生动地树立了中国式的人道典范。因而我们可以让孟子满意地知道，我们非常认真地通过他的儒学思想对人权问题做出回应。

人权思想中哪些因素与传统儒学看起来协调一致，与孟子精神相近？或者，孟子从中可以发现哪些因素与自己的思想不相容？当我们考虑到未来中国和整个世界时，什么可能是有希望的（我对使用"有效"一词感到犹豫）方法可以处理这些问题呢？在孟子到来，做出简要指示前，我们或许可以尝试着得出一些暂时性的结论。

一　基本直觉与普遍共识

由于对人性问题的深入关注，孟子无疑会很有兴趣地知道，当一组国际专家为联合国教科文组织1950年7月颁行的《关于种族的宣言》

草拟关于人性和种族差异条例时，他们援引了孔子在《论语·阳货》中的深刻洞见："性相近也，习相远也。"仅仅八个汉字，八个英文翻译单词，这一两千多年前的看似简单的论断之所以被采纳，是因为它恰当地表达了现代意义上的人类平等和相互性——包括了相似性与差异性二者。这一论述的部分功效，无疑在于它的语焉不详和简洁。倘若它表述得更为详细和精密，它将丧失现有的透明性（transparency）、① 开放性和有效的模糊性。

无论联合国教科文组织引用孔子之言想要表达什么，有一点是清楚的，孔子此言在悠久而丰富的儒家传统语境之下具有更为重要的意义。这是因为，在这句话的文本里，它不是一个普遍的共识，相反是一项基本直觉（fundamental intuition），它的模糊性，当然并非有意为之，经年累月之后，成为各种注释的胜场。普遍共识，换言之，承认差异但是提倡趋同；基本直觉源于确信，然而作为几个世纪的反思焦点，却开始对分歧变得热衷。揭开同一真理的两层表象，② 既没有使普遍共识——基于对不断变化的历史背景缺乏认识，也没有使基本直觉——基于历代不断重新诠释的相对开放性，失去了效力。两者只有相互结合，才能在不断演进的思想史中发挥作用。

这就导向了这篇论文的中心论证——即，正如人权思想仅仅代表了部分道德，而非全部道德一样，当下世界的人权思想及运动也汲取了多元的道德理解以及不同文化背景下人民的智慧。事实上，人权思想及运动也的确有赖于此。一份文本无论多么重要，世界上没有人从一开始或者主要就是从原封不动的成文文本——譬如《世界人权宣言》学习和理解他/她的道德价值观。与此同时，也有很多人，他们对于《世界人权宣言》的理解，正如对其他更为广泛的人权要素和人权理念一样，是由更为古老、复杂和多样性的宗教和道德观所了解和激发的。实事求是地说，与其视文化和宗教差异为 20 世纪人权共识的一道障碍（或是反对意见），不如承认这种多样性也潜在地支持着人权思想来得更为有成效——这种支持不是在

---

① 使用"透明性"一词，我不是影射说那些继承并阐发孔子之言的人对孔子本意有明显的误读，而是说他们的理解往往各执一端。

② 即对于"性相近，习相远"，既是普遍共识也是基本直觉。——译者注

每一方面，而是常常体现在诸多重要方面。[①]

《论语·阳货》"性相近也，习相远也"所反映的普遍共识（如在联合国教科文组织文件里发现的）和基本直觉（如它在原始文本呈现的）间的一个共同点，便是相信人类间存在共同的相似之处——这种确信开启了对普遍人性的思考。我要说明的是，这是唯一的，最为重要的连接传统哲学、宗教理念与现代人权文件的纽带：前者以基本直觉，洞悉人类境况和人类相互间的关心和尊重；后者以普遍共识的论述，影响到文明行为的具体后果——那就是，20世纪的人类可以考虑，哪些行为可以称得上是"人道的"。普遍共识是通过国内和国际领域适当的法律制裁，来支持这一运动的。

考察孟子的某些基本直觉，是了解孟子思想对中国和世界人权思想产生影响的一条进路。特别是，我建议考察孟子关于人类普遍道德潜能的观点与现代平等观念的关系，以及孟子"天爵"说与当代"人格尊严"的关系。在两个方面，我都会将孟子与孔子的观点加以对比，以便勾画出从较为贵族化的道德观点，到更为信仰普遍人性观点的发展轨迹。

二　人类道德潜能和平等理念

让我们回到《论语·阳货》第二章，以之为出发点。孔子的这一讲法似乎暗示了现代平等观念，由此，作为对普遍人性的直觉陈述，其所以能够引起当代读者的关注也就不难理解了。当然，很重要的一点是，我们当记住这一讲法在儒家古老的传统中影响深远，意义独特。孔子的语言富有活力且相互关联，他自始至终所设想的是一个发展的过程而不是本质的实在。他在《阳货》第二章里的措辞并不意味着就本性的"同一性"而

①　有一些条例之间似有冲突，其中较为著名的是《宣言》的第18章对一些伊斯兰信徒换教问题的讨论，涉及宗教自由，尤其是，皈依另一宗教的自由。即使在这里，也许也有一些积极的解决方式去面对异常明显的冲突。参见大卫·利特、阿布杜勒阿齐兹·撒和蒂娜·约翰·卡尔西《人权和世界宗教：基督教、伊斯兰教和宗教自由》（David Little, Abdulaziz Sachedina, and John Kelsay, "Human Rights and the world's Religions: Christianity, Islam and Religious Liberty"），见华霭仁、J. 保罗·马丁、韦恩·普劳德福德编《宗教多样性和人权》（Irene Bloom, J. Paul Martin and Wayne L. Proudfoot, eds., *Religious Diversity and Human Rights*, New York: Columbia University, 1996），第213—239页。

言，他发现人与人是"平等的"，而是，他们是"相近的"。后来的注释者都在"性相近也，习相远也"八个汉字中发现了这样一种观念，即所有的人都共享道德潜能，而他们为发展这种潜能的努力，较之其他事物，更能决定他们成为什么样的人。

在古代世界的语境里，这一观点或许可以被看作一种明显的平等主义。在公元前 6 世纪到前 3 世纪的中国，人类根本相似性（fundamental similarity）的观念，可视为是一个新的发展。这一观念与孔子尤其是孟子是一致的，它将古典儒家传统与"轴心时代"① 同时发展的其他传统，如印度的《奥义书》学派和希腊的柏拉图学派等，区别开来。对人的普遍道德潜能的强调隐含着对人的尊重，倾向于超越和削弱人的阶级差异。它也与基于人生而不平等理念的观点完全不相容，譬如印度的种姓制度，或者柏拉图关于灵魂有本质差别的学说。考虑到道德潜能的重要性，孔子及后来的孟子，都强调其不能被轻视，伤害和忽略。孔子倡导的"有教无类"（《论语·卫灵公》39）即显示了这一尊重，同样，孔子强调对于受教者的开放性，② 以及对人民道德情感的感受皆显示了这一尊重。③

不过就孔子而言，认识到普遍人性和相似的道德潜能，并不意味着许诺最终的平等对待，因为他认识到在人发展的过程中包含了许多可变因素，可导致不同的行为结果。《论语·阳货》"性相近也，习相远也"这一论断的两个方面——肯定人类基本相似性和承认他们后天的差别——同等地重要。孟旦发现天然平等（natural equality）和评价平等（evaluative equality）有所不同。他认为，孔子和孟子持有一种信念，即肯定人在生而平等的同时，也承认道德评价上的不平等。这一观点的必然结果就是认为人们来到这个世界后，即使天资和潜能相同，但实现潜能的程度却是不同的。价值更多地体现在道德的最终实现上，而非一开始所具有的潜能

---

　　① 参见卡尔·雅斯贝尔斯著，迈克尔·布洛克译《历史的起源与目标》（Michael Bullock, trans, *The Origin and Goal of History*, New haven：Yale University Press, 1953），第 1 章。史华兹在"智慧，真相与疑惑：公元前第一个千年的透视"讨论会上将"轴心时代"称为"超越的时代"，参见 *Daedalus*（Spring 1974）。也可参阅史华兹《古代中国的思想世界》，第 2、3 页，以及第 423 页，注释 2。

　　② 如《论语·述而》7："自行束脩以上，吾未尝无诲焉。"

　　③ 如《论语·为政》3："子曰：道之以政，齐之以刑，民免而无耻。道之以德，齐之以礼，有耻且格。"《论语·子罕》26："子曰：三军可夺帅也，匹夫不可夺志也。"

上。① 因此人们在生命之初也许相似，但是其一生所得的对待却不相同。

在《孟子》中，平等的主题得以进一步深化，对道德能力的强调更是明确。在很多论辩，尤其是与君主的论辩中，一个熟悉的论辩模式呈现出来：孟子的对话者要么是基于道德的惰性，要么是出于逃避的心理，往往指出某一问题超出了他们能力的范围。孟子则试图改变其看法，指出某些问题看起来似乎超出了人力的范围，但若加以道德的努力，实则在人力的范围之内。② 与君主的交流，生动地反映了一些惶惶不安君主的直接忧虑：如何平息自身的焦虑和不祥的预感，如何成功地统治，甚至如何避免弑君事件的发生？孟子将所有这些问题的答案，几乎一成不变地都落实到统治者必须培养和发挥其道德潜能上来。与孔子相比，在孟子的思想里，这一观念不仅变得更为明晰，而且成为其关于人之概念的基础：在孟子看来，人类道德潜能的根源，不仅是专有所属的，而且也是普遍存在的。

显而易见，在孔子的对话中，个人的道德潜能无疑是很重要的。但是什么是道德潜能的根源？是孔子在他自身所发现的，源自天的"德"吗？（《论语·述而》23）也许吧，但是孔子从未使其听众确信他们具有这种"德"，只是要大家发展它，或者说"蓄之"。③ 也许正是对道德潜能根源的不确定，使得孔门弟子不断地追问什么是仁；而就孔子而言，也不愿意对此做细致的说明，这可以解释为何他的回答往往十分简洁。可以肯定的是，孔子倾向将仁描述为难以企及的且充满挑战的，譬如，他说："刚、毅、木、讷，近仁。"（《子路》27）在同一逻辑下，曾子在一段著名论述中，强调"仁以为己任"，"不可以不弘毅"（《泰伯》7）。④

令人鼓舞的是，孔子确信仁并非远不可及："我欲仁，斯仁至矣。"（《述而》30）然而，当我们真的需要孔子时，孔子在哪里？当面对困难时，又如何唤起"刚毅"呢？当孔子强调"若圣与仁，则吾岂敢？"自己

① 孟旦：《早期中国"人"的观念》，主要见第一章和第四章。

② 一个例证就是在《孟子·梁惠王上》3中孟子和梁惠王的对话。孟子坚持认为：梁惠王强调自己"尽心焉耳矣，河内凶，则移其民于河东，移其粟于河内"，已经严重地低估了他的职责和道德能力。另一个著名的讨论是《孟子·梁惠王上》7，孟子向齐宣王宣讲"不为也"与"不能也"的区别。

③ 华霭仁这里借用《道德经》"道生之，德蓄之"的表述。——译者注

④ 这里，曾子显然注意到了"仁"和"任"的同音关系。

仅仅做到"为之不厌，诲人不倦"时，公西华的回应是值得玩味的："正唯弟子不能学也。"（《述而》34）颜渊问仁，"子曰：克己复礼为仁"，难怪颜渊提出"请问其目"。孔子的回答是具体、令人印象深刻的："非礼勿视，非礼勿听，非礼勿言，非礼勿动。"（《颜渊》1）就此而言，无怪乎颜渊在其短暂的一生中，对孔子之道或其榜样力量，喟然叹曰："仰之弥高，钻之弥坚，瞻之在前，忽焉在後。"（《子罕》11）

对于孟子，我们是确定的。他的教导清楚、具体，很少有"不语"、"不言"（《子罕》1、《公冶长》13、《述而》21）的话题，他也从没有被视为是难以捉摸的。在《孟子》开篇孟子与君主的对话中，他直截了当，乐意给出建议——事实上，是毫不退让地向君主宣传他的建议和劝诫。为了支持和论证他关于道德能力的观点，孟子显然要说服他的对话者，事实上，他们能做他们应该做的——这都在他们的能力范围之内。很多统治者试图探讨道德软弱；孟子则对其做出矫正，但是显然他不能用孔子的刚强、持守、克己、弘毅等标准来要求君主。设想，倘若孟子效法孔子对仁附加诸多严苛的条件，并且取法曾子的"仁以为己任"，他将在这些统治者中失去听众。① 或许正是认识到了这一点，孟子论辩时，不仅将自己视为不屈不挠，可以应对艰难困苦的道德精英，也将自己视为懂得在日常生活中扩充、培养普遍人性中道德潜能的人。

这一点最初体现于《孟子·梁惠王上》第七章，在后来的章节中得以充分展开。② 在孟子和齐宣王的对话中，孟子称在其赦免一头将做牺牲的牛的故事中，发现了他的恻隐之心。君主的道德意志力，如他们自己承认，在某些事情上是有问题的；实际上，这一故事的说服力视情况而定，如若当时不是一位如孟子般有决心的老师，那么齐宣王可能在道德上是有缺陷的，对话也就无法继续了。发现齐宣王对于惊恐的牛"不忍"，孟子将这种同情解释为"仁术"。然后，孟子明确将解决道德软弱问题的方案归结为，扩充其在家庭生活中体会得到的，人所固有的善心和同情心。为了使齐宣王明白，他对动物的同情心显然应推及到百

① 如果连梁惠王都觉得孟子的主张"迂远而阔于事情"的话，那么可以想象孟子劝告其他更富有好战精神的君主时的反应。参见《史记·孟子荀卿列传》。

② 说孟子的这一论证将在之后得到完全的展开，我仅仅指的是现存的《孟子》文本。我对《孟子》文本章节次序以及它们的真伪不作说明，将这些复杂的问题留给白牧之（E. Bruce Brooks）、白妙子（Taeko Brooks）夫妇细致的学术。

姓，他说：

> 老吾老，以及人之老；幼吾幼，以及人之幼。天下可运于掌。……
> 故推恩足以保四海，不推恩无以保妻子。古之人所以大过人者无他
> 焉，善推其所为而已矣。（《梁惠王上》7）

仁不再是"死而后已"的重任，只要推己及人，天下可运于掌上。这是
一种截然不同的力量——内在的而非强加的——但我们相信它的效用，因
为，毕竟正是它使古人变得卓越。

在《孟子》一书无疑最为著名的段落——令人难忘的"孺子将入井"
章中，可以发现一个本质上有着相同形式，某些语言不断重复的主题
（argument）。这里孟子的对话者不详，但显然不是君主。孟子以"人皆有
不忍人之心"开始——这是孟子道德哲学的核心，也是孟子"人"之概
念的核心，孟子说道：

> 人皆有不忍人之心。先王有不忍人之心，斯有不忍人之政矣。以
> 不忍人之心，行不忍人之政，治天下可运之掌上。所以谓人皆有不忍
> 人之心者，今人①乍见孺子将入于井，皆有怵惕恻隐之心——非所以
> 内交于孺子之父母也，非所以要誉于乡党朋友也，非恶其声而然也。
> （《公孙丑上》6）

孟子不必告诉我们看到身处险境孺子的人会作何反应：出于仁心，我们会
猜测得到。我们不怀疑任何人在这种情形下会有何反应。从心理学上讲，
这是所有人熟悉的基础：我们在日常生活中已有过相似的反应。在此基础
上，孟子跨出了重要的一步，将消极的，担心小孩生命的"惊恐的眩
晕"②转化成了积极的"不忍人"的通感反应。这就是恻隐之心，孟子认
为，这是人人都具有的。

---

① 在这一段落的开头，孟子回顾到先王有"不忍人之心"。在此，孟子强调在场的人，皆
有"不忍人之心"。——这里的"今"一般理解为"若"，假设连词。作者将今理解为"现在"，
故加注释说明。——译者注

② 参见理查兹《孟子论心》（I. A. Richards, *Mencius on the Mind*, London: Kegan Paul,
Trench, Trubner 1932），第19页。

随后，恻隐、羞恶、辞让、是非之心被定义为"四端"，孟子认为四端是人所共有的。作为内心的情感和动力，四端作为潜在的倾向存在于人之初，并且在日后的生活经验进程中得以实现。恻隐之心是仁之端，羞恶之心是义之端，辞让之心是礼之端，是非之心是智之端：

> 人之有是四端也，犹其有四体也。有是四端而自谓不能者，自贼者也；谓其君不能者，贼其君者也。凡有四端于我者，知皆扩而充之矣。若火之始然，泉之始达。苟能充之，足以保四海；苟不充之，不足以事父母。（《公孙丑上》6）

在《告子上》六章孟子弟子公都子列举当时各种不同于孟子人性论观点的对话中，带有鲜明孟子特色的论断"人皆有不忍人之心"以及"所以谓人皆有不忍人之心者"再次出现。前者与孟子观点不同，更强调人性的"外在"因素，而孟子则突出人性的"内在"因素。为了论证仁性（humanity）的实情（natural tendencies），也就是源自于内的观点，孟子称：

> 乃若其情，则可以为善矣，乃所谓善也。若夫为不善，非才之罪也。恻隐之心，人皆有之；羞恶之心，人皆有之；恭敬之心，人皆有之；是非之心，人皆有之。恻隐之心，仁也；羞恶之心，义也；恭敬之心，礼也；是非之心，智也。仁义礼智，非由外铄我也，我固有之也，弗思耳矣。故曰，"求则得之，舍则失之。"（《告子上》6）

这一观点进一步被强调，《公孙丑上》第六章的"端"，在《告子上》第六章中被认为是人"固有"的"情"（natural tendencies）或者"才"。随后孟子又宣称："仁，人心也"（《告子上》11），以及"仁也者，人也"（《尽心下》16）。

孟子关于人的道德潜能的论述，有很多可圈可点之处。例如，它"人皆有之"，是共同生活经验的根源，它应当被"思"和"扩充"，"思"和"扩充"对于个人和他人的福祉都十分关键；它可以受到伤害，甚至是丢失。从比较哲学的视域看，孟子道德潜能理论最引人入胜之处，或许在于它形而上学意味的淡薄：孟子几乎没有从形上层面进行论证，仅对道德潜能的终极根源做了简单论述。人并非上帝所"创造"，并非源自上帝，或者根据上帝的形象创造，他们的相近也并非由于与上帝或者某种终极存在处于某种特定的关联。而是，在这种血缘的、家庭的和社会视角的人性论中，人们在家庭中得以塑造和培养，习惯与他人交往，正是通过这些世俗的人类交往，人类独有的能力和知识得到发展：

> 人之所不学而能者，其良能也；所不虑而知者，其良知也。孩提之童无不知爱其亲者，及其长也，无不知敬其兄也。亲亲，仁也；敬长，义也；无他，达之天下也。（《尽心上》15）①

在孟子看来，仁及义是生而具有的（natural），是世界上每个人在家庭的成长经验中所享有的。《孟子》一书开始传达给梁惠王的理念，也在篇尾得以重申，然而这次面对的不仅仅是君王，而是潜在地指向每一个人：每个人都可以做到仁，仅需以亲近之人为中心，将对其的情感和尊重不断地向外扩充。

这一平等的看法显然与西方人生而具有理性能力的观点有所不同，后者为斯多亚学派哲学、中世纪哲学以及 17、18 世纪自然法哲学家所普遍接受。然而，这种区别虽然明显，但是也无须过分夸大。约翰·帕斯莫尔（John Passmore）甚至认为《论语·阳货》："性相近也，习相远也"可以做一种洛克式的解读。② 同样，孟子最具特色的有关仁的论断，得到了剑桥柏拉图学派学者（Cambridge Platonists）以及理查德·坎伯兰

---

① 我对将"良"字翻译成 good 感到不满意，但我没有找到更为合适的表述。通常"良知"、"良能"中的"良"，根据一些宋明理学家的理解，被译为 innate（先天的，固有的）。然而似乎却失去了孟子使用"良"字的本意，"良"字游移于先天和后天之间——甚或说，消除了两者的差异。多伦多大学杜百胜教授（W. A. C. H. Dobson）的翻译虽然迂曲，但在翻译这段话时，显然试图抓住孟子"良"的"赋予"之意："The abilities men have which are not acquired by study are part of their endowment of good. The knowledge men have which is not acquired by deep thought is part of their endowment of good." 参见杜百胜《孟子》英译本（W. A. C. H. Dobson, *Mencius*, Toronto: University of Toronto Press, 1963），第 148 页。这段话最后一句话（"无他，达致天下也"）的另一种翻译是："and requires nothing more than to be extended to everyone in the world."

② 参见约翰·帕斯莫尔《人的可完善性》（John Passmore, *The Perfectibility of Man*, London: Gerald Duckworth, 1970），第 160 页。

（Richard Cumberland）观点的回应。拉尔夫·卡德沃斯（Ralph Cudworth）认为"每个人……都共有同情的原则"。[1] 坎伯兰认为"生灵中唯有人类，具有推己及人的仁爱情怀"。[2] 帕斯莫尔进一步指出，"儒家思想与18世纪独特的学说十分接近，值得注意的是，这些学说对中华文明十分着迷"。[3]

中国和西方的平等思想都关注于人类的相近之处和最具价值之处。也许公平地说，两种观念中，直到18世纪，中国的思想不仅因为强调人的道德潜能，而不是理性能力（后者，可能会被认为，人的禀赋是不同的）而更具包容性，而且在政治和社会生活中也更具影响，派生了众多意义深远的中国制度，尤其是与之相关的科举考试制度和教育制度。

有趣的是，正当西方的思想可以说与中国思想最为接近之时，两者却又再次分道扬镳，尤其是在政治思想领域。因为从美国的《权利法案》到法国的《人权宣言》（1789），以及随后19世纪各国所制定的国家宪法，西方的平等观念在18世纪和19世纪转向了法律建构。在这些文件中，平等观念与"法律面前人人平等"和"受法律平等地保护"等法制思想相联，因而，"平等"逐渐获得新的意涵和现实效力。

三　天爵与人爵

"平等"这一《世界人权宣言》中的现代汉语术语，在《论语》和

---

① 参见《大英博物馆馆藏副刊》（British Museum Add. MSS.）4983，83；转引自约翰·帕斯莫尔《人的可完善性》，第160页。

② 理查德·坎伯兰：《自然法的哲学探寻》（Richard Cumberland, *A Philosophical Inquiry Into the Laws of Nature*），第211页，该书1672年首次拉丁文出版，1750年约翰·陶尔斯（John Towers）译成英语于都柏林出版。转引自约翰·帕斯莫尔《人的可完善性》，第160页。

③ 约翰·帕斯莫尔：《人的可完善性》，第160页。帕斯莫尔的观点有：与18世纪一样，孔子通过道德实践追求人的完善，道德分为知、仁两个方面。知，对于孔子与18世纪一样，首先和最重要的是知人（《论语·颜渊》22）。孔子将"仁"定义为"恭、宽、信、敏、惠"（《阳货》6）——典型的18世纪的道德。甚至，孔子的"天道"非常像自然神论，是宇宙间的非人格神。也许会有人说，17、18世纪欧洲思想被儒化了。当然，我们想到"影响"一词时，这一说法可能并不符合历史事实。儒家式思想，正如我们所说过，源于希腊的柏拉图、斯多亚学派或者伊壁鸠鲁学派。它们在儒家思想被译介之前，已经远播至欧洲。然而儒家思想却生动地证明，爱世人（love of neighbours）并非基督教教义所独有（《人的可完善性》）。

《孟子》里并没有出现；"尊严"也是如此。① 值得一提的是，在古希腊思想里，也缺乏"尊严"这一术语。如赫伯特·施皮格伯格（Herbert Spiegelberg）发现，拉丁文中的"*dignitas*"一词与人无关。他还说到"在上个世纪教皇通谕之前，并没有拉丁文短语'*dignitas humana*'"。② 在其他现代语言中，"人格尊严"这一术语出现得更晚，如德语中的"人性尊严"（*Menschenwürde*）一词，首次出现在 18 世纪末。"直到启蒙时期，'人格尊严'才成为现代意义的术语。"③

　　然而我们不能否认的是，在"尊严"一词获得政治意义、心理和道德意味之前，已然存在于哲学和文学领域了。可以确信的是，孔子和孟子已经对从现代眼光可以看作的"尊严"，表现出深深的关切。孔孟论及"人的尊严"时，通常与"贵族的尊严"④ 相对比，并且在某些场合下，对后者表示出质疑。孔子说：

---

　　① "平等"并没有出现在任何儒家经典中，也许佛教典籍有"平等"思想的雏形。"尊严"则在《荀子·致士篇》可以找到："师术有四，而博习不与焉：尊严而惮，可以为师。"王志民（John Knoblock）将这段译为："There are four techniques for being a teacher, but superficially broad general acquaintance is not one of them. One who requires deference, is majestic in manner（*zunyan*）, and instills a fearing respect may probably be regarded as a teacher."王志民：《荀子：〈荀子〉全集英译及研究》（John Knoblock, *Xunzi: A translation and study of the Complete works*, vol. 2, Stanford: Stanford University Press, 1990），第 209 页。"尊严"在这个语境中，似乎是威仪的意思，而不是指道德的尊贵。

　　② 参见赫伯特·施皮格伯格《人的尊严——一种挑战》（Herbert Spiegelberg, "Human Dignity: A challenge"）一文，载鲁宾·哥特斯基、欧文·拉兹洛编《人的尊严——本世纪和下个世纪：人权、科技、战争与理想社会的跨学科研究》（Rubin Gotesky and Ervin Laszlo, ed., *Human Dignity——This Century and the Next: An Inerdisciplinary Inquiry into Human Rights, Technology, War, and the Ideal*, New York: Gorden and Breach, 1970），第 42 页。施皮格伯格同样指出："在文艺复兴之初，皮科·德拉·米兰多拉（Pico della Mirandola）的著名演讲被名为《人的尊严》（*De dignitate hominis*），但这一概念与'*dignitas humana*'在文本中都没有出现。"

　　③ 同上。

　　④ 在区分"尊严"和"人的尊严"这两个术语在现代西方和欧洲语境中的演变时，赫伯特·施皮格伯格指出，人的尊严是"一个非常不同的问题"。"它暗含着对贵族尊严秩序的排斥。因为它指的是每一个人，人之为人的最基本的尊严。它不允许任何地位上的差异，对所有人而言都是平等的。"（施皮格伯格：《人的尊严——一种挑战》，《人的尊严——本世纪和下个世纪：人权、科技、战争与理想社会的跨学科研究》，第 56 页）我倾向于认为，在孔子和孟子看来，贵族秩序的尊贵，虽然值得怀疑，但并没有明确表示反对。如《论语·里仁》5 "富与贵，是人之所欲也，不以其道得之，不处也；贫与贱，是人之所恶也，不以其道得之，不去也"所显示的，只有当世俗的"贵"看上去与个人的义发生冲突时，才是有问题的。

> 富与贵，是人之所欲也，不以其道得之，不处也；贫与贱，是人之所恶也，不以其道得之，不去也。君子去仁，恶乎成名？君子无终食之间违仁，造次必于是，颠沛必于是。（《论语·里仁》5）

这里孔子所说的"贵"，是由统治者赐予的贵族尊贵的主要内容。他并没有简单地拒绝富与贵，也没有说富贵包含污点，或者是必须妥协的。然而，如果"不以其道得之"，就必须放弃富贵；同样，如果"不以其道去之"，也应该守住贫贱。这里的"君子"，在孔子看来，当然是指内在的品格，而非世袭的地位。君子如果"违仁"，就意味着他改变了处世之道，以及获得名誉的方式。而这两种改变都是不能接受的。

前面讨论的引文中，我将"恶乎成名"译为"How could he fulfill that name？"（意即："如果君子违背于仁，他怎么还能被称为君子呢？"）刘殿爵有另外一种翻译："in what way can he make a name for himself？"[1]（意即："怎么样才实现他的名誉？"）[2] 两种翻译有所不同，但两者有一个共同点，均认为"名"——被世人所知——在儒家语境中是非常重要的。出于"我的声誉"（amour propre）或者为了赢得他人尊敬而行善，并不像很多基督教思想家认为的，是会打折扣的；[3] 而且，名誉被看作道德动机中的一个因素，一个切实的考虑。孟子并不主张人行善的初衷是因为这件事会给他带来好的名声——他刻意将名声排除出救将入井之孺子的动机之外，但是这并不意味着，如康德所认为的，关注行为后果对自己名声所

---

① 刘殿爵译：《论语》，企鹅出版社 1979 年版，第 72 页。

② 然而，理雅各明确反对将"名"理解为"名誉"。参见理雅各《中国经典》第 1 卷《论语》（James Legge, trans., *Confucian Analects*, in *The Chinese Classic*, vol. 1, Oxford：Clarendon Press, 1893），第 166 页，注释 5。

③ 有趣的是，帕斯莫尔指出洛克开启的一个新方向，就是恢复了名誉的重要性："与提升来自教育的习惯，视其为完善道德的充要条件相比，更令（经院神学家、加尔文教徒和其他神学研究者）震惊的是，洛克认为羞耻感和名誉是教化人们成就道德的手段。'羞耻感和名誉'［洛克：《教育漫话》（*Locke's Essaysome Thougts Concerning Education*, 1693）］——简而言之'自我的声誉'（amour propre），关涉到被基督教卫道士共同谴责的个人社会地位……洛克的所作所为是清楚的。不仅合理的个人利益——amour de soi，而且对名誉的关注——amour propre（卢梭所做的著名区分），都不再令人惧怕。确实，在某种程度上，我们回到了荷马时代的希腊。名誉和羞耻感是很重要的事情，如果一个人在适当的时候学会了羞耻，那么就没有必要为他的道德担心。"《人的可完善性》，第 162—163 页。

产生的影响将使该行为不再是"道德"行为。

这其中的原因无疑是复杂的，深入儒家伦理思想的核心，至少部分可能的解释是，孔子、孟子和古典儒家普遍不崇信来世——与基督教的灵魂不朽说没有可比性，与印度教和佛教的生命轮回说也有所不同。没有一个现世生活为其做准备的更长的生命，或者更重要的灵魂世界。而且，我们可以发现称为"我们只能经历一次"（we pass this Way but once）的观念（甚至是"一生一世"）。在这一观念中，名誉就显得重要起来了。毕竟，一个人的"名"或者"名誉"，不仅显示一个人在有生之年所受的尊敬，而且很有可能以不朽的形式，在其身后回响和延续。

孟子直觉到"贵族的尊严"与"人的尊严"之间是一种同类的关系，但孟子更明显地指出两者的差别：

> 有天爵者，有人爵者。仁义忠信，乐善不倦，此天爵也；公卿大夫，此人爵也。古之人修其天爵，而人爵从之。今之人修其天爵，以要人爵，既得人爵，而弃其天爵，则惑之甚者也，终亦必亡而已矣。（《孟子·告子上》16）

孔子承认道德尊贵的同时，不反对贵族的尊贵，暗中意识到遵从秩序与坚守道义有时包含着不同的诉求。孟子虽然仍然没有公开反对贵族的尊贵，但却更为关注两者的差异。我们知道，"天爵"来自道德潜能，符合自然秩序，是天的赋予。"人爵"则是不同的秩序，虽不一定与"天爵"对立或抵触，却是从属的，转瞬即逝的。那些认为"既得人爵"就可以"弃其天爵"的人，是"惑之甚者"，没有认识到生活于其中的更大的背景。

这一点在下面《孟子》的引文中表述得更为深刻：

> 孟子曰："欲贵者，人之同心也。人人有贵于己者，弗思耳矣。人之所贵者，非良贵也。赵孟之所贵，赵孟能贱之。《诗》云：'既醉以酒，既饱以德。'言饱乎仁义也，所以不愿人之膏粱之味也；令闻广誉施于身，所以不愿人之文绣也。"（《告子上》17）

我将这段文字中孟子使用的"良"一词少见地译为"good honor"，是值得注意的。孟子在说明人的道德潜能的来源时，也使用的是"良"这个词，这一潜能是天的赋予，是每个人都享有的，称为"良知"和"良能"。① 在这个语境中，孟子用"良"来定义每个人内在具有的"良能"。② 这一事实清楚地表明，"良贵"乃"人之所贵者"，它是上天或自然的赋予。尽管这样，贵族的贵也没有被否定，只不过较之于"饱乎仁义"，因为其更多是与放纵感性欲望联系在一起因而被大大地削弱了。

　　这一证据以及文中的其他证据表明，一个真正的、根本的、强有力的人的尊严的概念存在于孟子的思想之中。如同孟子的平等观念一样，孟子的尊严思想也是基于人的道德潜能，而且更为特别的是，在于对每个个体心中道德潜能的自觉。在以上引用的段落中，我们发现孟子越来越明显地将贵族的尊严和人的尊严作对比，③ 贵族的尊严有可能是徒有虚名，如果他还没有堕落为卑鄙的贵族的话。在其他的对比中，有些明显是个人化的，孟子则通过将自己设想为道德主体（moral agent），说明人具有选择仁义的能力：

　　　　鱼，我所欲也，熊掌亦我所欲也；二者不可得兼，舍鱼而取熊掌者也。生亦我所欲也，义亦我所欲也；二者不可得兼，舍生而取义者也。生亦我所欲，所欲有甚于生者，故不为苟得也；死亦我所恶，所恶有甚于死者，故患有所不辟也。如使人之所欲莫甚于生，则凡可以得生者，何不用也？使人之所恶莫甚于死者，则凡可以辟患者，何不为也？由是则生而有不用也，由是则可以辟患而有不为也。（《孟子·告子上》10）

这一论述所透出的尊严感是强烈的，也许会有人认为这种尊严只存在少数

---

① 理雅各（Legge）对"欲贵者，人心之所同也"的翻译是："To desire to be honorable is the common mind of men"。参见《中国经典》（*The Chinese Classics*, vol. 2），第 419 页。

② 在这里将"良"翻译成"good"（好的），是少见的，并且毫无疑问是不够充分的。"良"这一词有时候也被译成"innate"（与生俱来的，先天赋予的），然而这一翻译有争议，因为它可以被理解为隐含着一些静态的、固定成分。因为"良贵"或者"good honor"显然与人的道德潜能有关，它分有着"良知"和"良能"动态的、有活力的品性。

③ 我不是指这里的段落顺序表明了孟子思想的进程或者顺序。这个顺序是我安排的。

人身上。但是孟子的视域更为宽广，这从他的结论就可以看出：

> 是故所欲有甚于生者，所恶有甚于死者。非独贤者有是心也，人皆有之，贤者能勿丧耳。一箪食，一豆羹，得之则生，弗得则死，嘑尔而与之，行道之人弗受；蹴尔而与之，乞人不屑也；万钟则不辩礼义而受之。万钟于我何加焉？为宫室之美、妻妾之奉、所识穷乏者得我与？乡为身死而不受，今为宫室之美为之；乡为身死而不受，今为妻妾之奉为之；乡为身死而不受，今为所识穷乏者得我而为之，是亦不可以已乎？此之谓失其本心。（《告子上》10）

这样时常作为"人爵"标志的财富和地位便看起来有问题了，它们在道德上是空洞的。"行道之人"和"乞人"之所以懂得"弗受"、"不屑"也，是因为这样做会丧失其尊严，而这一点恰恰被富贵之人所遗忘。我们可能会为此人因为物质利益的遗忘（尽管这太容易理解了）而感到汗颜。孟子也有可能试图用第一人称去唤起一种回应（"为宫室之美、妻妾之奉、所识穷乏者得我与？"），似乎此人顷刻出现并奇妙地暗示了一种谴责和警告。① "行道之人"和"乞人"的例子表明，人的尊严可以失去，但不可能被夺走。

最后，关于孟子尊严观念及其所关注的政治内涵还有一点需要作出说明。我集中于与"贵族尊严"（统治者和精英由于其政治角色和社会秩序所具有的尊严）相对的"人的尊严"（人类由于仁德的尊严）。这也是启蒙和后启蒙时代西方思想历史观念中所使用的区分方式，那时"人的尊严"作为对"贵族尊严"的否定，与民主思想并行发展。② 诚然，在传统儒家思想里，我们是在考察一个较早出现的观念，那时社会的不稳定给中国社会带来了强有力的冲击，但此之前的几个世纪君主政体本身同样遇到

---

① 理雅各关于这一段的注释是："这里与前一段关于生命和死亡的例子形成对比。厚禄并非绝对必要的。然而有一个崇高和真实的理念，就是一个人的人格独立，并高于所有外在利益。这层含义在英文中通过将第一人称转换成第三人称会更好地被表现出来。"（《中国经典》第2卷，第413页）我同意理雅各关于"崇高和真实的理念"的看法，但不赞同他决定放弃孟子的第一人称并在英文中转换成第三人称的做法。

② 施皮格伯格：《人的尊严——一种挑战》，《人的尊严——本世纪和下个世纪：人权、科技、战争与理想社会的跨学科研究》，第56页。

严重挑战。在中国"轴心时代"的大部分时期，两种尊严的观念，虽然可以区别，但是似乎已经是并存的了。然而"人的尊严"，或者用孟子的话来说，"天爵"——总是被认为是首要的和真实的，而"人爵"则如过眼烟云，是易于败坏的。

天爵或人的尊严观念似乎是与平等主义观念相伴而生的。后者认为，道德潜能是每个人生而具有的禀赋，并且如我主张，也包括每个人充分意识到此道德潜能的重要性。正如孟子所理解，人的道德潜能使得人们之间能够彼此和谐共处一样，孟子"人的尊严"理论，则在这种理解中融入了人类的自我意识，即他们是能够也是值得尊重的。我想指出的是，这一语境中的"人的尊严"包含了个人对于他们道德潜能的赞赏，得到他人尊重的权利（claim），以及相应尊重他人的义务和意向——所有的这些都是源于普遍仁爱的意识。尊重的程度会随着个人之间的具体关系（如亲缘关系，性别，年龄和社会地位）而有所不同，并且相应的行为也有所不同。但是总会有一个基本的尊重存在，作为普遍仁爱的前提，从每一个人扩充到其他所有人，"己欲立而立人，己欲达而达人"。

只要这种相互尊重的要求被遗忘，交往的一方自然会感到他们的尊严受到伤害。这可能发生在包括"贵族尊严"的地方，正如在一些与君主的对话中，孟子用惊人的力量论及臣子的尊严。这在孟子与齐宣王的论辩中表现得很明显：

> 君之视臣如手足，则臣视君如腹心；君之视臣如犬马，则臣视君如国人；君之视臣如土芥，则臣视君如寇仇。（《离娄下》3）①

接下来的问题是，当一个君主的行为不符礼制，尤其不合君臣之礼的时候，严重的情况便出现了。在这种情况下，君主对臣子的不尊重，可以说是对"贵族尊严"的轻蔑，换言之，是对臣之为臣尊严的冒犯。不过较

---

① 在接下来的论辩中，齐宣王显然是离题了，或者试图回避问题，换了话题问道："礼为旧君有服，何如斯可为服矣？"孟子的回答是振聋发聩的："谏行言听，膏泽下于民；有故而去，则君使人导之出疆，又先于其所往；去三年不反，然后收其田里。此之谓三有礼焉。如此，则为之服矣。今也为臣，谏则不行，言则不听，膏泽不下于民；有故而去，则君搏执之，又极之于其所往；去之日，遂收其田里。此之谓寇仇。寇仇，何服之有！"

之前者还有更为一般的心理和道德原则，在《孟子》书中，有一个前后一贯的思想，即获得他人尊重的要求与尊重他人的意向，二者在心理和道德上是相互关联的。这对于包括"行道之人"和"乞人"的普通民众而言，是一个真理，对于大臣和君主也是如此。从政治上讲，人的尊严观念并不与君主统治对立，也不必然有助于民主政体，但是很少有人会否认，它从积极和消极形式两个方面，为批判虐待、压迫和暴政提供了坚实的根基。它虽然并没有派生出，但显然与后世很多民主观念和价值是一致的。

尽管方法策略上有些复杂，本文从一开始提出富有想象力的设想，到接下来对孟子两个基本直觉的探讨，是为了表明这往往是一个哲学传统得以发掘并重获新生的方法，也是使其进入道德教育的方法。对于学者而言，历史研究可能是通过一些重要的途径去阐明一个人物如孟子，活动于其中，其思想得以发展的环境；在我们这个时代，可以看到这一方法逐渐用于细致地理解某一思想在原始文本里是如何形成的。[①] 但是如果我们想进一步接近这个思想——去评估它，真正地重新掌握它——我们就需要思考它对后世有何影响，对当下有何可资利用之处。当人们从不断进化的文化生活这一更为宽阔的视野去看待传统道德思想的作用时，这就显得十分真切。

孟子无疑有理由抱怨上述分析总是集中在人的道德潜能/平等，以及天爵/人的尊严之上，省略了许多《孟子》一书中我们能自然会想到与人权思想一致的内容，包括"民本"思想，对民生重要性的强调（《梁惠王上》3、7），对教育的重视（同上）。他也会发现他坚持的君主对人民福祉的责任实际在这里没有得到关注，尽管《孟子》一书认为，君主对人民失责是一种严重的罪行，足以有理由对"贼仁与义"者做出罢黜（这对多数而非少数君主而言，绝对是不安的）。关于孟子思想和人权，还有其他一些论题有待探讨。

本文之所以集中在道德潜能/平等以及天爵/人的尊严之上，原因在于这两组观念显然处在孟子思想与当代人权思想的核心。再一次声明，这并

---

① 当今很多学者们正在做出一些重要的贡献，我特别要指出的是马萨诸塞大学（University of Massachusetts）阿姆赫斯特分校（Amherst）的白牧之、白妙子夫妇的战国研究团队所做的详尽的、富有创造性的工作。

不是说孟子思想产生了民主思想和人权思想，而是，确切地说，是它的基本直觉——对人类平等、责任、相互关系和尊重的决定性肯定——与正在形成的现代文明中扮演重要角色的共识文件是一致的，并且起着道德和精神上的支撑作用。

（作者单位：哥伦比亚大学伯纳德学院亚洲与中东文化系荣休教授。梁涛、朱璐译）

宋明新儒学与人权

[美] 狄百瑞（W. Theodore De Bary）

一　现代观点掠影

作为自觉的提倡，人权概念是西方相对晚近的发明，但它依然被理解为具有自身显著特点的西方思想长期演变的产物。由此人们认为，人权是西方特有的概念。其实，这个看法是否正确，取决于人们如何理解"人权"。当19世纪的东亚人在汉字中选取单字以组合成新的复合词来表达"human rights"这一概念时——如日文与中文的"人权"（*jinken*与*jen-ch'üan*），或"民权"（*minken*与*min-ch'üan*）——就不可避免地遇到这个问题。与此类似，他们也对"liberty"或"freedom"等诸如此类的概念进行了格义，相应的翻译尤其突出了个人以及自愿原则（principle of voluntarism）的重要性。尽管创造这些新词的本意在于传达西方观念本身的特殊含义，但对于中国人、日本人和韩国人来说，这些新词也附加了各自传统的成分。旧瓶装新酒。这里，"人"这个构词成分和儒家文化中仁的核心价值存在密切联系。该复合词中的"权"这一术语，可以表示"权威"或者"决定权"，也有"处理权"或"资格"的内涵。由此又有"权宜"、"调停"甚至"权益"的意思，而不是像有人或许认为的含有"不可让渡的人权"中的"不变"、"不可变更"的意思。

在我看来，不顾这些不同，一味主张人权具有明显的西方特质是不能成立的。如果你执意如此，就会因小失大。也就是说，如果你声称西方在这方面有特殊性，抑或断言亚洲方面有内在的缺失，那么，你就可能陷入狭窄的"人权"定义，以至于使得这一概念对其他人而言变得不可捉摸、不可操作。不过，如果你将"人权"视为一个进化中的概念，东西方众多民族尚不能借此完美地表达心中的希望，这样，不同文化背景下的人们就需要通过对他人经验的取长补短，从而深刻地理解人权问题。

我所讨论的问题是置于中国儒学，尤其是随后出现的更高发展形式——宋明新儒学的背景之下。但是在该文化背景下，有一点需要从一开始就加以澄清，儒家所起的作用在其他文化中一般被看作宗教。不过按照西方通行的标准，我不认为儒家是宗教，就这里的讨论而言，指出这一点就够了。但人类生活有宗教性方面，儒家也少不了。而且，由于宗教态度和实践在这里确有其表现，正如其他已有的教义或意识形态一样，所以在对儒学历史发展的研究中，宗教性也需要更多地了解。

二　古典人文主义中的宗教性

以上我所讲的内容，特别是宗教态度，在其他传统中经常被认为是人权问题的基础。我的头脑中拥有"人或个体的内在尊严"、"人的平等"、"人的自然权利"等诸如此类的概念。人们可以指出仁这一概念在儒家思想中的核心地位，并且可以视其构造成了儒家"人道主义"或"人性"的本质基础。我们甚至可以认为，从其首先关注人类本身和当代人类的需求来看，儒学显然是世界主要文化传统中最具有人文色彩的。但鉴于孔子所说的诸多关于成为君子的教导中都包含有一种深深的恭敬态度——他用"敬"这一术语表达——人们也可以称之为一种宗教式的人文主义。

《论语》中有很多内容都在关注"敬"之美德和礼仪实践，二者同时兼具宗教与世俗的双重性质。孔子与儒学传统都对现世生活怀有敬意与优先关注，这与儒学对生命和生命之源——通常被认为是上天与祖先——所怀有的尊敬是紧密相连的。这样，天与人两个方面得到完全的整合，以至于人们常常难以判断"敬"应该翻译为"敬畏"还是"尊敬"。这种态度与来世观念无关。在儒家文本里，没有证据表明"敬"可以解释成"崇拜"，例如"祖先崇拜"，因为孔子明确否认需要安抚亡灵或者在"天"的面前表示谦卑。

孔子怀有敬意的许多宗教传统都根源于一个甚至在他所处时代已经开始变化的部落或家族体系。与早期经典中更多的社会性相比，《论语》越来越关注于个体。但对于孔子来说，重申这些早先的根源是很重要的，即便他认识到自然的成长过程会使人们跨越个体和家庭，参与到更大的社群和更广阔的世界中去。孔子许多有关个人性质的讨论，如"君子"的理想，强调了有机的根源性。这种本质上的特殊主义（particularism）同时蕴含着一种普遍伦理。所以说："君子敬而无失，与人恭而有礼，四海之内，皆兄弟也。"（《论语·颜渊》5）

这一进路明显的特点是，它将敬重人生的态度与在具体关系中表现的对他人的尊重形式联系起来。人受到的对待，取决于各家庭或社群成员互相之间整体的义务之网，而不是由某些契约来保证，也不是靠法律条款强制实施的。这里强调的是爱与情感关系，不是与个人情感无关的或者法律性的关系。这些义务有某种客观的、形式上的规定，一如在礼仪规则中所见的一样。但当和严格的契约交换或法律条款相比时，它们之所以被认为是可靠的，是因为这些责任体现了无法用数量估算的善良意愿和互相尊重精神。因为建立在人类自然的情感基础之上，这套体系具有它自身的动力，而不需要通过外力干涉或压力来让它运作。

该体系的另一个显著特点在于，它更强调社会关系中的公平（equity）而不是平等（equality）。儒家承认社会差别是不可避免的人生现实，认为要在不平等的关系中实现公平，就必须把年龄、性别、社会地位以及政治职务的差别考虑进来。在下面的情况中，就无法通过同等利益的交换来达到互惠。例如，孩子在他年幼、年轻的时候，不可能指望他们以同样的关心和照顾回报父母，而作为成年人，则有义务去关心、照顾孩子。因此，适合父母—儿童关系的适宜美德并不是通过服从和孝顺来确定的，而是通过相互的爱，因双方能力的不同而不同，有时候要在将来才能回报。同样的，君臣之间适宜的德行也不是愚忠和盲从，而是"义"，即履行统治的共同义务中的道德正当，同样根据双方不同的职分而不同。

这样，互惠（恕）和公平或正当性（义）等原则混合在一起，成为人们之间的一种道德平等。这种道德平等被认为来自于天——那是生命与涵养这生命的人世秩序之共同来源。这反过来又代表了一种价值秩序，在下面这段脍炙人口的言论中，孟子就将这种价值秩序置于社会、政治秩序之上：

　　有天爵者，有人爵者。仁义忠信，乐善不倦，此天爵也。公卿大

夫，此人爵也。古之人修其天爵，而人爵从之。今人修其天爵，以要
人爵；既得人爵，而弃其天爵，则惑之甚者也，终亦必亡而已矣。
（《孟子·告子上》16）

至少可以说，这是儒家根据"礼"和"恕"，而不是"法"的概念来表
达人权思想的思维倾向。对儒家而言，诉诸法律以处理冲突，只能是最后
手段。这实际等同于官方对常规社群生活的干预，是外部统治所施予的侵
犯和强制。事实上，可以利用法律制裁社群中的顽固分子。这些人的暴行
使他们连家庭和邻居的同情也得不到。因此，儒家在极有限的范围内也认
可类似于我们刑法的东西的必要性。但在处理人际关系时，儒家一般寻求
无讼和省刑。的确，中国的"法庭"不是一个实施公正判决的独立机
构，而仅仅是行政的一个分支，罕能从国家政治、财政利益中独立出
来。与此类似，在儒家看来，"法"是服务于政权的工具，通常是用于
剥削的。所以这样的"法"常常被看作敌对的力量，而不是意见一致
者的惯例或契约，也不是为了保证共同利益和权利的人们一致达成的规
则和判例。

从3世纪到10世纪，佛教长期占据了支配地位。之后，宋代（从10
世纪始）儒学的复兴引发了中国思想中潜在的人权观念的若干大发展。
11世纪的改革运动把注意力放在据说被佛、道教所忽视的潜在的社会需
求上。在重新确认儒家伦理原则用作改革基础的过程中，宋儒精心阐述了
新的人性理论。这些学说大部分是从先秦儒家思想中引发出来的，特别是
从《孟子》一书中，不过也考虑了与此相关的佛教的"性"的观点。新
儒家基本上将此"性"理解为"人性"或者"德性"。在程朱学派那里，
"性"被认为是更大的宇宙结构或天理的一个部分，天理存在于一切事物
之中。人心固有处理事务的各种理，但需要理解，这些理首先是通过人际
关系中的价值判断和情感感应显现出来的。与佛教"空"的观念相对，
新儒家将这些理称为"真实"、"实有"或"实"。"空"的意思就是"非
实有"，没有自性。新儒家的理是永恒不变的。在处理日常生活中的实际
问题时，这些理可以用理性的道德术语加以概念化。另一方面，佛教的
"性"，像佛教的主要流派禅宗所说的一样，只能直指人心或证悟于心，
而不可能用语言表达（不立文字）。新儒家否认只能用无常、虚幻和不可
预见性来说明宇宙变化的同时，将现实理解为由不变的"理"所支配的

成长过程。而在所有这些中，新儒家最为看重的是所有人都具有根深蒂固的道德良知，即孟子所说的"性善"。

正是人性本善的观点赋予新儒家思想类似于"人的内在尊严"以及"个人的内在价值"的前提，并作为其社会学说的基础。新儒家非常喜欢的文本之一《中庸》，开篇就说"天命之谓性"，朱熹对此的解释突出了"人物各循其性之自然"。① 确实，一切学习的开端和一切政治、社会活动的基础就是"率性"。不但如此，孟子还谈到，天命之性就像刻在人的良心里，以至于人们不得不匡扶正义，甚至可以证明推翻违背天命的暴君的正当性（《孟子·梁惠王下》8）。今天的学者常常称这种学说是"革命的权利"。诚然，这是现代语言的表达，revolution 并非孟子心中所想。不过，如果天命意味着赋予人类权威或理由按照他们的道德本性行事，那么，我们就有资格发问：新儒家关于内在道德命令的学说，难道无法为主张某种人权提供基础？

新儒家对理想人伦关系——父子、君臣、夫妇、长幼、朋友——相互责任的强调，至少提供了部分答案。在这种互惠的关系中，一个人获得了依附于不变的人伦关系、享有某种待遇的资格。朱熹在和他的朋友及学生的讨论中，倾向于在儒家"礼仪"的背景下谈论这些互惠义务和相互责任，而不是用法定权利。朱熹一生用大部分时间研究适合政治、文化精英的传统的礼或礼仪。他相信如同古代一样，这些社会礼仪给所有人确立了标准，也是达到社会和谐的关键。他深知受教育者的特殊责任。不过，重要的是，他的这种关注并没有延伸到法律研究。相对而言，对于儒家学者，法律仍然是一个受忽略的科目。儒家学者更注意培养负责任的领导者的个人能力，而这往往要通过礼仪背景下的自我修养来实现。

正如朱熹在《大学章句》中所阐明的：君子应该"既自明其明德，又当推以及人"。② 在《大学章句序》中，他将普遍教育当作一种理想，并深信曾由圣王实现过，这强烈地暗示，每个人内在的善性使他有资格在发展自己的能力时获得统治者所能给予的任何帮助。③

---

① 朱熹：《四书集注》，《中国子学名著集成》18 卷，明刻本再版，台北：中国子学名著集成编印基金会，1979 年，第 39—41 页。

② 朱熹：《四书集注·大学章句》，第 7—8 页。

③ 同上书，《大学章句序》，第 1—6 页。作者的以上论述可能是对朱熹这段文字的理解："其学焉者，无不有以知其性分之所固有，职分之所当为，而各俛焉以尽其力"。——译者注

尽管以上对于朱熹的礼教和普遍教育观点的描述是不够的，但它至少可以消除这样一种认识，认为朱熹仅仅关注受教育精英阶层的需要和对未受教育之下层百姓的统治。事实上，即使在他写给一般听众的著作中，也很少不强调礼仪和普遍教育，将其视为高雅文化赖以存在的基础。很可能只是由于难以掌握的年代久远的历史细节，才使得我们对朱熹的礼仪和普遍教育的观点对于草根阶层的影响，学习不够，评价不足。

三　礼、规则、法律

前面所论涉及新儒家语境中对于人权的理解，现在需要对其意义作出评断。朱熹认为礼仪秩序是宇宙之理在人类社会中的体现。这些理既有静态的一面，也有动态的一面——也就是说，它们展现了宇宙中的基本结构或形式（理），并且是日新日成的生命过程（生生）。在讨论 12 世纪中国问题的时候，朱熹觉得有必要在仁的基础上重构社会。一方面要避免禅宗和道教中发展起来的道德相对主义和实用主义；另一方面要避免绝对主义，这种绝对主义与越来越独裁的国家是一致的。礼可以为人道的社会秩序提供弹性的结构。但在宋代，要实现这种传统礼仪，需要适应当时中国变化的现状。对家庭礼仪和乡规民约，朱熹都以北宋二程兄弟、张载、司马光、吕大钧等人开创的实例和试验为样板，并适当修改这些样板，将古典礼仪中的某些要素注入其中。在这样做的过程中，朱熹认识到宋代文人圈子的经济、社会和政治环境与周代贵族政治时代的环境已经完全不一样。所以即使是他自己，作为一介贫儒，也无法梦想实行早期精英规定的那种精致的、奢侈的礼仪。① 朱熹不是一个社会层级者（social leveler），他想让礼仪在普通人中生根开花，以适应后者的状况。

作为晚一代的朱熹后学，真德秀（1178—1235）与朱熹一样，对地方政府管理颇为用心，希望能实现仁政。自始至终，他常常以代表公平和正义的新儒家原理对待民众。1232 年，真德秀在泉州任职时，对下级官员作出指示，要求他们"行仁政"、"饬刑罚"、"轻徭薄赋"、"设立义

---

① 上山春平：《朱子的〈家礼〉与〈礼仪经传通解〉》，《东方学报》1982 年，第 173—256 页，尤其是第 221—222 页。

仓"以安抚流民。①

（一）行仁政

正如朱熹所说的，即使是地位低下的学者，只要他们有爱民之心，就可以惠民。同样的道理也适用于那些保管典册或维护治安的人，更不用说那些位高权重的上层统治者了。谁的行为对他人影响越大，谁就更需要体恤人民的疾苦，特别是当给人民带来痛苦和惩罚时。② 这样，廉洁找到了互惠与仁爱的基础。按照真德秀的说法，公正建立在天的普遍原则上，这些原则是不可动摇的，不会因为自私和不公正的操纵而改变。

（二）饬刑罚

拘禁涉及人的宝贵生命。不通过法定程序就不能监禁人。地方长官自己应当明察，他们不能不调查审讯而仅听狱吏的一面之词，因为狱吏经常通过刑讯逼供以从犯人家庭榨取钱财。在这个过程里，刑讯逼供是常用手法。刑犯们常常食不果腹，衣不蔽体，冻饿致死。那些戴着枷锁的人，脖子上的水泡很容易化脓。牢房里的条件很差，拥挤而不卫生。真德秀列举了一长串的罪恶，但即便如此，他仍称远不是全部。地方官应该珍视人的生命，阻止滥用刑罚，亲自检查监狱条件，惩治违规滥用刑罚者。

当认识到地方官身兼各种职责后，身为地方长官的真德秀允许助手们进行审讯，任用专职法官。但是有时这又引起权力过大和官员玩忽职守之弊，真德秀于是想予以纠正。③

（三）轻徭薄赋

在这个方面，真德秀关注和想要制止的是当时盛行的苛捐杂税：超过官定的额外税费、加斛征粮、委派保甲长负责征税、不开具征税票据、以各种非法借口额外收费。真德秀的政策反映了他对公平、仁慈和严格执法

---

① 　真德秀：《政经》，台北："中央图书馆"藏明再版宋 1241 年本，第 36a—57a 页。

② 　同上书，第 36a 页。

③ 　同上书，第 41b 页。

的关注。

真德秀还禁止以罚代刑，因为这会使富人逃脱处罚和不公正地歧视穷人。他不断重申自己的立场。他也发现，有人违反他的规定，允许随意分户。一些地区设立临时性特别机构，办理分户登记并收取违法费用。另一个恶习是向保甲长重复摊税，致使他们难以承担。① 贯穿这套公共政策宣言的论题，是对保甲长的同情和公正对待。

（四）设立义仓

真德秀发现虽然地方上有借贷粮食给人民的谷仓，但只有拥有土地可抵押的人才能借贷。他希望建立一个制度，通过设立常平仓使富人可以捐献粮食，通过公共与私人力量的结合，让没有土地的农民也能借贷到粮食。

真德秀强调这一切需要在理论和实践结合的基础上得以实现。在理论上，他引用张载的《西铭》以及"民胞物与"的学说，认为"乾称父而坤称母，予兹藐焉，乃混然中处，故天地之塞吾其体，天地之帅吾其性"，人应该"为天地立心"，"民吾同胞，物吾与也"。而且，这些义仓可以减缓无地流民的压力，避免冲突，保证社会稳定。因为真德秀建议的是完全自愿的捐助，且这个系统由地方上来运作，没有官方干涉，就避免了经常败坏政府项目的强制性与压迫性。

至于这项工作的理论基础，值得注意的是，真德秀用了新儒家的特定概念与学说来论证他所倡导的改革。他以程朱关于"天理"、"天地之性"、"气质之性"的学说为普遍原则，作为其法律实践中正义和公平概念的基础。而张载将天地宗法化的"民胞物与"说，则是他社会福利原则的理论基础。

这种对新儒家思想明显改良主义的应用，反驳了目前流行的认为新儒家哲学在本质上是专制的、保守的和维持现状的观点。当然，从现代革命的角度来看，即便是改良主义，在本质上也是保守的，因为它是社会改善而不是对旧秩序的根本纠正。但是看看 20 世纪激进主义本身事与愿违的结果，我们可以质疑，激进主义的革命宣言是否是合适的评价标准。

明代朱熹后学丘浚（1420—1495）进一步表达了这个观点。在《大学衍义补》中，他讨论制度改革需要给人们提供良好的物质利益与道德

① 真德秀：《政经》，第 46a—47b 页。

完善。他断言，统治者保护和维持人民的生活是天赋的义务。而自我实现的条件是原则上由上天赋予的本性——德性，每个人都可以培养、完善之。在这种情况下，统治者有责任服务于公共的善（公）而不是为私人利益（私）。一个不同之处是，不排除合法的个体利益，但不能靠牺牲他人利益来获得。在此基础上，丘浚继续猛烈谴责统治者违反这些原则而颁行的所有法令。他称之为"非礼"和"非法"。① 从这里，人们可以看到，礼对他而言具有法律效用——只是并不依靠强力执行——并且，甚至比法律具有更高的权威性，最起码在他的眼中是如此，因为他认为凡事应该首先诉诸礼，最后才是法律。鉴于此，人们可以说，丘浚显示出的礼的含义接近我们现在的"人权"概念。

即使从现代的角度来看这些发展也是充满希望的，但是，它们并没有产生多数人倡导的人权。一方面，明末的学派、书院、社团支持这些讨论，但它们存在一定的组织缺陷，无法在官方压制、经济困难和城镇骚乱中坚持下去；另一方面，可能也是根本性的原因，强调修己和成己让很多人关注个人精神自由而不是制度或社会的改革，依靠个别统治者行王道而不是通过建立法律和制度来保障人权。

明朝崩溃后，新儒家学者经历了作为中华文明浩劫的满清征服，重新反思了儒学信仰中的许多基本前提。其中一个学者是吕留良（1629—1683），他是17世纪晚期正统程朱学派的卫道者，不屈服于满族统治，对王朝制度提出激烈抨击。他的批判援引了新儒家的人性理论，在这一点上，天命——政治上天的授命，首先被理解为人的德性。而正是每个人内心中固有的道德命令，要为每一王朝的合法性做出说明。侵犯天理就不可能获得天命，而天命则是人性、生命力的来源。事实上，政府的存在只能是为了促进和提升那些人类价值，而不是为了统治者或王室的利益。②

在其他地方，吕留良将统治权与天联系在一起。这既是为了强调统治者对人民的重大责任，也是为了强调规范统治者行为的普遍原则："天子之位乃四海公家之统，非一姓之私。"③ 吕留良解释说，三代的王位的更

---

① 丘浚：《大学衍义补》，台北："中央图书馆"藏嘉庆三十八年（1559）重刻弘治（1488）160卷本，13：5b。

② 吕留良：《四书讲义·中庸》32（1686年编）。

③ 《四书讲义·中庸》17。

替是建立在共同承担责任、为民谋利的理念之上的："三代圣人皆以天命人心为重，有天下为轻。（既然如此，如孟子所说，——引者加）行一不义、杀一不辜而得天下，皆所不为。"①

三代之后，这种共同关怀的态度消失了。社会变得越来越功利，臣道与君道，随着天的权威的丧失而败坏殆尽。

吕留良坚持国家基本制度应为礼，而不是法。只有当礼所带来的自愿合作不再存在后，才会最终诉诸法这一强制性手段。他用孟子"非礼之礼"和"非义之义"之类的术语评论现行制度。在对《孟子·离娄下》"非礼之礼、非义之义，大人弗为"的评论中，吕留良明确了礼、义和理的内在联系：

> 礼便是事之理，义便是时之宜。礼仪之原虽在吾心，然无其事、非其时，礼仪亦无从见。一有事、一当时，便有个礼仪在，分拆不得。若说以礼从事、以义徇时，却早是两件也。

人们可以看到，在吕留良这里礼意味着对于理与事实、环境直接关系的陈述。它将理的持久性、普遍性与其在人类事务方面的不同的运用结合起来，将涉及特殊性的义（right or rightness）与合适的行为在时间中联系起来，两者对于运用和实现心中的理都是不可或缺的。由此，吕留良将礼视为道体。它们不是老庄所认为的"侈于德"的"附赘县疣"，也不是佛家所讲的不可思议的真相的短暂痕迹，而正是道的真实性。②

作为正式定义和理的具体体现，礼的第二层含义，与我们的理性和道德概念义（rights）的内容是一致。礼在最广泛的意义上表示得体、适宜原则和对他人的尊重——也就是说，不仅是对于人类，同时也对于世界上的一切事物，包括整个自然秩序。

如果说普遍的道德性是社会秩序的最基本原则，而且礼是治理人类事务的道体，它就确立了某种人类的基本平等以作为政府的准则。谈到程朱的"新民"学说，吕留良认为：

---

① 吕留良：《四书讲义·论语》8。
② 《四书讲义·中庸》27。

    "自天子以至于庶人",尽天下人类而言。看"自……以至于"四字,天子、庶人中间大有人在,不单讲两头也。壹是皆以修身为本,谓各有分限责任,皆从身起化,正谓末异而本同耳。若谓庶人亦以天下为己任,则同末非同本矣。……"谓不独天子,即至庶人亦有齐家之责。"①

    尽管这是根据责任而不是权利在讨论问题,但是很显然,任何事物都有自己遵循的准则,这就赋予其不可削减的自主性(autonomy),政府必须予以考虑和尊重。在吕留良的心里,权力结构(structure of authority)来自天命,而天命又建立在通过民心表达出来的道德本性之上。它的运行是靠民众自下而上,而不是天子自上而下。

    最后我要提到与吕留良同时代的另一位学者黄宗羲的观点。黄宗羲(1610—1695)被更多地归为阳明派而不是程朱学派。黄与吕的共同点在于都反对专制王朝,但是黄宗羲彻底放弃了传统儒家对法律的敌视和对礼的依赖。在拒斥王朝法律为不合法的同时,他坚持人民的福祉只能由有效的法律和制度来保障。17世纪的学者中,认识到制度在愈益复杂的社会中的重要性的,不只有黄宗羲一个人。但他是最为大胆攻击专制制度,维护本质上保护人民不受专制统治的新型法律的人。

    这样,黄宗羲最大程度上降低了个人通过君子榜样和实践礼仪对政治、社会改革所产生的影响力。他用"有治法而后有治人"来取代早期儒家"修己治人"的口号,②认为只有这样,个体努力和君子榜样的力量才能最终显示成效。

    不过,黄宗羲小心谨慎,避免走向使个体从属于国家的另一个极端。他也不反对之前宋明儒者对人性的理解,个体的内在价值,或对政治、社会秩序的自愿等问题上的贡献。实际上,由于无法积极推行其社会改良目标,他用一生整理保存宋、元和明代的新儒家思想。在满族统治下,他反专制主义的观点在政治上遭到打压,即便是哲学上也显得有些格格不入,直到19世纪晚期才得以复兴。但他的著作仍然见证了这样一个事实,即

---

① 吕留良:《四书讲义·大学》1。

② 黄宗羲:《明夷待访录·原法》,五桂楼本1879年编。

一个真诚的儒家学者在考察了中国人长期的经历后，代表自己的传统，构想了一个更好的人类国家，在其中，通过适当的法律体系，所有人的权利得到保障。这一观念并非只可能是来自西方。

（作者单位：美国哥伦比亚大学东亚系。梁涛、雷蕾译）

以礼仪为权利

——儒家的选择

[美] 安乐哲 (Roger T. Ames)

一 礼仪之内

礼的概念非常广泛，包括了从风俗习惯到交往礼节，再到社会和政治制度的所有方面。它是儒教文化的限定性结构，甚至还界定了社会—政治秩序。礼仪实践当然不是中国的发明，但是它作为稳定社会的重要工具和法律体系的主导因素，使得礼在中国具有了某种独特的含义。①

当代中国的人权观念深受西方影响，趋于政治化和国家中心化。与此不同，我探究"礼"这一建立社会政治秩序、组成社会的古老而重要的社会机制。我会揭示礼如何发挥人权观念的效用，如何影响当代中国社会接纳普世的人权信条。

"礼"这个字通常翻译为"rites"，"ritual practice"或者"propriety"，在人际关系（bonding）上具有浓厚的宗教意味。礼字与"体"字同源，意为"履也"（embody）、"体也"（to constitute a shape），也指"节文也"（organic form）。礼仪实践也可看作是一种演出：通过规定的仪式影响人际关系的社会实践。英语单词"rites"和"ritual"的词源是引人深思的。拉丁文中"rítus"源于 *ri（计数；列举），也是对 *ar 韵脚的扩展（"加

---

① 赫伯特·芬格莱特在《孔子：即凡而圣》一书中对礼在儒家传统中作用的重要性和独特性做了许多揭示。

入"，如"arithmetic"或者"rhyme"）。礼仪实践是社会的韵律。

把"礼"翻译为"propriety"亦有其合理性。它指出了礼仪实践的功能属性（proprietorial implication）：使个人融入共同体。实践礼仪，一方面得以按其要求融入社会整体，由此被塑造、社会化。另一方面，个人也参与造就了礼仪所限定的人际关系模式，并且对社会有决定性的影响。因为这份贡献与参与，"礼"并没有诸如肤浅、形式主义、非理性这些在西方理解中总和礼仪联系在一起的贬低含义。礼并非对外在模式的消极遵从，而是造就社会（making of society），需要个人的投入以及意识到个人的重要性。

虽然礼仪实践最初引导人们进入合法的、确定的社会关系，但它们并非只是根植于文化传统的刻板的行为标准。礼仪实践还有个人创造的一面。从这一意义上说，它们更多是一种倡导而不是禁止。礼告诉参与者何种行为对他或她而言是合适的，在固定的社会模式之外，是一个开放的、个人化的礼仪结构，容纳了每个参与者的独特性。礼是一个柔软的实践体系，显示了一个人的重要性。它是君子真知灼见的载体，使其最大程度在传统中留下自己的痕迹。

礼仪实践的个人化程度各不相同，且其确立的角色是等级的，这些角色形成了井然有序的社会结构，通过协同式的敬重（deference）产生意义（meaning）。对这些角色的扩展、深化过程为其带来了极大的成就感。因此，个人自主（individual autonomy）对于礼制社会来说是遭唾弃的，被视为是极度愚蠢和非道德的。对社会的冷淡是不负责任的表现。共同体的文化记忆就是那些世代传承、饱含深意的全套礼仪。礼仪传承文化，使人们社会化，让人们融入群体。它给予人们共同的价值观念，让人们得以通过继承、发扬群体生活的方式融入社会。

孔子曾宣称，礼仪实践关系到社会和谐："君子和而不同，小人同而不和"（《论语·子路》23，并见《学而》12、《为政》14、《卫灵公》22）。礼仪活动在孔子眼中是社会和谐的必要条件，因为从定义来讲，礼仪不仅允许而且要求个人化。这种和谐认为每个人都是独一无二的，应该在和谐的人际关系中保持着这种独特性（《八佾》12）。缺乏个人特色的形式化的礼仪是空洞无物且破坏社会和谐的。另一方面，一个协调、保护人性纯真的礼仪是社会凝聚力与快乐的源泉。礼仪活动的独特性在于其显示了实践者的特殊品质（《八佾》3）。

根据《论语》，真正的和谐社会根本上是一种自我约束（self-orde-ring），依赖于贤者在礼仪中的升华自我、由羞耻心而来的洞见（《为政》3）。共同体的定义基于一种彼此尊敬的人际关系模式，是内在的、呈现的而不是外在强加的，"统治者"无为而治（《卫灵公》5、《为政》1）。共同体是开放性的，个人完整与社会整合的不可分割打破了手段/目的的二分，使得共同体中的每个人既是自身的目的，也是他人实现自我的手段，其模式是相互性的。

在礼治社会，具体的人所处的社会关系是由创造力而不是权力决定的。这种创造力与权力的区别对于理解由礼仪活动所构成的共同体至关重要。[1] 共同体是纲领性的——一个不断追寻的未来目标，而不是眼前的现实或固定的理想。这是一个开放的美学成就，像艺术品一样取决于某些特定因素或灵感，而不是公式或设计图的必然结果。

我强调自我修养、个人化在礼仪实践构造共同体中的作用。自我修养和社会对成就的敬重隐含的是文化精英主义。一个人愈是优秀，就愈是出众愈是富有权威，反之亦然。如果没有自我修养与合作，一个人在文化上绝不会有影响力。

在中国传统中，人性（humanity）没有被本质定义过，只是被理解为一种不断进步的文化成就。从禽兽、民、人直到更高的君子有一种品质上的差别，显示了由于礼仪活动而获得的不同修养。那些破坏了其所体现的社会关系和价值的人是真正的禽兽。人性是开放的，可以被不断完善。[2]

因为礼仪实践关系到人们之间的差异，民必然是一种恭顺、服从的角色。[3] 这也意味着所成就的共同体（achieved community）在某些重要方面始终是本土的。那些礼仪实践最积极的参与者便要为他们独特的共同体规划和设计未来。

传统中劝导性的礼和禁止性的刑之间的关系，据孔子的看法，是相互关联的。刑的内容与功能只有对照礼仪实践在社会中成就一个人的方式才

---

① 郝大维：《未定的凤凰——后文化情感之探索》（David L. Hall, *The Uncertain Phoenix*: *Adventures toward a Post-Cultural Sensitivity*, New York: Fordham University Press, 1982），第249页。

② 刘殿爵：《孟子简介》（D. C. Lau, *Introduction to Mencius*, Harmondsworth: Penguin, 1970）。其内涵分析见马克·刘易斯《帝国的暴力转型》（Mark E. Lewis, "The Imperial Transfor-mation of Violence", University of Chicago, 1985）。

③ 见郝大维和安乐哲《通过孔子而思》，第3章。

可以得到理解。① 刑为人的行为设立了最低标准，并划定了任何时候礼仪实践被允许的外在范围。② 礼提供了完善和努力的方向，法律的威慑力则教导人们不敢逾距。礼仪实践推动了创造性的文化探索，并使文化成就的重大意义具体化。法律保障社会秩序，清除屡教不改者，从而维护着社会。③

尽管孔子向往一个国家能够"无讼"（《颜渊》13），但他同时清楚地认识到理想与现实间的距离（《子路》11、12）。另一方面，由于某些原因孔子不愿将"乱"作为讨论的话题，其中最重要原因或许在于孔子对社会礼仪结构的关注。

二　权利之外

人权、礼仪实践都是建立、界定人与人之间、人与国家之间关系限度的社会概念。英语中的"礼"通常是贬义的、形式的，与之相对，中国的礼概念则相反。权（rights）通常意味着力量（power），不是指褒义的合法权威而是一种源于特殊情景下的暂时优势。

19 世纪中期，中国人创造了"权利"一词来翻译"human rights"这一理念，但大多数中国人开始时对这个词语极为困惑。④ 然而，这一对权利不恰当的翻译不但从此正式进入汉语世界，而且在 20 世纪颁布的众多法律中反复出现，成了著名的术语。即便如此，这个词在西方政治学中的含义对于中国大众来说仍然是十分陌生的。中国对于人权理念的抵触更多出于其他因素而不是劣质的翻译。西方传统意义中的"人权"与中国的社会情况在很多方面是互相冲突的。

---

①　见肯尼思·德沃斯基《一个或两个的歌：早期中国的音乐与艺术概念》（Kenneth Dewoskin, *A Song for One or Two*：*Music and the Concept of Art in Early China*, Ann Arbor, Mich.：University of Michigan Press, 1982）；郝大维、安乐哲：《通过孔子而思》，第 2 章。

②　参见高本汉《汉文典》（Bernhard Karlgren, "Grammata Serica Recensa"），见《远东古博物馆公告》（*Museum of Far Eastern Antiquities Bulletin 29*, Stockholm, 1987），第 213 页。

③　马伯良：《慈悲的质量》（Brian E. McKnight, *The Quality of Mercy*, Honolulu：University of Hawaii Press, 1981）。马伯良论证道，大赦在中国是如此频繁以至于中国实际上依靠社会压力去维持社会秩序，当然除了最恶劣的破坏行为。

④　荀子是第一个在文章中将这两个概念联系起来并赋予贬义的人："是故权利不能倾也，群众不能移也，天下不能荡也。"（《荀子·劝学》）

历史地看，我们的人权观念受到小家庭共同体与现代城市国家断裂的影响，在前者，是风俗与传统维护着基本尊严，而在后者，流动的、原子式的人口必须向非人化的、时常是压制性的政府机器主张人权。一种有说服力的观点认为，工业革命改变了我们对于共同体的理解，故而需要人权保护个人价值。这反过来同样可以说明为什么中国没有发展人权体系的诉求。

从传统出发，对于中国古典人性概念做出深入阐发的是孟子。在孟子看来，人的存在严格地说不是静态的，而是动态的，是行动之后取得的成果。"性"的概念——一般译为"nature"——源自对"生"的提炼。"生"是生物的出生、成长、灭亡的全过程。人的这一本性不是先天的。孟子认为，人类自从出现在世界上开始，就处在一种不断变化的与各种关系交错的体系中。这种体系决定了人的本性；它伴随着人类的出现而出现，并贯穿人的一生。对于人而言，它更接近于"性格"、"人格"或"体格"（constitution），而不是我们通常所理解的"nature"，也不是"physis"或"natura"。①

在中国，人性不是天生的（innate）、先天的（prior to nature）。孟旦（Donald Munro）曾经准确地用这些概念翻译了一段经典，然后说："这意味着人的性是天赋予的，是人的行为难以改变的，是从出生时就具有的'赋予'。"②唐君毅则恰当地将天命理解为联系天人的关系，强调这种关系的相互性，并小心避免将西方不可改易的命运或命定说带入中国传统。③

孟子认为人是作为自发的、不断变化的关系基质（matrix of relationship）来到世界的，人经由此，通过一生的时间，确立了自己的性。就这一情感纽带（bonds）可以对既定的家庭、共同体秩序做出回应而言，其最初的性情（disposition）是善的。这些情感纽带根据程度不同的灵巧和风格得

---

① 见葛瑞汉《中国哲学和哲学文献研究》（A. C. Graham, *Studies in Chinese Philosophy and Philosophical Literature*），新加坡东亚哲学所（Institute of East Asian Philosophies, Singapore, 1986），第 8 页。

② 孟旦：《当代中国"人"的观念》（Donald Munro, *Concept of Man in Contemporary China*, Ann Arbor, Mich.: University of Michigan Press, 1979），第 19—20 页。孟旦发展了天生而不变的人性观。

③ 见唐君毅《先秦思想中之天命观（一、二）》（T'ang Chun-I, "The T'ien Ming in Pre-Ch'in China"），《东西方哲学》（vol. 11, no. 4, 1961），第 195—218 页和《东西方哲学》（vol. 12, no. 1, 1962），第 29—50 页。

以培养。培养这些原初的纽带（primordial ties）使人得以为人而高于禽兽。

对于人性概念，孟子没有试图区分作为一个人的实际过程的人性，与作为人之为人过程之能力的人性之间的差别。一种理解关系性人性概念的方法，是考察"性"与其同源词"姓"的共同内涵，后者表示"家族或宗族的字"。与人性概念一样，一个家族的姓为一群人所共享，既规定了他们，也被他们所规定。它表示了一系列的条件，使得每一个成员享有以特殊方式得到培养的可能和机会——如姓所表示的，将一个人的名附属于其后的机会。不论姓还是性都不是一种本质的、先天的能力，二者都是一个人进入的关系焦点。

中国传统深受以上所论孟子式性论的影响，而不是分裂的个体观，这一事实对于中国移植人权的方式有着深远的影响。

将自我看作独立于且先于社会的利益中心（locus of interest），是毫无哲学基础的。在对人性关系性理解的支配下，个人、社会与政治的实现往往被设想为是相互性的。[①]

一些——如果不是多数的话——关于中国对于人权态度的看法不断重复着一种自我牺牲（self-abnegation）或者"无私"的根本成见，一种黑格尔对中国文化"空洞人"（hollow men）诠释的当代翻版。[②] 然而，将无私归于中国传统，是以不恰当的方式加入了公共/私人、社会/个人的划分，削弱了我们关于中国传统中人（person）是不可化约的社会性的主张。做到孟旦所设想的"无私"，首先要有一个个体的自我存在，然后是为一些更高的利益作出牺牲。不论是对个体还是社会而言，认为存在着"更高的利益"，就偷偷地在二者之间建立起一种对抗关系。

无论古今，将无私归于中国传统，都是源于对自私、无私的模糊含混。在儒家看来，既然自我实现是一项重要的社会担当，那么自私的考虑显然有碍于自我实现的。[③] 百年来中国哲学的主题是义利之辨。"利"造就小人，而"义"成就君子。

将无私的理念赋予中国传统的西方诠释者，往往将国家与个人看作是

---

① 见《论语·雍也》30 与《大学》，均是此方面的经典论述。

② 孟旦：《一位美国哲学家眼中的中国价值形态》（Donald J. Munro, *The Shape of Chinese Values in the Eye of an American Philosopher*, New York：Harper & Row, 1979），第 40 页。

③ 参见《论语·颜渊》1："为仁由己，而由人乎哉？"

对立的，这一观念在我们这里将自由民主主义与集体主义思想家区分开来。但是这个模式很难照搬到中国，对中国人而言，自我实现既不需要高度的个人自由（individual autonomy），也无需屈从于公众意志，而是成员间的一种互利互惠，他们处于相互忠诚与责任之中，被这种忠诚和责任所环绕、激励，并确保了个人价值。

在质疑了"无私"是中国人的理想的观点之后，我们必然要考察与之相关的一个论点，即自我实现是通过"服从……主要相关权威"来实现的。① 每一权威之上都有一更高者，一直到中华帝国的皇帝和今天的执政党。如果这一"无私"和顺从的混合是真实的话，那么它与黑格尔对中国极权主义的描述便非常接近了。

这种"自上而下"（top-down）的理解方式由于相对缺乏公私利益对立的压力而得到鼓励，同时也受到杜维明所描述的"信赖社群"（fiduciary community）中的个人与国家基本信任关系的支持。② 这种强有力个人与强有力国家密切相连的传统模式，与自由主义西方限制国家权力的想法形成鲜明对比。

在中国，一种传统的看法是，个人秩序（order）与公共秩序是相互作用的，大的结构（configuration）往往来自当下的和具体的（immediate and concrete）。③ 当国家濒临崩溃时，君子要回到他们的家庭或社群，重新塑造新的秩序。④ 当孔子被问及为何不愿为政时，他回答说处理好家庭秩序本身就是更为广泛秩序的基础。⑤ 在家庭中发挥重要作用的等差之爱

---

① 孟旦：《一位美国哲学家眼中的中国价值形态》，第 41 页。

② 杜维明：《儒教：近来的象征和实质》（"Confucianism: Symbol and Substance in Recent Times"），载《中国社会的价值变化》（*Value Change in Chinese Society*, New York: Praeger, 1979），第 46 页。

③ 参见《论语·颜渊》17："季康子问政于孔子，孔子对曰：'政者，正也，子帅以正，孰敢不正?'"也见于《子路》6："子曰：其身正，不令而行；其身不正，虽令不从。"13："子曰：苟正其身矣，于从政乎何有? 不能正其身，如正人何?"

④ 参见《论语·泰伯》13："笃信好学，守死善道。危邦不入，乱邦不居，天下有道则见，无道则隐。邦有道，贫且贱焉，耻也，邦无道，富且贵焉，耻也。"《卫灵公》7："子曰：'直哉史鱼! 邦有道，如矢；邦无道，如矢。君子哉蘧伯玉! 邦有道，则仕；邦无道，则可卷而怀之。'"

⑤ 参见《论语·学而》2："有子曰：其为人也孝弟，而好犯上者，鲜矣；不好犯上，而好作乱者，未之有也。君子务本，本立而道生。孝弟也者，其为仁之本与!"《为政》21："或谓孔子曰：子奚不为政? 子曰：书云：'孝乎惟孝，友于兄弟，施于有政。'是亦为政，奚其为为政?"

的核心原则，决定了直接、具体对于普遍之原则和理想的优先性。

中国传统对于当下和具体（substantive）的偏爱阻碍了任何普遍的人权概念。同时，也不允许限制国家的绝对权力。在经典政治理论中，政府与民众的共生关系被理解为民本的首要价值：自下而上出现的秩序具有参与和容忍的特点，可以从内部对极权主义做出抑制。

在中国，从古至今的冲突几乎总是通过调解、劝慰等非正式的机制来化解的。[1] 这种自我管理的社会只需要一个小政府就可以了。也正是这共同的社群和谐，在最直接的层面定义并实施秩序，同时定义并表达权威共识，而无需明显的正式条款来实现人民主权。

在中国，政治命令通常以宽泛、抽象的口号形式由公共机构和报刊发布。这些政令在诠释和应用于社会时出现的分歧并不明显。思想、舆论的传播是通过具体的机制，其与由自主个人构成的社会特性相比，远没有后者抽象。这个论断的正确性很大程度上源于中国人的人性观念中没有预设任何超越于共识秩序（consensual order）之上的道德秩序，以蛊惑人的诉求或个人良心的诉求，而这样的秩序是有可能破坏共识的。

中国传统中，道德是民族精神或社会性格的文化产物，体现于行为礼仪规范之中。在道德形上学保证自然权利概念的地方，有一个开放的道德论域，在这里对于什么是自然的问题，是可以协商的。鉴于已有秩序是自下而上建立起来的，各种具体境况使得普遍性千变万化，所谓可普遍化（universalizability）的概念早已遭到质疑。事实上，中国人对待普遍性原则一向小心翼翼，从文化的根本上讲，他们不愿为了尝试接近先验原则而放弃更为可靠的直接经验。这种偏好的证据在文化中随处可见：产生于具体历史事件的神话传说；由个人精神直接扩展而来的神圣概念；[2] 产生于追求具体历史事件的合理性并得到其支持的理性概念；可用具体历史典范

---

① 参见李浩《没有律师的法律》（Victor H. Li, *Law without Lawyers*, Boulder, Colo.: Westview Press, 1978），第 4 章。

② 艾米利·埃亨：《中国礼仪和政治》：（Emily M. Ahern, *Chinese Ritual and Politics*, Cambridge: At the University Press, 1981）；艾兰：《现代中国民间宗教中的商代遗存》（Sarah Allan, "Shang Foundations of Modern Chinese Folk Religion"），载阿尔文·P. 科恩、艾兰合编《中国的传奇、故事与宗教》（Alvin P. Cohen and Sarah Allan, ed., *Legend, Lore and Religion in China*, San Francisco: Chinese Materials Center, 1979），第 3 页，他们认为基本上所有的神灵都是死人。

人物类比说明的道德概念；① 与实际功效密切相连的知识概念；内省（in-ward-looking）排斥外物的自生的文化身份，等等。

中国人排斥普遍性最后也是最重要的证据，是他们难以接纳我们所理解的平等观念。我们如同计量单位的个人概念使得数量意义上的平等得以存在，相信拥有等价的本质特性或属性就可以被视为是平等的。如此数量化的平等概念使得平等作为一种质量评估（也就是"好于"）的概念显得不太可靠——如果不是令人反感的话，从而可能导致利己主义、性别歧视、民族主义、种族主义等等。我们认为人们在等级、尊严、权力、能力、卓越方面的差异是与本质的平等观是对立的。

中国将人看作各种角色的特殊基质（matrix），自然无法接受西方所宣扬的生而平等（natural equality）。然而，还有另一种相关的（relevant）平等。尽管人们所处的等级关系反映了他们之间的巨大差距，但是礼仪实践起码在几方面体现了性质上的（qualitative）对等（parity）。首先，人的角色的动态性质意味着其在共同体中的权利与义务，在其一生中在是基本持平的。一个人作为子女的义务会被其作为父母的权利所平衡。个人的关系领域随着时间推移会在其人际关系中产生一定程度的对等，这种人际关系往往被视为人类最重要的资源。

其次，平等（equality）概念如同身份（identity）一词一样是多义的：它可以指两者或多者之间的共同之处，当被用于一个事物时，它可以指对其他事物而言，使其成为自己，而不是其他事物者。因此，调和（accommodation）也是一种平等。平等的第一层含义源于对相同之处的共鸣，第二层含义来自对不同之处的欣赏与宽容。平等的重要内涵就是虽然万物皆不相同，但是都允许实现自己。这种平等，或对等，不是绝对利他的；事实上，由于一个人所处环境中的多种因素都有利于其可能的创造，它明显是利己的。在以权利为基础的秩序竭力保障最低限度也是最重要的相同（sameness）之处，以礼仪为基础的秩序则在尽力维护宽容。因为这是和谐的基本性质，也是礼仪实践的目标和方向，并被其丰富而协调的内涵所

① 罗思文：《克尔凯郭尔与孔子——论寻道》（Henry Rosement，"Kierkegaard and Confu-cius: On Finding the Way"），《东西方哲学》（vol. 36，no. 3，1986）；《儒教与现代伦理》（将出）（Confucianism and Contemporary Ethics，forthcoming）；芬格莱特：《孔子：即凡而圣》。这两位学者对道德性质的观点都是理性的；他们注意到理性怀疑主义在传统中的推动作用相对较小。

强化。① 由于长期以来这种重视具体超过抽象、重视眼前超过普遍的倾向，才会对普遍人权的想象有一种天生的排斥。

三 宪法或礼典？

黎安友（Andrew Nathan）写过一本关于中国宪法的书，该书的内容是我们分析讨论的突出重点。他注意到，比较美国与中国的宪法就会发现，"广义上修辞的相似而价值观与实践上深刻的差异，使二者很难结合"。② 这些深刻差异表明，中国人在很大程度上仍然仰仗礼仪实践来做事，而这些事在我们的社会中则是由保证人权的原则来处理的。

自 19、20 世纪之交以来，中国先后公布了不下 12 部正式宪法，还有数不清的这样那样的宪法草案。③ 由于在中国人传统中，无论是"人性"还是其界定的社会秩序都不是静止的，所以宪法必须保持开放以适应特殊环境中的特殊选民。

具有适应性的中国宪法的另一个相关特征是，它不仅界定了现行的社会政治秩序，而且"计划性地"（programmatic）为进一步的成就提供蓝图。④ 如同礼仪实践一样，这些宪法不要求落实普遍有法律效力的理念，而是从更具体的方面探寻和谐、完善的动态结构（configuration）。任何宪法都只是党的政策与愿望的最新宣言。宪法的改动是具体的，绝非旨在阐发不变原则的修正案。考虑到礼仪共同体（community）对于普遍秩序的抵触，其宪法对权利的保障与我们的情况不同，不是对制定法律设置界限（"法律的制定不是为了……"）。相反，变化着的社会秩序要求法律和党的政策全权处理共同体中变化的权利与义务。

中国的宪法与其说是一个政治文件还不如说是一个社会文件，其基本功能是促进社会和谐而不是调解纠纷、消弭争端。例如，孔杰荣（Jerome Cohen）在讨论中华人民共和国1978 年宪法时明确说，它与我们所说的宪法一词不相干。它是"现行权力结构的一种形式化，而不是一种真正的

----

① 该论点见安乐哲《道与自然之性》（"Taoism and the Nature of Nature"），《环境伦理》（*Environmental Ethics*，vol. 8，no. 4，1986），第 4 节。

② 黎安友：《中国宪法中的政治权利》，第 79 页。

③ 同上书，第 82—83 页。

④ 比如，参见 1982 年《中华人民共和国宪法》第十四条、第十九条。

制度框架，用于调节竞争权力的各种政治力量"。① 美国的宪法是立法的依据，而中国的宪法主要是制定礼仪。也就是说，中国的宪法使地位、特权和义务定型化，这样做的假定是，个人与社群之间的利益是一致的。不存在这样的假定，即加强共同体的权威便会削弱构成共同体的具体个人的选择权。因为宪法基本是一个合作的协议，建立在个人与共同体的信任之上，而不是潜在对抗力量的契约，因此没有独立的条款以强化对于国家的权利主张。这样做的假定是，通过共同体对于环境更为直接的非正式压力，以及允许民众的参与，秩序将会形成并得到保障。作为最后的一招，宪法确实规定了可以求助于国家机关，但正如传统中国社会中对法律的求助一样，这是一种不会带来任何好处的行为。按照中国人的传统，身处这样的处境本身就暗示了自己有罪。

最后，中国宪法的另一个特征是，权利完全是从一个人作为社会一员的资格派生而来的。在我们的传统中，个人的概念以及随之而来的个人权利奠定了个人的社会、政治关系观念的基础。而在中国的环境中，人的存在完全处于共同体的范围之内。权利是从社会派生而来的行为规范（pro-prieties），而不是源自个人的行为规范。这些规范理所当然地主要被表述为社会福利的权益（entitlement），而不是个人的政治权利。如果人只是社会的存在，那么就可以设想中国的情况：不参与到共同体中去，就使自己失去了享有权利的资格。这种对人的极端社会化定义在中国法律文件中权利与义务不可分这一点上反映出来，在那里即便是教育权这样的积极权利，也同时是个人权利和社会义务。

作为独立的文献，宪法正式而抽象。但是即使在抽象的层面对中美宪法做对比，也可以清晰地看到这些文件是服务于不同社会的。

黎安友关于"现代中国的政治思想家……改造外来思想以适应其熟悉的思想模式"的论断是有道理的。② 事实上，通过比较中华帝国传统中正式礼仪规范的语言、功能与美国宪法，就能看得出中美宪法间很多类似的深层差异。从这点上说，当代中国宪法可以视为中国维持社会秩序的传

---

① 引自爱德华兹《公民权利与社会权利：当今中国法律的理论与实践》（R. Randle Ed-wards, *Civil and Social Rights: Theory and Practice in Chinese Law Today*）。

② 参见黎安友《中国权利思想的资源》，载 R. 爱德华兹、L. 亨金、黎安友编《当代中国的人权》，第 161 页。

统策略和西方法律表述的结合体。

其实，大卫·麦克米伦（David McMullen）早已对传统礼书之一的《大唐开元礼》（公元 732 年）① 做了许多重要研究工作。《大唐开元礼》和中国 20 世纪宪法在形式、功用上的重合部分可以概括如下。

一个变化的社会需要正式文件使其成为政策一致性的根源，同时，具有适应性以符合实际的管理政策。《大唐开元礼》以一个王朝的统治阶段命名，是唐建国 100 年来的第三部礼典，既与过去的礼法一脉相承，也有反映变化的社会倾向的创新。例如，除了包括传统人物外，它还广泛地包括了相关的唐代受祭者，这样礼典既继承了古老身份，又拥有了唐代的新身份。

而且《大唐开元礼》是纲领性的。例如，它将古代军事家姜太公提升到与孔子同样的地位，就是一个具体的创新。它标志着大唐发展军事实力的决心并使之合法化。

虽然《大唐开元礼》是正式的官方文献，但也有着基本的社会功能。许多既定礼仪通过现存的等级制度不断重复，既树立了朝廷的典范，也反映了地方的特色。这种吸引社会各阶层成员参与的礼仪模式，是增强个人与共同体关联性的一种好方法。就这样，《大唐开元礼》尽管以抽象的形式主义处理事务，但其内涵却是从共同体的具体成员身上吸取而来，并服务于它所构建的共同体。

四　以文化为中心的人权

中国人对西方思想也是非常重视的，但我们并不清楚西方人是否对中国思想也非常重视。现在，我暂且不讨论中国的思想，而是来看看传统模式是否能够以某种方式加强我们的人权概念。

无需赘述我们尊崇人权的种种益处。在今日的世界这些好处既明显且重要。我更愿意去讨论权利理论的一些缺点。

---

① 参见大卫·麦克米伦《官僚与宇宙论：唐朝的礼仪法典》（David McMullen，"Bureaucrats and Cosmology：The Ritual Code of the Tang Dynasty"），载大卫·康纳汀、西蒙·普林斯编《王权仪式》（David Cannadine and Simon Price，ed.，*Rituals of Royalty*，Cambridge：Cambridge University Press，1987）。

　　首要问题是构成权利理论基础的个人的定义。罗思文（Henry Rose-ment, Jr.）曾在一篇文章中用一章的内容来讨论这个定义。儒家传统中有丰富的资源可供我们重新审视自主个人（autonomous individuality）的概念，尤其是个体优先于社会、环境的一面，实际上使情景（context）成为个人目的的手段。这里一个明显的缺点是将个人自由优先于对社群、环境的责任。

　　对于人（person）更情景化的定义必然会让我们热衷于思考用个人权利去维护个人一切应得的。个人自主并不必然提高人类尊严。事实上，如果尊严是有价值的，对个性的夸大可能会阻碍人权的最终计划，而这一计划恰恰可以保护和培养人的尊严。中国关于人（person）的概念在区分个人自主与自我实现的差别上是很有价值的。

　　同样的，我们总爱赋予人权过度的情感意义，也要求我们能更好的把握分寸。将人权说成维护人类尊严的重要方式显然有些夸大其词，除非人类尊严是指最基本的生存。将人权看作社群中可能的生活质量的标准，就像将最低健康指标看作餐馆质量的普遍标准一样。作为法律的人权是最低的标准，是最后的诉求（resort），这一乞求（invocation）是共同体的巨大失败。

　　儒家的选择表明几乎所有决定社会政治秩序的实际权利与义务都是由超出法律权限的（extralegal）制度、惯例来维持，并由社会压力而不是处罚来强化的。事实上，依靠应用法律和从属于法律的人权绝不是保护人类尊严的好方法，它从根本上消磨了人性，破坏了我们相互协调、妥协以确定恰当行为的特殊责任。引进义务可以调和但同时也限制了关系创造的各种可能性。相比之下，对礼仪的强调能够使这些可能性得到最充分的实现。传统模式显示了非法律机制也能够化解争端。它提供了其他的理性选择从而降低了人们运用法律手段的热情。离开正式程序也就意味着趋向更多的实用性。

　　如果认识到文化环境和被抽象定义的人权其具体可变内容之间直接且密不可分的关系，马克思主义对人权的基本批评，即人权仅仅挑选了人之存在的某些特殊方面加以强调，一个指定的（given）权利会因为相关因素的影响而不断重新定义，如各式各样的社会、政治压力。一个变化的人权定义是现实的（realistic），不仅作用于我们的文化发展，也有益于我们对文化差异的理解。

中国对西方模式的学习使得他们对于本国的社会政治秩序有了更加正式和清晰的指导原则。借鉴中国模式也能够使我们对以礼仪为基础的人权有更清楚的认知，对于文化差异有更多的包容：这让我们能够认识到自己有关人权的各种狭隘观念（parochialisms），但它们作为我们人权的实质性内容应也当得到珍视。

（作者单位：美国夏威夷大学哲学系。梁涛、高如辰译）

自由主义权利与儒家美德[*]

［韩］李承焕（Seung-hwan Lee）

一　美德或权利？

我们正生活在一个迷恋权利的时代。不但在企业组织和工会中，而且在我们的学校与邻里之间，我们都会听到："这是我的权利，不是我的责任"，"这是我的权利，不是我的义务"，以及"这是我的权利，不是我行为的后果"① ——而当我自私的生活方式崩溃的时候，我的权利，会承担起责任么，会理会我的义务么，会克服我的行为的后果么？

我们当中很少有人会对这种态度感到惊诧。在一个自由民主的社会，它正在成为一种公认的日常生活的观点。在哲学领域，我们听到这样一种主张：撇开权利，我们就无法做道德哲学——"一种不以权利为基础而又为人所普遍接受的道德理论是不可能存在的"。② 观察一下当代社会伦理学各种典型的模式，我们就会感受到人们对于权利和诉讼痴狂的热度。道德问题之被提出、争论及解决，所依靠的仅仅是权利这一准法律术语。在当代，权利是这样一种占支配地位的道德价值，以至于不但是一个人与另一个人之间的问题，而且连人类与非人类主体之间的问题也要按照权利

　＊ 原文作"Liberal Rights or/and Confucian Virtues?"，直译为中文即"自由主义权利或/与儒家美德?"此种表达不合乎中文语言习惯，故本文调整为"自由主义权利与儒家美德"。——译者注

　① 罗格·C. 帕姆斯：《权利》（Roger C. Palms，"Rights"），《决定》（*Decision*，vol. 5，1990），第 22 页。

　② J. L. 马奇：《可以有一种以权利为基础的道德理论吗?》（J. L. Mackie，"Can there Be a Right-Based Moral Theory?"），载杰里米·沃尔德伦编《权利理论》（Jeremy Waldron，ed.，*Theories of Rights*，Oxford：Oxford University Press，1984），第 176 页。

的观点来看待。正如理查德·摩根（Richard Morgan）新著的标题所示，我们正生活在一种"权利产业"（"Rights Industry"）的支配之下。① 这样说丝毫不意味着我有意轻视权利在我们的道德生活中的重要性。在本文中，我所想要提出的问题在于权利运用不当之危险，易言之，在某些不合适的情形之下，个体顽固地坚持权利或许会有导向"作错事的权利"②，或者"严重麻木不仁的权利"③ 的危险。

与基于权利的自由主义道德形成对照的是，儒家提供了另一种根本不同的道德图景。作为一种基于美德的道德，儒家所重视的不是权利上的要求或自作主张，而是关怀与仁爱之美德。儒家道德对我们提出的要求不在于一个人要作为独立自主的存在者而存在，而在于一个人要成为一个卓越的人（君子）。与权利优先于善的自由主义不同，④ 儒家则认为成为一个好人优先于做一个权利的主张者。

儒家认为自作主张不利于维护社会和谐。在儒家伦理框架中，被认为最为重要的不是程序正义或者个体权利，而是成为一个仁者。儒家所要构建的社会不是一个利己主义者的集合体，而是一个由道德的个体所组成的集合体，这些道德的个体处于与共同体中的其他成员之间的和谐关系之中。因此，儒家强调美德相对于权利的优先性、实质正义相对于程序正义的优先性，以及共善相对于合理利己主义的优先性。总之，儒家关注的不是一种自主的道德，而是一种和谐相处的道德，不是个人主义，而是一种有机的整体论。

无论是基于权利的道德（rights-based morality），还是儒家的基于美德的道德（virtue-based morality），我们都会在其中发现极端的情形。照儒家的看法，对于维持与共同体中的其他成员之间的和谐关系而言，谦逊与仁慈之美德是至关重要的。但是，正如乔尔·费因伯格（Joel Feinberg）所

---

① 理查德·摩根：《残缺的美国：权利产业》（Richard Morgan，"Disabling America：The 'Rights Industry'"），见《我们的时代》（*Our Time*，New York：Basic Books，1984）。

② 参见杰里米·沃尔德伦《做错事的权利》（Jeremy Waldron，"A Right to Do Wrong"），《伦理学》（*Ethics*，vol. 92，no. 1，1981）。

③ 参见迈克尔·J. 梅耶《尊严、权利与自我控制》（Michael J. Meyer，"Dignity，Rights，and Self-Control"），《伦理学》（vol. 99，no. 3，1989），第 525 页。

④ 参见约翰·洛维斯《权利的优先性与善的理念》（John Rawis，"The Priority of Right and the Ideas of the Good"），《哲学与公共事务》（vol. 17，no. 4，1988）。

指出的："在适当的情形之下，一个人拥有某种权利而不去要求行使这种权利就是缺乏生气或者愚蠢的。"① 另一方面，按照自由主义者的看法，拥有权利是件好事，因为它使我们能够"以人的方式而存在"。② 然而，在某些不适当的情形下，坚持权利并非必然地会帮助我们"以人的方式而存在"，反而导致我们成了冷血的"权利狂"。在某些时候主张权利并不会展现主张者的自尊，相反，"所暴露的是他面对一个严重麻木不仁、对抗性的世界时无法控制的恼怒"。③

即使在适当的情形中也从不坚持权利的人在道德上是奴性的，而对于坚持权利太过热心的人，在某些时候，在道德上就是麻木不仁的。"从不要求或坚持自己权利的人是奴性的，但是，从不放弃任何权利，或者从不豁免他人相关的义务，或者当其拥有权利时从不关照他人，那就是一架冷酷的道德机器。"④

这两种极端的道德观点能够调和起来吗？儒家基于美德的道德与个体权利之间是可以调和的吗？换句话说，儒学能够在保留美德的实质内容的同时，将个体权利纳入其伦理学框架之中吗？反过来，一种基于权利的道德能够在其伦理架构内部接受社群主义的美德而不丧失其保护功能，即保护个体的自主、自由不受任意干涉吗？

二　自由或共善？

基于权利的道德与儒家基于美德的道德在当代韩国的争论可以追溯到一个更深的根源——对自由和共善的不同强调，而这二者则分别是西方自由主义与韩国儒学的出发点。

自由主义是一种将自由作为其他价值之基础根源的道德与政治论点。

---

① 乔尔·费因伯格：《权利的本质与价值》，《价值探究》（vol. 4, no. 4, 1970），第252页；又载埃尔西·L·班德曼、伯特伦·班德曼主编《生命伦理学与人权》（Elsie L. Bandman and Bertram Bandman, ed., *Bioethics and Human Rights*, New York: University Press of America, 1986），第27页。

② 同上。

③ 迈克尔·J. 梅耶：《尊严、权利与自我控制》，《伦理学》（vol. 99, no. 3, 1989），第525页。

④ 乔尔·费因伯格：《〈权利的本质与价值〉补充说明》（Joel Feinberg, "A Postscript to the Nature and Value of Rights"），载《生命伦理学与人权》，第32页。

自由主义者争辩说，所有（道德的和政治的）价值和原则都源自首要的自由根源。出于对自由假设的支持，自由主义者赞同不干涉原则。没有正当的理由，任何人都不应当干涉他人——而如果一个人没有妨碍他人，那么他就可以做任何事情。对于自由主义者而言，（刑事）法律的目的仅仅在于防止个体之间的相互伤害。道德的目的仅仅在于通过最大限度的不干涉，来确保行为与选择上更多的选择权，除此之外，再也没有其他目的。

自由主义者将所有相互竞争的生活图景都看作一样的好。一个人只要不伤害他人，只要不侵犯他人的权利，那么他就可以做他想做的任何事情，可以以其喜欢的任何方式来过自己的生活。宽容是自由主义的第一美德。自由主义者不愿接受那种将一种生活图景凌驾于另一种生活图景之上的公共政策。作为道德原则，他们仅仅在乎的就是不干涉或者不伤害。在自由主义中，所缺乏的是一种好的生活的图景（a vision of a good life）。

在自由主义者看来，在我们这个纷繁的世界中，自由因其给我们以较多的选择与较少的干涉而毋庸置疑地是一种重要的善。然而，较多的选择与较少的干涉就会承诺带来一种真正意义的自由吗？儒家会提出，较多的选择与较少的干涉并不必然等同于真正的自由。按照儒家的观点，即使存在着开放的选择权，一个人如果不能克服自己内在的限制（较低层次的欲望或者第一序的欲望），就还是不能达到自由。按照儒家的观点，在获得真正的自由的过程中，首要的是克己（self-overcoming）、修己（self-cultivation）与成己（self-realization）。儒家告诫我们应当将目光转向我们自己而不是外部的环境。比如射箭，如果我们未能射中靶心，那么，儒家会告诫我们既不要抱怨风，也不要抱怨箭，而是反省我们自己。子曰："射有似乎君子；失诸正鹄，反求诸其身。"（《礼记·中庸》）

儒家主张，真正的自由并不能通过确保更多的选择权来获得，而是通过克服较低层次的欲望，自觉（也是有意）将共同体规范内在化而获得的。子曰："七十而从心所欲，不逾矩。"（《论语·为政》4）

简而言之，对于儒家来说，道德、自觉地遵守他认为值得遵守的共同体的规范，就可以发现真正意义的自由。与自由主义者强调个体权利形成对照的是，儒家社群主义将美德－品质概念（the concept of virtues-qualities）置于中心地位，一个人要成功地增进共同体所有成员的共善，美德－品质就是必不可少的。在儒家学者的心目中，自由主义的自由观是一种贫乏的自由观，因为它所提供的仅仅是一种消极自由，而缺失一种对好的生活的想往。孔子，如果生活在我们的时代，将会赞同迈克尔·桑德尔（Michael Sandel）关于自由主义自由观是"单薄的"和"缺乏内在的意义"的说法。① 孔子也会赞同阿拉斯代尔·麦金太尔（Alasdair MacIntyre）关于自由主义的自我是从"叙事性历史"中抽离出来的，缺乏"品格"和"社会同一性"的说法。②

儒家道德观是一种充满抱负的道德观。它所交付给我们的是一种我们应该努力成就的品格，一种我们应该尽力达到的人格，一种我们应该设法建设的共同体。然而，自由主义者则会对儒家自由观是否能够有效地应对"极权主义的威胁"（totalitarian menace）发生怀疑。③ 自由主义者所担心的正是以赛亚·伯林（Isaiah Berlin）所称之为"可怕的扮演"（monstrous impersonation）的东西，它往往存以代表诸如政府、民族、阶级或历史规律等超个人、集体性实体之真实自我的名义，而对人们真实的愿望实施压制。④ 按照柏林的说法，自我实现的政治教条是一种忽视人或社会的真实愿望的立场，而且它还以代表他们的真实自我的名义来威吓、压迫，甚至折磨他们。在一种可靠的知识中，无论人类真正的目标是什么，它都必须与人类的自由——人类真实自我（尽管是潜在、含混的）的自由选择——是一致的。⑤

与儒家自我实现的自由观相反，自由主义者主张，自我实现对于发展令人钦佩的品质和达到理想的人格而言都是至关重要的，但是，当其间存在压抑和折磨的时候，自我实现——如果并非不可能的话——则将更为困难。拥有一种好的生活的图景是一种更高层次的人类之善，而如果没有选

---

① 迈克尔·桑德尔：《自由主义与正义的局限》（Michael Sandel, *Liberalism and the Limits of Justice*, Cambridge: Cambridge University Press, 1982），第 175 页。

② 参见阿拉斯代尔·麦金太尔《追寻美德》，尤其第 6 章《启蒙筹划失败的某些后果》。

③ "极权主义的威胁"一词是查尔斯·泰勒的用语。参见《消极自由怎么了？》（Charles Taylor, "What's Wrong with Negative Liberty"），载查尔斯·泰勒著《哲学与人文科学》（Charles Taylor, *Philosophy and the Human Sciences*, Cambridge: Cambridge University Press, 1985），第 215 页。

④ 参见以赛亚·柏林《两种自由概念》（Sir Isaiah Berlin, "Two Concepts of Liberty"），载安东尼·昆顿编《政治哲学》（Anthony Quinton, ed., *Political Philosophy*, Oxford: Oxford University Press, 1967），第 151—152 页。

⑤ 同上书，第 151 页。

择和机会，这种好的生活的图景将是有限的、狭窄的。植根世代沿袭的传统和公认的价值，对于一个共同体的团结是有效的，然而，失去了批判性的审视和有效的选择，那就是盲目的。做一个好人与保持与他人的和谐关系，对于共同体的生活而言是至关重要的；然而，盲目顺从，忘记对既定角色、世代沿袭的传统以及普遍接受的价值进行审视，则是危险的。

另一方面，与自由主义者强调个体权利相反，儒家则告诫我们，即使权利是保护我们自身免受不公正的干涉和随意压制的一种有效方法，但在某些情境之下（例如，当我们面对深爱的家人或共同体中穷困潦倒的成员的时候），这种保护屏障就会被置于一旁。认识到我们所拥有的权利是一回事，然而更为重要地，认识到我们何时应该使用这些权利，以及为了反抗什么而使用这些权利则是另外一回事。儒家会主张，作为权利实践的前提，自由主义者需要优秀的品格与一种好的生活图景。

美德需要保护与批判性的审查，而权利则需要适度和自我节制。儒家社群主义能够将个人的权利包含在其伦理构架之中而不自相矛盾吗？反过来，自由主义能够在其伦理学架构内部容许社群主义美德的存在吗？

三　超越消极自由

消极自由与这样一个问题有关，即"应当为个体留有多大的道德空间使其做自己想做的事而不受他人（或政府）的干涉？"根据这种对自由的理解，自由就意味着一个人在对自我利益的追求中不受干涉。自由主义寻求通过不妨碍他人合法利益的方式来扩展个人选择的范围。因而，根据自由主义的观点，只要没有损害他人或者侵犯他人的权利，一个人就可以做他想要做的任何事情。然而，消极自由论者的自由概念是一种最低限度的自由。消极自由论不能唤起我们对一种好的生活的向往，也没有给予美德、品格和共同体以足够的重视。它没有为帮助极端的贫困者提供一个道德上的理由。此外，在某些不适当的情形中，它承认个体有做错事的权利。如果不干涉是自由的唯一条件，那么，一个慢性的酒鬼与瘾君子或许都可以说是自由的——只要没有人干涉他们的利益和权利。然而，从儒家的观点来看，他们因其意志的软弱、内在的限制，以及相互冲突的欲望而是不自由的。

儒家的自由概念存在于自我克制（克己）与自我实现（成己）之中。

它源自人类自做决定的愿望。作为积极自由的倡导者，① 儒家希望他们的生活和所做的决定有赖于较高的自我，而不是较低的自我。根据儒家自我实现的自由观，仅仅没有外在的强制还不能算是自由的充分条件。即使公开的选择权是给定的，但是，一个处于欲望的强烈冲突之中的个体还是不自由的。因此，对于儒家来说，要想达到真正的自由，重要的是克服内心欲望的冲突，也就是说，克己、自制以及节欲。孟子曰：

> 养心莫善于寡欲。其为人也寡欲，虽有不存焉者，寡矣；其为人也多欲，虽有存焉者，寡矣。（《孟子·尽心下》35）

孟子坚持认为，阻挠一个人获得自由的最重要因素不是外在的障碍，而是内在的障碍。按照儒家的观点，消极自由（比如通过不干涉来确保选择权的有效性）的增加，并不能够终止各种相互冲突的愿望之间的斗争。需要的是意义的观念——对目标、动机和欲望的排序——对高级和低级、高贵和卑贱、好和坏、完整和分裂做出价值判断。自我实现的条件，在于对冲突的欲望作出调节，例如以二阶愿望的形式。各种愿望的排序有助于愿望自身的实现，一个人是以其最重要的愿望来建立自我的同一性。如果自我的重大愿望得以实现，那么自我也就挺立起来。②

克己或自制是培育美德的前提。如果一个人克服了自私而表现出惠及他人的更高愿望，那么他展现的就是仁；如果一个人克服了对自身安全的恐惧而行其所行，那么他展现的就是勇。这样，美德就是一种与自由（指缺乏内在的束缚）相关的优秀品质，这种自由则会增进独有的人类之善。因而，对于儒家来说，欲望的克制与品格的修养会自然而然地引导一个人达到自由。子曰：

---

① 关于这一点，谢幼伟对儒家自由的解释具有启发性。他声称："儒家伦理学中的自由是做善事的自由或者选择善行的自由。"参见谢幼伟《中国伦理中个人的地位》（Yu-Wei Hsieh，"The Status of the Individual in Chinese Ethics"），载查理·A. 摩尔编《中国思维：中国哲学文化精要》（Charles A. Moore, ed., *The Chinese Mind: Essentials of Chinese Philosophy and Culture*, Honolulu: University of Hawaii Press, 1967），第 310 页。

② 为了一场关于自制与自由的极好的讨论，参见安德里亚·埃希特《个性、美德和自由》（Andreas Eshete, "Character, Virtue and Freedom"），《哲学》（*Journal of Philosophy*, vol. 57, 1982）。

視其所以，觀其所由，察其所安。人焉廋哉？人焉廋哉？（《论语·为政》10）

品格是专门界定一个人同一性的美德、恶习、习惯、经验、愿望及目的等向度的总汇。品格的重要性在于，它包含了与共同体的情景，如家庭、友情、邻里、学校等，不可分离的全部品质。[①]

就一个人表现出有意义的愿望而没有挫折和内在冲突而言，拥有美德的人比缺乏美德的人更自由。孔子"七十而从心所欲，不逾矩"的话，表达了他在克己、自制意义上所达到的自由境界。

正如儒家所主张的，自制是获得真正意义自由的一个重要条件。但是，只要内在的因素也算作限制，那么，一个身陷囹圄但自我修养良好的犯人或许也可以说是自由的。然而，事实上，他是不自由的。自由主义者强调限制自由的外在因素，而儒家则强调内在因素。对于发展一种令人钦佩的品格及达到理想的人格而言，克己或自制是至关重要的。然而，当存在压制和虐待时，则变得困难了——如果并非不可能的话。反之，对于维持一种舒适生活和保护个人安全来说，开放的选择和较少的干涉是至关重要的。然而，如果对相互冲突的欲望没有进行价值排序，那么一个人就会变成欲望的奴隶。缺乏自制的开放选择是盲目的，缺乏有效选择的自制则是空洞的。

通过自由主义和传统儒家自由概念之间的相互批评，呈现在我们面前的并不是在消极自由与积极自由之间的简单选择，而是这两种意义上的自由之间补充或相互支持的关系。完全的自由既包括选择权的最大化，又包括自我实现的最大化。一个自由主义者需要克己与品格的修养，一位儒者则需要在行为与选择上具有有效的选择权，并对之作出保护。

四　超越底线道德

自由主义可以理解为政治上或道德上关于权利的修辞学。权利保护个

---

① 参见克拉克·E. 科克伦《共同体的薄理论：社群主义者与他们的批评者》（Clarke E. Corchran，"The Thin Theory of Community：The Communitarians and Their Critics"），见《政治研究》（Political Studies，vol. 32，1989），第433页。

体拥有一个自主和基本利益的领域，因而，拥有权利是件好事。拥有权利，使我们能够"以人的方式而存在"，[1] 并鼓励权利受侵害者（或受动者）去愤怒、抗议及采取强硬立场。[2] 权利语言为我们提供了"修正和创造制度的可能性"。[3]

权利的功能在于保护人们的自主与未来的利益领域不受侵犯。然而，在某些不适当的情形中，权利则会使我们对道德敏感性视而不见。在某些情境下，谈论权利并不会使一个人"以人的方式而存在"，反而会"暴露一个人在这个严重麻木不仁、对抗性的世界中放纵的粗野"。[4] 在某些情境中，对权利过于热心的人们会显得是"执拗、敏感、任性、暴躁的，并且完全还有可能是骄横的"。[5] J. L. 马奇（J. L. Mackie）说，"为责任而责任是荒谬的，但是，为权利而权利却并不荒谬"。[6] 如果为权利而权利不是荒谬的，那么在任何时候都可以维护或主张权利。马奇观点的不足在于它仅仅关心道德的最低要求，而忽视了在某些情形之下，为了其他道德上的理由，权利可以被放弃/让渡或牺牲的可能性（或必要性）。

与儒家道德观相对照，基于权利的道德是底线主义者。正是这个意义上的底线主义者，将道德讨论的领域界定在人类经验的一个狭窄的部分。也正是这个意义上的底线主义者，对行为主体的道德品格只做最低的要求，以儒家的道德观视之，其对行为主体的要求甚少，或者全无要求。[7]

---

① 费因伯格：《〈权利的本质与价值〉补充说明》，《生命伦理学与人权》，第 27 页。

② 理查德·勃兰特：《道德权利的概念》（Richard Brandt, "Concept of a Moral Right"），见《哲学》（*Journal of Philosophy*, vol. 80, no. 1, 1983），第 45 页。

③ 斯图亚特·M. 小布朗：《不可让渡的权利》（Stuart M. Brown, Jr., "Inalienable Rights"），见《哲学评论》（*Philosophical Review*, vol. 64, no. 2, 1955），第 202 页。

④ 迈克尔·J. 梅耶：《尊严、权利与自我控制》，《伦理学》（vol. 99, no. 3, 1989），第 525 页。

⑤ 简·内沃森：《关于费因伯格〈权利的本质与价值〉的评论》（Jan Naverson, "Comments on Feinberg's 'The Nature and Value of Rights'"），见《价值探究》（*Journal of Value Inquiry*, vol. 4, 1970），第 259 页。

⑥ J. L. 马奇：《可以有一种以权利为基础的道德理论吗?》，《权利理论》，第 171 页。

⑦ 大卫·诺顿与埃德蒙·平可夫斯通过区分规则伦理学与品格伦理学，对作为道德底线主义的现代规则导向伦理学做了批评。参见大卫·诺顿《道德底线主义与道德品质的发展》（David Norton, "Moral Minimalism and the Development of Moral Character"），载皮特·A. 弗伦奇等编《中西部哲学研究》（Peter A. French et al., ed., *Midwest Studies in Philosophy* 13, Notre Dame：University of Notre Dame Press, 1988），第 180—195 页；埃德蒙·平可夫斯《窘境与德性》（Edmund L. Pincoffs, *Quandaries and Virtues*, Lawrence：University Press of Kansas, 1986），第 41—47 页。

基于权利的道德所认为的道德仅仅与斯蒂芬·哈德森（Stephen Hudson）所说的"道德的必要条件"——权利、义务和责任——相关。① 道德必要条件的底线分享着一整套的特征，也就是说，无论这些要求是权利还是义务，它们都被需要、被要求、被强迫或被逼迫。在此意义上，基于权利的道德是一种"外在的道德"，将道德解释为一种缺乏个人意义深度纯粹约束系统。②

当以道义论（deontic morals）的方式表达时，权利及相关的义务的表达包含三种行为：（1）出于责任的行为，或出于义务的行为，或被要求必须做的行为；（2）在既非义务又不被禁止，而是被允许做意义上的行为；（3）被禁止的行为。③ 权利语言的道德维度（亦即，在道德上是义不容辞的，在道德上是中性的，在道德上是被禁止的）是最低限度的，因为它不能将诸如超出职责之外的行为与令人钦佩的行为等，这些同样是人类体验中的重要部分也考虑在内。④ 例如，权利无法要求仁慈（仁）；权利不能以其强迫一个人履行（依靠相应的权利来说明的）责任的方式来为仁慈行为提供一个道德理由。安乐哲（Roger Ames）声称：

> 将人权说成维护人类尊严的重要方式显然有些夸大其词，除非人类尊严是指最基本的生存。将人权看作社群中可能的生活质量的标准，就像将最低健康标准看作餐馆质量的普遍标准一样。⑤

按照儒家的观点，道德问题的领域是如此宽广和多样，以至于按照权利的

---

① 斯蒂芬·哈德逊：《认真对待美德》，《澳大拉西亚哲学》（vol. 2，1981），第190—192页。

② "外在的道德"一词是柯雄文（Antonio Cua）的用语。柯氏将荀子的道德概念描述为"外在的道德"以与孟子的"内在的道德"相对照。照柯氏的看法，内在的道德着重强调动机结构/生活理想方式及理想人格等观念，而外在的道德则是仅仅关注作为一套强制或被迫接受系统的狭义的道德。我认为，柯氏在内在的道德与外在的道德之间所做的区分，可以用阐明基于美德的儒家道德与基于权利的自由主义道德之间的区别。参见柯雄文《道德与人性》（"Morality and Human Nature"），《东西方哲学》（vol. 3，1982），第279—294页。

③ 参见 J. O. 厄姆森《圣人与英雄》（J. O. Urmson，"Saints and Heroes"），载 A. I. 梅尔顿编《道德哲学论集》（A. I. Melden，ed.，*Essays in Moral Philosophy*，Seattle：University of Washington Press，1958），第198—216页。

④ 参见约瑟夫·雷兹《自由的道德》，第195—197页。

⑤ 安乐哲：《以礼仪为权利——儒家的选择》，《人权与世界宗教》，第13页。

语言所挑选出来的狭窄的子领域，无法包含重要的人类体验的全部范围。与基于权利的道德相比，儒家基于美德的道德是完美主义者。即人类体验中的一切都具有道德意义，道德境况是每个人生活的全部内容。基于权利的道德所覆盖的仅仅是道德行为中最小的范围（亦即对的，可允许的，错的，不允许的），而儒家道德则覆盖人类行为的最大范围，以之作为自我修养的领域。

儒家道德所提倡和告诫的是，我们的确不限于这些最低要求。对于儒家学者来说，存在许多既不是义务也不是责任，但是在道德上应该得到称赞肯定的行为。如果有人希望他们自己及其共同体繁荣兴旺，这些行为对他们来说就是值得去做的。这一种类的行为——用哈德逊的话来说——可以称为"道德智慧的忠告"。① 对儒家来说，人类行为范围中的一切事物都不乏道德意义。② 儒家认为，道德的整个领域要比其最低的要求更为宽广。作为一种美德道德（a morality of virtue），儒家强调克己、自我修养与自我实现的重要性。子曰："道之以政，齐之以刑，民免而无耻；道之以德，齐之以礼，有耻且恪。"（《论语·为政》3）

如果今天孔子还活在我们这个迷恋权利的时代，他将会说："如果人们为权利所导引，他们将毫无羞耻之心。"羞耻是一种因丧失自尊而经验到的情感。有尊严的权利实践需要优秀的道德品格作为其前提。艾略特·道奇（Eliot Deutsch）断言，较之最低的对/错底线之要求，圆满的道德行为所包含的内容更多。他说：

> 正如艺术作品一样，一些行为的内容要比另一些行为的内容更为丰富……当我看到其他人的时候，我不只是看到了特定的外形和尺寸、颜色和形态，我也富有意义地看到了各种不同的具体化的人格成就。当我看到一个发生中的行为时，我所看到的不只是我以纯粹叙述性的、物理化的语词所描述的行为的一个片段。相反，我看到的行为

---

① 参见斯蒂芬·哈德逊《认真对待美德》，《澳大拉西亚哲学》（vol. 2，1982），第191—193页。

② 儒学的道德范围不仅超出责任和值得称赞的行为，而且包含哪些在现代伦理学中被判定为在道德上是中性的行为。例如，从儒家的视角来看，六艺（亦即礼、乐、射、御、书、数）就不是被看作纯粹的业余爱好或者消遣娱乐，而是被看成建立和培养一个人品格的训练手段。参见杜维明《孟子思想中人的观念》，《儒家思想——创造性转化的自我》，第96—100页。

表现、体现及展示的是美学和伦理的双重向度。①

假如道德的必要条件与"道德智慧的忠告"之间存在着区别，我们所要做的不是在两种不同的道德行为之间做简单的选择。在重建儒学中，道德的这两个方面应被理解为是相互支持和相互补充的，而不是无法调和或者排斥的。权利是必不可少的，因为它能够保护基本的人类利益和道德空间，在此空间中，一个人可以自由地选择和行为。权利是必不可少的，因为它是人类繁荣的最低条件。而且，意识到权利对于超出职责的美德（supererogatory virtues）也是必要的，因为，若不是与权利、资格及应得的赏罚相对照，超出职责的美德就是无意义的。②

然而，对于创造好的生活或者成就理想的人格而言，权利却是不充分的。"认识到一个人拥有权利……并不足以使其拥有令人钦佩的品格，因为这个人仍然有可能是一个从不愿慷慨、宽恕或自我牺牲的卑鄙伪君子。"③ 在道德的最低必要条件之上，需要增加的是优秀的品格、美德、意义的重要性——各种善的价值排序。

五　以权利与美德的调和为取向

将极端自由主义者的权利道德与极端社群主义者的美德道德对立起来的想法太过简单化，并且，这种对立也绝少考虑到人类利益、愿望、动机和目的的复杂性。一个在某些对抗性的情景中激烈主张权利和资格的人，在另外一些情形中则可能是一个富有爱心、慷慨的人。反过来，在某些关系中，根据权利来谈论事物可能是不适当的。然而，在另外一些竞争性或者对抗性的情景中，根据权利来谈论事物则可能会是一个人表达尊严和自尊的一种有效方式。

---

① 艾略特·道奇：《人格、创造性与自由》（Eliot Deutsch, *Personhood, Creativity and Freedom*, Honolulu: University of Hawai'i Press, 1982），第129—130页。

② 如费因伯格所断言："放弃（Waivers）和酬谢（gratuity）仅仅存在于权利和义务有明确规则的背景之下。如果没有在先的借贷与偿还的实践，以及复杂的权利及相关义务的规则结构，那么，豁免债务就显然是不可能的。"参见费因伯格《〈权利的本质与价值〉补充说明》，《生命伦理学与人权》，第33页。

③ 参见费因伯格《〈权利的本质与价值〉补充说明》，《生命伦理学与人权》，第33页。

　　例如，在一种恩爱的夫妻关系中，如果说"我有和你睡觉的权利"或者"你有与我做爱的义务"，就是不适当的，大煞风景的。① 反过来，如果我们要求那些被大金融集团剥削的韩国劳工去爱对他们敲骨吸髓的雇主，那么，这种要求的期望则又太高了。

　　与只承认权利与义务的极端自由主义者（或者消极的自由主义者）和仅仅强调义务和美德的极端社群主义者不同，理性地重建的"后儒学"（post-Confucianism）对权利与美德、要求与让步、自主与仁慈诸美德的重要性，均给予承认。根据理性重建的后儒学的道德理想，一个缺乏仁慈、友谊和感激的社会将是一个令人厌恶的或者不适合居住的社会；但是，一个不尊重和保护自主、自治与自新的道德空间的社会则是一个令人沮丧的和无法忍受的社会。

　　透过自由主义与儒家关于权利与美德关系的相互批评，呈现在我们面前的，并不是要么权利要么美德的简单选择，而是权利（作为道德的基本必要条件）与美德（作为道德智慧的忠告）二者的和谐融合。当倡导权利的底线主义者与期望美德的完美主义者结合成为一个道德范式时，就将导向一种对于人类发展更为丰富和更为全面的评价。

　　　　　　　　　　　（作者单位：韩国大学哲学系。王楷译，梁涛校）

---

　　① 约翰·哈德威格（John Hardwig）给出了许多有趣的谈话情形中的权利的例子。例如，如果一个三十七年来始终忠诚的丈夫，在其弥留之际，对妻子说："海伦，我的良心是清白的，我一直尊重你的权利。"那么，妻子整个的婚姻生活也就将随之化为灰烬。参见约翰·哈德威格《妇女应该用权利来思考吗?》（John Hardwig, "Should Women Think in-Terms of Rights?"），《伦理学》（vol. 94, no. 3, 1984），第 443 页。

权利个体与角色人[*]

[美] 罗思文（Henry Rosement）

一　简　介

芬格莱特（Herbert Fingarette）整个学术生涯不仅创作甚丰，而且论著颇具鼓动性。他质疑那些已成公论的观念，论题广至酗酒与法律，所论思想家亦杂多，既有弗洛伊德（Sigmund Freud）也包括孔子。[①] 他的工作将严谨的逻辑与对人类状况的体察与洞见融为一体，极大增强了我们对于自我以及我们生活于其中的当代世界的认识。

他的工作完全是开创性的。我猜测这独创性中相当一部分可能源于芬格莱特对非西方哲学，尤其早期中国哲学的熟谙与敬仰。他专门学习古汉语以阅读古代经典，亦承认孔子对其哲学思想的巨大影响。[②] 还有个事实

＊　该文原载献给美国中国哲学学者赫伯特·芬格莱特的一本论文集《规则、礼仪与责任——纪念赫伯特·芬格莱特文集》（Herbert Fingarette, *Rules, Rituals, and Responsibility*: *Essays Dedicated to Herbert Fingarette*, Mary I. Bockover, ed., La Salle, Illinois: Open Court, 1991），部分节选自罗思文《为什么要认真对待权利？——儒家的批评》，载罗纳编《人权与世界宗教》。

① 参阅芬格莱特《转化中的自我》（*The Self in Transformation*, New York: Basic Books, 1963）；《论责任》（"On Responsibility"），收入《精神病犯罪的意义》（*The Meaning of Criminal Insanity*, Berkeley: University of California Press, 1972）；《孔子：即凡而圣》；《酗酒》（*Heavy Drinking*, Berkeley: University of California Press, 1989）。

② 参阅我在《东西方哲学》（vol. 26, no. 4, 1976）上对芬格莱特《孔子：即凡而圣》的评论，以及他的回应和我的答复，见《东西方哲学》（vol. 4, 1978）。芬格莱特在回应中作结论道："我希望孔子也向其他人昭示了这一视野——如同他昭示于我的那样。"应该说，极大程度归功于芬格莱特的著作以及与他几次令人愉悦的对话，我也有幸看到了孔子的这一视野；我对此深表感激，并很高兴能借此机会表达谢意。芬格莱特亦相当宽宏地对我的作品有所响应："他（罗思文——引者注）的赞同使我深受鼓舞，而探究我们的争议之处亦使我获益匪浅。"

可证明我的猜想：尽管芬格莱特对诸如法律、医疗、精神错乱、罪责等问题都有重要论述，但其分析评价却几乎从不用"权利"（rights）概念（人类权利、法律权利或公民权利等）——现代"权利"概念在古典中国思想中也是完全缺失的。

下面，我会通过澄清芬格莱特著作中在我看来虽隐晦却颇为重要的一些思想，来进一步考证以下猜测：他对现代西方权利概念的批判，结合了儒家对于"人"之观念的不同理解。当然，这一"考证"实际是对芬格莱特的进一步邀请——邀请他响应这些关涉其哲学观的根本问题。

二　权利个体（Rights-Bearing Individuals）

人拥有"权利"，这对于国内国际的道德、社会、政治思想来说都是个最基本的假定。我们这些西方资本主义民主国家的公民和学者，强烈倾向于认为：某些基本权利不受性别、肤色、年龄、种族、能力、时间或地点的限制；因为我们是人，所以我们便拥有某些权利。但哪些权利属于基本权利？如何裁定相冲突的权利主张？民族国家的法律、政治权利多大程度上有别于更普遍的道德权利？权利是否应成为道德与政治理论的基础？如此等等都是悬而未决的问题。但除极少数显著例外，个人之为权利持有者（rights-bearers）的概念并未在当代西方道德社会政治思想中受到严肃质疑。

然而，没有什么会比这些事实更朴素：我们每个人都有明确的性别、肤色、年龄、种族背景、特定能力等等；我们都生活于特定时空。我们都生长于特定文化社群中，而每个社群都有其语言、道德、宗教、习俗、传统及其相应的对人之为人的理解。总之，没有任何文化上独立的人。我们每个人都有特别的希望、恐惧、欢乐、痛苦、价值、观念等，它们都不可避免地与我们是谁、我们是什么的规定相关联。这些规定很大程度上来自我们所属文化社群的影响。对此，布拉德利（F. H. Bradley）说得很好：

> 我们找个人。比如，某个英国人，我们试图指出如果除去他与他人的共同之处，除去他与他人一样的东西，他就不再是个英国人——或者根本就不可称之为人；如果你把他看作他自己本身，他就不是他自己了……他之所以是他，就在于他是社会的存在。他是某社会机体

的成员；……如果你将他与他人的共同之处都加以抽象，那剩下的就不是一个英国人，或一个人，而是一些我不知是什么的剩余物——其自身从不存在，也不会如此存在。①

这些思考暗含了一个令人困扰的问题：如果事实上，世界上大多数人生活在一个没有权利概念，或与权利概念不协调的文化中，那么，那些文化中的人又能或又该如何想象拥有权利会是什么样子？或者，这样想对他们来说对吗？好吗？合适吗？②应该清楚，我们自己的人权观是与我们所谓人之为自由选择、独立自主的个人（freely-choosing autonomous individuals）观念密切相关的。该观念至少跟笛卡尔的认识论思想一样古老，其道德与政治表达可从如洛克（John Locke）的著作、《弗吉尼亚权利宣言》（Virginia Declaration of Rights）、《独立宣言》（Declaration of Independence）以及《法国人权宣言》（French Declaration of the Rights of Man）中获得。可以肯定地说，这一观念也体现在 1948 年的《联合国人权宣言》（U. N. Declaration of Human Rights）中，或许也正是因为这一原因，它现在或多或少被视为一普遍的而非文化特殊性的观念。让我们在这里转引其《序论》的内容：

> 因此，联合国大会现在宣告，该《世界人权宣言》是所有人类、所有国家要努力实现的一个共同标准，以期每个人、每一社会机构都将此宣言始终铭记于心，并通过教育指导，努力确保对这些权利与自由的尊重，通过国家、国际的不断改进，确保它们获得有效认同与遵行……③

注意这里的关键表达："一个共同的标准"；"通过教育指导"；"通过国

---

① 参见布拉德利《伦理研究》（F. H. Bradley, *Ethical Studies*, 2nd. ed., New York：Oxford University Press, 1962），第 166 页。感谢黄百般（David Wong）让我注意到该段话。

② 尽管米尔恩在其《人权与人的多样性》（A. J. M. Milne, *Human Rights and Human Diversity*, Albany, NY：SUNY Press, 1985）一书中努力反驳该观念，但该观念仍充分体现于其书中（第 3—6 页）。米尔恩希望权利观念建基于更大的社群观念，由此，个人"（作为社群成员而被赋予的）权利成为构成人之为人的全部"（第 115 页）。

③ 引自《世界人权宣言》，第 2 页。

家、国际的不断改进"。显然，该宣言的炮制者，主要从西方工业民主文化出发，想要提出一种特定的道德政治视角，一种实际尚未存在的理想，作为所有国家、所有人民应努力实现的标准。

但现在，在我们即将庆祝《联合国宣言》发表43周年之际，事实上仍有百分之七十以上的世界人口对西方工业民主文化并不怎么了解。他们过去不曾生活于此文化，现在也没有，而且即便将来可能的话，也会因经济、环境、文化因素等原因而不会长久地如此生活。

结合这两种思考，我们似乎不得不接受当下哲学上极为时兴的某种形式的相对主义，[①] 对此，已有两种极端反应：一个是我们或许可以完全接受"仁者见仁智者见智"的观点，不再认为我们的哲学成果会在西方文化遗产之外具有意义；更有甚者，认为一种文化对于人的特殊理解较之另一种无所谓更好还是更坏，因为可能没有文化上独立的平台来解决此论争，因此争论这些问题是没有意义的。另一个是坚持我们的立场，认为所有人类都有"权利"，即便它们尚未为其他文化普遍接受；如果其他文化没有我们的"权利"概念，他们应当拥有；如果没有，那么，他们在道德上与政治上就是有问题的。

第一种极端反应散发着值得称道的宽容气息，但不幸的是，它也会使我们对像萨德侯爵（Marquis de Sade）、阿兹台克活祭食人者（Aztec ritual cannibals）、奴隶主、纳粹党卫军、悲观主义、玩世主义、虚无主义者等人的行为在道德上失去了批判的意义，这是完全可以预料的到的；在我看来，如果它们不是这种立场的必然逻辑结果，那么，从迹象上来说，上述情况确实存在于当代西方社会与当代西方哲学中。

第二种极端反应的优点是，可以争取某种道德基础，以做出独立于文化与历史的判断，但其亦有不良后果，因为令人遗憾的是，由于其自身历史的原因，它是建立于西方工业民主文化之上的道德，与之相伴的是民族优越感、帝国主义，这使其与三十多亿并不分享该文化的人越来越格格不入。

――――――――――

① "相对主义"（relativism）在今天当然是个"一触即发"的哲学术语。对该术语的详阐，参见我的论文《反对相对主义》（"Against Relativism"），见杰拉尔德·J. 拉森和艾略特·道奇所辑《跨界诠释》（Gerald Larson and Eliot Deutsch, ed., *Interpreting Across Boundaries*, Princeton, NY: Princeton University Press, 1988）。

这听起来很刺耳，但我并不认为是夸大其词。以此方式说明这些立场，意在突出另一思路以期大家思考：假设有这样一个概念框架——我称之为"概念群"（concept-cluster）——其中，诸道德表述与一种道德理论都可获得说明，可为全世界人民应用、理解和欣赏，但是，在哲学家们设计出该概念群之前，则需要西方哲学传统较之以往更多地与非西方哲学合作。如果我们自己以"权利"为核心的现代伦理、社会、政治哲学，不过是一个占世界不足百分之二十五人口的文化成果，如若还有其他理性、道德与政治哲学，其多少反映了其他百分之七十五人类的期望与设想，那么，从人道上来说，这些期望与设想就完全应当被整合到所谓普遍伦理和/或政治哲学中。如果现在我们自己以"权利"为核心的概念群，不仅将我们孤立于其他文化的人们，也使我们文化内部的人彼此分离的话，就更需要如此。文章最后我会再回到该话题。

如果我的倡议还有吸引力的话，我就必须对我们文化语境中"权利"及其相关概念做进一步说明，然后通过考察通常被含糊地放入比较研究框架下的一些课题，将这些概念某种程度去语境化（而非解构），并通过将我们的西方伦理概念群与这里所讨论的早期儒家概念群进行对比，来对前者进行归类。

既定的某一天，世界上的某个地方，我们中的一些人被禁闭于极其恶劣的环境中，他们的生命受到威胁，遭受着许多身心凌辱。他们中的一些人仅是因其肤色被囚禁侮辱，而另一些人则是因为他们的国籍，还有一些人因其政治信仰被投入监狱，另一些人受到同样的迫害乃是因其宗教信仰及相应的社会信念。我们也有许多挟持人质或肆意的恐怖及凌辱行为，它们是由一个或多个政府或独立或共同勾结进行的。

这些情况与事件让我们很愤慨，因为它们仍在继续发生，而且，令我们沮丧的是，我们个人对结束这些暴行几乎无能为力。

那么，现在想象一下我们描述和解释自己对这些事情的感受以及我们个人信念时，极有可能给出的理由：我们说，他们是不正义的。人不应当仅因其肤色、国籍、政治或宗教信仰就被监禁、凌辱或挟为人质，因为每个人都拥有基本的"权利"，而以上事例明显侵犯了人的基本"权利"。个体因打破不合理的法规而被剥夺了自由、生活与财产，生命安全亦受到威胁，这就是说，他被不公正地剥夺了自由选择其行为的权利，因此，失去了人之为人特有的自主权。

此理由足够简单明了，实际上，英语国家每位具有反思能力的公民都会赞同此观念，因而，我不会否认它准确地反映了我们的文化视角，这一视角也是《联合国人权宣言》所吸纳的。我更想建议的是，该理由背后那个有关个体（individual）、自我（self）的综合哲学概念对定义我们这个星球上的成员来说，或许不是最合适、最好或最人性的。当然该理由也不是人类绝大多数会提出的。

另外，西方工业民主社会内部尤其美国，权利、自主、自由选择的个人诸概念不仅对讨论国际范围内政治犯、人质、恐怖主义行为和拷打等问题很重要，而且实质上对我们时代所有迫切的国内道德问题也起着核心作用。宽泛地说，堕胎的争议通常依据的是胎儿是否有人权，如果是，这些权利是否优先于妇女掌控自己身体的权利。① 关于自杀与绝症病人问题的分析，通常是根据有力的医学实践，或者遵循哪里有生命哪里就有希望的前提，来鉴定影响个人生死的决定权何时（如果有的话）被医生或他人侵犯。②

再来看环境问题，环保主义者的各式说教通常是以我们的后代有拥有繁荣、生物多样化的自然世界的权利来捍卫其理论；③ 就动物保护而言，许多哲学家和其他人会问，是否仅因为其为生物就可被视为拥有权利，而这些权利显然约束了我们操纵其生存和生存的自然环境的权利。④

最后，许多国内显而易见的政治问题——如福利、税改、死刑、平权行动等，都可归约为个人权利（individual rights）与社会正义（social

---

① 此处及下文对堕胎的延伸探讨，基于朱迪斯·汤姆森的《为堕胎辩护》（Judith Thomson, "A Defense of Abortion"），《哲学与公共事务》（vol. 1, no. 1, 1972）；以及玛丽·安妮·沃伦《堕胎的道德法律地位》（Mary Anne Warren, "On the Moral and Legal Status of Abortion"），《一元论者》（*Monist*, vol. 57, no. 4, 1973）；龙运夏《堕胎和道德理论》（L. W. Summer, *Abortion and Moral Theory*, Princeton, NY: Princeton University Press, 1981）；黄百般《道德相对论》（David B. Wong, *Moral Relativity*, Berkeley: University of California, 1984）。但可能除黄之外，很难说此处所引其他作者会同意我此前对此争议性问题的讨论。

② 例如，参见詹姆斯·雷切尔《主动被动安乐死》（James Rachel, "Active and Passive Euthanasia"），《新英格兰医学》（*New England Journal of Medicine*, vol. 292, no. 2, 1975）。

③ 哲学上始于约翰·帕斯穆尔《人对自然的责任》（John Passmore, *Man's Responsibility for Nature*, New York: Charles Scribner's Sons, 1973）；现在，环保乃成为一个大而多样化的研究领域。

④ 汤姆·里根和彼得·辛格编《动物权利与人类责任》（Tom Regan and Peter Singer, ed., *Animal Rights and Human Obligations*, Englewood Cliffs, NJ: Prentice-Hall, 1976）尽管现在有点过时，但仍是本有用的论文集。两位编者及其他许多学者近来亦出了更多有关这方面的著作。

justice）之间更为根本的道德紧张关系，我不认为这是个太过宽泛的概括。①

因此，如果这太过匆忙的描述还算正确的话，我们就会意识到绝大多数我们时代的主要论争都是在以权利为基础的道德概念框架下被表述、分析和评价的。确实，一旦我们从一般公共领域移至更狭小的伦理哲学领域，一致性则会更少。这里，我们可以目的论与义务论道德学说为例：处身康德传统的思想家会比各式各样的功利主义者赋予权利更基本的地位；还有少数哲学家如麦金太尔则全然背离当代道德理论，其在新亚里士多德主义的影响下，力图重建以"美德"为基础的道德哲学（virtue-based moral philosophy）。②

但是麦金太尔的研究对权利的讨论尚未造成重大影响，而且，不管各式各样的洛克主义、康德主义、边沁主义者们以及其他人如何不同地希望为我们的道德原理奠基——权利概念对所有这些理论来说都是至关重要的。

将权利视为最根本的要算罗伯特·诺齐克（Robert Nozick），其《无政府主义、国家与乌托邦》第一页第一句这样说道：

> 个人拥有权利，任何个人或团体都不得做出（侵犯其权利）的事情。③

罗尔斯（John Rawls）在其颇富影响力的《正义论》一书中，建构了他的第一原则：

> 每个人都有同等的权利，在与所有人同样的自由体系兼容的情况下，拥有最广泛的平等的基本自由体系。④

---

①　参见麦金太尔《追寻美德》，第229—233页。

②　《追寻美德》的一个主要延伸就是《谁的正义？哪种理性？》（*Whose Justice? Which Rationality?* Notre Dame，IN：University of Notre Dame Press，1988）。尽管我对麦金太尔将希腊、基督教传统置于中国传统之上不以为然，但他对我的影响很大，这可从本文和我最近的著作中看出。

③　参见诺奇克《无政府主义、国家、乌托邦》（Robert Nozick，*Anarchy，State and Utopia*，New York：Basic Books，1974）。

④　参见约翰·罗尔斯《正义论》（John Rawls，*A Theory of Justice*，Cambridge，MA：Harvard University Press，1971），第302页。

理查德·黑尔（R. M. Hare）代表了现代英国道德传统，其近著《道德思想》中，下面这段话颇为典型：

> 现在应很清楚，对功利主义的普遍反对，如未能给权利留有空间，将功利利益凌驾于权利之上等等，在本质上是多么不充分，亦与我的道德理性理论相冲突……如果我们对（权利）足够认真，探究一下其所是及其地位，将会发现它们确实是我们的道德思想中无比重要的成分……但这跟功利主义思想完全不冲突。因为功利主义比直觉主义更能确保（权利）的这种地位。①

从这些（实际是随意摘取的）引述以及我们此前的考察中可以清楚看到，权利概念完全渗透于当代西方道德政治思想中，甚至对那些在其道德政治理论中并未赋予权利首要地位的哲学家来说亦是如此。正因其如此深入地渗透于我们的思想中，所以，我们不应诧异，那些最频繁使用"rights"一词的人却极少全面界定该词。

最好的例子就是罗纳德·德沃金（Ronald Dworkin）那本颇负盛名、论辩严谨的《认真对待权利》，他对该问题的讨论值得详细引述：

> 原则是表述权利的命题。政策是表述目标的命题。但什么是权利，什么是目标？二者又有什么不同？很难给出定义而不绕过该问题。例如，说言论自由是一种权利而非目标似乎很自然，因为公民根据政治道德被赋予了这种自由，而增加军需产品则是个目标，而非权利，因为其提供的是集体福利，也没有一个厂商会被给予政府合同的资格。然而，这并不会提高我们的理解，因为给予资格的观念是在讲运用权利，而非解释该概念。②

---

① 参见理查德·黑尔《道德思想》（R. M. Hare, *Moral Thinking*, Oxford：Oxford University Press, 1981），第154—155页。

② 参见德沃金《认真对待权利》，第90页。因英语国家的权利概念与其法律系统密不可分，德沃金对法律哲学涉足颇深，他确有"权利"要求我们"认真对待权利"。

帕特里夏（Patricia Werhane）试图将其观点建立在道德权利之上，也采取了同样的方式，她说：

> 我将假定所有人，尤其是理性的成人，都有天赋的价值。因为人类有天赋的价值，所以他们拥有某些权利。这些权利是道德权利……①

帕特里夏的观点似乎无懈可击，但其却展现了德沃金所谓界定权利循环论证的问题，因为我们当然也可以坚持认为，人类拥有天赋的价值而完全需权利概念（早期儒家就是个重要例子）。

如果没有现成的权利定义，我们或许可以通过考察权利如何被区分，并对其一一列举来澄清该概念。生命权被认为是个消极权利——因其需要别人的认可——而自由权则是个积极权利，因需要我们采取行动来践行之。权利亦被区分为正面权利与负面权利，如，安全权对应于免被施暴权。权利最通常的区分是自明权利（*prima facie* rights）与绝对权利（absolute rights）或其他说法——可剥夺权利（defeasible rights）与不可剥夺权利（indefeasible rights）。如果确有绝对权利的话，哲学家们则在哪些权利属绝对权利上很少一致，但以下权利被辩护为所有权利中最基本的权利：哈特（H. L. A. Hart）及一些人认为自由权最为优先，② 亨利·舒（Henry Shue）则主张首要的是安全与生存权。③ 许多哲学家认为生命权乃最基本的权利，④ 但德沃金则认为平等考虑权（the right to equal consideration）[而非平等对待权（equal treatment）] 乃所有权利的基础。⑤

我们可继续深究当代西方道德哲学的不同立场，但就当下意图来说已经足够；将这些道德学说联系在一起的是，它们都被描述为道德哲学，这

---

① 参见帕特里夏《人、权利与公司》（Patricia Werhane, *Persons*, *Rights*, *and Corporations*, Englewood Cliffs NJ: Prentice-Hall, 1985），第 3 页。

② 参见哈特《有自然权利吗？》（H. L. A. Hart, "Are There Any Natural Rights?"），《哲学评论》（vol. 64, no. 2, 1955）。

③ 参见亨利·舒《基本权利》（Henry Shue, *Basic Rights*, Princeton, NY: Princeton University Press, 1980）。

④ 参见米尔恩《人权与人的多样性》，第 139 页。

⑤ 参见德沃金《认真对待权利》，第 180—183 页。

实际是同义反复。在此特定意义上，我要说，早期儒家不应被称为道德哲学。为了说明为何如此，同时也是要消除认为我的立场是基于某种激进的道德相对主义的疑虑（尽管我已声明了自己的意图），让我们思考通常被看作代表道德相对主义观点中的一种，这一观点是建立在对其他文化的考察之上，有着人类学的证据。①

我们至少开始无需质疑丰富的人种学数据的可靠性，其似乎表明这样一种规律性，即被某一种族不愿接受的某个特定行为，如果不是被另一民族所拥护的话，至少也会为其所容忍。但该证据本身无法证明道德相对主义者所认为它能证明的。其中涉及某个逻辑要点。

我们对现代英语及其相关西方语言运用得越多，涉及与"moral"（道德）一词相关的词项也就越多。当然，所有语言都有赞成或否定人类行为的术语，也有用以评价该行为的概念术语；但世界上大多数语言对人类的一系列行为的表述，并不是通过 moral-immoral 这对词来完成的，这种表述往往是在具有道德意识后才有可能。据此，我们不应惊讶，"道德"（morals）如同"权利"（rights），作为西方哲学思想中一个基础性概念，却几乎从未获得明晰的界定。

该语言学事实如此简单，却不应遮蔽了其哲学深意：生活在没有与 moral 相应的词汇的语言中的言说者（写作者），逻辑上就不会有任何 *moral* 原则（或 moral 理论），依此类推，也就不可能有任何与其他（我们自己或他人）moral 原则相冲突的 moral 原则。

我们西方人用 moral/immoral 对人类的一系列行为作出评价，若将之

---

①　此类观点于欧洲始于爱德华·韦斯特马克（Edvard Westermarck），以及后来的赫斯科维茨（Herskovits），美国有弗朗茨·博厄斯（Franz Boas）及其学生——尤其是艾尔弗雷德·克鲁伯（Alfred L. Kroebler）与鲁思·本尼迪特（Ruth Benedict）。对此之综述，参阅斯托金《种族、文化与进化：人类学史论文集》（G. Stocking, Jr., *Race, Culture, and Evolution: Essays in the History of Anthropology*, New York: Free Press, 1968），以及哈奇《文化与道德》（E. Hatch, *Culture and Morality*, New York: Columbia University Press, 1983）。关于人类学家与哲学家的著作，布莱恩·威尔逊辑《理性》（Bryan Wilson, ed., *Rationality*, Worcester, MA: Basil Blackwell, 1970）收录了一些讨论道德相对主义的文章；还有霍利斯与卢克辑《理性与相对主义》（M. Hollis and S. Lukes, ed., *Rationality and Relativism*, Cambridge, MA: MIT Press 1982）；M. 克劳茨与 J. 梅兰辑《相对主义：认知的与道德的》（M. Krausz and J. Meiland ed., *Relativism: Cognitive and Moral*, Notre Dame, IN: University of Notre Dame Press, 1982）。最近的人类学研究是克利福·格尔茨的《反反相对主义》（Clifford Gcertz, "Anti Anti-Relativism"），《美国人类学》（*The American Anthropologist*, vol. 86, no. 2, 1984）。近期哲学研究成果，参见黄百般《道德相对论》。

运用到那些不曾生活于现代西方文化中的人之中，则显然是不合适的。那么，什么才是为所有人类成员共同拥有的核心的人类行为？然而，除非我们假设某些特定哲学观念的正确性，否则将无法解答该问题：动机（建立在绝对命令的运用之上），或多或少对康德主义者来说是正确的；结果，对实用主义者来说是核心；而内在价值或虔诚，对许多基督教徒来说至关重要。我们最多可以说，特定情境下，实际上任何人类行为都可能有道德后果。这或许是真的，但注意，这对于来自其他文化，事先没有我们现代道德概念的人来说并非特别有帮助［这样说儒家似乎有些迷惑人，即任何人类行为都有我们（而非儒家）所谓"moral"后果］。

换句话说，我们可能不赞成一种为另一文化成员所赞成的行为。但倘若我们的不赞成是基于一个标准，该标准包含了当代基于权利的道德的概念群，而这一概念群在他们的文化（及语言）中是缺失的；而且倘若他们的赞成基于一个标准，该标准包含我们文化（及语言）缺失的概念群，那么说两种文化的成员间存在基本道德的分歧，就是一种循环论证和逻辑错误。因为"moral"这一术语是我们的，是为我们文化（而非他们文化）所限定的。人类学关于道德相对主义的论证，只有在其能显示两个不同族类以同种方式，即运用基于并体现同样或极类似的概念群的相似标准，来评估人类行为，如果一个赞成此行为，一个反对，这样才站得住脚。

这看起来似乎小"词"大作：为何不简单择取所考察的语言（文化）中与英语"moral"最接近的词，然后就此展开解析？这恰恰是绝大多数人类学家及许多哲学家、语言学家所做的事情。但是，现在来专门考察一下早期儒家用以表达他们哲学观念的古汉语。该语言不仅没有"moral"（道德）这样的语汇，亦不存在与诸如"freedom"（自由）、"liberty"（自由权）、"autonomy"（自主）、"individual"（个体）、"utility"（实用）、"principles"（原则）、"rationality"（理性）、"rational agent"（理性主体）、"action"（行动）、"objective"（客观的）、"subjective"（主观的）、"choice"（选择）、"dilemma"（困境）、"duty"（义务）、"rights"（权利）等英语词对应的术语，或许让西方道德学家觉得最诡异的是，古汉语中没有与"ought"（应该）——表达审慎（prudential）或必须（obligatory）相对应的概念（我们可能会想到，绝大多数没有与 moral 对等概念的其他人类语言，也不会有与大多数其他现代英语词汇对等的概念；这绝不只是巧合）。①

不，如果我们想对"morals"进行跨文化讨论，就不仅仅是需要在其他语言中找到一个与 moral 对应的术语，因为当代西方 moral 哲学领域仅由该单词本身粗略地指称；其明晰的定义需要我们结合刚才所勾勒的整个概念群术语以及其他语汇才有可能。那么，如果当代西方 moral 哲学家不用这些术语就不能（或不去）讨论 moral 问题，如果这些术语一一呈现于古汉语中，由此可知，早期儒家就不可能是我们现代意义上的 moral 哲学家，如果我们坚持将建构我们现代 moral 言说的概念框架强加到他们的著作上，我们随之也就确然无从得知他们有关人类行为、人之为人的论述（这种情况同样适用于其他文化成员对基本人类行为的描述和评价，尽管情况各有所异）。②

基于以上原因，以及我在其他地方的讨论，③ 我想对"morals"与"ethics"做出区分；如果西方丰富、完整的伦理思想史以及其他文化中的相应论述，对我们来说是完全可以理解的话，那该主体就应包括古希腊人、其基督教继承者、现代西方道德论家、早期儒家以及许多其他非西方人的相关概念群。

伦理学（ethics）释义：（1）对描述、分析、评价人类行为时所用基本术语（概念）的系统研究。（2）在评价人类行为时对这些基本术语（概念）的运用。

或许会有人反对说这个定义太宽泛。比如，按照此定义，有人或许要研究、分析、评价诸如喝汤出声、着装不适、礼仪不当或求爱粗暴等诸如此类的人类活动；难道我们一定要区分粗鲁（rudeness）与非道德（immoral）行为？如果我们预先将当代以权利为基础的道德论作为伦理思想的全部，这当然是必须的。不幸的是，该信念尽管常见，却回避了一个巨大的文化问题，没有当代西方 moral 哲学概念群语汇，想清楚地说明"粗野"（boorishness）与"非道德"（immorality）意指的区分还是相当困难的，每位深研"礼"之意义与价值的人都深知这一点。上面的定义比当

---

① "概念群"（concept-cluster）的观念对此处翻译问题很重要，因为，那些努力表明道、礼、义或其他汉语单字或许可适当被译成"morals"的论证都不可能成功，除非你也能为"subjective"、"rights"、"choice"等等找到其汉语对等概念，否则就完全是个回避实质问题的哲学尝试。

② 有关概念与术语关系的深入讨论参阅我的《反对相对主义》，尤其是注11。

③ 同上。

代西方哲学用法会给比较研究以更大的空间。与此相关的是，该定义亦相当接近我们英语标准词典中"ethics"通常的用法，同时亦反映了这一语言学事实，即甚至哲学家们也会使用"社会伦理学"（social ethics）、"医学伦理学"（medical ethics）、"职业伦理学"（professional ethics）等用法，相反，他们（其他人也一样）不说"社会道德"（social morals）或"职业道德"（professional morals）。①

如果主导当代西方moral哲学的概念群（尽管有其不同变体）能被正确看待为只是众多可能伦理取向之一，我们还必须思考一下该区分所带来的一些重要意义。

现在，回到道德相对主义问题，首先，"morals"与"ethics"的区分当然不会完全摧毁代表伦理（或文化）相对主义的特定论点，但确实会质疑它们的许多前提；显然，正如我们所指出的那样，这里给出的关于"道德"的相反论证不只限于古汉语。在现存人类学数据能被再次用以支持相对主义论点之前，必须非常小心谨慎地进行再翻译与再诠释。伦理相对主义或许是可靠的，但却不是由（以权利为基础的）moral相对主义所限定的。

其次，这一区分表明，尽管比较研究日益复杂，但仍是用某种强烈的西方视角对非西方材料进行处理。的确，没有哪个比较研究学者能够全部抛除成见而进入另一文化。我们无需靠相对主义思想来承认纯粹（无文化）客观性只是个神话；同样，物理学家与内科医师，学者与文盲，一般人与哲学女王都无一例外地根深蒂固受其文化与历史语境的影响。但同样要承认的是，文化的界限存在一定的程度，这些程度原则上可为所有文化来衡量。例如，19世纪晚期的人类学家将智力（intelligence）作为文化的决定性特征，这当然前进了一步，削弱了该概念中潜在的维多利亚时代英国大国沙文主义成分，转向将学识（learning）作为文化的决定性特征。② 该方法尽管十分乐观，却也似乎依靠的是某种概念的混淆。当代西方moral哲学的语汇深深嵌入我们所有人，无论是学者还是普通公民的言

---

①　这是毫无疑问的，因为当代西方"moral philosophy"术语群的基本语汇不足以用来描述、分析这些领域内的问题，而对有些情况比如宗教伦理学，亦同样不充分。

②　有关人类学的这一历史发展，参阅斯托金《种族、文化与进化：人类学史论文集》及哈奇《文化与道德》。

谈中。因此，儒家伦理学似乎不可能全然不同于当代西方 moral 哲学，否则我们就无法理解英语对儒家伦理思想的说明。也即，为了充分说明儒家思想，是否必须使用一些至少构成当代西方 moral 哲学的英语概念群？如果是这样，那么，儒家伦理学是否归根结底并没什么不同？①

我坚持认为，早期儒家伦理学概念群与我现在一直在讨论的哲学概念群确然非常不同。然而，可做规范判断与伦理学讨论的英语词汇要比当代以权利为基础的 moral 哲学词汇要丰富得多。说得更坦率些，早期儒家伦理学带来的最根本挑战，乃是当代西方 moral 哲学与每天具体的伦理关怀变得日益疏离。儒家文献向我们表明，当代以权利为基础的道德哲学用某种枯竭的——基本上是官僚的②——技术语言来强调法律、抽象逻辑以及政策方针的形成，其用的是全然难以置信的虚假范例，而非建立于有血有肉的人类真正的希望、恐惧、欢乐、苦痛、观点和态度。自笛卡尔时代起，西方哲学，不只是道德哲学，逐渐抽象出某种脱离具体人的纯粹认知行为，并将脱离肉体的"心灵"（mind）对逻辑理性的运用看作个体选择、自主的实质，认为其在哲学上比有血有肉的人更为根本；后者仅仅是一种偶然的存在，因而并没有太大的哲学意义。

然而，在早期儒家的著作里，既没有脱离肉体的心灵，也没有自主性（autonomous）个体；借用芬格莱特（Fingarette）的说法，除非至少有两

① 这种观点也可被看作阐释和（或）主张信仰体系不可通约的一个悖论。当前伦理学的情形可以这样表述：如果两个伦理概念框架（概念群）被看成全部，足够相异到不可调和，那么，我们只能通过假设或设定至少该框架内一些伦理概念是更好的，从而证明该框架优于另一框架。然而如果一方面，这些假设为另一方的听众所接受，自然就无需通过辩论以求服从。另一方面，如果相关假设未被另一方听众接受，似乎也无法通过辩论以求服从。不管假设为另一方接受与否，在任何一种情况下，辩论似乎对于要求服从来说，不仅不相关而且完全没有价值。基于类似的想法，戴维森认为"我们大多数信仰必然是正确的"[《论概念系统的真正观念》（Davidson，"On the Very Idea of a Conceptual Scheme"），见《美国哲学协会汇刊与讲演》（Proceedings and Addresses of the American Philosophical Association，vol. 47，1974）]。如果"另一概念框架"意味着完全、不可调和的不同的话，那么，这一主张就是成立的，而且暗含了这一相悖的结论。然而，戴维森的"我们"模糊不清，如果仅指成年的英语（及其相关的现代西方语言）使用者，那是无可指责的。但如果"我们"指的是当代西方道德哲学家，那么他的宣称就值得怀疑；儒家所挑战的是后者，而非前者，从而消解了表面的悖论，这正是本文进而所要主张的。

② "官僚理性"（bureaucratic rationality）的表达出自威廉姆斯的《伦理学与哲学的局限》（Williams，Ethics and the Limits of Philosophy，Cambridge，MA：Harvard University Press，1985），第 206 页。

个人，否则就没有人。① 从儒家的观点看来，西方从笛卡尔到现代每个哲学家的著作，根本上都只能看作将人的幽灵从计算机中驱除出去的咒语，发展到目前的极端，我们甚至不能确信我们不再是"皿中之脑"（brain in a vat）。但是，从早期儒家的立场提出该质疑并不是要贬斥西方文化传统，也不是要颂扬天然情感（raw feeling），更非宣称非理性某种程度上要比理性更为人性——所有这些都会导致对儒家著作的误读。而且这么做，必须要运用对西方理性传统来说至关重要的语言进行理论论证，这无疑是十分困难的。该质疑毋宁是建议，当代哲学那个空洞、纯粹逻辑、计算性的自主性个体范式太脱离我们人之为人的感受与思考，已经造成了似乎难以解决的种种问题。因而，亦使体现该范式的社会或政治哲学即便是对我们自己来说，也变得日益难以具有合法性，更不用说那些生活于西方哲学传统之外，并非其传承者的人们。

我们必须要深究这个问题，因为该范式仅可能暂时有说明效力，但必然会失败。所有的人都承认，人类不仅有自我意识和理性能力，他们也是行为主体，这意味着，人类可以有目的地行动，而且根据其不同目的亦会有不同的行为方式。目的即结果，我们想要努力获取的结果会含有多种可能性。当问我们应该如何决定竭力争取某一目标时，问题就出现了，因为休谟的理论太有说服力——任何一套（围绕事实的）说明命题（declarative statements）逻辑上都不会派生出（围绕价值的）绝对命题（imperative statement）。决定如何行动并不足以知道事物客观之所是，这长期以来一直是无可质疑的。价值还需要一些东西，但它是什么？来自何处？根据休谟的立场［至少据《人性论》（A Treatise on Human Nature）与《人类理解研究》（An Enquiry concerning Human Understanding）］，这些问题的答案必然是"无"（nothing），因此亦"无处可寻"（nowhere）；我们的价值最终是无根基的。

事实与价值鸿沟问题的魔咒确实是休谟首先提出的，但其魔力却源于笛卡尔对于人之为人的理解，尽管休谟是反笛卡尔主义的。对价值这种形式的怀疑是有道理的，它要求我们将人类视为拥有身体的，每个身体又都具有特定形状、重量、肤色以及时空位置，该身体会产生一系列混合的冲动、情感、热情、态度等等。漂浮于每一块状物质及混乱的心理状态组合

---

① 芬格莱特：《孔子论人性音乐》（"The Music of Humannity in the Conversations of Confucius"），《中国哲学》（vol. 10，no. 4，1983）。

之上的是纯粹的（因为身心分离）心灵，后者拥有绝对的能力可以了解事物的状态（事实/科学的客观世界）及事物的必然（逻辑/数学的必然世界）。但休谟的贡献对决定事物的应当（目的/价值的世界）完全没有价值。身心完全是分裂的。而且，我们的身体偶然地居于这碰巧所是的世界之上，隶属于统治此偶然世界的所有因果律。这样一种偶然的存在又怎能充分决定有形物质具有价值，且有可能成为价值之源？

在某种意义上，我们是否接受人类的这一一般形象——无论它是实际如此，或只是某种有助于将诸基本问题理论化的西方人之虚构，很大程度就像霍布斯自然状态下的财主、罗尔斯无知之幕后的政治家或奎因永远无法确定"gavagai"意义的语言学家——这些从哲学角度来说都是无关紧要的。因为，无论该形象被视为事实还是虚构，它都是一个经过感官过滤、逻辑计算的心灵，完全脱离了从事感情评价（却可能是无价值的）的身体，没有道德、审美，或与松果腺相当的精神之物，将事实与价值联系在一起。

这一笛卡尔式"人"的形象主导了西方的道德、审美及宗教思想几乎近三百年。康德接受了该形象的大半，却拒绝了从休谟由此得出的一个主要推论，即理性不得不成为激情的奴隶，反而试图将目的（及价值）建立在纯粹理性基础之上，力主激情受控于理性。

但是，康德的理性较之休谟不会产生或创造更多价值。绝对命令与目的王国原则作为纯粹的形式，二者严格说来都不能体现价值，康德对它们的论证不是建立在任何基本价值之上，而是建立在因拒绝这些基本价值而可能导致的逻辑上自我矛盾所带来的恐惧之上。总之，从工具主义意义上来说，理性对说明我们要实现的目标是必须的，对调整或重新调整我们的价值亦有帮助，但却不能创造价值。因此，如果我们相信人类是（或可以成为）有目的的主体，那么，我们就不能同时相信他们是完全自主的、与肉体分离的个体理性心灵。[1]

面对该批评，任何权利理论家或许都会响应说，启蒙关于理性、自主个体的典范并非是对人类的描述，而毋宁说是规范性的。人们显然有价值

---

① 对此更全面的讨论，参见葛瑞汉《理性与自发性》（Angus C. Graham, *Reason and Spontaneity*, London: Curzon, 1985）以及我对该书的评论《谁选择？》（"Who Chooses?"），载罗思文编《中国文献与哲学语境》（Henry Rosement, ed., *Chinese Texts and Philosophical Contexts*, La Salle, IL: Open Court, 1991）。

取向，就像不同的文化体现不同的价值那样，正是这一点使得道德相对主义成为今天的敏感问题。因此，他们可能会接着说，通过专注于理性，展现权利概念的理性，我们可以希望在那些将我们联合在一起的（拥有理性能力）基础之上，战胜那些将我们分离的（文化上的差异）；我们从而也可以期望，无论各人的文化背景如何，通过建立起作为理性自主个体，作为权利载体的理性人的观念，可以克服大多数——如果不是全部的话——道德相对主义的问题。此观念不是描述性的而是规范性的：我们应当（ought）接受它。

然而，一旦我们仔细考察此"诚令"意在克服的道德相对主义时，其力量就弱化了。前面我谈到，从逻辑上来说，只有在两个民族运用同一或极相似的评估概念与标准，一民族赞成某特定人类行为，而另一民族反对时，才可能出现道德相对主义的实例。

我不知道，世界上不同族类的人们之间到底会有多少这种真正道德相对主义的例子，但我怀疑这个数字被极大地夸大了。然而，令人遗憾的是，我们无需跋涉到异域去寻求例证，美国当代社会就比比皆是。文章开头我谈到的堕胎就是一个典型例子。以权利为基础的道德论概念框架及其相应的责任、理性、自主、选择、自我、自由等概念，似乎不可能解决堕胎问题。有人或许想辩论说，堕胎根本上是个法律问题而非道德问题，但不管怎样，用以讨论该问题的语汇源于同样的概念框架。该问题不可能有什么两样，因为当双方都宣称基本人权受到威胁，那我们就不得不说这是个典型的道德问题。亦不能反对堕胎乃道德冲突之例，而非道德相对主义问题，因为该反对没有逻辑支撑：堕胎是一种为相当多的人宽容的人类行为，但也是另外多数人所不能够接受的行为；这恰跟所有基于人类学现象的道德相对主义例子描述的是同样情形。

同样，如本文开篇所示，例子可以是多方面的——动物权利，安乐死，保证未出生者拥有健康的、生物多样化的自然环境之权利；所有这些及其他问题都鲜明地将美国人民分成不同的派别。我们无法达致妥协或许恰是因为这种种对话、辩驳的概念框架。更概括地说，道德与政治领域的交汇处——正义（justice）与公平（fairness）——甚至有更多显然不可调和的差异，因此，结论不是那些跟我们意见不一致的人愚蠢、自私或邪恶，而毋宁说是当个体权利与社会正义的含义被彰显出来时，它们极可能是互不兼容的概念。

不论是将这理性、自主的权利人作为"人"之典范的观点看成描述性的还是规范性的，还有其他论述可作为其反证。其中很有名的是一个有关犯人困境（Prisoner's Dilemma）游戏的研究，或者更宽泛地说是对理性选择理论的研究。① 如果我们给启蒙关于人的范型——从根本上它乃是自霍布斯以来所有思想家致力塑造的一个形象——加上一个自利的性质，那么，很大程度上应属于非排他性的集体（或公共）利益（或福利），每个人的理性化行为不能使这一集体利益得以实现，而且每个人的境遇也会愈变愈坏。为说明这点，让我们来想一下我们主要城市的街道：肮脏、充满毒品且危险。对于比如纽约人来说，清理及重整他们的街道将会成为一个很大的集体或公共利益。但由于无人可以置身于这些街道之外，那么，就没有理性、自利的个体会选择奉献于该重整计划。街道或者会得到清理或者不会。如果得到清理，那自利的个体就无需捐献清理所需的费用而享用集体利益。如果街道保持原来的样子，他们就省了捐献清理的钱。因此，每个理性的、自利的个体都一定会拒绝捐献。纽约的街道会保持原来的样子，每个人的境遇都会变得更差。

为摆脱此类及其他"免费搭车"或种种矛盾的集体行为，已经有很多尝试，但都未成功，这意味着纽约街道会继续恶化，除非（也只有）新的（或古老）的伦理政治思想得以流行才可解决。

人类之为自主、理性、拥有权利的、自私自利的权利人——对这种"人"的观念的接受、阐释与捍卫的著作已不可胜数。我这短小宽泛的批评显然甚至还未触及其整体。但由于如此多的此类著作将人之典范设定为纯粹理性、自利、自主的个体，使得许多争论不可能比它们建立于之上的基本假定更具可信性。确实，"人"的这种范型——尤其在其被用以指示人类权利时——极大地促进了人类尊严的进程，尤其是在西方民主之中；但它也有一种强烈的自我实现的（self-fulfilling）的预言本性，并进一步受到资本主义经济需求的强化。在我看来，进入 21 世纪的今天，我们继续追寻如何生活，如何更好地在这个日益脆弱的星球上共同生活，"人"的这种范型所给予我们的更多是某种概念债务，而非资产。

---

① 其现在的形式始于曼库尔·奥尔森《集体行为的逻辑》（Mancur Olson, *The Logic of Collective Action*, Cambridge, MA：Harvard University Press, 1965）。该问题的一个很好综述，见迈克尔·莱佛《私人欲望的政治学》（Michael Laver, *The Politics of Private Desires*, New York：Penguin, 1981），其还包括一个参考书目。

三　角色人（Role-Bearing Persons）

对权利的批判可以更为宽泛深刻，但现在我想转换到另一视角——早期儒家的视角。描述早期儒家语汇（其概念群）超出本文的范围，① 但至

① 说明一下早期儒家的词汇：关于"人"的一些范畴，诸如士、君子、圣人，尤其是他们与"小人"的区分，我在《克尔凯郭尔与孔子——论寻道》[（"Kierkegaard and Confucius：On finding the Way"），《东西方哲学》（vol. 3，1986）]中，曾尝试对其有所勾勒，与之相关的还有善人与成人。我认为将"道"译为"Way"是个不错的翻译，只要知道它也同时意味着"to speak"，与之相应有"doctrines"的意思，如《论语·宪问》"君子道者三……夫子自道也"以及《论语·季氏》"乐道人之善"就必须这样翻译。而"德"我反对孟旦（Donald Munro）所译"manna"，韦利（Arthur Waley）的"power"以及其他人所用的"virtue"。"德"表示的是我们实现（即使之成为现实）我们具体的身体、心理以及认知禀赋的所做所为，在此意义上，其意思就很接近"dharma"。这将需要一个相当长的解说，在此，我就不翻译而是用其拼音来代替。"礼"亦是如此，"customs"、"mores"、"propriety"、"etiquette"、"rites"、"rituals"、"rules of proper behavior"、"worship"等都被用来作为其语义替代。如果我们愿意将这些英语词适当的语境化，它们每一个都可在特定情况下作为"礼"的翻译，因此，我们应当总得结说，汉字"礼"在其用法的各种情况下必然都包含这所有的意思，而只择其中之一作为其翻译就只能导致（用句老话说）"译丢了什么"的结果。"礼"只能是"礼"。"仁"通常译为"benevolence"，偶尔也译为"human-heartedness"，还有一个译得很笨拙且有性别歧视的不太常用的译法"manhood-at-its-best"。我更愿将之译为"human kindness"，即便此译似乎不如"benevolence"显得崇高，但却捕捉了中文原意的精神，且又同时指涉"Homo sapiens"——人类——及该物种的一个特征——"human kindness"，充分发挥了英语的丰富性。"知"，带"日"（智）或者不带"日"（知），该字常被译为"knowledge"或"wisdom"。我认为，孟旦将其翻译为"moral knowledge"更接近，但这会使我们回到我们自己的概念群。我与安乐哲（Roger Ames）的观点一致，更愿将"知"译为"realize"。"Realize"有和"know"与"knowledge"同样强烈的认识论含义。就像如果今天确实是星期五，一个人就不能"know"其是星期四，他也同样不能"realize"它是星期四一样。另外，将"知"译为"realize"会建立起早期儒家及其盛唐之后承继者之间"知行合一"方面的关联。如果人格化（personalize）是要使之成为个人的（to make personal），完成（finalize）是要做个终结（to make final），那么，"realize"（实现）就必然意味着"使成为现实"（to make real），同样，该翻译亦开发了英语语言的丰富性，却无需借助以权利为基础的道德理论语汇。"信"，庞德（Ezra Pound）受其师芬诺洛萨（Ernest Fenollosa）的影响，将之描述为一个持守诺言的人的形象。并非只有少数人批判庞德在语言上浪漫化了中文，但每位汉学家都不得不以同样的方式解析这个字："亻"字旁立在"言"字的左边。现在，当我们充分意识到，早期儒家使用的书面语言本质上乃象形字或会意字的占很高比例，或许我们愿意认可庞德和芬诺洛萨对"信"的翻译—trustworhty、sincerely或reliable。下一个是"义"（義），刘殿爵将该字——非随意地——有时译为"right"，有时译为"duty"，更通常译为"moral"或"morality"。如果你愿意追随刘殿爵对早期儒家作为道德哲学家的表述，那么，"义"就无可否认是"moral"或"morality"的最佳汉语对等词。

少我要说：中国哲学术语专注于作为自然物种之一的人类的品质，以及那些真正体现（或没有体现）这些品质的人。我们谈选择，他们谈愿望、志向；我们援引抽象原则，他们关注具体人类关系以及对这些关系的态度。另外，如要给早期儒家著作一个一致性的解读，它们应当被解读为对人类生活"整个"（altogether）社会性的坚持，因为人的品质，其为何种人及其所拥有的知识及态度，并非展现于其行为（action）中，而是在交往（interaction），人类的交往之中。尽管反思与独处是我们人类生活必不可少的成分，但我们却从不是孤立的。我们的认知与情感也不能全然分离。

以此为背景，让我尝试简单勾勒一下早期儒家关于"人"的观念。如果我可以问孔子的灵魂"我是谁？"我相信，他大概会回答：因为你是罗思文，所以，显然你是老罗思文夫妇的儿子。因此，首先最主要也是最基本的，你是个"儿子"；你成长于自降生之初便开始的你与父母的关系之中，其对你后来的发展有深切影响，也对他们后来的生活影响深远，该关系在他们过世后也仅部分消失。

当然，现在我除了是个儿子外，还是很多。我是我妻子的丈夫，我孩

（接上页注释）但商代"义"字的几个变体说明它还有其他含义。"义"通常被写为由表示言说者（即第一人称单数代词"我"）上面加上一个"羊"的素描形象，其原意不明。但代词"我"本身的很多字形都是一个持"戈"的人手的形象。如果现在我们想到羊是用来作为大型集体集会祭奠的牺牲（参照《论语·八佾》："子贡欲去告朔之饩羊。子曰：'赐也，尔爱其羊，我爱其礼。'"），那么，我们或许愿意将"义（羛）"解读为一个人的态度，其所持的姿态，在实际准备屠宰羔羊献祭时，该态度、该姿态，必是一种有意的净化，自我圣化进而亦净化、圣化了那祭祀的牲灵。如果是这样的话，那么显然"义"就不应该被译为"moral"或"morality"；"reverence"应是最接近的英语词，尽管其更通常被用来翻译"敬"。但后者含有"畏"——右边的"攴"对"以手执杖"的"敬"——此意某种意义上并不存于"义"字，因此，我将"义"（极常为名词形式）译为"reverence"，而"敬"（极常可作为动词）为"to fear-fully respect"。"孝"简单说就是"filial piety"，如同孔子"一以贯之"的两面——"忠"与"恕"，我认为也可直接分别译为"loyalty"与"reciprocity"。我会把"志"译为"will"或"resolve"，而作为修饰词则可译为"resolute"，而非更常用的"upright"或"uprightness"。当然，早期儒家概念群还有其他概念术语，但我现在只想再说一个——"心"字。尽管"心"的早期形式显然就是人的心脏的象形，但该字常被译为"mind"。这个翻译有很多合理之处，因为古典著作中许多章节都只能建立于"心"思而作智力上的解读。尽管如此，我认为，将"心"译为有点怪的"heart/mind"更接近其本意。该翻译似乎使主张"选择"（choice）概念在早期儒家著作中是缺失的看法，少了些许根据。早期儒家概念群还包括如"学"、"文"、"素"等词汇，但以上诸词至少是个开始。有关此的详细讨论及哲学资源征引，可参阅我的《古典儒学与当代伦理》（*Classical Confucianism and Contemporary Ethics*, forthcoming from Open Court, 1992）。

子的父亲，我孩子的孩子的祖父；我是个兄弟，我朋友的朋友，我邻居的邻居；我是我学生的老师，我同事的同事。

这一切都是显而易见，但注意该观点是多么不同于强调我作为自主的自由选择的个体自我，而后者对许多人来说是当代哲学的存在理由，尤其对权利为基础的"道德哲学"来说更是如此。但对早期儒家来说，没有孤立的、可被抽象认知的自我：我是生活在与一些特定的他者之关系中的全部角色。这里，我用"角色"（roles）这个词不是要暗示早期儒家是社会学学科的先驱。他们强调我所谓"角色"的相互关系性，也就是说，他们意识到该事实，即我与某些人的关系直接影响到我与另一些人的关系；在此意义上，说我"做"或"演"这些角色可能会是误解，因为，恰恰相反，对儒家来说，我就是（am）我的诸角色。整体上说，这些角色为我们每个人织就了个人身份的某种独特模式，这样，如果一旦我的某些角色转换，其他角色也必然会转换，这实际会让我成为一个与众不同的人。例如，我作为父亲的角色，就不仅是我与我的女儿们一一对应的关系。首先，其对我作为丈夫的角色来说是一个意义重大的延伸，就像母亲的角色对我的妻子作为妻子的角色赋有的重大意义一样。其次，我是"萨曼塔的父亲"，不仅对萨曼塔，而且对她的朋友、她的老师、她未来的丈夫、她丈夫的父母来说都是如此。萨曼塔作为姐姐或妹妹的角色部分也是由作为父亲的我的角色来决定的。再来看家庭之外，如果我成了鳏夫，我的男女朋友们看待我、对待我或跟我的交往多少会不同于他们现在跟我的交往方式。

例如，我的一个单身汉朋友或许会请成了鳏夫的我跟他做伴进行三个月的夏季游轮航行，但如果我妻子还在，他就不会邀请我这么长时间了。正是"角色"这一认识论与伦理学的衍生意义，使早期儒家强调，我不是在"做"或"演"我的角色，而是"是"或"成为"我所生活的与他人和谐的诸角色中，因此，当所有角色被确定，其各种关联得以展现，那么我就会被看作一个完全独特的人，那么，还会剩下几条依稀可辨的线条来勾画出一个自由自主选择的自我？

而且，从此社会语境化角度，可以很清楚地看到，在某种重要的意义上，不是我实现我自己，不是我对我之所是负有责任。当然，做个好人确需个人的极大努力。尽管如此，我之所是和我之为何，很大程度上取决于那些与我交往的人，正如我的努力也同时部分地决定了他们之所是一样。在此意义上，个人、身份基本上是被赋予的，就像我们基本上也将其赋予他人一样。不过，这一观点虽然是显而易见的，但从儒家视角出发，却要求我们用另一种声调对其加以说明：我作为教师的人生，只有我的学生才能使之富有意义；我作为丈夫的人生，只有我的妻子才能使之充满价值；我作为学者的人生，也只有其他学者才会使之意义充沛。

　　所有我们参与的特定人类关系——无论与生者还是逝者，都通过"礼"（我们所拥有的在历史发展中所形成的无法分离的礼貌、风俗、传统等）的媒介来实现；对早期儒家来说，实现由这些关系限定的责任与义务，就是遵循"道"。此乃一涵容性的"道"：简单勾勒一下，通过我们与他人的交往方式，我们的生活就会有一个融汇我们所有（而非某些）行为的伦理维度。通过人与人之间伦理行为相互影响的各种形式，在礼貌、尊敬、感情、习俗、礼仪以及传统等的指导下，我们的生活对自己亦对他人具有某种审美维度。而且，为完成我们对长辈及祖先所特别负有的明确责任，与此同时，又不负于我们的同代及下一代，早期儒家提供了一种非同寻常，然而精神上真正的超越形式——个人能够超越我们生存的特定时空，赋予我们人格以人类共享的仁道感，进而获得某种连接过去与未来之强烈的连续感。生命的意义（the meaning *of* life）对早期儒家来说是毋庸置疑的，而我们或许会看到，他们关于人之为人的观念会让我们每个人从生活中找到意义（find meaning *in* life），从而拥有成为（引用芬格莱特描述孔子的话）——"圣器"（a holy vessel）的可能性。①

　　以上对早期儒学部分基本内容的说明实在太过简略。② 但如果其从根本上抓住了古典文献的精神，我便要说，那些著作反映了做人的一种观

---

　　① 芬格莱特：《孔子·即凡而圣》。

　　② 更充分的说明见《古典儒学与当代伦理》。古代中国社会当然是父权制度的，因而很大程度是歧视妇女的。值得讨论的是，父权优越已远远超出了孔子及其追随者所能宽恕的程度，但也不应否认，古典著作视妇女基本上乃从属角色。因此，这样说似乎会显得更自相矛盾，即，我所试图描述的儒家相互依赖的人极其接近某些当代研究者所描述的"女（性）"人的概念。例如，卡罗尔·吉利根（Carol Gilligan）曾说道："所以，关系，尤其是依赖关系的问题，女人和男人的经历是不同的。对男孩和男人来说，分离与个人化存在很重要地与性别身份相连接，因为与母亲分离对男性气质的发展至关重要。而对女孩和女人来说，女性化或女性身份的问题不是靠与母亲分离或进行个人化的过程获得的。由于男性气质是靠分离界定的，而女性气质是靠依附决定的，亲密关系会威胁到男性身份，而女性身份则会受到分离的威胁。男性有处理关系的困难，而女性有个人化的困难。"见《另一种声音》（Carol Gilligan, *A Different Voice*, Cambridge, MT: Harvard University Press, 1982），第 8 页。与此相关，弗吉尼亚·黑尔德在其《女权主义与认识论：性别与知识关联的近期研究》（Virginia Held, "Feminism and Epistemology: Recent Work on the Connection Between Gender

念——不论是做中国人还是美国人，年轻人还是老人，男人还是女人，资本主义者还是社会主义者，过去的人还是现在的人，该观念比我们纯粹理性、自主、权利载体的个体观念（如上文所言，此类个体是不会重整纽约街道的。但家庭、朋友和邻居们或许会）要更现实、更人性得多。

我不想暗示说，早期儒家著作包含可以回答我所提出的各种问题之全部要义。但我却想说，它们是某种极有益的开始，因为，这正如在哥白尼的思想发表之前，没有一个托勒密天文学家会想到天体观念会有一些根本问题值得认真考虑。也正如如果没有另一种思想的出现，我们就不能认真质疑我们的权利概念，以及我们关于"人"的观念。是否有可能拥有某种伦理和／或政治理论而无需自主个体、选择、自由、权利等概念，同时也无需援引种种抽象原则？是否能有这样一种本质上建立在人际关系基础之上的人性理论，一种既与我们自己的道德感相合，又与三十多亿生活于西方资本主义国家之外人们的道德感相合的理论？如果有这样一种理论，是否可以想象它是没有冲突的？

我不知道这些问题的答案，但确实知道如果早期儒家伦理思想可以真正改变我们的视角，那它将不仅对伦理学有贡献，而且会对重建整个哲学学科都有重要贡献。

如果有人仍倾向认为，孔子及其追随者在时空、文化上都离我们实在太遥远，而无法教给我们任何教益，那么，请记住儒家的几个历史事实：首先，仅就其时间之长，及受其直接影响之人（生死遵循其教诲）的纯粹数量来说，儒学可谓是有史以来最重要的哲学。我们不应仅因其古老就轻易地将其摒除。

另外，必须知道，儒家最初就受到道家、墨家、法家及战国其他诸子百家的攻击。后来，几乎被佛教完全压制了几个世纪。再后来又受到基督教的挑战，首先是16世纪晚期到17世纪耶稣派教士和圣方济会教士，此

---

and Knowledge"）中写道：（非）西方（认识论上）的研究比我们太熟知的盎格鲁－美国观念常常更多基于某种对现实更关系性、更整体性的观念。这类欧陆和非西方观念常常比盎格鲁－美国观念更多歧视女性的思想，但他们似乎在认识论上更接近于我们现在所建议的作为某种更有女性特色的方法［《哲学与公共事务》（vol. 14, no. 3, 1985），第300页］。如果这些女权主义论述可以得到证实的话，儒家式伦理学概念群以及以"礼"主导的"人"所能展现的将会比本文所要表明的还要更强。

后受到 19—20 世纪新教和天主教传教士的挑战，后者靠炮舰外交伴着西方帝国主义来到中国。自然，西方的民主/资本主义思想以及马克思主义思想等等也都冲击过儒家哲学传统。儒家从这所有过去与现在的挑战中又复苏了（而且正在其所产生的土地上再次复苏）；它一直被巩固着，持久着。

而且，面对这所有挑战，儒家从未曾借助任何超自然力量。其完全是一种世俗化哲学，立足于此世此生，没有对神或诸神的诉求；赏识儒家思想，你既无需舍弃当代的基本常识，亦无需对自然科学家们对世界的物理表达持怀疑态度。儒家虽乃世俗主义，却同时亦处理西方世界所视为宗教的诸问题，其世俗性中却可提供某种以追寻那或可恰当称之为"圣"（sacred）的方法——这点芬格莱特在其《孔子：即凡而圣》一书中已做了深切论证。

最后，儒家伦理和社会思想具有当代相关性，因其直接关涉社会在生活基本必需品匮乏的情况下如何最好分配，人类的生命在此情况下如何过得有尊严有价值等问题。西方哲学家自柏拉图时代起在建构其理想社会时，都简单地以至少最少量的整体富足为前提，从《理想国》到当代社会都是如此。然而，世界人口的绝大多数却并不生活于富裕社会，所以，对他们而言，儒家要比大多数西方道德和社会理论更有现实意义。①

所以，综上所述，我们就不应认为儒家传统必然与伦理关怀的种种当代问题毫不相关，也不应以为它已沉寂或应该安息。我们反而应该严肃思考此可能性，即该传统的许多内容不仅对东亚人而言，而且或许对我们每个人来说都富有价值；不仅是对过去，而且或许是对所有的时代。

尽管我确信会有这样一个概念群，我们可从中获得文化间及文化内意义上相类似的种种伦理判断，但我却不认为现在想要提交的概念群恰恰就产生在我现在使用的语言之中。一些西方哲学概念将要也应该保存下来，而其他概念却不得不要延展、改变和/或作重大延伸，以便更准确地表达非西方概念和概念群。还有，其他一些西方哲学概念或许就不得不完全摒弃以让位于其他还未出现的概念，但哪些会被未来筛选为新（旧）概念群正在考察和进行中。如果我们不愿加入当前"献祭"哲学的安魂弥撒，

①　我曾在《〈荀子〉中的国家与社会》［（"State and Society in the *Hsün Tzu*"），《华裔学志》（*Monumenta Serica*，vol. 29，1970 – 1971）］论证这些经济限制的重要性。

反之，希望发现新的视角以便或许能够使该学科成为未来真正包容一切的学科——就像其过去一直以来被错误认为的那样，我们就必须开始拓展一种更国际化的哲学语言，其将涵容全世界历史传统思想家们的全部洞见，这些思想家处理的是我们是谁、我们怎样、我们为何且又如何过我们非常人性的生活，以及诸如此类的问题。芬格莱特的工作很大程度上丰富了此传统。

附：芬格莱特（Herbert Fingarette）对罗思文的回应

罗思文在对我工作的溢美赞赏之辞中，称我跟他一样对"权利"概念都有重大保留，在这点上他是对的；他并将之归功于孔子的人性与社会思想对我的重大影响，也是对的。

说到他的论文，我想先就他与乔治·弗莱彻（George Fletcher）文章的共同倾向说起。[①] 因为，在我看来，责任（responsibility）概念的完成就是"权利"概念。弗莱彻的比较哲学策略，是用圣经法典来阐明"责任"一词所涵盖的领域——为"人"所特有的权限领域。罗思文的比较哲学方法，则是用古典儒家揭示其互补领域——人的至高特权，其个人"权利"（rights）。

"责任"与"权利"是处于罗思文所谓"概念群"核心的两个概念。该概念群之涵盖及其有效性是我的评论中最关心的问题。

罗思文将我们的注意力引到对西方道德理论（moral theory）与道德心理学（moral psychology）的偏狭上，这正对靶心。在他看来，现代西方上述领域中视为理所当然的基本、习常概念群，应接受决然不同文化立场的根本质疑。

罗思文通过对经典汉语文本的深入分析来展开其论述。这两种概念群之间鸿沟之深，以至无法用"moral"概念来描述其差异。因为，如果说汉语文献反映了某种与欧洲不同的"moral"视角，这将意味着两文化至少拥有某种共同关怀："the moral life"（道德生活）。但罗思文认为，甚至没有此一共同关怀，因为"moral"这一概念，对于中国文本所体现的

---

① 乔治·弗莱彻（George P. Fletcher）乃本论文集（《规则、礼仪和责任》——译者注）中另一位作者，该文集所收其有关犹太教塔木德思想的一篇论文，题目是《塔木德思想中的"自卫"》（"Talmudic Reflections on 'Self-Defense'"）。

中国思想完全是陌生的。

当然，这并非说，中国人全无规范标准。孔子明确地教育他的弟子们如何生活，且思考如何生活。但他所描述或颂扬的特定行为模式显然不同于现代西方人赞成的模式。更确切地说，罗思文认为，孔子及受其影响的当代人据以思考自我行为及其观念的方式不仅不同于我们，而且是不可比较的。我们有可能对孔子概念系统的运用获得相当认知，却不可简单将之翻译为冠之以"moral"标题下的欧洲概念群的相应术语。

罗思文强调，此研究向我们揭示了人类经验的另一视角——其本身已延续几千年，且过去三千年来一直是主导着人类经验三大主要文明之一。对该视角的欣赏，相较之下能使我们更好理解西方视角。我们不仅会看到其显而易见、独一无二的美德，亦会看到其丰富我们所匮乏的潜在可能。总之，此研究的要点是为丰富道德理论——而非像某种拙劣的相对主义所做的那样——维护根本道德怀疑主义或某种穷困的非道德主义。

我想简要提供一些对罗思文论文主题的引申思考。但首先我想表达至少对其文中某一特定观点的反思。

罗思文认为"rights"这一观念，历史上说源自近代且局限于现代欧洲文化，我同意该洞识。但我却不认为，由于我们没有明确的证据证明（或意识到）"权利"（rights）概念在其他地方曾经存在，就认为宣称某种普遍人权是无效的看法是正确的。人类拥有基本权利或许仍然是某种有关人类的道德真理，其独立于文化，亦独立于概念意识。对这些假定的任何斥责都需要提供比罗思文更多的更有力论证。

另一方面，我确也同意罗思文的看法，即对普遍人权观念富有说服力的深刻论证极其匮乏。该观念出现相对较晚，首先受到西方人的注意，现在随着西方影响的扩散也逐渐扩展到世界其他民族。其吸引力是可以理解的。但我们仍不清楚，我们所谓"rights"究竟意味着什么？哪些属假定的公认"权利"？更重要的是，我们不清楚，除了公认信条外，是否有某个基点，可使我们足够自信地确证某些隶属全人类（或如现今人们所呼吁的属于动物、树木等）的权利？

而且，确实，我确实准备好了攻击个人主义人权，至少我认为，它并非如我们今天倾向于假设的那样，乃是某种纯粹有益的学说。在其带来益处的同时，个人主义人权观念亦深含某种潜在分裂社会及反人类的力量。

从儒家关于人类生活观念的背景下来看，以权利为基础的道德观的腐蚀性效果是显而易见的。

儒家观念，是一种将社会关系，而非个体的人，视为根本的社会实在的一种社会观念。正如罗思文所指出的那样，甚至我们用"relation"来表达该概念的方式，以暗含"relation"的各种术语所形成的表达，都仍是非儒家的。从儒家观点看来，个体人的概念是某种抽象概念。就此，"person"乃某种从与个体有形身体相关的许多有意义的社会活动和社会身份中的创造性抽象。个人正是以社会行为为媒介，而非某种内在个人心理，实现人类经验的独特价值。

在这一儒家视角下，人性力量被描述得越多，概念上越精致，我们就越会对个人主义人权学说所导致的异化有更深体会。我们会更深刻体认到该事实的重要：从人权概念的角度出发，我独立于所有他人之外，我要为保护自我而抗拒他们，有权对他们提要求，关心的是我个人的选择、一己之目标或恐惧，以对抗任何有可能会给我制造障碍的人。（个人主义）人权概念所限定的状况不是让我们通过互享、沟通实现目标，而是让我们通过为他人行为设置障碍，将一己之意愿置于他人之上来实现目标。

非人性的法律条文很显然体现且表达了此异化力量：法律力量的威胁成为个人反对他人的武器。理智上概括出的权利而非发自内心、出于同情的反应行为，成为自我理解、思考与他人关系的媒介。无沟通的、第三方的警察与司法机构成为制定、执行决策以及裁决相互冲突的权利主张的终极语境与源头。

今天，如果一个人觉得被冤枉了，他（她）想到的就是诉诸法律：如果接受医治没有效果，就会认为是医生误诊。如果被解雇了，保护雇员权利的全副法律武器现在是无所不包，诉讼要求赔偿金是第一选择。这反过来使教育系统以及商业系统的雇主们改变其雇用、评估、解雇政策，以便，如因害怕合法报复而小心给出负面评价——对合法报复的恐惧成为我们当前法律下某种合理的恐惧。律师（及所有其他业者）倾向于对玩忽职守提出诉讼（侵害了雇主享受正当服务的"rights"），反之亦需要更详尽（否则根本不必要）的防范与花销，此趋势形成一个连环且自成体系。人力与金钱花费（不仅律师与医生，且就一般职业来说）耗竭着我们社会的活力，且破坏着我们的人性。

　　究其原因，某种层面上，我们可借口说，法律职业不断扩大的影响造成了人性社会关系的不断腐蚀。我们无需将之单纯归于纯粹的金钱冲动。那些奉献于法律事业，以及每天实践法律的人们，必然注意到法律术语的种种问题。

　　然而，另一层面，我们亦可看到：在一个人们一般倾向于根据谁有权利对谁做什么、跟谁做什么或反对谁做什么，来决定他们自己以及与他人关系的社会框架下，我们只能认可此尊崇法律视角的逐渐增加。

　　总之，权利导向的思想与态度在西方尤其是美国，被其官僚政治及其腐蚀性的压制，威胁到其所要保护的中心价值。我们被那些假定要保护我们尊严与权利的不断增加的法律条文所困扰，有时无法行动甚或被压制。

　　我曾在各种场合谈论权利保护，我相信，读者并不会就此推论，认为我视权利毫无价值可言。确有不称职的医生与律师，玩忽职守的工程师与建筑师，不公正的雇主，社会机构执行中反映出的种族、宗教、性别、民族及其他歧视，等等。我也无意否认以权利为基础的方法能够在这些事物上达致某些好的转变。权利学说是一种有力、有价值的学说。

　　我这里想论证的是，该学说解决社会问题的急功近利和短视愈加造成社会疏离，而且，随着程序设备的逐渐繁复、增加，导致压制及难以运行的沉重，最终弄巧成拙。法律策略的工具性遮蔽了我们注意其他导向的建设性潜能。

　　我尝试建议，如果还有某种补充视角，如儒家视角，我们就会以某种共同认可的社会生活方式为根本的生活之道，以此为基础，自觉地通过个人的、直接的、仁性的舆论塑造，来寻求社会方案，并随时准备调整或修正自己的原则——处于论争中的各方都将之视为实现和谐的方式。我们或许会将不断改进的社会关系视为一种根源，或价值的根源，而不会将之视为对与他人利益相对的个人私利的保护，后者常使我们将他人视为我们权利潜在的侵犯者。

　　就当下美国法律氛围来看，我似乎在提倡某种乌托邦思想。如果真是如此，这只能说明偏狭的（个人主义）权利视角如此明显地遮蔽着我们的视野！因为，我们生活中仍有许多领域（包括最复杂的机构领域），在其中，人们将共同的关切置于委员会、家庭或非正式的友情聚会之中，以探寻最复杂的问题，做出最困难的决定。我们对舆论、共享、共同行动、共同利益精神等并不陌生。但根据权利以决定（个人）处境的主导思维模式，尽管在某些语境下颇有益处，而在其他情况下，却已成为某种腐蚀性、异化的力量。

（作者单位：美国马里兰圣玛丽学院。何金俐译，梁涛校）

儒家思想中的权利与社群

[美] 黄百般（David B. Wong）

一　引　论

在美国学者对中国哲学的研究中有一个有趣的转折点。罗哲海（Heiner Roetz）在其新近出版的关于儒家伦理的著作中，发现这一领域中存在某些被反复讨论的主题。在援引并阐释了赫伯特·芬格莱特（Herbert Fingarette）、罗思文（Henry Rosemont）、郝大维（David Hall）以及安乐哲（Roger T. Ames）等人的观点后，罗哲海对这些主题做出如下总结：①

> 中国使我们认识到，自我（self）、自主（autonomy）、自由（freedom）之思想已经大行其道。与中国一起，我们应当追忆我们的"社群仪式、习俗、和传统"，② 以及"代代相承的生活模式"。③ 我们应当放弃"对客观性知识的迷思"，进而采取"一种避免将规范化（normative）思维与自发性（spontaneous）思维脱节的思维"。④ 尤其是孔子，他向我们展示了一种模式，该模式对于我们这个世界而言，或许比对中国自身而言都"更加相关，更合时宜，也更为迫切"。⑤

---

①　罗哲海：《轴心时代的儒家伦理——一种向后习俗思维突破的伦理重建》，第 2 页。

②　在这里，罗哲海提到了罗思文《克尔凯郭尔与孔子——论寻道》（Henry Rosemont， "Kierlegaard and Confucius: On Finding the Way"），《东西方哲学》（vol. 36， no. 3， 1986），第 208—209 页。

③　此处引自赫尔伯特·芬格莱特《孔子：即凡而圣》，第 69 页。

④　引自郝大维、安乐哲《通过孔子而思》，第 73、43 页。

⑤　芬格莱特：《孔子：即凡而圣》，第 72 页。

　　罗哲海批评了上述学者思想中存在的一个明显的矛盾：在批评西方社会的消极发展时，他们预先设定了一些普遍的规范性标准，而被认为是更好的儒家模式却被用来论证一种"对于对错问题、相对性和客观性问题已不再感兴趣的语境主义"。① 罗哲海接着指出，正是语境与传统为中国的妇女缠足、印度的烧杀寡妇、美国的奴隶制度赋予了神圣性。罗哲海问道："倘若放弃伦理原则，让语境与传统享有最终决定权，那么我们何以批判那些借语境与传统之名而施加给人们的骇人听闻的不正义？"② 罗哲海进而提出了一种对儒家的阐释，它包含了与哈贝马斯（Harbermasian）和科尔伯格（Kohlbergian）的道德发展观相关的某些重要的普世伦理主题。

　　我并不肯定上述学者会否同意罗哲海对他们的观点的总结。③ 不过不难发现，很多对儒学充满好感的西方人都持有这样的观点——认为儒家思想揭示了他们自己传统中某些被忽视或不甚强调的重要价值，同时又认为探寻某种超越性真理，以及某种传统比其他传统具有优越性是一种偏执。我认为，很多比较伦理学研究者经常会陷入这两种意见的紧张关系之中。在本文中，我试图寻找一种能够与二者共存的方法。我将提出一种立场，它介于儒家的新语境主义和后现代主义诠释进路与普遍主义诠释进路之间，后者能够照鉴儒家的内涵与不正义之处。

　　我希望聚焦在伦理道德是否应当承认个体权利——尤其是言论与表达异见的权利——这个问题上。普遍的看法是权利观念无法在强调社群（community）的儒家思想中得到妥善安置，我过去也曾论述过该看法。然而在本文中，我想采纳一种更为复杂的立场。我仍然认为，在典型的以权利为中心的道德观与以社群为中心的儒家道德观之间存在重大区别。我将

　　① 罗哲海：《轴心时代的儒家伦理———一种向后习俗思维突破的伦理重建》，第 2 页。

　　② 同上书，第 3 页。

　　③ 例如，我并不确定芬格莱特是否倾向于那种彻底的语境主义立场而拒绝所谓的"客观性知识的迷思"。相反，在《孔子：即凡而圣》一书中，他似乎认为儒学中具有某些西方人必须承认，并且在某种程度上应该被吸纳进西方传统之中的优点；同样地，儒学中也存在着某些人所共知的不足。当然，在罗哲海看来，这些作者身上都存在着某种程度的自相矛盾，他们既声称儒学中具有某种客观优点，同时又竭力谴责客观性知识的迷思。不过，在芬格莱特那里，我几乎从未看到任何关于客观性知识及其不可能性的讨论。

主张一种能够兼容权利中心道德观与儒家道德观的多元主义立场，在这方面，我与语境主义者以及后现代主义者观点一致。另一方面，我将说明基于人之条件和人性的道德，存在着某些普遍性的限定；通过对权利与社群的共生性的确认，这些限定将会拉近儒家道德观与权利道德观之间的距离。我再次介绍一下我所提出的区别儒家道德观与权利道德观的方法，以为这些论证做好铺垫。

二　以社群为中心的道德观与 以权利为中心的道德观

在过去的著作中，我曾将儒家描述为一种以美德为中心（virtue-centered）的道德观，它以"共善"（common good）为内在核心价值。"共善"由一种共享生活构成，其中每个成员都有自己的角色，这些角色构成一张网络，维持这种共享生活。这一倾向社群的道德观，与不那么强调共善的权利中心道德观形成了鲜明对照。后者强调的是作为独立个体的每个人具有向其他社会成员提出要求的权利。权利中心道德观源自对个体道德价值的认可，而这种价值独立于个体在群体中的角色。

至此，有必要对我之前所作的区分做一些限定。首先，我至少需要在理论上区分以美德为中心的道德观和以社群为中心的道德观。起初，我认定这两个种类，是因为它们在历史上被美德这一概念连接在了一起，美德被认为是要为共善做出贡献的社群所有成员都需要的一种品质。然而现在看来，美德至少在理论上可以与共善相分离，它可以被视为一种建立在无关乎共善的其他基础之上的值得追求的品质。[①] 尽管如此，我还是要明确说明一下，我所关注的是以社群为中心的道德观，其中美德概念与为维系共享生活所必需的品质确实紧密相连。

其次，我希望强调的是，我所说的以权利为中心的道德观包含了一种承认个人权利的独具特色的依据，以及一种通用的权利观。我们可以认为个体的道德权利是个体合法享有的、为维护自己的道德应得而向他人提出正当要求的一种资格。但是以权利为中心的道德观非常典型地会为权利假设这样的基础，即个体拥有广泛的道德上合法的个人利益，而这可能与促

---

① 　阿米莉亚·罗蒂（Amélie Rorty）在数年前向我提出了这一观点。

进公共或集体之善的目标相冲突。权利为公共或集体之善在多大程度上可以牺牲个人利益做出了限定。我将这种承认权利的依据称为"自主基础"（the autonomy ground）。我无意声称这就是现代西方民主传统所承认的权利观念之唯一基础，不过我确实认为它是在此种传统中最被认可的权利基础，而且从被接受的广泛性以及被赋予的重要性上看，它也无疑是权利概念的最重要基础。

最后，我想指出权利的另一种可能存在的基础，它与自主基础并存。权利也可能作为促进共善之必需而得到承认。我将论证，以社群为核心的道德观能够并且理应承认权利的这种"社群基础"。由此，权利中心道德观与社群中心道德观就没必要因为前者承认而后者不承认权利而存在分歧，它们的差异仅仅在于各自为权利所提供的基础不同。

三　权利的社群基础

李承焕曾经提出，如果把权利理解为一种使民众能够向他人提出正当要求，而他人也有义务满足这些要求的能力的话，那么儒家的美德就的确涉及权利。① 事实上，这就是我称之为"通用"的权利观。李氏继而指出，这种权利观在孟子思想中尤其明显。孟子的"义"中，包含了"履行义务尽心尽责，对于他人应得保持公正，以及面对不合理惩罚要求正义"。② 至于"礼"，他指出，是人们处理基本人伦关系中——比如父子关系——的义务的法则，可以被理解为一种规定权利及其相关义务的法则。

但是，李氏警告我们，切不可将儒家思想中的权利与西方传统中的个人主义式权利相等同。他做出如此警告的主要原因在于，"在儒家的社群主义社会理想中，社群之善总是优先于个体之善，因此，这样的社会理想倾向于贬抑个体在面对共善时对自己的权利的维护"。③ 李氏说，这与儒家认为人是一种关系之存在的论点有关。从我的理论架构来看，李氏是在

① 李承焕：《儒家基于美德的道德中存在权利观念吗？》，《中国哲学》（vol. 19，no. 3，1992），第241—261页。

② 同上文，第249页。

③ 同上文，第250页。

为通用的权利观提供一种社群基础，而非自主基础。

如此看来，儒家权利似乎并不能给那些渴望取得诸多政治权利的中国知识分子与改革者提供多少帮助与慰藉。李氏得出的似乎就是这样的结论。他认为中国社会需要注入一剂西方个人主义的药剂，如此才能对治一种"对集体主义共善的过分强调"，这通常会使"人们对基本权利与自由的维护遭到忽视"。① 尽管如此，我还是认为就此转而采纳权利的自主基础的做法是不成熟的。我们需要了解一下社群基础可能产生怎样的权利。

以罗哲海为代表的很多学者主张"对传统的非复古式采用"，即将"对儒家遗产的诠释和改造"同"现代社会对于民主、变革的需求结合起来"。② 他强调了儒家经典中那些与异见表达权和言论自由权利尤其相关的主题。如下面这段文字，它出自《荀子·子道》篇：

> 子贡曰："子从父命，孝矣；臣从君命，贞矣。夫子有奚对焉？"孔子曰："小人哉！赐不识也！昔万乘之国，有争臣四人，则封疆不削；千乘之国，有争臣三人，则社稷不危；百乘之家，有争臣二人，则宗庙不毁。父有争子，不行无礼；士有争友，不为不义。故子从父，奚子孝？臣从君，奚臣贞？审其所以从之之谓孝，之谓贞也。"③

这段文字的寓意在于，当礼与义面临被违背的危险时，每个人都有直言相谏的责任，即使意欲违背者就是统治者本人。这种责任的基础，正是我之前所描述的那种社群基础。人臣、人子之所以应该直言相谏，正是因为这符合塑造一个能够实现礼与义的社群的利益。或许我们可以认为，直言进谏的责任暗示了一种必然的关联物，即言论之权利。毕竟，倘若一个人拥有谏净的责任，那么他就不是应当被允许说话，而且应当受到保护以免受强力或强制之阻挠么？

我们必须认识到，荀子本人的主张在适用范围上远远小于我们的想

---

① 李承焕：《儒家基于美德的道德中存在权利观念吗?》，《中国哲学》（vol. 19，no. 3，1992），第 257 页。

② 罗哲海：《轴心时代的儒家伦理——一种向后习俗思维突破的伦理重建》，第 5 页。

③ 王先谦：《荀子集解》，香港：中华书局 1978 年版，第 63—64 页。

象。比如，荀子并不认为女儿具有向父亲直谏的责任，同样我们也不清楚他是否认为向君主直谏的责任应当延伸至大臣以下的所有人。因此荀子所说的进言责任，与现代自由民主社会中所有公民享有的言论自由权不可同日而语。不仅如此，荀子所设想的进言责任至少在逻辑上可能与任何言论权利都不相关。正如我之前提到的，只有当其他人有让一个人的说话的义务时，我们才可能认为这个人拥有言论之权利。然而，臣与子拥有进言的责任这一事实，却并不一定意味着君与父具有让他们进言的普遍义务。①确实，如果我们记得荀子对于政治与道德秩序的那种持久而深层次的关注，记得他对该秩序受到无政府、自私自利之人性的经常性威胁而表示出的担忧，那么我们便不难设想荀子会认为君与父可以拥有对臣与子作出惩罚的责任，如果后者发出威胁到王国与家族之政治、道德秩序的言论。而且，即便臣与子的言论真实而中肯，这一惩罚的责任也依然存在。

此外，还有一个原因阻碍了从荀子的进谏主张推论出一种普遍的言论权利。这就是臣子对君父的命令有一种普遍、自明的（prima facie）服从的义务，而不是轻率地表示质疑。荀子可能会说，这种服从的义务有时可以被违反，比如当有必要更正那些命令中存在的重大错误时。根据这一诠释，进谏责任仅仅在一些特殊的、不经常出现的情景下才会存在。在这些假设之下，不可能存在与进谏责任相对应的一种普遍的言论权利，因为进谏责任只存在于某些特殊且不常见的情形之中。②

所以，我并不认为我们能够在中国古典传统中寻找到任何关于言论自由权利的成熟理据。但我认为，在那种相信共善要靠进谏责任来维系的观点中，确实蕴含着可以支持言论自由权利的理据萌芽。关于言论自由权利的成熟论证，需要更多经验性的实质论据，而且我认为它们应该与权利的社群基础相一致。有些问题涉及对传统等级制度的批评，因为它赋予了大臣以及男性子嗣比平民与女子更多的权力与特权。对此类问题，我已另外撰文探讨，此处不再重复。在此我想讨论的是这样一个问题，一个人是否可以在他人没有允许他说话的义务的情况下拥有说话的责任，以及那种对政治权威命令不加质疑地无条件服从的普遍、自明的义务是否具有良好的

---

①　颇为有趣的是，最早启发这一观点的，是一位大学管理人员。

②　在此，我要对乌玛·纳那彦（Uma Narayan）表示感谢，正是他在通信之中提出了这一观点。

理据。我将反驳这样的观点，即否认有允许他人说话的义务，或者限制对特别严重和非正常情形提出异议的责任，共善事实上反而得到了促进。

首先，我们来看看艾伦·布坎南（Allen Buchanan）在当代西方的社群主义者与权利中心理论家的论战中所提出的论点。作为一名将权利放置在自主基础之上的理论家，布坎南从社群主义自身的基础对其进行了批评：

> 即便在那种对共善有着一致意见，且万众一心去实现它的社会中，个人权利仍能发挥宝贵作用。因为即便在这样的社会中，也会对如何具体和详细地描述共善，以及何为实现它的正确手段和策略，存在严重且激烈的分歧。个人权利，尤其是政治参与、自由表达以及结社的权利，能够控制并疏导诸如此类的不同意见，使社群纵然在这种情形之下仍能得以保存。[①]

在我看来，布坎南所说的那种分歧是人类社会的一种常见特征，因此，为了"保护社群并实现其和平转型"，[②] 我们需要那种常态化、制度化的异见表达渠道，而不仅仅是在特殊、不经常的情形中偶尔存在的直言进谏之责任。这种常态化的异见表达渠道，要求我们承认存在允许他人发言之义务，并更积极地保护他人的言论免受强制与威胁的影响。这就意味着我们要允许发言者可以公开地要求他人遵循这一宽容发言且保护言论的义务，这就是当我们声称某样东西为权利时所涉及的论点。一旦人们承担起有这样的义务，那么我认为我们与现代民主的言论权利就近在咫尺了。

确实，我们可以在儒学的语境主义和后现代主义诠释中为言论权利找到一种社群基础，只要这种诠释仍然为儒学传统留下批评的空间。即便像郝大维和安乐哲这样的以对孔子的后现代阐释而闻名，并不遗余力地为他辩护的学者，也意识到"儒家哲学中最严重的缺陷源自它的陈腐态度和狭隘胸襟，而这似乎是将孔子思想制度化的不可避免的后果"。他们批评

---

① 艾伦·布坎南：《评估社群主义对自由主义的批判》（Allen E. Buchanan，"Assessing the Communitarian Critique of Liberalism"），《伦理学》（vol. 99，no. 4，1989），第 877 页。

② 同上书，第 881 页。

道，这种狭隘胸襟不但阻碍了"跨文化交流"，而且促使了诸多观念冲决"适当界限而流为滥用——而正是这些界限使始于家庭的社会秩序不同于任人唯亲，使个人忠诚不同于特权，使对卓越的尊崇不同于精英主义，使适宜的尊重不同于贿赂"，最后，还促使了"对一种经常被用来维护特殊群体利益的传统和文化教条主义的尊重"。① 本着这种批判精神，我们可能会认为，弥补这些缺陷的良方，就是承认并有力地保护个人权利。

这一看法显然是赞成允许和保护异见言论表达的各种义务。其中隐藏着一个预设，在此需要点明：只有在得到容许和保护的前提下，我们才能够充分听到那些有益于共善的异见言论。这一预设可能在细节上是正确的，但如果是如此，那也仅仅是对我们而言。如我在上文指出的，荀子很有可能承认直言进谏的责任，却不主张有容许这种言论的义务。从理论上讲，荀子是自洽的，但在实践中，我认为他并不自洽。

一些中国思想家已经从中国的历史中得出这样的教训，即言论表达权必须得到公开承认与保护，惟其如此，它们才能发挥其促进共善的功能。黎安友（Andrew Nathan）列举了一系列 20 世纪早期主张民主权利的中国知识分子，他们认为阻碍中国现代化进程的根源在于"那种体制化的高度集权"以及与之相伴的权力滥用。同时，黎安友也指出，这些中国思想家并未提出西方民主传统中的这一核心理论思路："个体利益区别于集体利益，某些个体利益是如此根本以致它们可以具有'权利'的地位，民主首先是一种保护这些权利的制度。"② 我认为，对中国民主思想的这一描述中，蕴含了言论表达权的一种社群基础。

另外一个证明中国传统中蕴含这种社群基础的例子，是从人权与现代化进程之间不可分割的联系出发，对人权的维护：

> 无视人权而奢谈现代化，无异于缘木求鱼。早在两百零五年前，法国《人权宣言》就已明确指出，对人权的无知、忽视与蔑视，是造成大众不幸与政府腐败的唯一原因。中国的历史与现实，也已经反

---

① 郝大维、安乐哲：《透过孔子而思》，第 308—309，310 页。

② 黎安友：《中国民主》（Andrew J. Nathan, *Chinese Democracy*, Berkeley：University of California Press, 1985），第 104 页。

复验证了这一颠扑不破的真理。[①]

如果我们能够以这种方式为言论表达权提出支持性理据——我相信这是可能的——那么普遍主义与后现代语境主义之争暗示了什么呢？在我看来，它暗示了人类具有跨越形态迥异的不同文化的普遍倾向，这些倾向显现出以社群为中心的道德观的某种欠缺。我们无须以西方话语来评判这种欠缺，尤其无须以一种强调个人自主性的道德视角来评判它。相反，这种欠缺正是无法实现共善之理想。如果真像布坎南所指出的那样，社群主义传统时常导致关于"如何具体实现共善"之类问题的严重而激烈的分歧，那么民主权利对于保证这些分歧得到和平解决可能就是必需的。如果像郝大维和安乐哲所说，以及几代中国知识分子与改革者所总结的那样，不受基层异见声音约束的中央集权难免走向权力滥用、裙带关系、孤立以及对底层的实际需要的无知，那么民主权利可能就是必需的部分对治方法，如果不是全部的话。

至此，在粗略说明了民主权利可以基于社群基础之上的理据之后，我将提请注意的是，权利的社群基础不同于功利主义基础，尽管二者都具有结果主义（consequentialist）的特征。权利的功利主义基础从权利的功效角度提出理据，功效的总和取决于每一个体的福利。无论如何，对于绝大多数功利主义者而言，个体之间关系的性质并不一定被包括在那应当受到促进的总体善之中。[②] 相反，以社群为中心的道德观却视个体之间关系的性质为关注重点。这一关注重点是基于一种规范的、描述性的人之概念：每一个体都由他与别人的关系构成，他的善也由各种符合适当尊重和相互关爱的道德理想的关系构成。当然，社群为中心道德观与功利主义在其所关注的善方面一定有所重叠。比如，无论孟子还是荀子都十分清楚，倘若民众没有获得某种最低限度的物质保障，那么他们关于社群的道德理想必然成为空中楼阁。所以从古至今，儒家一直视此为当务之

---

① 《纽约时报》（*New York Times*，Friday，March 11，1994），第 10 版。

② 乔治·摩尔（G. E. Moore）主张的那种"理想化"形式的功利主义可能是一个例外。它将某种特性的状态或人际关系也包括在应当受到促进的总体善之中。最近，彼得·雷尔顿（Peter Railton）提出了一种在很多方面与摩尔的理想化功利主义相近似的理论，他同样将某些类型的人际关系纳入到总体善的计算之中。参见《疏离、结果主义与道德要求》（"Alienation，Consequentialism and the demand of Morality"），《哲学与公共事务》（vol. 13，no. 2，1984），第 159 页。

急。不过，在以社群中心的道德观中，个体福利的重要性被置于共善这一更为宽广的背景之中。事实上，个体善与共善之间有着千丝万缕的复杂关联。

四　社群基础与自主基础的不同后果

然而，在了解权利的社群基础如何可能之后，我们必须知道其所不及之处。基于社群意志的权利与基于自主性的权利在范围上有所不同。正如布坎南所指出的，如果我们仅仅通过自主性的道德要求来论证个人权利，那我们可能证明一种"相当宽广、实际上不受限制的表达自由权利"。可是，如果我们赋予社群价值"独立的重要性，使其作为一种因素来参与决定表达自由权的范围，我们就会发现我们可能只能证明一种受到较多严格限制的表达自由权利"。因此，布坎南总结道："在对个人权利的论证中，传统的自由主义者与（关注权利的）社群主义者开始可能在共同的道路上携手并进，但最终会同途殊归，被迫分道扬镳。"①

确实，根据关注权利的社群主义者对于何为共善之必需的认识，他们应该会较早而不是较晚就与传统自由主义者分手，而且是以一种戏剧性的方式。黎安友对中国民主观念发展的历史研究说明，一旦权利观念仅仅被视作一种实现繁荣、现代化等集体之善的工具，那么它将变得十分脆弱。历史反复表明，因为害怕导致混乱和政权不稳，被当作共善的必要条件的权利曾经一次次地被中止和削减。

这一观察使我们得出这样的结论，那就是社群中心道德观与权利中心道德观之间存在着一个重要区别，尽管二者都赞同异见表达权利。一方面，人之天性和人之条件（condition）为一种充分的道德观做出了共同的限定。掌握权力的人们往往趋向于滥用权力，或者将透过权力攫取的一己私利与合乎道德的社群公共利益混为一谈，因此他们必须受到遏制，而这种遏制来自受到保护的对言论表达权的行使。即使一种道德观没有为言论表达权提供自主基础，它也必须为这些权利提供其他的基础。然而，重要的道德差异与这些共同的限定是一致的。这两种道德观不仅支持民主权

① 艾伦·布坎南：《评估社群主义对自由主义的批判》，《伦理学》（vol. 99，no. 4，1989），第 881 页。

利的理据各异，而且在权利的范围及其在何种程度上可以免于被其他考虑因素所否决这些问题上，它们之间也存在着重大差别。

五　对权利之社群基础的担忧

然而，由于中国传统中基于社群基础的权利极易引起对社会混乱以及政权不稳的恐惧，我们难免有一丝忧虑。作为一种工具，以社群为基础的权利观在抵抗以社群为中心的传统的欠缺时，可能显得过于脆弱。

这一忧虑使我们想起我们所熟悉的那些对权利的结果主义基础的指责：这种权利基础具有太多的不确定性和不稳定性。[①] 在一定意义上，以社群为中心的道德家必须接受这种指责。正如上文所说，基于社群基础的权利在范围上不如基于自主基础的权利那样广泛，在安全性上它也不像后者那样不容易被其他道德考量所推翻。在以社群为中心的道德家看来，它也许就应如此。但即使这样的道德家也有担心的理由，因为他不确定当言论表达权缺乏可靠保障时，像在中国传统中所遭遇的那样，共善是否也会受到伤害。

一旦是否应以共善名义推翻个体权利的决定权掌握在某一阶层手中，而这一阶层汲汲于将自身利益——不一定是具有道德合法性的自身利益——等同于共善，那么对权利的承认就会形同虚设。但是，指出真正的问题在于过度集权，并不等于找出了一套能够替代它的方案。一种轻率的建议是将西方的民主政治体系全副移植过来，认为如此便可解决问题。然而在我看来，要想真正医治社群传统中的那种权利观的基础的不安全性，我们应当将目光转向公民社会的特质，而不仅仅是指望民主体制。

狄百瑞最近举出两条导致儒家思想在其本土失掉过去那种影响力的原因。首先，儒家没能实现自己的全民教育理想，而这一理想恰恰能够浇铸一种统一的民族意识；其次，儒家未能将人民动员起来使他们成为一个政治活跃群体，能够支持自己的倡议或者所动议的改革方案。在狄百瑞看来，这第二条不足与政治有效团体的基础制度的匮乏相关，而这些政治有效团体如果存在的话，能够成为家庭及地方社群与统治精英之间相互沟通

---

① 约翰·罗尔斯在《正义论》一书中，已经为这种指责作了最富影响力的阐述。

与影响的渠道。① 在美国，一些民主理论家最关注的问题，正是这样的中间性的基础制度可能面临日趋瓦解，抑或其权威性受到侵蚀的危险。这些理论家将托克维尔视为先知，因为他最早预见到了原子化个人主义的危险，它使公民们彼此孤立，仅仅热衷于追逐纯私人利益，因人微言轻而无法在公共政治领域中发出自己的声音。我并不清楚我们的中间性的机制是否确如那些理论家所担心的那样正在日渐式微，抑或它们从来都像今天这样只是偶尔发挥作用。无论事实如何，我都相信这种忧虑是有道理的。对以上两种情形的担忧的共同之处，就是没有足够的社群（不论较之过去其是否减弱）来支撑起一个有效的民主制度。

六　权利与社群之共生性

在我看来，无论中国还是美国的民主传统，它们的一个共同问题在于缺少足够的社群，至少，缺少在家庭以及地方社群层面之上的社群。美国传统的问题不仅仅是普通公民对于政治过程的疏离。回想一下托克维尔对个人主义的定义：它是"一种将每个公民从与之相伴的大众中孤立出来，使其退回家庭和朋友的小圈子的冷静而又成熟的情感"，以至于当他"沉浸在这一投其所好的小圈子中时，他也乐得袖手旁观，让更大的社会自生自灭"。托克维尔观察到，这样的人民会养成一定的思维习惯，"处于孤立的思考之中，并幻想着自己能够完全掌握自身命运"。他们"遗忘了祖先"以及后代，也与周围的同代人隔绝。"每个人都只能永远地依靠自己，面临着被禁锢于一己心灵的孤寂之中的危险。"②

托克维尔对于这种自我隔绝于同代人与后代人的倾向的警告，反映在这个国家在收入和财富方面持久、巨大的不平等上，以及贫困儿童的令人汗颜的巨大数量上，最重要的是，它反映在这个国家在解决这些问题时既缺乏力量亦缺乏意愿的事实上。这就使我想到了问题的另一面：如果以社群为中心的道德观应当更加靠近以权利为中心的道德观的话，至少承认一些最基本的民主权利，那么以权利为中心的道德观也应当承认这样一个论

① 狄百瑞：《儒家的困境》，第87—103 页。

② 托克维尔：《论美国的民主》（Alexis de Tocqueville, *Democracy in American*, George Lawrence trans., J. P. Mayer ed., New York：Boubleday, 1969），第506、508 页。

点，那就是社群对于实现自我治理和社会正义等民主价值而言是不可或缺的。这也就是我为什么要在本文的开头就强调权利与社群之共生性的原因所在。

现在，让我们回到开篇时所提到的普遍主义与后现代语境主义之争，它的意义正在于说明，一种圆满的道德传统既需要社群也需要权利。以权利为中心的传统需要一系列发育良好的社群，它们可以有效地培养道德主体性（儒家深知其重要性），以此为民主体制的有效运作创造条件。换言之，以权利为中心的传统需要通过发育良好的社群来培养人们的公共事业感和伙伴友情，而这又将促进人们真实、有效地关注遍及全体公民的有意义的平等观念。另一方面，以社群为中心的传统需要权利来完成社群的道德更新，使这类传统在经历过关于共善的种种争执后实现自身的和平转变。以上的种种必要性都源自我们的人性本身。在这一方面，我认同普遍主义。但是，这并不意味着权利与社群的内容在不同传统中必须保持一致，也不意味着二者必须被赋予相同的侧重点与基本原理。在这一方面，我又持后现代主义者的立场。

七 进一步的复杂性

坚持权利中心的理论家们拒绝社群，因为他们不认为关于共善存在一个理想的共享看法。我相信，如果这种共享看法意味着一个关于共善的不太可能的一致性观点，那么他们的拒绝就是合理的。不过我也认为，拒绝视社群为一个必要的道德理想，也是一种错误。两种道德传统所需要的是这样一种社群，相比简单形式的社群主义，这种社群必须能够容纳关于共善的更加多样化的观点。那些简单形式的社群主义通常认为理想的社群就是那些以某种共享的、明确的共善观点为核心的社群。但如果我们看看现实中的社群，即使是那些对共善有着深厚信仰传统的社群，我们会发现他们还是存在着关于共善的持久的分歧和冲突。导致这一现象的部分原因是共善自身的复杂性：共善是由一系列善，而非一种善构成。各种善可能相互支持，但也可能彼此之间存在张力。

在儒家传统中，我们能够清楚地看到这一点。如果对父母、兄弟的"孝"、"悌"是"仁"或者综合性道德美德的根基（参见《论语·学而》2），那么它就有可能与道德美德的其他方面发生冲突，比如对家庭之外的他者的关心。如果说对家庭的忠诚孕育了一种对权威的无需强制的尊重，而且如果这种尊重对于培养公共美德是绝对必要的，[①] 它也可能助长一种对与己相关之事的偏袒，并伤害公共美德。正如郝大维、安乐哲所注意到的，儒家伦理内部关于如何给对家庭的正当忠诚划出合理界限，使其不至于发展异化为裙带主义和特权这个问题，有着长期的争议。为避免我们以此为理由来居高临下批评儒家思想，我们有必要回想一下，在美国不管哪一种不同政治立场的人都对大城市政治机器的消逝表示遗憾。[②] 在过去，所谓"照顾好自身之事"至少意味着很好地照顾了某人，即便是街头巷尾的普通人，也能切实感受到自己对政治决策能够施加真实的影响。

我并不会因为这一难题来谴责儒家，而是想借此揭示那构成共善综合体的诸种不同善之间的张力。我们或许可以举一个更加贴近今日中国现实的例子：为所有人提供物质生活保障对于中国社会的道德繁荣或许是一个必要前提，正如孟子、荀子所注意到的那样，然而与此同时，那些实现未来发展与现代化的必要手段却很可能对当下社会的道德品质带来巨大的损害。我所想到的是由现代化和一定程度的资本主义所导致的贫困农村与富裕城市阶层之间日益增大的差距。

因为共善本身就是一个包含了多种善的复杂综合体，而共存于其中的不同善之间可能存在冲突，所以对于何种善应当被纳入共善，以及如何才能最有效地解决不同善之间的冲突等问题，总会存在一定争议。那种一个社会可以团结在一个共享的、明确的共善观念周围的想法，是一种危险的过分简单的想法，此外，它也忽视了除了共享的共善观念之外的其他社群基础。真实的社群并非只建立在关于道德信念的某种程度的共识之上，也建立在通常包含抗争与内在冲突的共同历史之上，情感或忠诚的纽带之上，以及某些教育、艺术、政治或经济性质的共同目标之上。

正因为所有具有一定程度复杂性的道德传统内部都不可避免地存在着严重分歧，所以出于维护这些传统及其影响下的社会的稳定与完善的考虑，一种特定的伦理价值就显得尤为重要。我称这种价值为"融通"

---

① 本杰明·史华慈：《古代中国的思想世界》，第 70 页。

② 所谓"政治机器"，特指美国 19 世纪到 20 世纪前期流行的一种政党政治运作框架，其实质是一种为了在民主政治中赢得选票、控制选举而发展出来的政治交换机制，其特点是政治竞选人通过向政治支持者提供各种好处，来换取政治支持者的选票或资金支持。在 1880—1930 年，"政治机器"在美国被普遍采用，且在大城市最为常见。——译者注

（accommodation）。① 遵循这一价值，意味着致力于与他人保持一种非强制性的、建设性的关系，即便对方的道德信念与你的相抵触。这一价值为什么重要？从维护社会之稳定与完善的角度出发，鉴于重大伦理分歧频繁发生，这一价值的重要性便不言而喻。倘若此类分歧总是带来社会分裂的危险，那么任何一个社会都唯有通过严酷镇压方能维持自己的长期生存。

总而言之，无论以权利为中心还是以社群为中心的传统，都需要这样一种社群观念，它不以某种无法企及的关于共善的共享观念为基础。这种社群观念必须允许重大的多样性与分歧，同时也必须能够在存在分歧的情况下维系社群的生存——不仅仅通过承认权利的方式，也通过接纳"融通"价值的方式。接纳这一价值，意味着为社群内部相互冲突的双方寻找一条既能和平共处，又无需向对方彻底屈服的创造性道路。如果说此处需要民主的各种美德，所需要的与其说是坚持自己权利的能力，不如说是协商、取舍，以及创造出既非完全满足冲突中任何一方，但又让双方都"保存颜面"的创新性能力。

这一价值的基础深藏于儒家传统之中。让我们看一看柯雄文（Antonio Cua）对儒家仁的诠释。他认为，这种德行涉及这样一种看待人际冲突的态度，那就是视冲突各方为"仲裁"（arbitration）而非"判决"（adjudication）的主体。"仲裁"是一种尝试性的争端解决途径，它以实现争执各方的和解为目的。仲裁人"所关心的是如何修补破裂的人际关系，而非判定争执各方的是非对错"（而这正是"判决"的特征）。据此，他努力"沿着共同关爱的思路来塑造争执各方的希冀，使他们将对方作为社群中互动的成员来彼此欣赏"。② 我认为柯雄文的诠释虽然对孔子、孟子、荀子思想中存在的"判决"主题强调不足，③ 但他的确抓住了儒学中

---

① 有关此种价值的更多论述，请参见笔者《应对道德冲突和含糊》（"Coping with Moral Conflict and Ambiguity"），《伦理学》（vol. 102，no. 4，1992），第 763—784 页。

② 柯雄文：《儒家伦理中原则之地位》（Antonio Cua，"The Status of Principles in Confucian Ethics"），《中国哲学》（vol. 16，no. 3 - 4，1989），第 281 页。

③ 在"义"（正义 - righteousness）与"仁"（当它意味着尊重与关心他人的必要性的时候）的概念中，似乎必须包含认为某种行为是错误的判断——比如，唯利是图以及凌辱他人的行为均为错误的。

的 "融通" (accommodation) 及 "和解" (reconciliation) 的主题,① 这一主题在儒学传统的演进过程中本应受到更多的重视。

不幸的是,儒家制度化的方式不但削弱了这一主题,而且相应地强化了对共善观念的认同。例如,黎安友就点出了中国知识分子对民主权利的宣传中至始至终存在的一个关键性假设,即民主权利能够激发民众的能量,遏制统治精英的滥权,实现进一步发展,并因为所有人共享某种理想而产生和谐。② 这一假设的最后一部分犯了致命的错误。

然而不幸的是,黎安友却从他的敏锐观察中得出了错误的结论。他错误地将这种对分歧的反感等同于那种认为个体的合法利益必须最终与共善和谐一致的假设。③ 这是一个西方人很自然会采纳的假定:削弱分歧和冲突的合法性,就是削弱个体与社群之间的冲突的合法性。然而,冲突与分歧有时可能来自对共善的观念的不同理解。而且,由于一个复杂社会的共善会包括其内部不同社群的善,因此不同善之间以及不同社群之间可能会有冲突。墨子深刻洞见了以社群为中心的传统中分歧与冲突的根源。他意识到,很多冲突源自人们不同的社会身份,源自 "独知爱其国,不爱人之国", "独知爱其家,而不爱人之家" (参见《墨子·兼爱中》)。

我相信,人性之中存在着足够的可塑性,以至于那些身处以社群为中心传统中的人们可能拥有更多的关系性身份。我也相信,依据这种身份的生活会让人幸福满意。当然,这样的生活也可能有各种深重的挫败,正如依据较少关系性身份的生活那样。儒家思想的问题,并不在于它主张共享的、处于与他人关系中的生活才是道德繁盛之生活。它的问题在于这样的

---

① 例如, "子曰:君子周而不比,小人比而不周。" (《论语·为政》14) "子曰:君子和而不同,小人同而不和。" (《论语·子路》23) 阿瑟·韦利 (Arthur Waley) 在《论语》的英译本 (*The Analects of Confucius*, New York: Random House, 1938) 中将后者翻译为: "真正的君子与他人的关系和谐但并不融通,普通人习惯于融通但并不和谐。" 然而,被他翻译成 "融通" (accommodation) 的 "同", 意思是牺牲原则以求观点一致,比如 "苟同" (不惜以任何代价苟且求得一致)。在我看来, "融通" 本身就是一种道德原则,它体现了那种在彼此之间存在严重分歧的情况下依然保持建设性关系的价值。

② 例如,可参阅黎安友《中国民主》,第 84 页。在那里,他提到了 "启蒙社" 成员李家华。在李看来,民主 "就是医治中华民族古老沉疴的一剂良方"。没有民主, "人民……就无法将自己的才能智慧贡献给社会"。他继续写道,在民主国家中,人民 "将共享一致的观点……并拥有相同的理想"。

③ 参见黎安友《中国民主》,第 104—105 页。

假设，即一个人社会身份的不同方面——它们与构成共善的各种善相对应——能够被并入、排列进一个广大的和谐性原则。在此，我们也许希望制度化的儒家思想能够以更加认真的态度对待权利，也希望儒家能够更多地与道家结合，更确切地说是与庄子对差异和多样性视野的欣赏相结合。

（作者单位：杜克大学哲学系。韩锐、顾家宁译，梁涛校）

儒家规范理论与人权

［中国台湾］ 张伟仁（Wejen Chang）

　　源自西方自由主义与宪政主义的 "人权" 概念现在已得到广泛的接受，而其范围也已经扩展为一个包括了不同种类或 "代次" 权利的漫长列表，被描述为 "公民与政治权利"、"社会与经济权利" 或者 "发展与集体权利"。① 对于儒家而言，因希望有助于人们过一种好的、人道的生活，为此发展出一套精致的规范（norms）理论，但我们却无法在儒家经典中发现接近于 "人权" 的术语。对我而言，这带来了两个问题：儒家在概念上与 "人权" 兼容吗？且如果缺少 "人权"，儒家规范理论在实践上有助于一种好的、人道的生活吗？在本研究中我会首先仔细考察一下这些规范理论，然后再试图回答这两个问题。②

一

　　根据孔子，在人类社会中作为一个人去行为的基本指导原则（guiding

---

　　① 参见约翰 · P. 哈姆菲《20 世纪中叶的人权国际法》（John P. Humphey, "The International Law of Human Rights in the Middle Twentieth Century"），载理查德 · 利利克与哈斯特 · 汉纳姆编《国际人权：法律、政策与实践诸问题》（Richard B. Lillich and Hurst Hannum, ed., *Inernational Human Rights: Problems of Law, Policy, and Practice*, Boston: Little, Brown, 1995），第 1—13 页。萨姆纳 · 突维斯研究了后来的发展，并新增了第三种或 "第三代" 人权——对权力、财富与人类共同遗产全球再分配的主张。参见其《儒学与人权讨论的一个建设性架构》。

　　② 我会将此研究限于早期儒家经典，而儒家信条在其中已被发展出并得以极大地完善。我专注于《论语》、《孟子》与《荀子》，但也将参照数种其他据说由孔子或其弟子所编写的作品，包括《尚书》、《诗经》、《孝经》、《周礼》、《礼记》与《左传》。

principle），乃是"仁"，而所有社会规范均由此而发展出来。在他看来，人们需要此原则更甚于水火（《论语·卫灵公》35）。孔子质问道，如果某人完全缺乏这一原则，（作为社会规范的）礼乐对他又有什么意义呢？（《八佾》3）如果对他没有任何影响，他不但会给社会，也会给自己带来麻烦——既不能长久处于困境，也不能长久处于安适之中（《里仁》2）。对于君子而言此原则更为重要——他连短短的一顿饭工夫都不应背离它（《里仁》5）；即使为了保全自己的生命，他也不应损害它，相反，他应该为了坚持此原则而牺牲自己的生命（《卫灵公》9）。

何谓"仁"？孔子在不同场合对其加以不同的解说，每次强调其一或多个方面与部分。最基本的解释之一乃是"仁者爱人"（《论语·颜渊》22）。这个观点由他数种其他主张所支持。在一个场合，孔子指某人为"仁"——如后者能在自己与世上所有其他人的关系中均表现出五种美德（恭、宽、信、敏、惠）（《阳货》6）。另一个场合，他赞扬管仲为"仁"，因为他多次联合诸侯以支持周朝的权威，抵御野蛮人的侵略，并因此保存了中国文明而有利于人民（《宪问》16、17）。此"爱人"的观点被所有儒家接受为"仁"概念的核心。孟子不仅认可这一点，而且强调，"仁"乃是为人之道（《孟子·离娄下》28，《尽心下》16、31）。

然而为"仁"并不容易。除了管仲和少数几个古人，孔子并不轻易以"仁"来赞扬他人（《公冶长》8、《微子》1）。孔子说，表现出普遍的爱，"博施于民而济众"，都非常困难，甚至对于尧舜这样的圣王也如此（《雍也》30）。或许在这种意义上，孔子倾向于谨慎地宣称"仁"（《述而》34）。不过他坚持说人应该尝试如此。那是个漫长的旅程，但任何人都能无需外在帮助而自发地获得它（《颜渊》1）。起点近在眼前——一旦某人决心踏上这一旅程，则他便已经上路（《述而》30），而一旦上路，如孔子所知的，无人缺少继续下去的力量（《里仁》6、《雍也》12）。

此后，实际上某人能如何去尝试为"仁"——如何遵从自己且关爱他人呢？孔子主张存在着特定的规则（rules）可加以遵循，而人能够自己去发现此种规则，或者遵循他人所发现的规则。由此便发展出了精细的规范（norms）理论。后者始于如下简单的观察，人类本性相似，虽然他们可能由于不同的生活经历而变得各自不同（《阳货》2）。所有人共享相似的人性，均能检视内心并发现其中存在面对他人时的基本情感。面对父母的"孝"与面对兄弟的"悌"在其中尤为真实。这也就是为什么这两种情感被认为乃是"仁"的根本（《学而》2）。可由此推测，具备如此情感的人，应能自然地了解到如何对待自己的父母兄弟以及更大范围内的他人。

这一思路为孟子所遵循，并被他更具意味地加以表达。据他说，人类拥有共同（而非仅仅相似）的善的本性（《孟子·告子上》3、7）。他通过自己著名的关于见孺子将入于井而有恻隐怵惕之心的例子对此加以说明。在此"恻隐之心"之外，孟子主张人还拥有"羞恶之心"、"辞让之心"与"是非之心"。此"四心"或自然情感，在他看来乃是行为规则或社会规范的种子——由恻隐之心生长出"仁"之美德，由羞恶之心生长出"义"之美德，由辞让之心生长出"礼"之美德，由是非之心生长出"智"之美德。因为人人拥有此"四心"正如人人拥有四肢，孟子说道，人所需要做的一切便是发展它们而获得这些美德（《公孙丑上》6）。于是他断言，对于人而言本质的规范，并非自外强加于他们（《告子上》6）。自然地，行"仁"、"义"等等并不困难（《离娄上》11）。根据孟子，人类拥有天生的能力——年幼时自然爱其父母，年长时自然敬其兄长（《尽心上》15）。

发现"仁"的指导原则的第二种方式，孔子认为乃是省察另一组情感——"欲"与"怨"。自省让人辨别出一对基本原则：从消极面讲，"己所不欲，勿施于人"（《论语·颜渊》2、《卫灵公》24）；从积极面讲，"己欲立而立人，己欲达而达人"（《雍也》30）。

人能够从自己内心"发现"个人行为的指导原则的观点，乃是儒家的创新。古代中国人相信规范是基于天命与鬼神的愿望之上，将人类关系的基础置于规范之上是一个重要的起点。这样的规范更易于理解和预期，但也引起了一些问题。首先，它使每个人都认定自己的行为规则（rules）无需符合其他人所遵循的规范（norms）。这就是为什么庄子这位绝对主观标准的倡导者，否定广泛适用的社会规范的可能性。孔子因相信所有人本性相似而未陷入如此困境。当某人根据孔子的忠恕基本原则对待他人，其行为应得到受惠者的褒扬。无疑，如果大多数人在一个大的范围内享有这种相似的人性，一种共有的是非感便由此而生，且一套基于孔子之原则的价值与规范也能为多数人所接受。

如果人性相似且孔子所主张的那对原则可被广泛地接受，他的理论会导向墨子所倡导的那种无差别的、普遍的爱吗？孟子批判这一观念会导致对特定的父母与子女之间关系的否定（《孟子·滕文公下》9）。如我们前面所见，孔子并不拒绝上述观点，但认为几乎不可能实现普遍的爱（《论语·雍也》30）。他在任何情况下都不坚持认为人应同等地对待所有他人，因为他知道处于不同关系中的人们具有不同的情感并会有不同的表现。例如，人们被要求为死亡的父母守丧三年，这是因为婴儿在三岁之前都不能脱离父母的怀抱，于是自然地在父母死亡后感到同样长时间的哀伤（《阳货》21）。由于这种情况是唯一的，且不会出现在其他关系中，因而不能要求人为父母之外他人的死亡守丧同样的时间。

此外，孔子不仅辨别出决定着不同关系的不同规则，而且还发现在多数关系中，各方可能遵循不同的规则。再以父母与子女的关系为例。我们在《论语》中找到许多关于子女对待父母行为的提示，但只有少数有关父母对待子女的内容。《孟子》、《荀子》和其他儒家经典也是如此。问题在于，如果各方在互动中可遵循不同的准则，该关系则可能是不平衡与不公平的——某一方获得更多利益而其他方担当更多负担。实际上，一个支持这种一方是权威另一方是普通人之间关系的规范体系，后来便在中国发展了起来了。

孔子时代尚无这种体系，而他也肯定不希望帮助建立这样的体系。让我们再次检视父母与子女的关系。当孔子说父亲应表现得像父亲而儿子应表现得像儿子（《颜渊》11），他显然暗示了这种关系乃是互惠与有条件的——仅当父亲正当地表现，儿子才能被期望正当地表现。

孔子在很多场合与弟子讨论孝的意义时，常强调"敬"（《学而》11、《为政》6—8、《子张》18）。有一次他谈到孝子应"无违"（《为政》5）。这是什么意思呢？意识到这一问题并唯恐其言语被曲解，孔子立即解释说，子女永远都不应违背的乃是决定着父母与子女关系的"礼"——孝子应在父母健在时依据"礼"来服侍他们，而在其身故后依据"礼"来埋葬和祭奠他们（《为政》5）。但是"敬"必然就是服从吗？孔子的回答间接而模糊：如果某人的父母要犯错误，他应该适度地加以劝阻；如果劝阻无效，他就应该保持"敬"且"无违"，担心事情的结果却从不怨恨（《里仁》18）。这些教训可能让人觉得子女被要求对父母恭顺。但这并非是孟子、荀子与《礼记》作者们的理解。

孟子的观点是适中的。他认为当父母错误时，子女应尝试影响并纠正父母。舜便成功地使其不慈爱的父亲和自己快乐地在一起，被孟子称为是真正大孝子的例子（《孟子·离娄上》28）。此外，孟子强调一些更为积极的东西。据他而言，真正伟大的孝行，乃是为父母带来荣耀。他再次运用舜作例子，后者的父亲作为天子的父亲而得到荣耀（《万章上》4）。

荀子更为激进。通常他强调所有人类关系中的互惠条件——比如，当儿子敬爱父亲时，后者应"宽惠"（《荀子·君道》）。因此，他认为无条件的服从是典型的小人行径，而在三种具体情况下一个孝子不应服从其父母——如果服从会给他们带来危险、耻辱或者使自己显得如同"禽兽"。他继续说道，在儿子应该服从但不服从的情况下，他便不孝；在儿子不应该服从但却服从的情况下，他便不义；仅当一个儿子知道应该和不应该服从之间的区别并能够在行为中小心运用这种区别，他才可能被称为真正的孝子。因此他的结论是，人应该"从义不从父"（《荀子·子道》）。

实际上，有时简单的不服从仍然不够。一个真正的孝子应防止其父母犯错误。荀子讲到一个故事，鲁哀公问孔子："子从父命，孝乎？"问题被重复了三次但孔子却不回答。孔子走出宫廷后告诉子贡上述对话并问其想法。子贡说道："子从父命，孝矣……夫子有奚对焉？""小人哉！赐不识也！"孔子说道："父有争子，不行无礼……故子从父，奚子孝？……审其所以从之之谓孝。"（《子道》）

《孝经》记载了此故事稍微不同的版本，孔子对鲁哀公的问题表现出更强的不快（《孝经·谏净第十五》）。其中也强调，孝最终被表述为"立身行道，扬名于后世，以显父母"（《孝经·开宗明义第一》）。为此最终目的，书中对天子、诸侯、大臣、士人与庶人提出了不同的遵循规则，而其每一条的履行都意味着孝（《孝经·天子第二》、《诸侯第三》、《卿大夫第四》、《士第五》、《庶人第六》）。同样的主题重复出现在《礼记》中——人不应该仅仅服从其父母，而应协助他们遵从道。最高层面的孝子会给父母带来荣耀，其次的不会给父母带来耻辱，最低限度的则仅仅关照他们的基本需求（《礼记·祭义》）。该书进一步强调，即使做出最微小的举动，一个真正的孝子也不会忘记其父母——他不会犯给自己带来耻辱的错误，不会危害父母所赐予的身体（《祭义》）。《礼记》进而主张，某人如未能在日常生活中举止庄严、事君以忠、行政以敬、交友有信且战时有勇，则会被视为不孝（《祭义》）。于是孝便成为包罗万象的原则，指导着人类行为的方方面面。服从父母仅是其中微不足道的方面。

　　然而还遗留了两个问题。第一，孝为什么受到如此强调？无论孔子还是他的任何追随者，均未对此明确回答。但他们似乎都同意三个前提——人因父母获得生命，父母为养育子女付出极多，而人应做出回报。由此可推论，人应当最大限度对父母感恩，并竭尽所能报答他们。第二，为什么儒家经典中对于父母对待子女的行为只有很少的提示呢？答案似乎在于，父母被假设自然地关爱后代并且知道什么对他们最好。此假设在古代肯定曾被广为接受，而无需考虑其证据。

　　不同政治等级之间人们的不平等关系是一个更为严重的问题。在孔子的时代，不仅有世袭的贵族，也有世袭的官职。结果便是高度的集权与少数家族的特权。孔子并未批判这一体制，但试图灌输权力与特权需要承担更多责任的观点。他不仅强调统治者应表现得像一个统治者而臣民像臣民（《论语·颜渊》11），且暗示说他们之间的关系应是有条件与本质上互惠的，更以丰富的细节指明其应如何运作。让我们首先来看一下他对出仕者所建议的规范。他说臣事君以忠（《八佾》19），献身职责，并以礼行事（《八佾》18）；臣下永远都不应该欺骗其君主，但却应有直言的勇气（《宪问》22）；在朝者应尽力履行其职责，如失败便放弃自己的地位（《季氏》1）；大臣应事君以道，而当行不通时便辞职（《先进》24）。显然，从这些言论可见，在孔子看来在统治者与正当的统治之间存在着区别，对于官员而言忠于最高权力是次要而非首要的。

　　从另外的角度来讲，根据孔子，统治者在与其臣民的关系中必须遵循更多与更严格的规范。一般而言，他必须依照特定的礼仪来差遣臣民（《八佾》19）。但良好的统治要求更多。他必须为臣民树立榜样，并且为此必须首先端正自己——因为政治就是"正"（《颜渊》17）。如君主通过端正自己来领导人民，又有谁敢不"正"？（《颜渊》17）但如果君主自己不"正"，他又怎能端正他人？（《子路》6）实际上，如果统治者本身"正"，人民便会不待命令而遵从他，但如他自己不"正"，人民便会无视其命令而拒不服从（《子路》6）。如果他不贪婪，即使奖励盗贼，人民也不会去偷窃（《颜渊》18）。统治者的道德力量如风，普通人如草，当风吹过，草必弯折（《颜渊》19）。

　　"正"意味着什么？如上所论，孔子相信，基于相似的人性与共同的经验，存在可被广泛接受的标准（standards）。由此可推断，与这些标准相一致便是"正"。但我们在《论语》中没有找到"正"的定义。从他种种关于统治的言论，我们得到的印象是，一个"正"的君主，必须有特定的态度并承担特定的责任。首先，他应"正名"——建立一套标准（《子路》3）。其次，他应举止庄严（《为政》20）。他应孝顺父母关爱子女（《为政》20）。他应尊重贤人包容大众（《子张》3）。他应奖励善良同情不足（《子张》3）。他应循礼而信奉义（《子路》4）。他应身先民众，为之辛劳，且永不厌倦（《子路》1）。他应为官员做出表率，恕其小错，并奖励良材（《子路》2）。他应轻税（《颜渊》9）、富民（《子路》9）。他应教育民众（《子路》9）。他应摒弃放纵的音乐并让自己远离阿谀之徒（《卫灵公》11）。他应抬举正义矫正邪恶（《为政》19）。他应慷慨而不浪费，庄严而不傲慢，令人畏惧而不凶恶（《尧曰》2）。他可以有欲望但却不应贪婪，应勤奋工作而从不抱怨（《尧曰》2）。如果不首先教导人民，就不应残酷地施加惩罚，不应出令缓慢但苛求期限，且不应吝啬对民众的奖励（《尧曰》2）。他应意识到，作为臣民虽不易，作为君主则更难，并且作为统治者，他永远不应因自己的命令单纯地从不被违抗而感到满意（《子路》15）。更进一步检视《论语》，我们有可能发现更多孔子对统治者责任的思考可以添加到以上列举中。但我们的所见已经足以表明，对比统治者所负的责任与对于臣民的要求，其间包括了相互的义务关系。

　　孟子对于政治关系中互惠性的观点更进一步。首先，他预设人性善，且他认为人可在自己内心发现行为规范的理论包含着人类道德上的平等。如果某人恰当地扩充了自己之"四心"，或内在的道德感，他便会与任何人一样善良。因此孟子引征成覸与颜渊。前者是齐国大臣，据传他说道："彼（齐景公——引者注）丈夫也，我丈夫也，吾何畏彼哉？"孔子的学生颜渊据说曾沉思说："舜何人也？予何人也？有为者亦若是。"（《孟子·滕文公上》1）实际上，孟子甚至声称人人可为尧舜（《告子下》2）。也就是说，所有人道德发展的潜能都是一样的。

　　这个人类平等的观点似乎与在任何社会中都有统治与被统治者的事实相冲突。孟子意识到了这一点，声称社会需要统治者正如需要农夫、陶工、铁匠等等。将人分为统治者和被统治者，乃是达到有效劳动分工的手段。这两个阶层做不同的工作并得到不同的奖赏。执行更困难任务并比被统治者担负更大责任的统治者获得更多奖赏，是公平的（《滕文公上》4）。

如果人类本质上平等，一切社会规范的基本要求必定在于，人与人之间关系的各方应以相互关心与尊重来互动。为了说明这一点，孟子从互惠的一般原则入手：关心与尊重他人的人总会被他人爱戴与尊重。因此，如果某人苦于被无礼冒犯，他应反思自己的行为——我是否不仁慈、无礼貌或不忠诚？（《离娄下》28）这种对互惠性的强调在孟子对君臣关系的讨论中特别强烈。一般而言，他观察到："君之视臣如手足，则臣视君如腹心；君之视臣如犬马，则臣视君如国人；君之视臣如土芥，则臣视君如寇仇。"（《离娄下》3）

孟子认为君主应如何对待其臣民呢？他要君主与人民分享喜好，使后者得到同样的快乐（《梁惠王上》2，《梁惠王下》1、2、4、5）。一个人只有满足基本需求后才能享受人生，君主应为普通人提供充足的耕地并使之有时间对其善加利用。他应避免横征暴敛，当人民闲暇时，则应在公共学校内以适当的规范来教育他们（《梁惠王上》3、5、7，《滕文公上》3）。这是一个高标准，但孟子认为，这样做实际上并不困难。君主需要做的一切只是检视自己内心并理解民众的感觉。如果他能"老吾老以及人之老，幼吾幼以及人之幼，天下可运于掌"（《梁惠王上》7）。

中国人传统上相信统治者因天命而掌握权威。但孟子发现人民的赞同对于天命而言是必须的（《万章上》5）。实际上，他引用《尚书》说道："天视自我民视，天听自我民听。"这就是为什么他声称"民为贵，社稷次之，君为轻"（《尽心下》14）。所以他争辩说，得民心者得天下而失民心者失天下（《离娄上》9）。对于人如何赢得民心，孟子建议说，一般而言君主应做到"正"和"仁"，并为民众树立榜样（《离娄上》20）。更具体讲，他应提供人民所需并避免强加于人（《梁惠王上》7）。如果未能有效领导并关爱其臣民，君主应承担不良后果的责任（《梁惠王下》6）。对忽视并虐待其臣民的暴君加以放逐或诛杀乃是正当的（《梁惠王下》8）。

为了证明自己的观点，孟子回顾以往历史并主张三代均因"仁"而得天下，且因残暴失职而失天下（《离娄上》3）。《尚书》的确充满了表明民之所欲总为天所从的记载，[①] 如果君主善待人民，他们便遵从他；如

---

　　① 此观察见于《尚书》逸文《泰誓》中。此为《左传》所引用，见洪亮吉《春秋左传诂·昭公元年》（中华书局 1987 年版），第 633 页。

果君主虐待人民，他们便会成为他的仇敌（《吕氏春秋·离俗览第七·用民》）。教训是清楚的：君主与臣民之间的关系并不简单是统治与服从。在根本意义上，它是互惠与有条件的。

孟子更为强调君主与士人之间关系的互惠性，后者作为一个阶层在他的时代获得了重要的政治地位。原则上，他争辩说，寻找机会服务政府的士人作为一个人，与君主是平等的（《滕文公上》1）。在世上一般具有的三种尊贵中，通常仅占据统治地位的君主并不比拥有另外两种尊贵——"德"与"齿"——的士人更可敬（《公孙丑下》2）。因此，君主不应传唤士人。如果他需要建议，则应如学生般求教（《公孙丑下》2）。当士人与君主谈话时，他不应畏惧后者的地位，因为那只是他应蔑视的微不足道之物（《尽心下》34）。如果一位学者被邀请服务于君主，他这样做仅因这是一个尊敬的邀请且君主同意遵从其建议（《告子下》14）。当他事君之时，他应引导君主以至于道——为"仁"（《告子下》8），并在建议被忽视时放弃职位（《告子下》14）。他当然不应不经尝试改变君主的行为便离开。士大夫有责任"格君心之非"（《离娄上》20）。无此，国定亡（《告子下》15）。也就是说，士大夫最终服务于某种高于君主的东西——国家的最大利益。为此他们不能简单恭顺于君主。

荀子也相信君民之间的关系应是互惠的。但他就此面对更大理论上的困难，因为他相信人性恶——自私且忘恩（《荀子·性恶上》），并且人除非群居而不可能满足自身需求（《王制》、《富国》）。由于人性恶，人便不能从自己内心发现规范，而没有规范，个人在努力满足自己欲望的时候，便会相互争斗并导致混乱、使生活艰难（《富国》）。为免于此，过去的圣人发明出对人性的控制并尝试对其加以改变。这些控制便是礼，后者规范着日常人们的互动并构成了法律与其他社会制度的基础（《礼论》、《性恶》、《解蔽》）。

但如果规范不能从人心中找到而不得不被强加于他们（《礼论》、《法行》），这便包含了对权威主义的要求。虽然荀子自己对此加以否认。他仅将古代好的"先王"视为"圣人"，并仅将礼视作"先王之道"与经典所载（《劝学》、《儒效》）。此外，一旦相信每个人都能通过教育而成为圣人（《劝学》、《性恶》），他便不像后来人那样，不加区分地称所有统治者为"圣人"。其次，在《荀子》中，"礼"与"义"相关联。于是礼不仅仅是圣人独自的创造，也与义的常识相一致。这就是为什么荀子

说："礼以顺人心为本，故亡于《礼经》而顺人心者，皆礼也。"（《大略》）

圣王与其臣民之间的正确关系是什么样的呢？荀子比孔子和孟子赋予君主更多的职责。根据他的看法，君主如父母养育子女般养育人民。他为他们去除有害的而增进有利的。他会如对婴儿般保护他们（《礼论》、《王制》、《君道》、《富国》）。但这并不意味着他直接呵护哺育他们；这意味着他会给予他们满足自身基本需要的手段与时间，不与他们相争夺也不过度剥削他们，选择正义之士为官，并且最终教会他们规范（《议兵》、《王霸》、《君道》、《富国》、《大略》）。完成这一切，关键在于修己——学习并观察礼。统治者如容器而人民如其所盛之水，如果容器是方形的，水自会适应这一形状（《君道》）。换言之，如果统治者善良，人民就会像他。此外，他们不仅会变得善良，而且还会爱戴他如父母、敬仰他如神明（《富国》、《王霸》）。

这里似乎再次包含了权威主义。但将统治者比作父母或神明并非荀子首创。《孟子》、《尚书》与《诗经》也说好的统治者对人民应如父母照料婴儿一般（《孟子·滕文公上》3、《梁惠王下》7，《尚书·洪范》、《康诰》、《召诰》，《诗经·南山有台》、《泂酌》）。当然，古代作品中广泛使用的"天子"这个说法，具有某种超自然的意味。但荀子说，只有在圣王治下，人民才需要遵循其道德榜样（《荀子·臣道》），而他视多数统治者如常人。面对平庸的君主，臣民无需顺从，仅应据"礼"相待（《君道》）。高官们甚至应该更为独立。当君主错误地危害到国家时，他们应该劝谏他，如后者不听进言便辞去职务。稍好的情况是，他们应与君主争辩，如不被理睬则应自杀。在更好的情况下，他们可以领导其他官员一同劝说君主接受其建议。最好的情况是，他们接过君主的权力以从灾难中拯救国家（《臣道》）。荀子还主张："天之生民，非为君也。天之立君，以为民也。"（《大略》）他又说道："君者，舟也；庶人者，水也。水则载舟，水则覆舟。"（《王制》）这表明他强烈拥护互惠与有条件的君民关系。

现在我们来思考一下孔子提出的另一种为"仁"之道。虽然任何人都可能检视内心并发现规范，但这对于缺少内省习惯的人们而言并非是轻而易举的。他们更易于遵循已经设立起来的规范。在孔子的时代，"道"、"德"、"政"、"刑"与"礼"的规范已经形成。礼在孔子看来特别地有用。据他说，如果人规训自己并依礼行事，便可成仁（《论语·颜渊》1）；如人们由道德原则所引导而遵从于礼，他们不但会有羞耻感，而且能纠正自身（《为政》3）。因此，如在高位者爱礼，则民众易于差遣（《宪问》41），一般而言统治就不再有困难（《里仁》13）。《论语》中仅有一些简明的段落谈到某些孔子对于礼的观点，比如，"礼"不仅是"形式"（《八佾》3、《阳货》9）；其可能同时来自习俗（《子罕》3）与权威（《季氏》2）；未必所有的礼都是好的（《子罕》3）；而好的礼基于人的情感与理性（《阳货》19）；礼使得行为仪式化（《泰伯》2），正如一幅画上的最后一层色彩（《八佾》8）；且其有助于规定社会阶层（《八佾》1、2、22）。

一个段落记载了学生林放问孔子礼的根本。"大哉问！"夫子感叹并说道："礼，与其奢也，宁俭；丧，与其易也，宁戚。"（《八佾》4）礼的本质在于应表达出真正的情感。因此孔子强调，祭神或祭祖灵时，人的行为应该如同这些灵明实际在感知其情感。如果不能全心投入，此礼最好就根本不要实行（《八佾》12）。

礼背后的真实情感是什么呢？除了在适当的场合或悲伤或快乐，孔子强调了所有礼的本质方面——"敬"。这一点在他有关人应如何祭祀神灵的建议中尤明晰。同样的，孝子也不应仅仅供应父母的衣食，而且还应保持尊敬与高兴的态度（《为政》7、8）。"敬"也是对官员行使职责时的要求（《学而》5、《卫灵公》38）和统治者统治人民时的要求（《雍也》2）。子产因敬事尊长而赢得孔子的赞扬（《公冶长》16），而晏平仲也因善于交友并对他们保持尊重而赢得赞扬（《公冶长》17）。的确，人人都应以尊敬的态度行事。如果某人行礼而无敬意，这在别人看来又有什么意义？（《宪问》42）

孟子也珍视礼的价值。他甚至认为，在某些情况下循礼比食色更重要（《孟子·告子下》1）。但荀子更为极端。因为人们不能发现内心已有的规范，他们便需要客观规则以引导自己。礼定义了每个人的社会角色或者"分"——他在群体生活中所担负的责任（《荀子·王制》、《礼论》、《富国》）。因此，礼乃是判断人的行为是否与其"分"相一致的标准，正如秤以称重量、矩以量角度、规以定方圆、绳以确认平直一样（《修身》、《王霸》、《富国》、《礼论》）。

某人之"分"应如何定义呢？荀子主张其行为与能力乃是决定性因

素 (《王制》、《富国》、《王霸》)。因此，统治与被统治阶层的成员应由
其能否遵循礼与道来决定。如果君王、卿士、大夫之子不能循礼，他们便
应被降为庶人；如果庶人之子能循礼，则他们应成为卿大夫 (《王制》)。
于是荀子在某些情况下准备以社会精英来代替世袭贵族。

虽然荀子比孔子与孟子更重视礼且讨论也更多，儒家最广泛的对于礼
的讨论出现在《礼记》中，本书认为无礼则其他规范均无效，也没有个
人行为或公共事务可得到适当处理 (《礼记·曲礼》)。

因此，本书对礼的诸多方面进行了深入的探究，涉及其起源、目标、
特性、理由、施行、潜在效果以及与其他规范之间的关系。其多数结论均
支持孔子、孟子与荀子的基本观点，但某些篇章也对其有所发明。大多数
礼被认为源于人表达欲望与情感的需要 (《礼记·礼运》、《问丧》、《三
年问》)，不过是以一种有节制与温和的方式 (《檀弓下》、《仲尼燕居》、
《三年问》)。多数礼由统治者创制，但在某些情况下，普通人也参与了此
种创制 (《檀弓上》、《檀弓下》、《礼运》、《乐记》)。因此，与正义相一
致的行为可成为礼，即使其并非由先王所创制。

礼的最终目标，如《论语》所明言，乃是达到和谐 (《学而》12)。
《礼记》也将此列为目标之一 (《祭义》)，并描述此和谐状态为"大同"，
其中不仅人类相互之间，也与神灵相处融洽 (《礼运》)。为此，礼被设计
用来规定所有人的地位与在群体中的角色 (《经解》、《哀公问》、《仲尼
燕居》)，指导人应如何与他人互动，[①] 以避免做事过火并防止其他种种过
度 (《檀弓上》、《檀弓下》、《经解》、《仲尼燕居》、《坊记》)，从而使行
为更合理、可预见和高雅。

在《礼记》中，有一条核心原则被称作"絜矩之道"——"所恶于
上，毋以使下；所恶于下，毋以事上；所恶于前，毋以先后；所恶于后，
毋以从前" (《大学》)。这当然与孔子更简明的互惠原则基本相同。

在礼的下面，还有一种感恩与谦卑的精神引导其施行。因为个人的生

---

① 就男女之间应如何互动，见《礼记·曲礼上第一》、《内则第十二》；就夫妻之间应如何
互动，见《内则第十二》、《哀公问第二十七》；就儿子应如何对待父母，见《内则第十二》；就
儿媳应如何对待公婆，见《内则第十二》；就公婆应如何对待儿媳，见《内则第十二》；就与父
母和妻妾一同生活的男人应如何表现，见《内则第十二》；就嫡子与庶子如何互动，见《内则
第十二》；就妯娌之间应如何互动，见《内则第十二》；就某人应如何与尊者互动，见《曲礼上
第一》、《少仪第十七》。

活与福利依赖许多其他的人和物，人应对其感恩并对自己之所得有所回报。因此《礼记》说，如某人得善待而未加回报，乃是非礼的（《曲礼》）。这就是为什么人应孝顺父母并感恩他人。此书也解释了为什么古代帝王会在每年年底祭祀造福民众的万物之灵，后者包括了捕食田鼠的猫与捕食毁坏庄稼的野猪的虎（《祭义》、《郊特生》）。

同样的，夏、商、周三代的伟大君王的统治始于尊敬助其家族延续的妻和作为祖先后裔的子。敬重妻子之人也会敬重众人（《哀公问》）。

从这个一般原则出发，人人都表现出相互的敬重，并由此生发出一套限定其关系的详细规则。统治者与被统治者之间的关系尤其麻烦，因为他们通常被视为处于不平等的地位。《礼记》意识到了这一点（《乐记》），但正如《论语》、《孟子》和《荀子》，其对统治者的要求远胜于被统治者。据说统治者应追求"仁"，保护民众如同赤子，重视他们的欲望，并避免他们之所厌恶（《大学》）。特别地，他应该为普通人和官员提供制度标准与谋生手段（《王制》）；给予孤儿寡妇和残障者以特殊的关照（《王制》）；杜绝过度聚敛与征调劳役（《王制》）；削减政府开支与享受，除非他确定人民不会因水旱之灾而挨饿（《王制》）；并且最终，修养自我为民众榜样，根据"道"来教育后者，且以礼来纠正他们，从而使他们拥有是非感（《王制》、《学记》、《缁衣》）。

一旦他以如此态度对待人民，后者反过来也会待他有如父母（《表记》）。但是在最后的分析中，人民的行为更为重要，因为根据《礼记》，统治者是为了民众而存在，并且会因为他们的决定而被罢免。

互惠性在统治者与官员的关系中更被强调。古礼要求被放逐的大臣为其以前的君主举哀，《礼记》说道，如果被放逐者以前的君主曾经待他以礼，则他仍需依礼而行。如果君主一开始就差遣臣民如犬马，而后弃之如投深水，则此哀悼之礼不必施行。这是在哀悼什么呢？《礼记》认为，被放逐者不引导外国军队侵略其以前的君主就已经很好了（《檀弓下》）。这是一个比孟子讲述同一个故事时更强的立场。① 但《礼记》甚至进而认

---

①　齐宣王有一次问孟子，一个被放逐者应如何哀悼其以前的君主的死亡。孟子回答说："谏行言听，膏泽下于民；有故而去，则使人导之出疆，又先于其所往；去三年不反，然后收其田里。此之谓三有礼焉。如此则为之服矣。今也为臣，谏则不行，言则不听，膏泽不下于民；有故而去，则君搏执之，又极之于其所往；去之日，遂收其田里。此之谓寇仇。寇仇何服之有？"（《孟子·离娄下》3）

为，当君主犯错误，其大臣不仅应规劝其改正，而且应设法使之实现。此
种行为被誉为"社稷之义"（《少仪》）。

至此我们已经分析了儒家规范理论中的两组规则——首先是内在规
则，可由任何人通过检视内心而发现；其次是外在规则，由具备某些特
殊权威的人所设立。在后一组所确立的规范中，存在若干分组，涉及儒
家最为珍视的"礼"。另一分组，如孔子所言，则有关"政"与"刑"，
在他看来后者的效用比道德劝诫与礼要低（《论语·为政》3）。他没有
在《论语》中谈到"法"。① 孟子很少言及法，但他的确指出，无论法
还是道德，离开彼此都是无效的（《孟子·离娄上》1）。荀子将法定义
为礼的一个子类，但警告说法不应被机械地执行（《荀子·王制》、《君
道》、《致士》、《大略》）。在儒家经典当中，《尚书》与《周礼》因其
对于刑法的思考而引人瞩目。这里我们仅分析此两部作品中的少数要
点，这些讨论与《论语》、《孟子》和《荀子》有相似之处，且与本文
相关。

在《尚书》中，犯罪被视为主动与故意的行为〔《盘庚上》、《高宗
肜日》、《酒诰》、《多方》、《太甲》（《孟子·公孙丑上》4 引述）〕，违背
天与天子所建立的规范（《甘誓》、《盘庚中》、《牧誓》、《康诰》、《费
誓》）。因犯罪不仅危害其直接受害者，还会危害整个社会，其必须被制
止。因此当惩罚被用以处分，其更重要的目的在于使人民生活安宁且国家
繁荣昌盛，而最重要的是以公德来教育人民（《吕刑》、《盘庚中》、《康
诰》、《立政》）。这最后的目标对于儒家的司法理论而言最为关键。他们
将道德教育作为建立司法公正的前提。《论语》记载了对当权者的告诫，
他们在揭发犯罪的时候应该感到悲哀而非兴奋，因为在上位者失"道"，
民众长期放纵而不知义（《子张》18）。荀子讲过一个孔子拒绝听取父子
之间诉讼的故事，并谴责当权者失于教育双方各自正当的行为。据称夫子
说道："三军大败，不可斩也；狱犴不治，不可刑也。"（《荀子·宥坐》）
荀子认可同样的观点，并提出一系列教育人民的标准，尤其强调君主自身
应树立榜样（《议兵》、《君子》）。从这些材料我们可以看到，与广泛流
传的印象相反，儒家并不轻视法，只是将其看作有限范围的规范。他们不

---

① "法"字仅于《论语》中两见。一见于《子罕》24，指的是规范性言语（"法语
之言"）；另见于《尧曰》1，指的是官方标准（"法度"）。

主张将多数问题诉诸法，但即使在较窄的范围内施行于社会之弃民，儒家的法也是以公平与怜悯的原则为导向。

为了达到上述最终目标，对司法程序的控制非常重要。《尚书》中对此有一些详细讨论。在庭审中，必须倾听当事双方，证人与证据必须加以检验，并且驳回无根据的指控（《吕刑》）。在听讼和宣判之间应有五六天的间隔，在此期间法官应公平地考虑所有相关因素（《康诰》）。如果所指控的罪行因超出指控之外的因素而引起，罪犯则不应被视为有罪（《尧典》、《康诰》）。如果对某人是否应受惩罚存有怀疑，他便应被赦免。此原则为：宁放过一个罪人，也强于惩罚一个无辜者（"与其杀不辜，宁失不经"）。① 出于同样的理由，对某人的惩罚不应波及其亲属或其他无辜者。② 在主要惩罚宣判之后，根据《周礼》，应由上级法官自动审核，而且可以申诉至天子本人（《周礼·秋官·大司寇》）。在决断疑难案件时，天子应首先咨询高级官员，其次咨询低级官员，最后如有必要，咨询民众的观点（《大司寇》）。

在评估惩罚的时候，《尚书》提出了许多方法以确保适合其罪行（《吕刑》）。残酷的惩罚不被允许（《尧典》、《盘庚上》、《召诰》）。如果某一行为不是故意犯罪而是无心之失，则惩罚应被减轻（《康诰》）。同样，当怀疑某惩罚是否适当时，其也应被减轻（《吕刑》）。《周礼》扩展了这些原则，对那些不能预见其行为结果的人予以减免刑罚，并宽恕非常年轻与年老者和心智障碍者（《秋官·司寇·司刺》）。这里的多数观点均与孔子、孟子和荀子的倡议相一致。在其背后是儒家特有的原则：即使罪犯也应公平和怜悯地对待。

二

在仔细检视了儒家规范之后，我现在回答一下本文开始时提出的问题。我们首先注意到儒家不仅没有谈到"人权"，而且他们根本就没有谈到"权利"。人们可能会奇怪，古代中国人在签订合同、进行民事或刑事

---

① 此原则为《尚书》逸文《夏书》所引用，见《春秋左传诂·襄公二十六年》，第587页。

② 此原则出于《尚书·康诰》逸文，见《春秋左传诂·僖公三十三年》，第347页。

诉讼的时候如何能缺少"权利"概念；而一旦有人主张一种特定的"权利"，其主张只有得到他人的自觉尊重才会富有成效。西方人从权利主张者的角度来看待此关系，并极为看重此种主张；儒家却从另外的角度看问题，并考虑他人接受该主张的意愿。因此，儒家并不认为某人不可以根据其所应得来主张权利。他可如此行事，而这被称为其"权利"或"分"。但"分"不只是"权利"的另一种说法。某种权利可被认为是人们之间互动的结果，来自社会的恩赐或某种可说是天赋的东西；"分"则严格就是社会产物——某人之"分"是对来自社会多数成员的共同努力之创造的分享，这在他们看来乃是其所应得的享受。"分"的有效性因此依赖于相关人士的善意；人并非生而有"分"，其"分"乃是社会所允诺与分配给他的东西。

儒家认识到，为了过一种好的人生，人必须分享社会财富（在宽泛的意义上，这包括货物、服务与人际关系）以满足其生理、心理与精神需要。他们特别提到对于食物、衣服、住所、色欲与教育的需要。对于这些财富的要求现在被称为人的"社会与经济权利"，但儒家并不认为，说某人仅因为是人便可如此要求是有意义的。相反，他们考虑到那些可能会受此要求影响的人，认为因为他们与权利主张者享有相同或相似的人性，则他们应赞同后者的基本需求并尊重任何对此的合理要求。

儒家没有讨论过今天被理解为人的"公民与政治权利"的内容，但他们从一个不同的角度来看待处于不同地位与立场的人们之关系中产生的问题。他们论辩说，此关系应是公平与互惠的，但他们再次强调，个人或团体仅要求特定的待遇并不够；所有相关者，特别是那些掌权者，应被教导自我克制并尊重上述个人或团体，但他们知道如此的教育并不容易，而这就是为什么他们假设相同或相似人性而加以承诺，并将共同接受的礼作为规范。该假设被用来为他们所提倡的人际关系中的同情、公平与互惠提供概念基础；其根据是，他们相信在所有可能的规范当中，基于人类情感的礼在培养自身的谦卑与对他人的尊重中是最为有效的（《礼记·经解》）。

因此，虽然儒家没有谈到"人权"，他们也主张人们应该像同胞一样彼此相待，并相互帮助，去过一种好的、人道的生活。这种观点显然与"人权"的概念兼容。实际上，我们可以认为，儒家规范可促进任何一种人权，原因在于，如《礼记》所描述的儒家乌托邦，在那里"大道之行也"，每个人"皆有所养"，分享到世间财富，并以尊敬和爱来对待其同伴（《礼运》）。

现在来看我们的第二个问题：儒家规范在实践中有助于好的、人道（有效地保障所有"人权"）的生活吗？为寻找答案，我先进行一个比较。西方诉诸特定对于"人权"主张的实践在我看来具有两个优点：它使人们清楚他们可以主张什么，并且将此主张提高到几乎最高的道德地位，鼓励人们对此加以维护和斗争。但此实践也带来一些问题。首先，在特定的最低标准之上，不同时代和环境中的人们可能不赞成同一种好的、人道的生活。其结果就是，"人权"的列表不得不被经常重构，且各种权利的意义不断被重新解释。其次，特定权利出于"人性"的观点——人天生拥有权利——乃是虚拟的。坚持将某些主张贴上暗含的、自然的、天生的与神圣的"人性"的标签——而其并非被普遍接受，会不可避免地导致权利主张者与其对手之间的对抗，而在这样的对抗中，其结果可能较少取决于主张的优点，而更多取决于主张者影响决策程序的能力与资源。

从另一个角度看，儒家规范的好处在于，教导民众相互尊重并引导他们友好地解决其分歧，这在我看来是永恒与普遍的。的确，如果人们成功地被教育去重视相互的需要，并尊重相互的"应得"，便不会有严重分歧存在，而任何人也都无需对自己的"权利"加以维护与斗争——这里没有对抗，只有和谐。不过这一进路仍有其问题。这使人较少确信，自己能否从社会获得什么。因此，如果儒家规范尚未被彻底接受并遵守，某人所得可能或多或少于其所应得。对此不平等的矫正通常是缓慢的。在非常情况下，所得较少的人们常常不能奋起要求其应得。如果他们被压制的憎恨最终爆发，便会造反而给社会带来灾难。

在近期关于人权的讨论中，既有此概念普遍有效性的倡导者，也有强调特殊文化传统的人，后者对于什么才是好的、人道的生活持不同看法。我的结论是，西方与儒家的观点概念上兼容，但实践上有异。我倾向于认为，因为每种实践进路都有其问题，其无一足以导向好的、人道的生活。幸运的是，此两种进路并非相互排斥，而是互补的——人们可以首先学习儒家规范并变得富于相互之间的同情与尊重，之后再确定他们具有特定的"权利"，在有必要时，他们可对后者加以维护与捍卫。人们由此得到此两种进路的益处并杜绝其问题。因此我向生活在儒家传统与更习惯西方"人权"观点的两方面推荐此两步走的进路，并希望结合东方与西方的智慧，能使我们更好地达到共同的目标。

（作者单位：台湾"中研院"历史语言研究所。梁涛、匡钊译）

人权与和谐

[美] 安靖如（Stephen C. Angle）

一 引 言

本文撰写之时，北京法律界正热烈猜测中国很快会修订宪法，把"社会主义和谐社会"列入中国的最高理想之中。在上次 2004 年的宪法修订中，增加了对人权的承诺，尽管这些承诺并非出现在最重要的"序言"部分。但还是可能会引起不少问题，例如"人权"与"和谐社会"将会在中国法理学上担当什么角色，以及政府是否会认真履行对这些价值的承诺等。本文不以这些具体问题为焦点，反而关心一个较为抽象，并且我认为是优先的问题：是否可以对人权与和谐同时做出承诺？或者说，二者之间是否存在较强的张力？

有很多理由使人们认为，人权与和谐难以相容。尤其谈到中国，人们可能会认为这两大价值来自根本不同的传统，因此并无特殊理由去期望它们能够协调共存。人们也会很自然地想到，两者的开展方式是非常不同的：人权设定了一条不能逾越的底线，而和谐则为一个极难把握的理想，我们心向往之，却不能期望它一定会实现。倘若两者的开展如此迥异，则任何同时实现或同等珍视它们——更不用说更为看重和谐——的意图，看来注定陷入混乱或矛盾。再者，人人各自奋力保护一己的人权，不正是意味着不和谐吗？就此而言，和谐岂非等于要求牺牲一己权利，以期实现更大的目标吗？最后，即使这些问题都能回答，但忧虑仍然存在：人权可以被制度保障，但和谐的价值却难以被制度化，因而在政治和法律运作上是一个不受约束的变项，随时可以被用来为不讲规则的专制辩护。

本文旨在论证上述所有问题都是可以解答的：对人权与和谐的同时承诺，不仅是相容的，而且是可取的。当然，两种价值在个人生活与集体建制中应如何体现，是有明显差异的，但这些差异可以通过有效的、非任意的方式来阐明。为了论证这一观点，我将利用近代西方道德和政治哲学以及现代儒家哲学，同时也会参考早期的儒家观点（尤其是他们对和谐这一观念本身的看法）。虽然当前中国的问题是激发讨论的重要原因，但我所利用的材料以及从中得出的观点，却是普遍适用的。这不仅仅是一个关于中国的人权与和谐的论述，而是要证明这两种价值能够并且应该得到我们所有人的赞同。

二　传统与定义

无论个人还是组织，在反思其价值时都无需受限于其祖先的所思所行。传统和文化无疑在很多方面都是有用的原则和框架，但我论述的前提是，它们是可以改变的。各种传统和文化之间的交流，使我们能够互相学习和影响。尽管我们在理解和评价世界的方式上有很多差异——这些差异源于我们的历史传统与文化，但上述的跨文化交流仍然是存在的。文化间的经常接触，会引起其中一方或多方有所改变，虽然内部的批评以及经济、社会发展的本土反应也是传统和文化变迁的常见原因。总之，人权与和谐源自不同传统这个事实，并不成为两者不能相容的理由。

尽管如此，首先意识到我们不应夸大人权与和谐的不同性质，无疑是有益的。而关注这些价值互动的背景亦有助于对它们做出明确陈述，因为即使当今各文化内部和跨文化之间对"人权"与"和谐"（以及众多的类似概念）的意义已有相当共识，但细心考察其背景还是能显现出微妙而持续的差异。我在别处曾用过一句口号："求同存异"（engagement despite distinctiveness），去号召人们注意一个事实，即尽管有任何难以预料的差异存在，我们依然能够并且确实拥有建设性的对话。[①] 不过，当我们探究人权与和谐的关系时，对于议题有一个清晰、有根据的认识无疑是好的。

---

① 安靖如：《人权与中国思想——跨文化的探索》，第205—258页。

既然我关注的是中国，我将会在以往和谐与人权讨论与互动的背景下去探讨二者。正如刚才所说，那些普遍性论点不单适用于中国，亦同样适用于中国以外，但针对不同背景，一些细节还需要调整。这相当于我们所说的"有根的全球哲学"（rooted global philosophy），指从一个特定的出发点去从事哲学论述，例如一系列已被现代中国思想家所接受的概念资源，但同时也要对其他传统的想法保持开放。以这种方式所得出的结论应该是可以被广泛理解的——如果成功的话，也会有广泛的说服力——但其应用的具体方式将会是多样的。①

（一）儒学与和谐

接着让我们看看中国的和谐价值。这里无需做全面的历史回顾，相反，我将概述儒家阐释"和"的一些主要内容，这个字的贴切翻译是"harmony"（和谐）。② 早期的讨论中主要以音乐与烹饪作类比：和谐是各种互补性差异（complementary differences）的平衡，它可以使材料复杂的汤变得美味，或使中国古代乐器合奏出协调的乐曲。"和"与"同"（uniformity）相反，后者由于缺乏差异（例如味道、声音、意见等），只能带来坏的结果。和谐并不是由于应用不变的规则——即使有些成规可以很好地指导人——而是取决于对具体情境的适应。就算我们能够指出在某个特定的时刻和情况下可以获得完美的和谐，但和谐依然被理解为动态的，需要对持续变化的情境做出回应。尤其在后期儒家思想中，和谐不仅涉及政治与心理上的平衡，还意指宇宙中万物的平衡与互通。在这一点上，千万不要把儒家的"万物一体"理想误解为"同"：作为和谐的一种表述，它意指基于我们的互补性差异去认

---

① 目前的论点必须经过修正以适用于美国的情境，最显著的方法是进一步阐明美国传统中有关和谐的思想资源，并由此进一步阐明这一价值在现代美国的意义。

② 有关儒家和谐观念的背景与参考资料，参看顾史考《战国时期中国音乐思想中的统一与差别》（Scott B. Cook, *Unity and Diversity in the Musical Thought of Warring States China*, Ann Arbor, MI: University of Michigan Press, 1997）；李晨阳《中庸作为大和谐——不同于安乐哲、郝大维着重于庸的解读》（Li Chenyang, "*Zhongyong* as Grand Harmony: An Alternative Reading to Ames and Hall's Focusing the Familiar"），《道：比较哲学杂志》（vol. 3, no. 2, 2004），第173—188页；成中英《建立和谐的辩证法——中国哲学中的和谐与冲突》（Cheng Chung-ying, "Toward Constructing a Dialectics of Harmonization: Harmony and Conflict in Chinese Philosophy"），《中国哲学》（vol. 4, 1977），第209—245页。

可一个有机的内在联系，而非把所有人（甚或天地万物）的价值划一。

一般以为，儒家学说提倡个人应该为社会或国家的利益而牺牲自己的利益，并须服从当权者，这两点被认为是内含于儒家对"统一体"（unity）的肯定之中。① 的确，儒者要求我们以人己关系为背景去理解自身的利益：我的成就有一部分是与我的父母、孩子、朋友、学生、社会成员、志同道合等人的成就连在一起的。同样地，敬重合法的当权者（在家里、在工作场所、在公共领域）也是一种真正的儒家价值。但尽管如此，"和"与"同"的差别却可以帮助我们发现"牺牲"和"服从"之说的误导。对国家有着一成不变（uniform）或全心全意的忠，会令人以为个人利益与国家利益相比简直微不足道，以至完全牺牲都是值得的。而对领导一成不变、坚定的服从，意味领导命令的内容无关紧要，只需机械服从即可。然而，儒者非常清楚这样的"同"（uniformity）是错误的，既超出了平衡，也失却了和谐。和谐的价值来自它保护和尊重差异的能力，因为当这些差异（在适当程度上）被协调在一起而不是被消泯时，我们才可能变得更好。

我认为，以上关于"和"的基本思想，是所有儒者都会认可和接受的。② 当儒者谈论"统一体"（与"同"相对）这一很多语境下的重要价值时，必定是通过和谐这一视角来理解的。值得注意的是，一些 20 世纪的非儒家思想家也看到和谐的价值，并被吸收到西方政治理想中来，如霍布豪斯（Hobhouse）或拉斯基（Laski）不同的社会自由主义，他们也重

---

① 这是一个近期广为流传的观点："儒家的价值——利他、团结、道德、敬重权威——在整个历史时期，被各个皇帝和国家元首利用，作为维护等级制度与秩序的手段。"参见乔纳森·沃茨《包括妇女在内的中国圣人分支族谱——孔子的传统教育发现有利于弥补中国市场改革苏醒后的伦理空白》（Jonathan Watts, "Family Tree of Chinese Sage Branches Out to Include Women: Traditional Teachings of Confucius Find Favour as China Looks to Fill Ethical Vacuum in Wake of Market Reforms"），《卫报》（*The Guardian*, London, 28/9/2006），网络引用地址见 http: //www. guardian. co. uk/world/2006/sep/28/china. jonathanwatts。

② 另一种观点见皮文睿《儒家和谐与自由思想——思考的权利与权利思想》（Randall Peerenboom, "Confucian Harmony versus Freedom of Thought: The Right to Think versus Right Thinking"），载狄百瑞、杜维明编《儒教与人权》，第 235—260 页。尽管对和谐的本质有相当大的洞见，但皮文睿认为和谐至少在实践上会演变为团结和统一。

视和谐。① 然而，对"同"的欣然接纳——提倡个人牺牲和无条件服从——却出现在 20 世纪中国的政治修辞中。② 在探求和谐与人权的关系时，必须小心区分开"和"与"同"。

（二）　中国语境中的人权

现在让我们在中国的特定背景下简述和谐。我将从中国人权讨论史上的两个事实出发，它们意味在中国的特定背景里也许有较大空间让和谐与人权作为核心价值而共存。首先，儒者在中国的早期权利和人权论述中扮演了重要角色。其次，人权思想家们对于儒家价值的明确接受也在不同程度上延续。③ 这对我们的议题很重要，因为这些人别具慧眼地看出人权与和谐在概念上是相关的。一方面，对于权利的功能的一般理解就是保护合法的个人利益和行动领域，而且这些利益和行动正可与他人的相应利益和行动和谐地实现。根据这个观点，和谐内含于权利之中。另一方面，人权愈来愈被理解为个人实现其健全人格所必需的个人利益和行动领域。但"健全人格"不是一个纯粹的个人主义概念；一个充分发展的人格被理解为部分地仰赖于丰富的社会生活，因而意味着一种对和谐的认同。

这两种观点在 19 世纪和 20 世纪上半叶获得最明确的认同，时至今日，和谐仍然是很多中国人权理论建构的主题。④ 但尽管如此，我却不能轻易宣布胜利——"看到吧，中国人所理解的人权分明可与和谐相处，并无冲突"——因为从不同角度出发，进一步探究的质疑仍然有待回应。举例说，即使有人说他的人权概念是围绕和谐观念建立的，可是当面对挑

---

① 参见玛丽娜·斯文森《探讨中国人权——一种概念和政治史》（Marina Svensson, *Debating Human Rights in China: A Conceptual and Political History*, Lanham, MD: Roman & Littlefield, 2002），第 132、162 页。

② 这里有一种典型的态度，邓小平说："这次会议提出了加强党的领导，提出了加强民主集中制，加强集中统一。而集中统一，最重要的是思想的统一。有了思想的统一，才有行动的统一。"《在中央工作扩大会议上的讲话（1962 年 2 月 6 日）》，见《邓小平文选》（Deng Xiaoping, *Selected Works of Deng Xiaoping*, The Bureau for the Compilation and Translation of Works of Marx, Engels, Lenin and Stalin under the Central Communist Party of China, trans., 1st ed., 1992），第 286 页。网络引用地址见 http://cpc.people.com.cn/GB/69112/。

③ 安靖如：《人权与中国思想——跨文化的探索》，第 205—258 页。

④ 同上书，第 225—239 页。

战性的案例时，却往往显露内在的含混甚至冲突。也许今日中国对于人权的一般理解还未能如人们所相信的，可以作为对和谐的有力支持。那些质疑亦显示出，人权与和谐虽然可以被同样珍视，却只是建立在极为弱义的人权（相较于其他人权理解）之上，因而潜在地值得争议。换言之，跨文化对话显示出，如果欣然拥抱一种强义的人权理念，会付出严重代价。不过，这并非我的结论：我反而会论证，对和谐的正确理解是与强义的人权概念相容的。所谓"正确理解"建立在以上讨论的儒家观念之上，我对和谐的认同既由于其本身的吸引力，即较之于"同"的优越性，亦由于其与人权共存（甚至提高人权）的可能。要了解对和谐的正确理解如何与人权相容，就必须转向我更为具体的质疑。

三　非计算的平衡（Non-Arithmetic Balance）

我先从作为和谐核心理念的互补性差异说起。假设一个庞大群体的利益能通过忽略一个人的利益而提高。这岂非互补性差异的一个例子吗？这个假定的和谐方法或许能带来群体的繁盛和壮大。放弃待遇上的整齐划一，而给予一部分人较差的待遇，可能会带来更好的结果。这种对人权的侵犯，为何不是和谐所能容忍甚或积极支持的呢？

回答之前，必须先注意，并非所有差别地对待人们利益的事例都是侵犯人权。很多社会、经济和政治体制皆非平等对待人们，但并不威胁到他们的人权。（当然，有些社会、经济或政治体制会有组织地侵犯人权，但这个问题已超出本文范围。）这样，我们所检讨的不平等对待，必须苛刻得足以算作侵犯人权。

明白这一点，我们可以说和谐容许侵犯一个人的人权而令他人得益以作为抵销吗？要回答这个问题，我建议考虑当代美国哲学家迈克尔·斯洛特（Michael Slote）关于"平衡"的说法，因为他的非计算意义的平衡提供了一种说明，极有助于回应目前的质疑。斯洛特对于我们施予他人的关怀是如何并应如何分配很感兴趣。不同于某些哲学家认为"关怀"这个概念排斥对陌生人的责任的想法，斯洛特认为反思关怀的结构将显示出，一个好人关怀他人的特征可通过两种不同的平衡来表明。一方面，我们对自己认识的人所施予的关怀称为"亲密关怀"（intimate caring）；另一方面，对陌生人所施予的则叫作"人道关怀"（humane caring）。不同意义的"平衡"对应于不同种类的关怀。

斯洛特通过两种情况去说明第一种关怀和平衡。在每一种情况中，我们都设想一位父亲与"两名二十来岁的孩子，一位独立而成功，另一位则依赖性强而身体残疾"。在第一种情况下，这位父亲为残障的孩子付出的不是很多；在第二种情况下，我们设想"这位父亲应该对情况较差的孩子多加照料，而情况较好的一位则能照顾自己（并且没有怨恨）"。① 斯洛特的重点是倘若这位父亲同样关爱两位孩子，"他会始终如一地尽力照顾和关注他们"。在第一种情况下，他的有限努力不能换来很大成果。有鉴于此，在第二种情况下，如果他从后果论的角度出发，他会将全部时间用在那位不幸的孩子身上。然而，这位慈父不会永远只从事这种促进两名孩子的最大整体利益（greatest aggregate good）之事；他会"在对两名孩子的关心和爱护之间力求一定程度的平衡，这意味着他会少花一些时间去帮忙或关注那位较为幸运的孩子，而使这些时间能用来为另一位孩子带来更大利益"。② 斯洛特认为，这里所谈论的"平衡"观念，并非技术性观念，而是一个特殊观念。它不同于等量（equality）；而是两种考虑的平衡，也就是说，双方互不妨碍另一方，两者的关系亦非"不成比例或偏向一方"。③

斯洛特接着说，当面对特殊的、熟悉的人们时，关爱会根据上述的非整体性平衡（non-aggregative type of balance）来分配，而人道主义的关心（humanitarian concern）则会以整体的方式进行。斯洛特解释道：

> 举例来说，当一个人希望孟加拉人生活得好，甚至愿为他们的福利做慈善捐助，而该国中并无他认识的人，更不用说爱的人。这种仁爱的或人道主义的关爱态度倾向于在超越爱的程度上产生或体现近似功利主义的总体思维（utilitarian-like aggregative thinking）。在这种态度下，对一个不认识的孟加拉人（或许也听过那人的名字）的道德关怀，是可以被替代的，也就是说，他感到的是对孟加拉人民或孟加

---

① 迈克尔·斯洛特：《源于动机的道德》（Michael Slote, *Morals from Motives*, Oxford：Oxford University Press, 2001），第 67 页。

② 同上书，第 68 页。

③ 同上。

拉整体更大的人道关怀下……当关怀在更大的关怀下可被取代时，所运用的正是整体效用或好处的考量，这意味着，当一个人在人道主义的方式下行动时，他并不感到需要帮助或者爱任何特定的个体……而是不惜某些代价去考量整体或客观的好处。①

当然，为了使双向进路（two-pronged approach）能平衡运作，斯洛特需要解释亲密关怀与人道主义关心的联系。他的方法是再度援引平衡观念。然而，在这里，"平衡并不介于这位好人对某位特定亲友的关心和对任何其他陌生人的关心之间，而是介乎他对被视为一个类别的亲友们的关心与他对所有（其他）被视为一个类别的人们的关心之间"。② 这个想法是说，一个好人会用各种方法尽力做到这种平衡，而这种平衡通常会以这种方式实现，即当我们有能力为全人类做一些事时，我们往往为我们最爱的人做得更多。的确，我们如何做到平衡取决于我们对于整体（integrity）的领悟——确切地说，我将其理解为给予我们生命整体感和整全感的东西。③斯洛特说："倘若一个人的整体，一个人最深层的特性（identity）是只关心个人利益和非常狭隘的话，一种平衡关爱的道德（a morality of balanced caring）是难以被接受的。"④

区别了两类关爱以及相应的平衡之后，现在回到我们的问题上，即珍视和谐是否会导致侵害某人的人权以利于多数人的情况。斯洛特的著作所提供的初步答案是，如果珍视和谐的实际运作就像对亲密者的平衡关爱一样，那么，其人权受到威胁者并不会受到侵犯。即使有一定程度的差别对待，也是可以从容面对的，而导致侵犯人权的严重失衡（imbalance）的差别对待一定是不成比例的，因而是不能接受的。珍视和谐因而会引出与珍视人权一样的结论，它们之间并无紧张。

但以上结论马上会引来三种反对意见。第一，人权难道不应该同样被看作是对陌生人的保护吗？整体的（aggregative）关爱不正是设想当其受

---

① 迈克尔·斯洛特：《源于动机的道德》，第 69 页。

② 同上书，第 70 页。

③ 斯洛特视之为其理论的一个支撑点，它的要求看来介乎辛格（Singer）的极端需求后果论（extremely demanding consequentialism）与威廉姆斯（Williams）的道德整体的极端自由理论（extremely loose theory of moral integrity）之间，《源于动机的道德》，第 73 页。

④ 同上。

到挑战时容许以正确的方式保护陌生人的利益吗？第二，为什么珍视和谐会导致和谐地关爱？这个关爱来自哪里？第三，即使非整体的平衡是可行的，和谐地关爱似乎也只是可能导致与人权同样的结果，而我们需要的是真实、有保障的保护。

首先来考虑对于整体关爱的疑虑。的确，大部分人权议题关注的都是非亲密者。[①] 然而在亲密者与人道主义关爱施及的广大、模糊的其他人之间，仍有一大片中间地带。斯洛特也注意到他的关爱道德必须处理他所考虑的两极之间的"过渡地带"（gradations in between）。[②] 这个过渡地带的最佳描述或许是，这些人是不熟悉的，却仍然是个体。它可包括"陌生人"，但我们所说的乃是一特定的陌生人，而不是其他。而且，我会论证非整体平衡（或和谐）也适用于陌生人群，尽管与亲密者相比，其形式是弱化的。换言之，即使对自己不认识的不同人的关爱容许有对待上的显著差异，但却容不下严重的不成比例对待，以致会导致对人权的侵犯。至于那些模糊的、没有差别的他者群体，斯洛特没有给我们提供理由要求不以纯粹功利主义的精密计算去对待之，只要他们对我们是模糊和没有差别的。这不能成为侵害人权的源头，因为我们与这一模糊群体的交往实在是太遥远了。[③]

对第二个反对的回应可以强化和巩固我对首个反对的回应。关爱是儒家思想的基本要素，而且从一开始便与和谐联系在一起。和谐至少在中国的背景里并非无生命物的抽象平衡，而是珍重生命、充满活力、具有爱心的人的互动——包括人与更广阔的范围，无生命物，或至少无智慧生物，以及环境的互动。任何试图将和谐与对他者的感同身受（being alive to others）分开，都背离了孕育中国和谐概念的传统，并有掏空和谐上述内容的危险。注意到儒家关爱思想的这种联系强化了一个观念，即适用于非亲密个体的平衡是非整体性的，因为儒家关爱的另一个核心面是，一个人的关爱应由最亲密的人扩充至他人，最终到达天地万物。我相信在这幅图

---

①　各种对妇女人权的侵害对这种归纳构成一个重要的例外。

②　斯洛特：《源于动机的道德》，第65页。

③　一间跨国公司的经理选择了一项政策，使居住在公司旗下工厂附近的一群模糊而非具体分明的陌生人遭受巨大损害，这该怎么办？这里的问题并不在于该公司对那些工厂邻居之关心的总体计算的性质上，而在于其对自身利益的关心与对陌生者们的关心之间的不平衡。在此重申，此两种关心之间必须经得起非总体计算性平衡的考验。

景中整体的、人道主义的关爱仍有其作用，但充其量只适用于斯洛特举例中所说的模糊人群。

最后，即使上述所说都可以成立，我还必须面对这个问题，即和谐地关爱对人权的保障似乎并没有达到我们所要求的强度。我完全同意这一点，然而下文将会论证，和谐的首要道德要求是与人权的首要政治要求建立联系，以便人权能获得其自身所需的客观的和制度上的保障。但仍需注意，这个担心并不能真正构成对本节论点的反驳，本节的目的是指出，和谐一般而言不会驱使我们侵犯人权。

四　起事以图变（Rocking the Boat）

我对人权与和谐的相容性的下一个质疑将采取另一种进路。让我们假设某人的人权遭受侵害。和谐会驱使我们走向被动，不起事以图变，以至于即使意识到人权被侵害最终也不会寻求补偿和改革吗？我将分几个步骤来回答。我们的起点必须是回顾上文所提及过的"和而不同"的原则，它鼓励人们对眼前争端的不同观点开诚布公地表达出来。尽管如此，我的第二步仍得承认，对和谐的承诺确实会改变观点的表达方式，以及我们表达不满的制度。第三，我会论证，尽管有这些差别（较之于非寻求和谐的进路），对和谐作出承诺的社群成员依然能对一般的不公正，以及个别的侵犯人权，提出有力的批评。

我们从最基本的一点说起，即和谐不仅容许各种异见和批评的表达，并且事实上要求这些表达。为了说明这一点，让我们看一段儒家典籍的文字，其中比较了"和"与"同"。晏子对齐王说到二者的差异：

> 和如羹焉，水、火、醯、醢、盐、梅，以烹鱼肉，燀之以薪，宰夫和之，齐之以味，济其不及，以泄其过。君子食之，以平其心。
>
> 君臣亦然。君所谓可而有否焉，臣献其否以成其可……是以政平而不干，民无争心。……
>
> 先王之济五味、和五声也，以平其心，成其政也……今据（齐景公宠臣——引者注）不然。君所谓可，据亦曰可；君所谓否，据亦曰否。若以水济水，谁能食之？若琴瑟之专壹，谁能听之？同之不可也如是。（《左传·昭公二十年》）

唯命是从者不是良臣，因为他们不能胜任其重要职责，去纠正那些试图以不公正或自私的方式治国的君主。《论语》中有一段主旨相同却更为简洁的论述："君子和而不同，小人同而不和。"（《子路》23）① 至于早期儒家是否会主张一般的百姓——而不只是官僚——同样可以表达他们的心声，这是有争议的。② 不论我们如何理解历史传统，有一点是清楚的，即"和而不同"的主张应该普遍地应用于今日，所以当人们目睹或亲历不平之事时，应该大声疾呼。

迄今为止，一切都很顺利，但事实上目前的质疑不能这么快就被否决。我们至今仍未确切说明人们可以通过何种手段去抗议或抵抗侵害。另外，当一位朋友抱怨其在国家所遭受的对待时，我应该做什么？我是否应消解非难，建议我们从国家的角度看待问题？我应该记得的第一件事——或者已经习以为常了——就是，和谐地关爱我的朋友（那位受害人）需要一个处境化的恰当回应，而不是去寻求一个计算式的平衡。我必须考虑伤害的性质，所需要的治疗过程（生理的或心理的），以及在眼前与长远的适当解决方案中，权力作用出现的失衡。因此，即使对国家动机的善意理解会对我的反应产生影响，但上述各种考虑很可能会使我坚定地站在朋友的一边，为他呼吁、呐喊去争取补偿与长远改革。

必须知道，和谐是多面向和动态的。这在实践上意味着，一个潜在的短期和谐解决方案，必须也要从更好、更持久的和谐的角度去审视。这确实是我们不接受"同"的一个动机：对坏的决定或某人的暴虐逆来顺受，从根本上败坏了通往未来更佳和谐的可能。同时，对和谐的真正肯定要求我们必须考虑我们抱怨的性质和表达抱怨方式二者的后果。虽然，对严重

---

① 白牧之、白妙子（Brooks）夫妇将"同"翻译为"墨守成规的人"（conformist），此译法很好地反映了"同"的负面含义。见白牧之、白妙子《原始论语》 （E. Bruce Brooks and A. Taeko Brooks, *The Original Analects*：*Sayings of Confucius and His Successors*, New York：Columbia University Press, 1998），第 103 页。

② 在《孟子》里，著名的对于弑君的讨论常用以支持反抗暴政的权利，但在这部经典的其他篇章里却强烈表示，作者只将这种学说应用在政治精英身上，而非平民百姓。试对照《孟子·梁惠王下》8 和《万章下》9。也可看看《梁惠王下》4，其中明确地表示百姓不应批评统治者："人不得，则非其上矣。不得而非其上者，非也；为民上而不与民同乐者，亦非也。"

的侵害做出强烈反应几乎是天经地义的，但在很多情况下仍然可能是反应
过激：损害了整体和谐的可能性。一个由和谐价值塑造的社会，一方面会
极为重视调解冲突的方法；另一方面，他们会设计一些与诉讼有关的机
制，提醒我们去首先考虑其他解决方案。这些是细致的事情。调解的制度
和价值必须被仔细考虑，以免其功能沦为在任何争论中对权势者的祖护。
任何民法系统均需有一个激励结构（incentive structure），以成功地与我这
里阐释的和谐价值相结合，必须设计相关的激励以便整个法律系统能够真
正服务于需要它的人。

我说有时可能反应过激，意指这种反应若从获得更大和谐的角度看，
并不是最理想的。即使强烈、愤怒的反应是恰当的，但从和谐角度观察问
题的人会说，这些反应只有经过审慎考虑，表现在真正值得愤怒的情况下
才堪称最好。一个人的愤怒不应该干扰他的判断或影响他对无关之人的反
应。这听起来虽然有点不切实际，可是，倘若在特定的心理状态下只有两
种选择：要么大发雷霆而面临反应过激的风险，要么逆来顺受，对侵害听
之任之，那又该怎么办？

对于这个问题，没有万全的答案，但至少可以肯定，选择隐忍一时并
不表示无所作为。就是说，除非我们不能做出完美、审慎的回应，否则和
谐并不会要求我们袖手旁观，默然接受。反应不足与反应过激同样不可
取；在"和而不同"的原则下，反应不足可以说是更糟。此外，适度的
过激反应肯定比严重的反应不足好，所谓严重的反应不足，是指屈从或目
睹对人权的侵犯而坐视不理，不作控诉。一般而言，和谐不会阻碍对伤害
人权的抵制，而是要我们站起来发出呼喊。

我已经关注了一个人经历或目睹不义之事，应起身呼吁以作回应的情
况。可是，或许有人想知道，对于一般的分歧又应如何呢？和谐会使我们
压制或至少减小我们之间的分歧吗？或者说，"互补性差异"学说可以容
纳多少多元文化？[①] 考虑到我的关注在于和谐与人权的相容性——而不在
于较为广泛的问题，如和谐与自由主义的关系——我将会把问题具体化为
和谐能否与言论自由的人权并存。我们可从两个角度进入这个问题。一方
面，接受这样一种人权是否意味着我们必须放弃和谐的目标？另一方面，
如果我们从珍视和谐与互补性差异出发，是否会限制自由表达权利？

---

① 感谢陈祖为（Joseph Chan）说明了这个问题与本文目标的相关性。

　　有言论自由的人权，是否就没有和谐？当和谐如我所理解，则二者在这方面是不应该存在张力的。我在上文曾指出，和谐在中国传统中被理解为动态的，需要与时俱进，随机应变。为了应对新的挑战，需要有新的视角、新的投入（inputs），至于新的投入是什么，是无法预知的。此外，相互倾听有助于相互依赖感，使差异成为互补。当然，对和谐的珍视，如在文本其他部分讨论的，会使我们认可某些价值和制度，激励我们更富有建设性、更开放心灵去表达和倾听自己与他人的意见。问题是，这些价值和制度是否会限制我们的自由表达权利？认同和谐是否像多了一位絮絮叨叨喜欢说教的祖母式人物："亲爱的，安静下来吧，你的观点并非'有益'（complementary）"？但如果和谐并非各种差异静态的或前定的集合，那么，谁可以说什么是有益的呢？一般而言，谱写音乐和发明食谱需要有新的差异、创造。可以肯定，存在建立在公共利益广泛共识基础上的限制，但是没有理由认为它与被很多国家接受的限制有什么不同，例如，不能在剧院高喊"着火了"的限制。

　　本文大多数论点，较多地依赖于中国变易和生生哲学背景下产生的关于和谐的特殊观念。从"有根的全球哲学"的观点看，是不成问题的。"有根的全球哲学"依赖特殊哲学传统中发展出的可辩驳前提（defeasible premises），而讨论能被广泛接受的论点（argumentation）。虽然不尝试论证，但我猜想，在其他哲学背景下也可能产生极为相似的和谐观念，就像约翰·密尔在《论自由》一书里关于言论自由的经典论证一样。

五　道德价值与政治价值

　　至此，我已从两方面回应了对和谐与人权共存、共成的质疑，指出和谐既不会为伤害人权本身辩护，也不会对漠视伤及人权的事情护短。然而，值得担心的是，我对两种价值联系的证明是很脆弱的，因为它只是对和谐道德价值做出抽象论证。和谐可能是一样好东西，并非如最初想象得一样危险，但它不应归入宪法。有人可能会说，人权与和谐是在不同层面发生作用；若将其混淆，麻烦便会出现。我同意，这种担心是有其真实基础的，本节的目标之一就是要阐明一种方法，以辨别道德与政治价值的不同，使后者相对于前者，具有一种重要的独立性。尽管随着我们对人权与和谐的进一步了解，就会发现其实两者都各有其道德与政治面向。

仅仅人权不受侵害，并不保证一个人有幸福的生活。我们对生活希望得更多，而不只是不受折磨、不忍气吞声和不被禁止寻找工作。人权并不代表理想的生活，而是表示好的生活赖以建立的必要基础。它不是可供选择的物品，可希望成为生活的一部分，而是一个人时刻依赖的必需品。此外，一般而言，人权不容许有程度之分：只有被侵害与未被侵害。一个人不能被"部分地"折磨。① 这一切都与和谐形成对照，和谐尽管不是理想世界需要实现的唯一价值，却是理想生活的一部分。部分实现和谐是讲得通的。和谐看来并非人权一类的基础价值，而是有德者向往的目标，即便不一定能够实现。在多种意义上，和谐与人权实为不同类别的价值。其一是说，人权是基础性的政治价值，是人类政治社会的生活所必需的。另一方面，和谐可说是一道德价值，它的实现很大程度上取决于人们为了完善美德的不断努力。如果和谐是一个理想，或许它永远不会完全实现，但却能不断成为个人与社会的一项愿望。

如果我们这样区分人权与和谐，就能将它们与一个长期困扰儒家哲人的问题联系在一起，即理解道德与政治领域关系的最好方式。如果它们被完全看作是连续性的——就是说，如果人权与和谐被看作是互相等值的——那么，我们就要冒为了其他价值而交换（trading off）人权的危险。用 20 世纪最重要的儒家哲人牟宗三的话来说，这是以道德"吞没"政治价值和制度。由于我相信牟氏在这个问题上具有卓识洞见，我会直接转入他提出的解决方案中，而非详述儒家试图解开这一难题的故事。牟氏的方法将有助我们解决和谐与人权同时被认可的问题。

牟宗三的洞见是，道德与政治的关系是"辩证的"。举例来说，牟氏并不把一位领袖的政治品格（virtue）视为其个人的道德品格的直接延伸，而是主张两者的关系应是间接的。政治和政治品格必须从道德发展出来，

① 无可否认，这里确实存在一些复杂的问题。例如，言论自由之人权并非指一种在任何情况下皆可畅所欲言的权利：某些危险性的、诽谤性的、仇恨性的言论是应该禁止的。但尽管如此，只要界限清晰，则言论自由在一件特定的事情上仍然只有被侵害和不被侵害两种可能。另一个问题是权利保障的可靠性。一些国家有着更为完善的保障系统，这是肯定的，因此有些国家在承诺保障人民免受"一般威胁"（standard threats）上是做得较好的。不过，这只是保障的程度问题，不是权利本身的程度问题。参见亨利·舒《基本权利：生存、富裕和美国的外交政策》（Henry Shue, *Basic Rights: Subsistence, Affluence, and U. S. Foreign Policy*, Princeton, NJ: Princeton Ulniversity Press, 1996）。

但却有其独立、客观的存在。这意味着，例如人权必须有道德基础，但其衡量标准却有别于道德标准。反之亦然：完满的道德品格要求"否定（negate）自己的本性（自我坎陷）"，即要求一客观架构。① 客观架构（如法律）根本上有别于吾人所应该追求的那种主观体验的、内在化的道德。这种架构之所谓"取消"主观的品格是什么意思？首先，它并不意谓完全地否定。牟氏明确地指出，客观进路不具有所需要的"道德启迪"。客观政治价值是非常重要的，然而是有限的，不能触及生活的全部。② 其次，倘若我们想沿着纯粹黑格尔路线去设想牟氏的辩证关系，必须格外小心。在这种思路下，一个正题被一个反题否定，由此产生第三者，一个合题。但不同于该理论框架在历史发展上的应用，这里推定的反题（客观架构）没有被克服，而是存留下来。存留下来的还有个人道德修养的观念。无论从哪一方面看，这里似乎根本没有综合，只有一种不断的张力。然而，这一说法并有抓住牟氏的天才洞见。综合就存在于获得圆满德性的新的可能性之中；圆满德性，牟氏论证说，并不是脱离客观架构的概念上的可能。这个说法的具体含意是，无论一个人的道德成就如何，"若落在政治上发挥，他不能越过这些限制（政治世界的最高律则），而且正须以其伟大的人格来成就这些限制"。③ 总之，圣人不能破坏律法或违反宪法。政治因而有其相对于道德的独立性。

　　牟氏洞见的重要性是两方面的。首先，对于那些最大愿望是实现理想的道德价值，如和谐的人来说，它解释了为何虽然如此，还必须把他们自己限制在人权的客观要求上。正如杜维明（牟宗三的学生）所说，这意味"儒家的人格理想——真正的人、有价值的人或圣人——相比于在传统的君主专制国家或现代的极权主义政体而言，更能完满地在自由民主的社会中实现"。④ 牟氏自己明确地认为，儒学以往的严重过失在于它无视

---

① 牟宗三：《政道与治道》，台北：学生书局1991年版，第59页。

② 同上书，第125页。

③ 同上书，第128页。

④ 杜维明：《儒家视野下的人权——吴德耀纪念讲座就职演说》（*A Confucian Perspective on Human Rights：The Inaugural Wu Teh Yao Memorial Lecture*，Singapore：The Centre for the Arts of National University of Singapore，1996），第29—30页；关于和谐要求民主的一个非儒家论证，见朱学勤《和谐起源于民主》（Zhu Xueqin，"Harmony Stems from Democracy"），《中国日报》（*China Daily*，2/12/2005）；网络引用地址见 http：//www.chinadaily.com.cn/english/doc/2005 - 12/02/content_ 499872. htm > 。

对于客观的、制度化的政治价值的需要，尽管它看到了这些价值在纯粹道德领域中的重要性（依牟氏所说）。① 其次，从那些首先投身于人权的人的角度看，牟氏的理论框架提供了一种思考人权来源的有效方法，以及一个理解人权之不可侵犯的方法——正是在这一方面，人权有时被视为可优先于其他价值。人权只是一组最基本的政治价值，被理解为使我们可以完满发展的东西。

与其进一步追问牟氏论点的细节，不如我提出几点补充。首先，让我们记住，人权与和谐不是一种派生（derivation）关系，意谓一旦我们理解人权背后的道德推理，它们就会脱离模糊的道德世界，进入坚实的、客观的、制度化的政治价值世界。不是这样的，人权仍然需要道德，我们尊重人权的动机来自最基本的德育（moral education）。德育包含很多内容，牟宗三理解为一种普遍道德启迪的需要。② 我会把理查德·罗蒂（Richard Rorty）所讲的"情感教育"（sentimental education）包括进德育中去，在此教育中，我们对他人的意识和关心得以扩充，正如通过小说、艺术或其他方式的激励所达致的对他人的关注。无论如何，正如孔子在很久以前就意识到的，"道之以德，齐之以礼"远比"道之以政，齐之以刑"更能实现我们的各种理想（见《论语·为政》4）。

国内、国际合法政权对人权的制度化，已经是一个有深入研究的课题，我需要提出的唯一建议是，敦促大家继续探索人权的非法律进路，以及法律进路的不同结果。③ 此外，尽管作为一种道德价值，和谐这种价值也能承认一定程度的体制化。体制化的程度取决于这个国家对完美主义（perfectionism）肯定的程度。完美主义是这样一种理念：国家能够并且应该向其公民推广和提倡美好生活的有价值的观念，而不是完全放任其公民去自己寻找——或不寻找——真正有价值的生活。根据后一种观点，国家不应推广和提倡任何美好生活的具体观念，是一种国家中立，常常是自由主义主张的一部分。国家完美主义是一个庞大而复杂的课题，这里不能深究。但对于当前的目标而言，我们只需知道，审慎而有说服力的论证表

---

① 牟宗三：《政道与治道》，第114—123页。

② 同上书，第124页。

③ 参见萨拉丁·加西亚和巴斯克·卡利编《人权的法制化：多学科视角下的人权和人权法》（Saladin Meckled-Garcia and Basak Cali, eds., *The Legalization of Human Rights: Multidisciplinary Perspectives on Human Rights and Human Rights Law*, London, 2006）。

明，某种特定的国家完美主义可以是适度的，因而与人权相一致，尽管不能与完全的国家中立相一致。① 在这些政体中，广泛分享的价值是可以被推广、提倡的，尽管不是强制地推行。可能的推行方法包括教育、税务政策，对艺术的公开支持，以及非诉讼的纠纷解决机制，与法律系统内部鼓励非诉讼选择的激励结构。但无论哪种选择，都必须小心处理以求尊重每个人的权利并保持适度的完美主义。②

最后，我对本节将和谐制度化的讨论持严重质疑态度。我一直把和谐视为一种道德价值，但或许有人会想到，目前中国关于"和谐社会"的讨论不正是一种较为广泛的政治价值，甚至像人权一样扮演基础的角色？但在我看来，并非儒家的和谐道德价值，反而可能是对儒家和谐价值理论上的政治化，存在潜在的危险。

六　结　论

或许人们所想象的和谐社会与和谐并没有什么关系。或许它只是简单地强调稳定，强调民众不要挑战政权，强调民众默默忍受经济分化，而与共产党早期的平等目标相反。然而，中国的知识分子和领导将如何理解和谐话语的复活？现在下结论，尚为时太早。或许，社会主义和谐社会的建设反而会沿着以下路线进行：成为一个动态、发展的、和衷共济的（participatory）社会，以平衡和互补性差异，以及对平等的极大关注为特征。这种理解显然运用了我所讨论过的儒家关于和谐的论述传统。此外，这种理解能否被一种客观的、制度化的、政治的价值（相当于人权）所吸纳，还不很清楚。相反，这种社会中的和谐的确有别于平等，源自所有参与者的道德价值。这些道德价值可能受到某种制度支持，但如上所述，这种"和谐"在"社会主义和谐社会"中仍然是一种基本的道德理想。无论在何种程度上，这种理解都是支配性的——不是简单地将"和谐"与"稳

---

① 参见乔治·谢尔《超越中立——完美主义与政治》（George Sher, *Beyond Neutrality: Perfectionism and Politics*, Cambridge: Cambridge University Press, 1997)；参见陈祖为《合法、全体一致和完美主义》(Joseph Chan, "Legitimacy, Unanimity, and Perfectionism")，《哲学与公共事务》(vol. 29, no. 5, 2000)。

② 在上文第三节里，我对《中庸》以及法律系统作为次要手段的简单讨论，恰恰表明了这个想法。

定"画上等号——因此,我在这篇文章里所提出的论点,就不仅是对和谐与人权之相容性的辩护,也是对人权与社会主义和谐社会的相容性的辩护。

(作者单位:美国卫斯理大学哲学系。梁涛译)

附录　学界热议儒学发展新路向
用人权激活传统儒学

　　由北京大学高等人文研究院主办的"儒学与人权"研讨会日前在北京大学举行。北京大学高等人文研究院院长杜维明、清华大学国学院院长陈来、中国人民大学国学院教授梁涛、清华大学哲学系教授贝淡宁、北京航空航天大学法学院教授高全喜等四十余位中国哲学和政治哲学领域的学者出席了此次会议。与会者对前不久过世的美国著名学者、哥伦比亚大学荣退教授华霭仁（Irene Bloom）表示哀悼。会上，学者们就儒学与人权的关系，传统儒学中人权与西方"天赋人权"观念的比较，以及在当代社会现实中，如何结合中西方的学术思想资源，发展出中国的人权思想，展开了热烈的讨论。

　　梁涛表示，"我们并不是因为西方人在讨论、宣传人权，因此也要证明儒家思想里也有人权，或是也可能会发展出人权，我的考虑是我们引进人权的概念，是想把儒学中的很多思想激活，带出来，很多儒家的思想和命题必须有赖人权概念的引入才得以明确"。学者秋风则认为，讨论人权，先要搞清楚西方的人权（rights）是如何来的，以及其论证、发展的路径问题。"如果说孔子、孟子的思想里包含权利思想，那也是封建性的权利概念，我们理解儒家的前提是封建制。我们如何从孟子那儿发掘、发展出人权思想？"秋风说，讨论人权先要讨论正义，没有正义人权就无从谈起，而儒家缺乏关于正义的探讨，这是一个"很大的问题"。针对秋风发言中指出的问题，山东大学儒学院教授黄玉顺表示不同意见。黄玉顺认为，正义论是儒家主要传统之一。我们今天谈论儒家的人权问题，不能以西方某一个思想家为尺度，而是要面对理论本身，"否则我们很难在儒家思想里看到有用的东西"。对于这种对立的矛盾，中国人民大学国政系教授任剑涛指出，不要将古代与现代、中国与西方对立起来，"在哲学与政治中寻求一种张力和平衡，在古典当中寻求现代转轨的思想灵感和资源"。

围绕儒学与人权的讨论，清华大学历史系教授方朝晖主张以一种新的角度来看二者之间的关系。方朝晖指出，虽然人权有其现实意义，但它不能脱离具体的历史语境，"应该放在中国近代文化的历史语境中来看人权这个概念"。就如何在儒学中发展出权利思想，人大哲学系教授温海明也强调，中国的国情不能简单地套用西方的人权观念，而应考虑如何立足于当代，吸收西方人权思想的长处，结合儒家发展出我们自己的人权思想。梁涛分析指出，相比较西方的天赋人权，中国有源远流长的心性论传统，但传统的心性论只发展出德性主体，没有发展出权利主体，"我们今天就是要打通'天命之谓性'与'天赋人权'，发展出权利主体"。"顺着这个思路，传统儒学与西方的天赋人权形成互动，可以找到儒学发展的一个新的路向。"

早在数年前，杜维明即积极推动儒学与人权的研究，这些年这方面的研究断断续续，一直没有跟上，国内的研究文章很少。梁涛告诉《中华读书报》的记者，这次研讨会的目的在于集中一批搞中国哲学和政治哲学的学者，用半年或一年的时间来研究讨论这个问题，做出一些比较好的成果来，推动国内学者进一步关注这方面的研究。

（《中华读书报》2010 年 9 月 30 日　记者　陈菁霞）